임팩트
투 자

투자 프로세스 및 임팩트 투자 분석 실용 가이드

임팩트 투자

키이스 올맨, 시메나 에스코바 드 노갈레스 지음 | 조영복, 이유태 옮김

Impact
Investment

시그마북스
Sigma Books

임팩트 투자

투자 프로세스 및 임팩트 투자 분석 실용 가이드

발행일 2018년 3월 12일 초판 1쇄 발행
지은이 키이스 A. 올맨, 시메나 에스코바 드 노갈레스
옮긴이 조영복, 이유태
발행인 강학경
발행처 시그마북수
Sigma Books
마케팅 정제용, 한이슬
에디터 권경자, 김경림, 장민정, 신미순, 최윤정, 강지은
표지 디자인 최희민
내지 디자인 엠디엠
교정·교열 신영선

등록번호 제10-965호
주소 서울특별시 영등포구 양평로 22길 21 선유도코오롱디지털타워 A404호
전자우편 sigma@spress.co.kr
홈페이지 http://www.sigmabooks.co.kr
전화 (02) 2062-5288~9
팩시밀리 (02) 323-4197
ISBN 978-89-8445-960-1(03320)

Impact Investment:

A Practical Guide to Investment Process and Social Impact Analysis + Website

이 도서의 국립중앙도서관 출판예정도서목록(CIP)은 서지정보유통지원시스템 홈페이지(http://seoji.nl.go.kr)와
국가자료공동목록시스템(http://www.nl.go.kr/kolisnet)에서 이용하실 수 있습니다.
(CIP제어번호: CIP2018004888)

＊ 시그마북스는 (주)시그마프레스의 자매회사로 일반 단행본 전문 출판사입니다.

➤➤ 차례

≫ 들어가는 말

레바논은 완벽한 해안선과 활기찬 도시를 품고 있는 아름다운 나라이지만 불행히도 빈곤이 극심한 지역이 많다. 임팩트 투자에 대한 나의 모험은 베이루트에서 시작되었다. 나는 릴리프 인터내셔널이라는 자선단체가 후원한 지역의 소액금융 분석가들을 대상으로 신용위험에 관한 프로보노 워크숍을 진행했다. 이스라엘 국경마을에서 대출고객들을 대상으로 현장방문을 가졌고, 그들이 자금을 활용해 사업을 운영하고 확장하는 방법을 관찰했다. 이 경험을 통해 실제 비즈니스가 어떻게 확장되는지 볼 수 있었기 때문에 그 자금이 가진 효과에 대해 깊은 인상을 받을 수 있었다.

당시 나는 시티그룹을 떠났지만 여전히 민간금융 분야에 종사하고 있었다. 나는 이 여정을 비판적으로 생각했으며, 임팩트 투자에 집중해야 할지에 대해 고민했다. 과거 매우 비효율적으로 운영되던 비영리단체와의 경험 때문에 망설였던 것이다. 또한 내 경험과 역량이 기존의 임팩트 투자 조직에서 제대로 활용되었는지조차 명확하지 않았다. 수년 동안 나는 민간부문에 초점을 두었지만 릴리프 인터내셔널과 일하면서 소액금융 자본시장의 발행을 컨설팅하고 결국 이사회에 합류하게 되었다.

나는 전통적인 금융을 유지하고 벤처 부채거래를 위해 초기단계의 기업 분석과 이전의 증권화 경험을 결합했다. 벤처기업 동인과 사모펀드 운영에 대해 더 많이 배우면서부터는 머리에서 임팩트 투자를 지울 수 없었다. 그리고 운명의 장난처럼 바로 그때 당시 전 시티그룹 동료가 나에게 대규모 상업 소액금융 부채 투자자로부터 분사한 새 사모펀드에 대해 알려주었다. 뱀부파이낸스가 경영하는 오아시스펀드는 상당한 사회적 임팩트를 미치는 초기단계의 비상장기업에 수익을 보고 투자하기 위해 만들어졌다. 투자기준과 임팩트를 조사할 때 나는 마음을 빼앗겼다.

바로 그때 임팩트 투자에 전념할 것을 결정했고, 오아시스펀드에서 일하기 위해 스위스로 이사했다. 거기에서 나는 이익을 추구하는 임팩트 투자를 위해 발굴, 구조화 및 경영 업무를 담당하는 투자매니저가 되었다. 첫 번째 해에는 주로 펀드의 기존 투자에 집중하는 동시에 새로운 투자 기회에 대한 네트워크를 구축했다. 또한 사회적 임팩트를 정의하거나 사회적 기준 내에서 투자를 발굴하는 것과 같은 낯선 주제들에 대해 더 배우기 시작했다.

두 번째 해에는 임팩트 투자 산업에 완전히 적응했다. 나는 오아시스펀드의 포트폴리오 회사와 협력하고, 잠재적 투자를 위해 새로운 회사를 만나고, 투자 프로세스를 통해 진행한 회사에 대한 실사를 수행하는 여정 등을 결합해 몇 주에 한 번씩 현장에 있었다. 나는 전반적 및 부문별 회의, 저녁 식사 및 협상과 같은 업계 행사에 정기적으로 참석하거나 때로는 주최하기도 했다. 2년차 때에는 오아시스펀드에 대한 두 건의 투자를 발굴 및 마무리하고, 기존 포트폴리오 회사 중 두 곳의 이사회에 합류해 성공적으로 막을 내렸다.

오아시스펀드와 마지막 해가 되었을지도 모를 즈음 나는 고위투자

관리자로 승진했고, 새로운 펀드전략 및 자금모집 활동을 시작했다. 이러한 직무와 책임감은 업계에 대한 좀 더 포괄적인 시각을 갖게 했다. 그러나 마지막 해 과정에서 본질상 체계적으로 느낀 부족한 문제에 직면했다. 대다수 투자자들의 사회적 기준을 충족시킬 만한 투자를 발굴하는 어려움은 동료들이 흔히 맞닥뜨리는 주제였다. 이로 인해 일부 비전통적 투자자들은 엄격함이 결여되어 과장된 평가를 내리게 되는 접근방법을 택함으로써 매우 경쟁적인 상황을 겪게 되었다. 기업들에 대한 자본비용이 거의 0일 때, 문제는 지속될 수 있었지만 궁극적으로 그 시점에는 더 이상 상업적 투자가 아닌 자선 중개기관이었다.

상업투자와 순수 자선 사이의 모델에는 효용성이 있지만 자본의 출처에 의해 그 규모는 제한된다. 연금기금, 보험회사 및 전통적 투자자로부터 일관성 있는 자본 출자를 확보하기 위해서는 발굴에서 회수까지 전문적으로 수행되는 세심하게 설계된 투자 시스템이 필요하며, 신뢰성 있고 측정가능한 재무적·사회적 수익을 제공해야 한다. 나는 복제가능하고 확장성이 있는 투자모델에 맞는 투자를 유치하기 위해 다양한 금융수익 기대치에 대해 서로 다른 사회적 기준이 있어야 한다고 생각한다.

그러한 재무적 수익을 제공하고 특정 사회적 임팩트가 발생했다는 것을 입증하는 투자 포트폴리오를 창출하는 것이야말로 기업이 임팩트 투자를 한다는 것의 정의가 될 것이다. 이것이 바로 이 책의 본문과 참고용 전자파일이 투자과정과 사회적 임팩트 측정에 초점을 맞추는 이유이다. 혁신적인 기술을 사용하는 농촌마을 주민들의 멋진 이미지와 임팩트에 근거한 회사의 흥미진진한 이야기가 담긴 많은 출판물들이 있지만, 이는 주로 동기부여를 위한 용도이며 기본적인 인과관계만을 보여준다. 임팩트 투자자의 일상적인 업무(회계, 기업 재무, 가치평가, 통계 측정 및 사회적 측정지표의 분석을 포함)는 매우 어렵지만 또한 가장 중요하다.

이러한 일부 문제들 때문에 임팩트 투자에 상근으로 일하고 있지는 않지만 현재 위치에서 할 수 있고, 임팩트 투자 기업체와의 프로보노 일로 태양광 및 에너지 효율성에 대한 선별된 투자를 통해 여전히 관여하고 있다. 나는 특정 시점에서 상근 복귀를 기대한다.

그 길목에서 적절한 투자실행 및 사회적 임팩트 측정을 나루고 있는 이 책을 제공하고자 한다. 나의 다른 모든 책과 마찬가지로 나는 여러 분들의 학습과정에 함께하고 있으며, 질문이 있는 경우를 위해 이메일을 제공한다. keith.allman@enstructcorp.com

2014년 뉴욕에서 키이스 A. 올맨

나는 뭄바이 빈민가의 좁은 거리를 걸으며 인내와 창의력이 인정되고 존경받는 소규모 여성 기업가들과 이야기할 수 있는 특권을 누렸다. 또한 제네바에 있는 부유한 사업가들이 윤리적인 황금 공급사슬을 구축하는 것은 불가능하다고 논쟁하는 것을 들었다. 임팩트 투자는 분명 연결이 끊긴 현실 사이의 오작교 역할을 해준다. 더불어 임팩트, 포용 및 지속 가능성을 제공하는 동시에 아주 다루기 힘든 사회적 문제를 해결하기 위해 민간자본을 투입할 것을 약속한다.

그러나 과연 임팩트 투자가 그 약속을 지키고 있을까? 키이스 올맨이 나를 이 책의 편집자로 초청함으로써 뱀부파이낸스에서 습득한 임팩트의 정의, 측정, 평가에 엄격함과 책임감을 더하는 중요성에 대한 교훈을 공유하고자 하는 갈망을 불러일으켰다. 이것이 여정의 시작에 불과하더라도 우리는 실사부터 회수까지 임팩트를 주고자 하는 책임 있는 투자 프로세스를 수행한다.

임팩트에 대한 약속은 더 많은 책임감을 필요로 한다. 효율성에 대한 분석이 거의 없이 너무 많은 자본이 투입되었기 때문이다. 임팩트 투자는 임팩트 측정 초기의 엄격함과 투자산업의 엄격함을 결합하고 있다. 임팩트 투자가 이름값을 하길 원하는 경우, 증거기반 투자여야 한다. 무엇이 작동하고 무엇이 작동하지 않는지에 대한 검증을 구축하기 위해서는 집단적 노력이 필요하다. 참여가 많아질수록 학습은 더욱 풍부해질 것이다. 피라미드의 하위층에 있는 고객들을 종종 대변하고자 하는 사람의 입장에서 볼 때 그들의 목소리는 학습에 매우 중요하다. 또한 기업가, 투자자 및 학계도 대화에 참여해야 한다. 이 책은 그러한 학습에 기여할 것이다. 독자들의 반응을 읽을 수 있는 기회에 감사하며 기쁘게 생각한다. ximena.escobardenogales@gmail.com

2014년 제네바에서 시메나 에스코바 드 노갈레스

참고 웹사이트에 대해

독자들은 이 책에 명시된 웹사이트에서 전문가 수준의 투자자료를 찾을 수 있을 것이다.
www.wiley.com/go/impactinvestment
좀 더 자세한 내용을 보고자 한다면 부록을 참조하라.

임팩트 투자 개요

INTRODUCTION TO IMPACT INVESTING

제품이나 서비스가 재무적 수익은 물론 동시에 긍정적인 사회적 임팩트를 창출하는 사업에 투자하는 것은 굉장히 구미가 당기는 제안이다. 투자자는 수익을 올리고 사회는 혜택을 입음으로써 모두에게 이로운 것 같다. 자선단체는 지금껏 기부해온 것과 똑같은 사회적 사명을 달성하는 기관에 자금을 보내지만, 대신에 기부한 자금을 돌려받고 재투자할 수 있다. 무엇이 이러한 패러다임을 방해할 수 있겠는가?

이러한 이상적인 형태의 자본주의가 지난 몇 년간 급성장했다. 2014년을 기준으로 127억 달러 이상이 임팩트 투자에 소요되었는데, 이는 직전 연도에 비해 19% 성장한 것을 나타낸다.[1] 고소득을 올리는

---

[1] Yasemin Saltuk. J.P. 모건, "시장 스포트라이트: 임팩트 투자자 서베이", 글로벌 사회적 금융(2014. 5. 2.), 5쪽.

개인부터 다수의 사모펀드에 이르기까지 수많은 투자자들이 활발하게 활동하고 있으며, 심지어 보다 큰 규모의 금융기관들과 투자회사들도 임팩트 투자에 자금과 자원을 투입하고 있다. 더불어 이러한 투자자들을 지원하고 유통시장 플랫폼, 임팩트 투자를 전문으로 하는 자본 자문가, 사회적 성과를 인증하고 평가하는 서비스를 포함하는 산업을 더욱 발전시키기 위한 부수적인 서비스들까지 등장하기 시작했다.

이렇듯 뜨거운 열기 속에서도 임팩트 투자 시장이 아직 많은 제약을 받는 것처럼 보이는 이유는 무엇일까? 가장 단순한 대답은 중대한 사회적 임팩트를 미치는 수익성 있는 사업을 생성하고, 투자자들을 위해 이윤을 발생시키고, 사회적 임무를 계속해서 발전시켜 나가도록 사업규모를 키우는 것이 쉽지 않기 때문이다. 그렇다면 J.P. 모건이 수년간 실시해온 임팩트 투자에 관한 설문조사에서 '실적을 체크할 수 있는 질 높은 투자기회의 부족'과 '위험과 수익률 전 범위에 걸쳐 적절한 자본의 부족'을 임팩트 투자의 성장을 방해하는 주요 요소로 꼽았다는 사실은 전혀 충격으로 다가오지 않는다.[2]

논란이 되는 부분 중 하나는 혁신적인 해결책들로 사회적 문제를 해결함에 있어, 임팩트 투자가 우리의 양심과 감각에 호소하고 있다는 점이다. 그렇지만 이러한 생각이 잘못 해석되어서는 안 된다. 왜냐하면 사회적 기업들을 검토할 때 투자자가 접하는 많은 기업과 사업들은 중요한 긍정적 사회적 가치를 정당하게 창출하고자 하거나 활발하게 하고 있기 때문이다. 문제는 이러한 사업체 대부분이 영리적으로 생존이 불가능하고, 많은 투자자가 요구하는 수익률을 만들어내지 못한

---

2 앞과 같은 책 6쪽.

다는 것이다. 사람들의 도덕성이 이러한 투자를 지지함에 따라 사회적 기업들을 장려할 정도의 수준으로 성장했지만 투자자로서 반드시 신탁 책임감을 가져야 하고, 적정선의 위험 대비 수익을 유지하도록 투자해야 한다.

그러나 적합한 투자영역을 넓히게 되면서 변곡점을 넘어서는 위험을 무릅쓰게 된다. 즉 사회적 임팩트가 절충되어 투자가 더 이상 임팩트 투자로 간주되지 않게 된다. 이는 실제로 중요한 사회적 임팩트가 없는 사업에 투자하거나 일반적인 회사로 변모하는 사회적 기업에 투자함으로써 나타난다. 그 시점에서 일반적인 투자자가 되어버리고, 패러다임은 실종된다.

그럼으로써 재무적 생존력, 금전적 수익 기대 그리고 사회적 임팩트 간의 균형을 맞춰야 하는 미묘한 입장에 처해 있음을 깨닫게 된다. 어떻게 하면 딱 맞는 균형을 이룰 수 있을까? 대다수 산업들의 경우처럼 해결책은 기본적으로 열심히 노력하고 적정한 자원과 지식을 갖추는 것이다. 적절한 투자를 찾는 방법, 재무적으로 지속가능하지 않거나 적정한 수준의 사회적 임팩트를 나타내는 투자를 어떻게 선별하는지 알아야만 한다. 일단 찾아내고 나면 엄격한 투자 절차를 고수하고, 재무적·사회적 가치를 확립하기 위해 회사를 조사해야 한다. 투자구조는 위험과 보상이 적절한 균형을 이룰 수 있게끔 만들어져야 한다. 문서 기록들은 투자구조와 모든 참여자들의 의도를 정확하게 반영하기 위해 전문적으로 행해져야 한다. 해당 기업들이 성장하고 경제적 수익과 사회적 성공을 거둘 수 있게끔 투자단계를 훨씬 넘어서는 인내가 필요하다.

장점만 이야기하는 방식으로 임팩트 투자의 유익한 속성에 대해 포장하는 것은 쉽다. 어려운 부분은 제대로 된 투자실행이다. 그러기 위해서 이 책은 다음과 같은 내용들을 다룬다.

- 외환과 경기순환 위험을 완화하면서 국내외적으로 거래를 발굴하는 방법

- 기업의 사회적 임팩트와 이를 증명하는 지표에 대한 제대로 된 전략 수립

- 다양한 방법의 가치평가에 대한 이해, 수립, 활용

- 상업적·사회적 임무수행 위험을 고려한 주요 거래조건의 초안 작성

- 재무적·사회적 수익을 가져다주는 투자 모니터링 및 관리

- 임팩트 투자기금에 다른 사람들의 돈을 차입하는 경제성과 실제 이해

임팩트 투자에 대한 매우 높은 관심에도 불구하고 현재 투자자에 대한 양질의 투자가 부족하지만 수익성과 사회적 임팩트가 결합된 탁월한 투자는 발견할 수 있다. 이 책과 이 책에 동반된 온라인 자료들이 투자자들이 올바른 투자를 선택할 수 있도록 돕고, 위험과 보상을 조율하는 데 도움을 주고, 투자자들이 재무적이고 사회적인 가치를 개발하는 데 기여할 것이다.

[임팩트 투자란 무엇인가]

임팩트 투자는 여러 형태를 띨 수 있지만 자본이 어느 정도의 재무적 수익을 올리면서 긍정적인 사회적 임팩트를 미치는 제품이나 서비스를 제공하는 업체에 투입된다는 개념을 모두 공유한다. 주요 임팩트 투자 산업 조직들 중 하나인 글로벌 임팩트 투자 네트워크는 임팩트 투자를 다음과 같이 정의한다.

임팩트 투자는 재무적 수익과 함께 사회적이고 환경적인 임팩트를 생성하고자 하는 회사, 조직, 기금에 투자하는 것이다.[3] 이 정의에서 중요한 점은 투자자가 재무적·사회적 수익을 제공하려는 의도가 있다는 것이다.

투자의 형태는 회사의 주식에 투자하는 단순한 것도 있고, 전환부채 구조처럼 훨씬 더 복잡하기도 하다. 핵심 투자펀드는 신용보증의 경우처럼 교환될 필요조차도 없다. 그렇지만 일관된 생각은 투자자에게 투자에 대한 보상을 목표로 하는 영리사업에 투자자가 자본을 투여하는 것이다.

지리적으로 임팩트 투자는 어디서든 이루어질 수 있다. 또한 그 초점이 사회적이거나 환경적 임팩트를 재무적 수익과 연계시키는 한 신흥시장 또는 선진국 시장 모두에 존재한다. 선진국 시장에서의 예들은 비록 흔치 않을지라도 런던 동부의 작은 기업들을 대상으로 하는 투자기금 같은 프로그램을 임팩트 투자로 간주해볼 수 있다.

---

3 세계 임팩트 투자 네트워크, "임팩트 투자란 무엇인가", www.thegiin.org/cgi-bin/iowa/resources/about/index.html#1.

이러한 모든 것을 고려할 때 사회적 기업에 투자하는 두 가지 주요 투자형태는 대부분 신흥시장에서 이루어지는 부채와 자본이다. 최근 임팩트 투자의 트렌드는 사회적 기업들의 투자에 초점이 맞추어져 있다. 사회적 기업들은 수익을 목적으로 하면서 중요한 사회적 임팩트를 미치는 재화와 용역을 생산한다. 사회적 기업의 초기 진입단계와 벤처사업의 특성을 고려하면, 이러한 회사들에게 이루어지는 전형적인 투자형태는 자본이다. 부채는 임팩트 투자에서 작동하며 특히 전문화된 제품을 만드는 새로운 부채기금에서 특히 그렇다. 하지만 초기단계의 사회적 기업들에게 있어서는 자본이 여전히 가장 우세한 임팩트를 미친다.

임팩트 투자의 전문화된 분야인 소액금융을 고려할 때 부채도 임팩트 투자와 관련이 된다. 소액금융은 개인이나 개개인으로 이루어진 그룹들을 대상으로 소액을 빌려주는 것을 포함하는데, 그 돈은 그들 자신의 사업에 사용된다. 대출자들은 이자를 덧붙여 대출금을 갚는 데 동의한다. 직접 대출자 기금과 회수 서비스를 제공하는 소액금융기관들은 지난 몇 년간 성장했고, 그들 자신이 부채와 자본투자의 수혜자들이다. 이러한 모든 것들이 임팩트 투자의 형태로 여겨진다.

지금까지 설명한 것들은 대개 투자이다. 투자자는 자본을 제공하고 수익을 기대한다. 임팩트 투자에 있어 주요 차별화 요소는 바로 그 임팩트에 있다. 이 장 말미에 임팩트에 대해 정의하겠지만 임팩트 투자는 핵심사업의 재화나 용역이 긍정적인 사회적 임팩트를 미친다는 점에서 전통적인 투자와는 다르다. 중하위 소득의 환자들을 대상으로 하고, 영리를 목적으로 하며, 고품질이면서 동시에 적정한 가격의 단계별 서비스를 제공하는 헬스케어 회사는 임팩트 투자로 분류될 가능성이 높다. 반면 부유한 고객들을 위해 병원시설을 짓고 이로부터 나온 수익의 1%를 자선단체에 기부하는 것은 임팩트 투자로 분류될 수 없을 것이다. 사회적 임팩트가 사업운영, 제품 또는 서비스에 뿌리 깊게 박혀 있어야만 한다.

임팩트 투자의 특정 기능으로는 투자자가 사회적·환경적 성과와 임팩트에 대해 측정하고 보고하기로 약정하는 것이다. 임팩트 투자는 증거를 기반으로 하는 투자를 목표로 해야 한다. 즉 임팩트 투자 산업 전체가 긍정적인 개발 임팩트가 있는 개입유형에 대한 데이터를 수립해야 한다는 것이다. 임팩트 투자자들은 제품과 서비스의 조합, 디자인의 유형, 가격결정 및 유통모델 그리고 목표로 하는 대상들에게 긍정적인 사회적 임팩트를 불러일으킬 수 있는 서비스들에서 배운 것을 조사하고 공유할 필요가 있다. 당연하지만 되풀이할 가치가 있다. 증거 없이 증거에 기반을 둔 투자는 불가능하다. 이 책에서는 적절한 임팩트 모델의 정의, 눈여겨봐야 할 적절한 지표 판별 및 산출량, 결과, 임팩트 지표 분석 및 모니터링 등에 대해 배울 것이다.

[임팩트 투자는 누가 하는가]

이 책의 뒷부분에서 학습하겠지만 여러 금융 분야 중에서도 임팩트 투자에 참여하는 투자자들의 차이점이 가장 두드러진다. 임팩트 투자자들은 전통적 투자자들과 많은 점에서 다르지만 가장 중요한 차이점은 기대수익, 투자보유기간, 투자동기와 관련된다. 이런 다양한 관점에 대해 이해하기 위해 가장 오래된 임팩트 투자주체인 정부기관에 대해서 먼저 알아보아야 한다.

세계은행그룹 소속의 국제금융회사IFC는 가장 오래되고, 거대하고, 잘 알려진 임팩트 투자자 중 하나이다. IFC는 직·간접적인 사모펀드 투자부터 거대한 규모의 기반구축사업에 이르기까지 다양한 범위의 프로젝트에 투자하고 있다. IFC는 세계은행 회원국들로부터 기금을 받고 있기에 정부기관으로 간주되고 있다. IFC, 노르웨이 노르펀드, UK CDC 그룹과 같이 큰 규모로 정부가 기금을 대는 다른 임팩트 투지지들도 많이 있다. 이러한 유형의 투자자들의 핵심은 특정 목표가 있고 상업적 투자를 추구하지만, 평균 이상의 보유기간과 매우 낮은 자본비용 구조로 전통적인 투자자들이 투자하지 못하는 부분에 있어 투자가 가능하다는 것이다.

낮은 자본비용과 장기보유라는 관점에서 정부가 자금을 대는 투자자들과 유사한 것으로 자선조직들의 임팩트 투자를 들 수 있다. 자선조직들은 아큐먼 펀드, 릴리프 인터내셔널의 부서인 엔터프라이즈 웍스/비타와 같이 기부금을 투자하는 비영리기관부터 소로스 경제개발 펀드와 같이 수익성 있는 민간부문 기업의 자금을 활용해 임팩트 투자를 하는 조직에 이르기까지 다양하다.

중간 범위에 있는 임팩트 투자자들은 고액자산가로 사회적 기업에 자본을 직접적으로 투자한다. 그들은 가끔 초기단계의 벤처사업체들에게 촉매와 같은 작용을 하는 자본을 제공하거나 회사로 성장할 수 있는 사업계획에 자금을 댄다. 이미 언급한 다른 투자자들과 마찬가지로 이 투자자들은 긴 투자기간 구조, 낮은 자본비용, 매우 다양한 투자에 대한 개인적인 동기를 가지고 있다.

마지막으로 그레이고스트 벤처스, DBL 인베스터스, 뱀부파이낸스와 같이 영리를 추구하는 상업적 투자자들이 있다. 이 기관들은 임팩트 투자에 대한 다양한 상업적 접근을 구사하는데, 수익률과 투자기간에 있어 전통적인 투자자들과 좀 더 비슷하다.

[이 책의 구성]

이 책을 통해 투자과정의 모든 단계에 대해 살펴볼 것이며, 특히 마지막 장에서는 투자기금을 만들거나 투자기금을 위해 일하는 투자자에 대한 내용을 다루었다.

제2장 :
투자대상의
발굴과
선별

제3장 :
투자분석과
가치평가

제4장 :
실사와
투자구조화

제5장 :
주요
거래조건과
최종 문서화

제6장 :
투자
회수가치
구축

제7장 :
임팩트 투자펀드

그림 1.1 이 책은 투자자들이 일반적으로 거치게 되는 투자과정에 따라 설명하고 있다.

투자자들에게 보편적으로 작용하는 많은 부분들이 있지만 임팩트 투자의 지배적인 힘인 자본투자에 특히 초점이 맞춰져 있다. 투자과정을 면밀히 살펴보기 위해 3개의 잠재적 투자대상에서 하나의 가상회사를 선정했다. 이 회사를 통해 투자과정의 각 단계를 보여준다. 그림 1.1은 각 장에 대한 간략한 논의와 함께 핵심장에 대한 그림 개요를 보여준다.

❯ 투자대상의 발굴과 선별

투자과정의 첫 번째 단계는 잠재적 투자를 파악하는 것이다. 대부분의 투자자나 펀드의 경우 펀드 투자자들이 믿는 특정 투자명제가 있다. 따라서 투자자들이 발굴하는 투자가 그 투자명제에 맞춰지는 것은 필수적이다. 예를 들어 만약 일반 주식수준의 수익률에 관심이 있으면서 국제건강 문제도 동시에 고려하는 고액자산가가 자금을 대는 헬스케어 투자펀드가 있다면 투자자는 높은 매도로 이어질 수 있는 좋은 가치를 지닌 헬스케어와 관련된 투자대상을 찾기 위해 심혈을 기울여야 한다.

투자명제에 맞는 투자대상을 발굴하고 선별하는 일이 비교적 단순하다고 생각될 수도 있겠지만 투자자는 시간과 자원에 제약을 받는다. 비용은 계속해서 누적되기 때문에 시간은 투자자에게 역으로 작동한다. 투자를 하는 데 시간이 오래 걸릴수록 투자 후 수익을 올리기까지 더 긴 시간이 걸린다. 올바르게 자금을 조달하기 위해서는 재무적 혹은 구체적 자원이 필요하다. 현장 자산실사를 하고 컨설턴트, 변호사, 회계사를 고용하기 위해 비용을 지불한다. 때때로 투자자는 투자과정에 필요한 여러 자원들을 더 쓰게 될 것이다. 효율적인 투자자들은 일을 함에 있어 비용을 최소화하면서도 효과적·전략적으로 투자한다.

효과적인 투자자가 되기 위해서는 투자할 만한 혹은 성공 가능성이 높은 분야, 경제성, 산업을 알아차리는 것이 매우 중요하다. 특히 임팩트 투자에 있어서는 사회적 사명이 충분히 이해되고, 계획이 잘 수립되어 있으며, 투자자들의 사회적 투자명제에 대해 검증이 되어야 한다. 재무적·사회적 사명의 실현 가능성을 조기에 평가하는 것은 실사를 위한 올바른 투자를 선택하는 데 있어 매우 중요하다.

❯ 투자분석과 가치평가

'투자대상의 발굴과 선별'로 투자자는 일부 투자대상만을 접하게 된다. 이 과정에서 다음 단계는 회사의 경영, 재무적 잠재력, 사회적 사명 영역을 조사하는 것이다. 실사는 보통 두 단계로 나누어진다. 첫 번째는 사업계획과 재무제표가 분석되어 덜 몰입되는 소위 '탁상'단계이다. 이 단계에서는 그러한 분석을 통해 거래가 무산되는 사안들이 종종 드러나기 때문에 투자자와 피투자자 모두 시간과 자원에 있어서 효율성을 더하게 된다.

주식 투자자들에게는 인지된 가치 사이에 큰 차이가 없도록 하기 위해 가치평가 논의가 일찍 시작된다. 이러한 논의를 하기 위해서 가치평가의 범위를 정하는 초기 투자분석이 필수적이다. 이 범위는 이후 실사단계에서 정제된다. 가치평가는 임팩트 투자자가 필수적으로 주의해야 할 영역 중 하나이다. 임팩트 투자는 매우 다양한 자본비용과 요구수익률을 가진 여러 범주의 투자자들이 모여 있기 때문에 아주 독특하다. 어떤 경우에는 이러한 기대수익률이 감당하는 위험에 상응하지 않기도 한다.

❯ 실사와 투자구조화

궁극적으로 기업은 더욱 분석되고, 전면적인 현장실사가 실행될 것이다. 이것은 모든 운영적 측면, 경영관리, 경쟁적 분석, 금융, 사회적 사명 성취 정도와 계획을 검토하는 것을 수반한다. 실사의 또 다른 목표는 투자자가 필수적인 투자구조에 있어 그들 자신의 의견을 확립하도록 하는 것이다. 부채 투자자들은 현금흐름이나 담보가치와 관련된 모든 위험과 완화 요인들을 검토하고자 할 것이다. 자본 투자자들은 가치평가 범위를 정하는 가정들을 조사하고 어떤 투자구조가 필요한지를 정하고자 할 것이다.

실사가 완료된 후 투자자가 여전히 그 기업에 관심이 있다면 투자구조와 관련된 협상이 뒤따를 것이다. 어떤 투자구조는 매우 단순하고, 동의에 이르기까지 시간이 걸리지 않을 수 있다. 반면에 어떤 투자구조는 상당히 시간이 지체되고 매우 복잡한 약정으로 전개될 수 있다. 부채 투자자들은 현금흐름과 담보에 대해 우선권을 보장받기 위해 규약을 협상할 것이다. 자본 투자자들은 가치평가에 동의하고 우선권을 협상할 수도 있다.

임팩트 투자자들은 사회적 사명이 투자 후에도 보존되어야 한다는 추가적인 요구가 있다. 이를 위해 관심사들을 적절히 조율하고 그 구조가 변화에 부응할 수 있도록 해야 한다.

▶ 주요 거래조건과 최종 문서화

서류로 동의한 투자구조를 나타내는 것은 성공적인 임팩트 투자를 위해 매우 중요하다. 투자과정에서 이 단계는 투자구조와 선호도 그리고 구체적인 권리를 포함하는 주요 거래조건을 만드는 것에서 시작한다. 부채 투자자를 위한 약정서나 자본투자를 정의하는 채권인수 계약으로 변경될 수 있는 서류를 만드는 것이 목표이다. 추가적으로 자본 투자자들을 위해 주주 권리를 보호하는 주주약정서가 필요하다.

임팩트 투자자들은 사회적 사명을 보호하고 만약 사회적 사명이 절충된다면 유연하게 대처할 수 있는 전문화된 조항을 협상해야 한다. 예를 들어 만약 사회적 임무에서 너무 벗어난다면 자본 투자자가 기업에 주식을 되팔 수 있는 풋옵션이 채권인수 계약에 포함될 수 있다.

▶ 투자회수가치 구축

궁극적으로 자본투자는 회수될 때 가치가 실현된다. 부채 투자자들은 기술적으로 주기적인 이자와 원금 할부상환액을 통해 투자회수된다. 투자 후 회수 전에 가치를 높이는 단계가 존재한다. 적극적인 투자자들은 이사회에서 기업의 전략을 갖추는 데 역할을 한다. 수동적인 투자자들은 투자의 마지막 단계에 확립되고 정기적으로 제공되는 재무적이고 사회적인 정량적 보고에 더 초점이 맞춰져 있다. 투자회수는 일정 시점에 도달했을 때 기대에 맞는 수준에서 투자자에게 기금을 돌려주기 위해 적절하게 이루어져야 한다.

▶ 임팩트 투자펀드

투자자들은 자주, 투자를 위해 다른 곳의 돈을 활용하는 자금을 설정하거나 만든다. 자금 플랫폼을 활용하는 것은 투자금액을 크게 증가시킬 수 있지만 많은 경제적·조직적 또한 임팩트와 관련된 고려가 수반된다. 대부분의 자금은 자금비용에 대해 면밀하게 관리되는 경영수수료에 의해 운영된다. 투자매니저에 대비한 비율과 투자규모와 같은 조직적 사안은 주의 깊게 다루어져야 한다. 비공개기업 임팩트 투자펀드에 있어 가장 중요한 책임은 투자매니저들을 적절하게 동기부여하고, 투자에 대한 엄격한 사회적 기준을 고수하도록 함으로써 사회적 사명을 보호하는 것이다.

▶ 임팩트 투자 대안, 과제 그리고 전망

이 책의 결론에 해당하는 장에서는 임팩트 투자 산업의 최근 발전과 시간이 지남에 따라 어떻게 발전하고 확장되는지에 대해 고찰한다. 때로는 비합리적인 위험과 수익률의 관계를 초래하는, 투자자의 이질적인 자본출처에서 비롯되는 개개의 임팩트 투자에 특이한 문제가 있는 것은 분명하다. 이 책의 대부분은 건전하고 철저한 투자과정을 통해 개개의 임팩트 투자 문제에 대한 해결책을 제공하고자 한다. 또한 이러한 문제의 일부를 완화하고 산업을 더욱 발전시키기 위해 투자상품들도 진화하고 있다.

하지만 포트폴리오 투자전략을 살펴보면 시장 참여자들을 갈라놓는 논쟁거리들이 있다. 어떤 사람들은 재무와 사회적 수익률의 상반관계 없는 포트폴리오가 성립된다고 주장한다. 다른 사람들은 효과적이고 영리적인 상업전략이 성공하기 위해서는 절충이 이루어져야 하고, 높은 임팩트에서부터 전통적인 투자별로 이루어지도록 자본이 투입되어야 한다고 믿는다. 이 책의 마지막 장은 이러한 주제들을 파헤치며 효과적인 포트폴리오 전략을 수립하기 위한 대책을 강구한다.

[현장노트]

이 책에서 독자들은 '현장노트'라 불리는 내용을 보게 될 것이다. 여기에는 당면한 주제와 직접적으로 관련이 있는 저자들의 경험들을 담았다. 이러한 발췌문들은 주제에 대한 맥락을 제공할 것이다.

[이 책이 다루지 않는 것]

이 책의 초점에 관해 처음부터 이야기해야 할 두 가지 중요한 구분이 있다. 우선 소액금융이나 사회적/환경채권에 초점을 맞추지 않는다. 또한 여러 섹션에서 소액금융을 언급하고 예시를 제공하지만 어떻게 개인에게 대출할 것인가 혹은 전적으로 어떻게 소액금융기관MFI에 자금을 투자할 것인가에 초점이 있지는 않다. 이 주제에 관해서는 다른 좋은 책들이 많이 있다. 마찬가지로 사회적/환경채권은 인기가 있지만 그것들은 완전히 다른 전략과 분석과정을 거치는 매우 특정한 형태의 부채이기도 하다.

[시작]

임팩트 투자는 일상적이지 않은 일련의 기술역량을 필요로 하는 독특하고 부담이 큰 분야이다. 이 책은 사회적이고 재무적인 분석을 상세히 다루고, 독자들이 전문적으로 사용할 수 있는 온라인 자료를 제공한다. 제한된 재무지식을 가진 사람들은 투자과정과 경쟁력 있게 투자하는 데 필요한 기본적인 구성요소에 대한 귀중한 통찰력을 얻게 될 것이다. 제한된 임팩트 투자배경을 가진 사람들은 임팩트 투자를 측정하고 평가할 때 필요한 주제와 방법에 대해 배울 것이다. 또한 독자들은 임팩트 투자의 재무적이고 사회적인 임팩트 측면이 어떻게 뒤얽혀 임팩트 투자가 쉽지 않음에도 불구하고 매우 보람 있는 투자형태인지 배우게 될 것이다.

CHAPTER 02

투자대상의 발굴과 선별

S O U R C I N G   A N D   S C R E E N I N G

투자자들은 사업가의 주의를 끌기 위해, 투자할 돈이 있다는 말을 넘어서서 거의 아무것도 하지 않아도 된다는 점에서 특출한 입장에 있다. 그들은 계속해서 투자제안을 받을 것이다. 그러나 대다수의 투자자들에게 있어 자금조달 및 직원 근무시간과 같은 자원은 한정되어 있고, 잘못된 투자에 과도하게 집중하고 이를 선택함으로써 입게 되는 피해는 가혹하다. 잘 기획된 투자대상의 '발굴과 선별' 과정은 시간과 자원을 낭비하는 실수를 줄일 수 있다. 소극적인 발굴방법은 명성이 가장 높고 바람직한 투자자들을 모을 수 있는 노련한 투자기관에 맞을 수 있다. 반면 개인투자자나 자문가들, 혹은 신흥기금의 경우 동종업계를 뛰어넘는 기업체를 찾기 위해서라도 적극적인 발굴전략이 필요하다.

발굴전략은 일반적으로 다음과 같은 세 가지 중요한 측면, 즉 지리·산업분야·임팩트에 초점을 맞춘다. 처음 두 가지 요소는 주류 투자에 있어 흔한 요소이기는 하지만 세 번째 관점인 임팩트는 임팩트 투자에만 있는 독특한 요소이다. 임팩트 투자자들은 자신의 기준에 부합하며 긍정적인 사회적 임팩트를 미칠 가능성이 있는 확실한 투자처를 찾고자 한다. 적극적 발굴은 현지 또는 해외사업가들과의 연결을 통해서도 수행할 수 있지만 본국 또는 사업운영 국가가 투자자에게 너무 위험하거나, 전문분야 밖에 있거나 혹은 임팩트가 미미한 경우 시간과 자원이 쉽게 소모될 수 있다. 발굴요소들 중 지리적 적합성을 제대로 평가하기 위해 유망한 회사들과 대화할 필요가 없다는 점에서 특이하다. 특정 국가에 투자하는 것에 대한 문제점을 파악하고 국가 부도위험처럼 궁극적으로 너무 위험한 투자로 인한 자원낭비를 막기 위해 최상위수준의 분석이 수행될 수 있다.

부문 적합성은 더 적은 분석을 필요로 하지만 유망한 회사로부터 적어도 어떤 형태의 정보를 필요로 하며, 선별단계에서 합쳐지게 된다. 통상 투자 티저 광고 또는 피치를 사용할 수 있으며, 대상회사와의 초기 대화가 시작된다. 이 시점에서 적절한 질문을 던지는 것은 투자자의 전략과 맞지 않는 투자를 신속하게 선별해내기 위해 중요하다.

효과적인 선별단계에서는 투자부문, 단계, 사업, 전략, 재정 및 사회적 임팩트 등의 주요 구성요소에 중점을 둔다. 다음 단계의 투자과정으로 이동하기 전에 주요 강점과 약점에 대해 신중하게 검토하면서 거래가 깨질 수 있는 현안을 조속히 밝혀야 한다.

[투자대상 발굴 전략]

잠재적인 투자를 발굴하는 것은 임팩트에 중점이 있는지 여부와 관계없이 모든 투자자에게 해당되는 투자과정의 출발점이다. 발굴단계에서 채택된 방법 및 내려진 결정들은 투자과정 후반단계에서 의사결정에 종종 영향을 미치는 다양한 경로로 이어진다. 견고하고 효과적인 발굴전략은 강력한 투자를 효율적으로 종료할 수 있는 가능성이 가장 높은 경로를 확보하는 데 도움이 되며 시간낭비, 길어지는 협상 또는 최종 가치하락으로 이어지는 경로를 피할 수 있게 해준다.

발굴이라는 개념이 상대적으로 단순하게 들리는데, 발굴은 실제로 무엇을 의미하는 것일까? 소극적 발굴은 잘 정립된 벤처와 사모펀드의 호사를 누릴 수 있다. 즉 최고의 기업가가 잘 구성된 사업계획과 함께 재무계획을 제공하거나 성장이 빠른 초기단계의 사업이 성공할 태세를 갖추고 있다. 많은 초기단계 또는 잘 알려지지 않은 임팩트 투자의 투자자와 기금들은 사업가들의 수많은 아이디어로 인해 넘치는 반면 평균적인 투자수준에는 미치지 못할 것이다.

평균적인 투자수준에 미치지 못하는 데에는 다음과 같은 여러 이유가 있다.

1. 선진국 시장에 존재하는 최고의 기업가들은 그들의 사업 아이디어를 잘 알려진 투자자들과 투자창업보육센터로 가져가 자금조달을 받기 위해 경쟁하고 있으며, 특히 성공한 사업가로부터 멘토와 교섭력을 얻고자 한다. 이런 회사들은 대부분 기술지향적인 회사인데, 높은 수준의 기업가 집단에 너무 많다.

2. 사회적 임팩트 요소들이 다양한 수준의 강도에 따라 실행될 수 있다. 임팩트 투자의 핵심은 사회적 수익과 재무적 수익을 동시에 달성할 수 있다는 점이기는 하지만 사회적 사명이 재무적 성공 가능성에 방해가 되는 부분이 늘 존재한다. 많은 사회적 기업가들은 사회적 사명이 너무나도 강하기 때문에 사업 기능성 관점에서 더 약하게 보일 수 있는 사업계획을 수립한다.

3. 임팩트 투자의 지리적 초점은 대개 선진국 밖에 맞추어져 있기 때문에 종종 위험이 높아졌다.

이러한 이유로 소극적인 전략은 임팩트 투자에 이상적이지 않다.

적극적 발굴은 투자자의 주안점에 부합하는 목표투자, 위험허용도, 지역 및 분야의 전문성을 포함한다. 가장 쉬운 시작방법은 지역 또는 지리적 특성이 투자에 적합한지 결정하는 것이다. 지역 투자자들은 그러한 거시분석을 다루지 않아도 되지만 지역적 또는 전 세계적 범위를 가진 개인이나 펀드의 경우 국가 시장분석이 첫 번째 단계가 되어야 한다. 국가분석은 또한 자금조달의 원천과 자금조달의 필요성이 일반적으로 2개의 매우 다른 지역에 있기 때문에 임팩트 투자자들에게 특히 중요하다. 이러한 이유 때문에 이 주제에 대해 더욱 상세한 검토와 사례분석이 제공될 것이다.

[지리적 분석]

지리적 적합성은 투자대상을 심도 있는 선별과정으로 넘기는 최초이자 가장 넓은 여과장치로 여겨진다. 이러한 분석은 기본 투자 요구사항과 특정 투자명제의 특성을 포착하는 강력한 데이터 집합을 수집함으로써 시작된다. 관련 국가의 목록과 관련 특성의 히트맵을 결정하기 위해 데이터 집합들의 중요성을 평가하는 방법이 사용되어야 한다.

▶ 데이터 집합

각 국가마다 무수히 많은 데이터 포인트들이 있지만 부채 및 자본 투자자 모두가 더 자세히 살펴야 할 몇 가지 중요한 데이터 포인트가 있다. 국가의 투자대상 발굴 가능성과 투자적합성을 이해하는 간단한 방법은 선호하는 투자 관련 특성에 따라 국가순위 시스템과 히트맵을 만드는 것이다. 국가의 순위를 매기기 위한 표준투자 특성은 다음과 같은 사항들을 포함할 수 있다.

- 사업 시작의 용이도
- 투자자보호 수준
- 계약집행 수준
- 지급불능 완화역량 시스템

이러한 특성들 중 대부분은 세계은행의 사업수행 프로젝트[4]에 의한 분석으로부터 알 수 있다. 여기에 있는 데이터는 세계은행의 국가등급 시스템을 활용하기 때문에 이해하기 쉽고 다른 주제들과의 비교가 용이하다.

임팩트 투자에 있어서 다른 측정기준들이 추가적으로 고려되어야 한다. 중요한 측정기준 가운데 하나는 인간개발지수[HDI]로, 인간발달

---

4 세계은행그룹, "사업수행: 사업규제 측정", www.doingbusiness.org.

하위지표에 따라 국가들의 순위를 매긴다. HDI가 낮을수록 임팩트 투자가 더욱 필요하다. 일반 부문 또한 국가순위를 매기는 데 있어 목표가 될 수 있다. 예를 들어 임팩트 투자자의 초점이 건강관리에 맞추어져 있다면 산모사망률을 측정하는 것과 같은 지표가 이 분석에 이용될 수 있다. 분석의 목표는 적극적인 투자대상 발굴 노력으로 국가가 초점으로 두고 있는 것을 이해하는 것이다.

국가순위 목록을 만드는 방법에 대해 더욱 자세히 알아보고 싶다면 웹사이트에서 Country_Ranking.xlsm 파일을 열어보라. 이 워크북에는 여러 국가의 순위에 대한 데이터 집합과 활용가능한 형태로 데이터를 합성하는 방법이 포함되어 있다. 궁극적으로 투자자가 추구하는 자질을 나타내는 국가순위 목록은 분석단계에서 식별할 수 있어야 한다. 이 단계까지 가기 위해서는 기본적 데이터가 출발점이 되어야 한다.

이 분석에는 투자자, 특히 임팩트 투자자들과 관련되어 있는 데이터 집합을 포함하는 6개의 독립적인 워크시트가 있다.

1. 투자자보호: 이 데이터 집합은 투자자보호에 초점을 맞춘다. 많은 국가들은 투자자와 공개수준에 대한 태도, 이사회 책임, 주주들이 기업에 대해 법적 조치를 취하는 능력에 있어서 다르다. 대다수 투자자들은 투명성, 배정된 이사회에 대한 낮은 법적 의무 그리고 소송을 통해 부정적인 상황을 헤쳐 나갈 수 있는 능력을 원할 것이다. 국가들은 투자자보호 종합수준에 따라 가장 좋은 수준인 1에서부터 최악의 수준인 189까지 순위가 매겨진다.

2. 사업 시작: 사업 시작의 용이함은 사업가가 필요로 하는 것들을 정부가 얼마나 수월하게 해주었는지를 나타낸다. 이 데이터

집합은 국가들을 네 가지 지표, 즉 사업을 시작하는 데 필요한 절차의 수, 회사를 등록하는 데 걸리는 시간, 수수료로 드러나는 등록비용, 필요자본에 따라 순위를 매기고 있다.

3. 계약집행: 부채와 자본 투자자들에게 있어서 계약은 개념적이고 구두적인 합의를 공통된 이해로 전환한다. 더 중요하게는 당사자 한편에서 그러한 이해에서 벗어나게 된다면, 상황을 완화시킬 수 있는 강력하고 효율적인 법적 시스템이 있어야 한다. 이 데이터 집합은 계약집행과 관련된 세 가지 지표에 따라 국가순위를 매기고 있다. 그 세 가지는 분쟁해결에 소요되는 시간과 비용, 분쟁해결을 위해 필요로 하는 절차의 수이다.

4. 지급불능: 부채 투자자들에게 있어 중요한 것은 회사의 자산이 지급불능이 되는 경우에 소유권을 주장할 수 있는 능력이다. 채권자는 종종 회사 자산에 대해 우선권을 가지고 투자하지만 그러한 특권으로 주주보다 낮은 수익률을 수용한다. 그러나 가치를 회복할 수 있는 능력이 줄어들거나 어려워지면 낮은 수익률이 그만한 가치가 없을 수도 있다. 지급불능 데이터 집합은 사업폐쇄에 소요되는 시간, 사업체가 부분적으로 또는 전체적으로 매각되는 여부에 따른 폐쇄비용 그리고 매우 중요하게는 지급불능 상태에서 청구자가 얼마만큼의 돈을 회수하는지를 나타낸다.

5. 인간개발지수: 앞선 네 가지 범주들이 투자대상 발굴 활동에 포함시킬 유일한 데이터 집합이라면, 상위에 위치한 국가들은 임팩트 투자에 대한 필요성이 보다 적은 선진경제권일 것이다.[5] 임팩트 투자자에게 개발 필요성은 우선순위에 있으며 분

---

5 대다수의 투자자들이 흔히 신흥시장을 임팩트 투자의 주요 투자처로 생각하지만 동런던 채권(www.eastlondonbond.org)과 같이 선진경제권에서 필요로 하는 분야에 초점을 맞추

석에 반영되어야 한다. 이를 촉진시키기 위해 유엔개발계획이 만든 인간개발지수가 국가순위를 매기는 데 활용되고 있다.

6. 산모사망률: 부문 투자자는 분석에 자신의 전문분야를 포함시 키기를 원할 수 있다. 제시된 예시에서처럼 의료 분야를 지향 하는 투자자는 특정 지역의 산모관리 발전 및 필요성을 평가할 수 있다. 투자자의 초점에 따라 다른 전문분야들 또한 이와 유 사하게 운용될 수 있다.

현장노트

2005년 시티그룹에서 일할 당시 특정 동유럽 국가들 가운데 기금을 투자할 만한 곳을 찾 고 있었다. 투자는 담보대출과 관련이 있고, 계약집행력 및 파산보호에 관해 높은 수준의 확실성을 필요로 했다. 거래팀의 일원으로 있으면서 살펴보니 이러한 투자 측면에서 법 률이 매우 느슨하다는 것이 감지되었다. 우리는 지방정부의 실사에 착수했고, "걱정하지 마라. 몇 달 안에 이 법을 개정할 것이다"라는 연방정부 관료들의 대답을 들을 수 있었다. 집으로 돌아오는 긴 비행 후, 우리는 다음 날 회의 테이블에 둘러앉았고, 그중 한 사람이 기가 막힌 질문을 던졌다. "그들이 우리를 위해 수개월 안에 법을 개정할 수 있다면, 그만 큼 우리에 반하는 법 또한 빠르게 개정할 수 있는 것 아닌가요?" 그 투자는 결국 이루어 지지 않았다.

❯ 데이터 집계 및 가중치

데이터가 입력되면 단일 시트에 이를 집계해야 한다. Data Agg 시트 는 모든 잠재적인 국가들의 관련 순위를 오른쪽으로 나열한다. 6행에

는 투자전략도 있다.

'목표Target'라고 불리는, 순위에 대한 지침이 있다는 것에 유의하라. 이는 약하거나 강한 순위를 나타내는 높거나 낮은 숫자가 바람직한지의 여부를 추적하기 위해서이다. 예를 들어 계약집행에 대해 낮은 점수를 가진 국가는 높은 계약집행기준을 적용하고 있다는 것을 의미한다. 이는 대부분의 투자자들에게 있어 바람직하다. 그러나 낮은 HDI 순위는 매우 발달된 경제상황을 나타내고, 이는 임팩트 투자자에게는 좋은 곳이 아닐 수도 있다. 그림 2.1은 데이터 집계의 윗부분을 보여준다.

국가 데이터 집계가 완료되면 가중방법을 투자명제 선호도별로 적용시킬 수 있다. 실질적으로 가중평균 점수는 필요하지만 높은 점수 혹은 낮은 점수가 바람직한지는 인지하고 있어야 한다. 이 예시에서는 6개의 측정 항목 중 5개에 대해서는 낮은 점수를 갖는 것이 바람직하다. 백분율 영향력이 더 높은 가중방법을 사용하려면 낮은 점수를 높은 점수로 변환하는 높은 순위가 필요하다. 데이터 변환은 HDI를 제외한 모든 요인에 대해 순위별로 된 각 데이터 세트의 국가 수를 차감해 행해질 수 있다. 정확한 순위 수치를 활용함으로써, 가중평균은 가

목표	낮은 지급불능	낮은 투자자보호	낮은 사업 시작 용이도	낮은 계약집행	높은 HDI	낮은 산모사망률
아프가니스탄	115	189	24	168	175	23
알바니아	62	14	76	124	70	129
알제리	60	98	164	129	93	76
앙골라	189	80	178	187	148	25
앤티가 바부다	80	34	92	65	67	데이터 없음
아르헨티나	97	98	164	57	45	85

그림 2.1 국가별 순위가 집계되고 가중비율을 적용할 준비 중이다.

가중비율 10%	20%	10%	25%	35%	0%

지급불능	투자자보호	사업 시작 용이도	계약집행	HDI	산모사망률	가중치
7.4	0	16.5	5.25	61.25	0	90.40
12.7	35	11.3	16.25	24.5	0	99.75
12.9	18.2	2.5	15	32.55	0	81.15
0	21.8	1.1	0.5	51.8	0	75.20
10.9	31	9.7	31	23.45	0	106.05
9.2	18.2	2.5	33	15.75	0	78.65

그림 2.2 집계된 데이터와 각 국가의 가중치가 계산된다.

중비율에 순위를 곱해 산출해낼 수 있다.[6] 그림 2.2는 가중계산에 대한 개요를 나타낸다.

❯ 분석결과 제어

가중비율은 투자자의 투자명제에 따라 조정될 수 있다. 시나리오 선택 시스템은 다양한 가중 사례들을 설정하는 데 있어 이상적이다.

그림 2.3은 이 책 전체에서 다루고 있는 다른 분석들에서 사용되는 시스템을 전형적으로 보여주고 있다.

---

6 숙련된 엑셀 사용자들은 일부 수식에 복잡한 찾아보기 기능이 있다는 것을 알아차렸을 것이고, 종종 매핑시트를 참조할 것이다. 이는 데이터 세트가 이름이 약간 다른 국가를 사용하거나 다른 리스트가 가지고 있지 않은 국가를 인식하기 때문이다.

1) 시트의 이쪽 면에 가중비율이 입력된다.

글로벌 임팩트-자본 가중비율	글로벌 임팩트-부채 가중비율
10%	20%
20%	5%
10%	5%
5%	0%
15%	40%
30%	30%
0%	0%
90%	**100%**

2) 원하는 시나리오가 드롭다운 리스트에서 선택된다.

선택된 시나리오	글로벌 임팩트-자본

글로벌 임팩트-자본
글로벌 임팩트-부채
글로벌 임팩트-산모
글로벌 비임팩트
글로벌 자선

3) 2단계에서의 선택에 따라 가중비율이 분석에 연결된 별도의 섹션에 적용된다.

분류	가중비율
지급불능	10%
투자자보호	20%
기업가 필요성	10%
사업 시작 용이도	5%
계약집행	15%
HDI	30%
산모사망률	10%
합계	**100%**

그림 2.3 시나리오 선택 시스템은 사용자가 투자자 선호도를 입력하고 시나리오 간에 전환할 수 있도록 도와준다.

〉 결과

시나리오가 채택되고 나면 Data Agg 시트는 가중비율을 기반으로 적절한 통계치를 계산하고 결과를 요약할 수 있다. 요약표에는 선택한 가중비율의 조합으로 생성되는 상위 25개 국가들이 표시된다. 또한 관련 특성을 나타내는 히트맵들이 표시되기 때문에 사용자는 어떤 요인들이 이런 결과를 이끌어내는 것인지 알 수 있게 된다. 그림 2.4는 상위 15개 국가의 글로벌 자본 임팩트 투자 시나리오 결과를 보여준다.

그림 2.4에서 가장 눈에 띄는 특징은 싱가포르와 홍콩 같이 부유한 국가들이 있다는 점이다. HDI의 가중비율이 많이 높지만 다른 네 가지 요인들도 선진국을 선호한다. 이러한 이유 때문에 순위가 어떻게 결정되었는지 히트맵을 자세히 들여다보는 것이 중요하다. 선정된 국가들 간 균형이 유지되고 있다는 것은 명백하다. 예를 들어 첫 번째 선

Top 25	국가	점수	지급 불능	투자자 보호	사업 시작 용이도	계약 집행	HDI	산모 사망률
1	르완다	152.3	5.2	33.4	18	37.25	58.45	0
2	태국	136.1	13.1	35.4	9.8	41.75	36.05	0
3	타지키스탄	135.7	10.8	33.4	10.2	37.5	43.75	0
4	몽골	133.0	5.6	33.4	16.4	39.75	37.8	0
5	말레이시아	131.2	14.7	37	17.3	39.75	22.4	0
6	아제르바이잔	130.6	10.3	33.4	17.9	40.25	28.7	0
7	키르기스 공화국	130.3	5.7	33.4	17.7	29.75	43.75	0
8	남아프리카	128.6	10.7	35.8	12.5	27.25	42.35	0
9	가나	128.2	7.3	31	6.1	36.5	47.25	0
10	카자흐스탄	127.5	13.5	33.4	15.9	40.5	24.15	0
11	조지아	127.0	10.1	34.6	18.1	39	25.2	0
12	모리셔스	127.0	12.8	35.4	17	33.75	28	0
13	싱가포르	125.1	18.5	37.4	18.6	44.25	6.3	0
14	몰도바	123.5	9.8	21.8	10.8	41.5	39.55	0
15	홍콩	122.2	17	37.2	18.4	45	4.55	0

그림 2.4 선택한 국가가 관련 특성을 나타내는 히트맵과 함께 요약되었다.

택은 르완다로, HDI에 근거해 높은 개발수요가 있고, 투자자보호와 계약집행 부문에서 충분한 점수를 획득했기에 매우 선호된다. 지급불능과 사업시작 용이도에서 좋은 점수를 얻지 못했지만 다른 요인들이 낮은 점수를 보충한다.

싱가포르를 보면 균형은 더욱 분명해진다. 싱가포르는 그림에 있는 15개 국가들 중 매우 낮은 HDI 점수를 받았지만 계약집행과 투자자보호 부문에서 높은 점수를 받았기에 상위 15개 국가에 들었다. 싱가포르는 또한 사업 시작 용이도와 지급불능 완화에서 높은 점수를 획득했다.

투자자들은 가중비율을 그들의 투자전략에 초점을 맞춰서 할 수 있다. 예를 들어 부채 투자자들은 회사 자산에 대한 부채의 첫 선취권을 감안해 지급불능 보장과 계약집행 조항에 더 강조점을 둘 수 있다. 시트의 시나리오 선택기를 '글로벌 임팩트-부채'로 변경하라. 변경사항이 적용되면 결과가 변하고, 에티오피아는 특히 부채 투자에 중요한 지급불능 완화 점수에 중점을 둠으로써 최상위 자리를 차지할 수 있게 된다.

이는 지리적 적합성을 위한 체제 구축을 시작하는 방법일 뿐이며 각 국가마다 자세히 검토해야 한다는 점을 명심하라. 예를 들어 '글로벌 임팩트-부채' 부문에서 최상의 선택인 에티오피아는 높은 개발 필요성과 좋은 지급불능 완화 점수를 받았지만 상위 25개 국가의 평균 투자자보호 점수(6.256)와 비교했을 때 1.6이라는 투자자보호 점수는 매우 낮다. 투자자의 위험 수용범위에 따라 이 조합은 적절하지 않을 수 있다. 개별 분석은 항상 필요한 것이다. 또한 여기에서 선택된 데이터 집합은 완벽한 투자환경을 완전히 나타내거나 망라하지도 않는다. 국가위험을 조사하기 위해서는 현지실사가 동반되어야 한다.

마지막으로 임팩트 투자는 신흥시장에서만 이루어져야 하는 것이 아니다. 선진국에 위치해 있으면서 해외에 초점을 맞추고 있거나 제1장에서 언급했듯이 국내 수요가 존재하는 곳에 위치한 많은 기업들이 있다. 그러나 선진국 시장에 위치하고 있으면서 신흥시장과 국경시장에서 사업을 하는 기업의 투자자들은 여전히 주요 운영 지역에 대한 국가위험 분석을 실시해야 한다. 간접위험은 현금흐름을 와해할 수 있으며 바로 기업 전체의 생존에 무리가 될 수 있다.

[국가경제 분석]

국가의 적합성에 대한 이전의 분석이 투자와 관련된 다양한 특징을 포함하고 있지만 경제지표는 전혀 없었다. 경제지표는 많지만 복합적인 잠재위험을 포착하는 두 가지 중요한 지표는 경기순환과 외환이다. 특정 국가가 투자에 적합하더라도 이 두 가지 지표로 인해 그 시기가 맞지 않을 수 있다.

▶ 경기순환

역사는 경제학자들과 기업들에게 경기순환이라는 경제에 비교적 표준적인 패턴이 있음을 증명해왔다. 경제는 성장기, 쇠퇴기, 다시 성장기를 거친다. 순환이 이루어지는 각 시기의 기간은 상당히 상이할 수 있지만 이 패턴은 매우 분명하다. 그림 2.5는 표준 경기순환을 묘사하고 있다.

국가들은 그들만의 독특한 경기순환을 보이거나 혹은 그들의 경제에 영향을 미치는 다른 국가들과 연관될 수 있다. 이러한 이유로 투자자는 경기순환을 이해하기 위해 항상 그 국가의 경제자료를 수집해야 한다. 특정 분야의 투자자들은 경기순환과 기대 발전 방향에 대해 그들의 분야를 생각해야 한다. 예를 들어 그림 2.5에 나타나는 성장단계에서의 주택 프로젝트는 경제가 나아지고 있고, 재량지출이 늘어나고 있으며, 신용이 확대되고 있기 때문에 매력적으로 보일 수 있다. 그러나 경기 침체기엔 신용이 긴축되어 대출을 받기가 어려워지고 소비자들이 저축에 중점을 두게 된다.

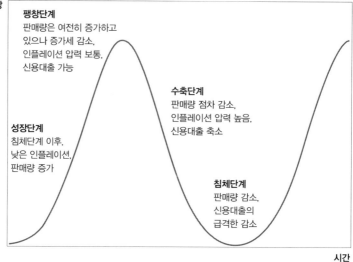

[표준 경기순환모델]

경제성장

팽창단계
판매량은 여전히 증가하고
있으나 증가세 감소.
인플레이션 압력 보통.
신용대출 가능

수축단계
판매량 점차 감소.
인플레이션 압력 높음.
신용대출 축소

성장단계
침체단계 이후.
낮은 인플레이션.
판매량 증가

침체단계
판매량 감소.
신용대출의
급격한 감소

시간

그림 2.5 표준 경기순환모델은 투자자가 이해하는 것이 중요하다.

    많은 임팩트 투자의 유지기간을 감안할 때 경기순환을 고려하는 적
절한 시기 투자는 중요할 수 있다. 대부분의 자본 임팩트 투자자들은
더 길어지지 않으면 5년에서 7년간 투자를 유지한다. 부채 투자자들은
평균 1년에서 3년이 투자기간이다. 투자 및 회수 시 경기순환이 중대
한 영향을 미칠 수 있다.

    이상적인 상황은 경제성장 국면의 초기를 파악하는 것이다. 보이는
통계들이 쇠퇴기에 기반을 둔 것이기 때문에 이는 매우 어렵다. 그러
나 이러한 통계 속에 기회가 존재할 수 있다. 기업들은 일반적으로 어
려워지고 기업평가는 감소할 것이다. 이 단계에서의 투자는 낮은 진입
가격과 미래의 성과 향상으로 이어질 수 있다. 부채 투자자들에게는
매출이 증가하므로 전부 또는 일부 부채를 충당할 수 있는 시의적절한

시간이 될 것이다.

　반대의 상황은 쇠퇴기에 투자하는 것이다. 이 상황에서 기업평가는 성장 국면에서의 자료가 보고되기 때문에 아직 매우 높을 것이다. 투자 후 곧바로 경제가 수축되기 시작할 수 있으며, 매출이 감소하고, 신용이 긴축될 수 있다. 매출의 하락과 보다 긴축한 신용의 조합은 초기 단계에 있는 회사에게 상당한 부담을 줄 수 있다. 만약 회사가 운전자본을 생성하거나 획득하지 못한다면 자본 또는 부채 투자자들로부터 추가 현금을 필요로 할 것이다. 이러한 상황에서의 투자자들은 성장기가 시작될 때까지 회사에 자금을 제공하게 될 것이다.

　부채 투자자들은 경기순환의 인플레이션 측면에도 각별한 주의를 기울여야 한다. 만약 부채 투자자들이 고정금리 상품을 제공한다면, 고정과 변동이자율 간 불일치로 야기되는 위험으로 정의되는 베이시스위험에 직면할 수 있다. 예를 들어 지방 부채기금인 투자자가 기금 투자자들에게는 변동금리의 수익률을 지급하는 반면, 피투자회사에게는 고정금리 부채를 제공하는 경우 경기순환이 어떻게 전개되느냐에 따라 불일치가 발생할 수도 있다. 만약 부채가 성장촉진을 위해 금리가 매우 낮을 때인 불황의 저점에서 피투자자에게 제공되고, 금리가 인상되기 시작하는 성장단계가 빠르게 진행되면 부채기금이 금리 차스트레스를 받게 될 것이다. 피투자자의 수익률은 낮게 책정되고, 부채기금이 투자자들에게 지불해야 할 금액은 증가할 것이다. 대부분의 펀드는 헤지상품에 투자할 수 있지만 높은 비용이 들 수 있다.

≫ 외환위험

전 세계 혹은 지역기반이건 간에 투자자들은 종종 외환위험과 씨름해야 한다. 이는 투자자가 기금에 낸 것과 다른 통화로 전환할 때 통화 환율의 움직임이 직접적으로 혹은 간접적으로 투자된 회사의 외환영업위험을 통해 영향을 미친다.

직접적인 외환위험은 투자과정의 여러 시점에서 발생할 수 있다. 자본 투자자들에게는 투자시점과 회수시점에 발생할 수 있다. 부채 투자자들에게는 투자시점, 이자 지불기간, 원금 상환기간에 발생할 수 있다. 부채 투자자들은 일반적으로 외환위험에 대비책을 마련해 놓지만 자본 투자자들은 어려움을 겪게 된다. 자본 투자자들이 외환위험에 대한 대비책을 마련하는 데 어려움을 겪는 이유는 그들이 기간을 모르거나 얼마만큼 대비해야 하는지 모르기 때문이다. 자본 투자자들은 회수하기까지 오랜 기간 동안 투자를 유지해야만 하기 때문에 장기간의 헤징은 상당히 많은 비용이 든다. 또한 투자별로 회수금이 매우 상이하기 때문에 회수 시 헤지할 정확한 금액을 산정하기 어렵다. 자본 투자자는 흔히 넘치거나 부족하게 헤지한다.

만약 자본 투자자가 직접적 통화위험을 감수하기로 하고 투자한 것과 다른 통화로 투자했을 때에는 외환 환율의 변동성과 미래의 변동이 수익에 어떤 영향을 주는지에 대해 알아보아야 한다. 이를 더 잘 이해하기 위해 자본 투자자들의 직접 외환위험에 대한 투자와 회수 두 가지 포인트가 구체적으로 분석되어야 한다.

투자의 동의와 자금이 실제로 지급되는 시간 사이에 변동되는 환율로 분석이 이루어지면 투자 시 직접 외환위험이 발생할 수 있다. 종종 투자평가 및 소유지분에 동의한 후 확정문서가 협상되고 마무리 지어질 때까지 몇 주가 걸리기도 한다. 이 기간 동안 외환변동이 심하다면 손해의 위험이 있다.

더 잘 이해하기 위해 웹사이트 FX_IRR.xlsx 파일을 열어 Investment 시트를 선택하라. C11에서 시작하면 2013년 8월부터 2013년 10월 말까지의 브라질 헤알Real화 데이터가 있다. 이 시기에 브라질의 헤알은 매우 변동적이었다. 주어진 예시는 2013년 8월 4일 투자평가 및 소유권 계약을 전제로 600만 BRL을 투자하기로 투자자가 합의했지만 2013년 9월 29일까지 자금을 확정하고 송금하지 않았다. 이 자본 투자자는 8월에 수익에 대한 분석을 USD당 BRL 2.450으로 완료했겠지만 실제로는 9월 환율인 USD당 BRL 2.181로 투자했을 것이다. USD당 BRL 2.450의 환율에서 투자자는 투자를 위해 필요한 돈이 USD 2,449,170으로 환산되었다. 그러나 8주 후 환율의 변화로 인해 똑같은 600만 BRL의 투자를 위해 USD 2,751,511을 투자해야 했다. 투자자는 USD 302,342를 순식간에 잃은 것이다. 내부투자수익률 IRR의 관점으로 보았을 때 회수 시 환율위험은 무시하고, 만약 투자자가 5년 후 500만 달러를 회수할 수 있을 거라 가정했을 때 환율로 인해 그들은 즉각적으로 2.65%의 IRR(즉 환산된 금액에 따른 잠재적 IRR 15.34%와 환율의 변동에 의해 추가적으로 더 필요해진 달러로 인한 IRR 12.69%의 차이)이 떨어졌을 것이다. 그림 2.6은 이 상황을 워크시트로 나타낸 것이다.

투자 시 직접적인 외환위험은 여러 방법으로 완화될 수 있다. 투자자의 관점에서는 소유지분에 대해 투자기금 통화(이 예시에서는 달러)로 투자금액을 모두가 합의한다면 완전히 제거될 수 있다. 그러나 이로 인해 피투자자들은 예상보다 적은 자금이 모이는 위험에 처하게 된다. 대안적으로 외환위험 공유구조를 통해 당사자들 사이의 위험을 공유할 수 있다. 구체적으로 각 당사자는 선도계약을 체결하고 환율을 효과적으로 고정시킴으로써 위험에 대한 일정 비율을 부담할 것에 동의할 수 있다. 헤지된 환율이 수익률 분석에 사용될 수 있었을런지도 모른다.

자본 투자자들에게도 회수시점에 비슷한 직접적 외환위험이 나타나지만 투자와 회수시점 사이의 오랜 시간으로 인해 훨씬 더 전반적이다. 이를 이해하기 위해 웹사이트의 같은 파일 FX_IRR.xlsx의 Exit 탭을 선택해보자. 이 예시는 자본 투자자가 2010년 인도의 한 회사에 300만 USD를 투자한 상황이다. 투자는 지역기금으로 이루어지며 2010년 비율인 달러당 INR 45.7로 환산된다. 6년 후 이 투자는 3배로 회수될 수 있지만 달러로 변환해야만 한다. 불행하게도 D열의 달러당 INR(인도 루피)의 환율을 따져보았을 때 6년이라는 시간 동안 INR의 가

[손실 요약]

달러 손실	
계약 시작 시 투자규모 결정	2,449,170
계약 마무리 시 필요한 투자	2,751,511
순손실	(302,342)

연간 IRR 분석		
	환율 변화 없음 15.34%	환율 변화 시 12.69%
0	(2,449,170)	(2,751,511)
1	0	0
2	0	0
3	0	0
4	0	0
5	5,000,000	5,000,000

그림 2.6 계약 시작과 계약 마무리 사이의 시간 동안 가치 상승된 BRL은 달러로 투자한 투자자에게 손실을 가져다주었다.

치가 매우 하락했다. 달러로 3배를 돌려받는 대신 투자자는 투자액의 1.96배에 해당하는 달러를 돌려받는다. 순수하게 달러로만 투자가 진행되었을 경우 투자가치를 살펴볼 수 있도록 추가적인 비교를 해보자면, 달러로만 진행되었을 경우 6년의 시간 동안 20.09%의 IRR로 돌아왔겠지만 그에 반해 투자자가 INR로 바꾸고 다시 달러로 환전해야 할 경우 IRR은 11.86%가 된다. 이 예시는 그림 2.7에서 볼 수 있다.

초기 투자	3,000,000
통화	USD
투자년도	2010
회수년도	2016
투자금 배수	3.00×

비환전 내부수익률	20.09%
환전 내부수익률	11.86%
차이	−8.24%

연도	INR(1USD)	비환전 시	투자(INR)/수익(USD)	
		현금흐름(USD)	현금흐름(USD)	현금흐름(INR)
2008	43.6	0	0	0
2009	48.4	0	0	0
2010	45.7	(3,000,000)	(3,000,0000)	(137,100,000)
2011	45.8	0	0	0
2012	53.5	0	0	0
2013	68.0	0	0	0
2014	70.0	0	0	0
2015	72.0	0	0	0
2016	70.0	9,000,000	5,875,714	411,300,000
2017	65.0	0	0	0
2018	60.0	0	0	0

그림 2.7 이 예시에서 보여주듯이 투자통화를 지역통화로 전환하고 투자통화로 다시 전환하는 과정은 직접적 외환위험을 가져온다.

이 워크시트는 또한 자본 투자자의 입장에서 헤지하는 것이 왜 어려운지를 보여준다. 투자 후 달라지는 변수들은 회수년도로 표현되는 시간과 투자금 배수로 표현되는 가치이다. 시간과 가치에 대해 알지 못한다면 대비책을 세우는 것은 매우 값비싼 예측이 될 것이며, 이는 변동폭이 심한 통화의 경우 특히 더하다.

투자자가 직접적인 외환위험을 피할 수 있다고 가정하더라도, 여전히 그들은 간접적 외환위험을 인지해야 한다. 이는 수익과 비용이 하나의 동화로 일치되지 않는 회사에 투자가 이루어질 때 발생한다.

예를 들어 인도에서 제품을 판매하는 회사의 제품 제조국은 중국일 수 있다. 이 경우 수익은 INR로 생기지만 비용은 CNY(위안화)로 지불되어야 한다. 만약 INR이 CNY에 비교해 가치가 크게 하락할 경우, 같은 비용을 충당하기 위해 더 많은 양의 INR을 필요로 할 것이고, 이윤은 줄어들게 될 것이다. 이 개념은 제3장에서 법인체에 대해 짚어볼 때 더 자세히 살펴보도록 하겠다.

직접적으로나 간접적으로 외환위험과 맞닥뜨렸을 때 성공적인 투자처 발굴을 위한 방법으로 외환 문제를 완화할 수 있는 능력을 가져야 한다는 점은 분명하다. 만약 통화의 변동폭이 매우 크고 지역의 피투자자들이 외환위험을 완화하는 협상을 꺼리는 경우, 그런 지역을 아예 피하는 것이 옳을 수 있다. 부채 투자자들에게 대비책을 세우는 것 또한 변동성과 관련이 있다. 변동성이 큰 통화일수록 헤지비용은 더 비싸게 된다. 차라리 대체지역에 대한 투자가 바람직하다고 느껴질 정도로 헤지비용이 수익을 감소시키는 일정 시점이 있다.

[지리학과 경제학 그 외]

지금까지 지리학과 경제학적 고려 관점에서 투자처 발굴에 접근하는 유효한 방법들이 소개되었다. 이는 매력적인 회사가 나타날 경우 가장 높은 성공 확률이 존재하는 국가가 주목할 만한 참고가 될 것이다. 사실 투자자에게는 그러한 회사를 발굴하는 것이 일상의 핵심이다. 숙련된 투자자들은 더 많은 잠재력을 가진 투자를 할 수 있는 네트워크를 가지고 있다. 새로운 투자자들은 장점과 단점을 고려하면서 다음(표 2.1)을 시도해볼 수 있다.

방법	장점	단점
임팩트 투자 관련 학회/회의	사업에 대해 자세히 논의할 수 있는 많은 피투자자를 비용 없이 접할 수 있다.	경쟁 투자자들은 잠재적 투자를 이미 찾았거나 혹은 이 시점에서 이미 투자과정에 참여하고 있다.
비임팩트 투자 관련 학회/회의	유사한 투자자와의 경쟁이 덜하고 투자자의 가치를 구분할 수 있다.	임팩트 투자 관련 요건을 충족하는 투자자를 찾을 가능성이 적다.
분야에 특정한 학회/회의	투자자의 부문 전략에 부합하는 일반 투자자 및 피투자회사와의 경쟁이 감소한다.	부문의 특수성 때문에 잠재적으로 투자가 제한된다.
자본 자문사	사전에 선별된 투자가 관련성이 매우 높은 정보를 가지고 체계적인 형식으로 제시된다.	최상의 투자는 자본 자문사와의 관계에 달려 있다. 자본 자문사와 처음이라면 가장 좋은 투자는 이미 다른 투자자에게 제공되었을 수 있고, 보이는 투자는 남은 것들이다.
기존 피투자자의 추천	신뢰할 수 있는 개인으로부터 이미 지역 분석이 완료되고 투자대상이 발굴된다.	기존 피투자자가 호의를 베푸는 것이지 최상의 투자발굴 서비스를 제공하는 것은 아니다.

표 2.1 투자대상 발굴법의 장점 및 단점

현장노트

동남아시아로 투자처 발굴 여행을 하던 어떤 특별한 날에 임팩트 투자에 초점을 맞추지 않은 전통적인 컨퍼런스에 참석한 적이 있다. 이 여행 도중 농촌에서 공급을 받는 듯한 연간 1천만 달러의 매출을 올리고 있는 과일주스/퓌레 회사가 관심을 끌었다. 나는 회사 대표자에게 과일을 어디에서 공급받는지 그리고 어떻게 공급망을 확보했는지 물었다. 그는 회사가 어떻게 농부들에게 공급을 받는지, 필요하다면 대출을 해주는지, 더 품질 좋은 과일을 재배하기 위해 어떠한 기술적 지원을 하는지에 대해 설명해주었다. 그 즉시 경쟁 투사사들과 거의 집촉하지 않은, 사실상 전혀 알려지지 않은 이 회사가 나에게 높은 가능성을 지닌 임팩트 투자처로 자리매김되었다.

[임팩트 투자를 위한 대상 발굴]

이 장의 앞부분에서 언급했듯이 임팩트 투자자들은 세 번째 중요한 측면인 임팩트의 수준에 대해서도 고민해야 한다. 임팩트 투자기회를 찾아 나서기 전에 잘 정의된 임팩트 투자전략을 수립하는 것이 중요하다. 투자의 사회적 목적은 무엇인가? 투자자의 임팩트 판단기준은 무엇인가? 투자자의 위험 대비 수익 상관관계는 어떠하며, 이는 임팩트 투자를 진행하는 데 있어 조정되어야 하는가?

투자자들이 자신을 제대로 파악하고, 추구하는 것이 무엇인지에 대해 잘 인지하면 할수록 양질의 투자처를 성공적으로 발굴할 수 있는 가능성이 높아진다. 예를 들어 헬스케어 분야의 성장단계 기업에 관심이 있는 임팩트 투자자는 매력적인 지방 투자기회를 발견할 수 있지만 헬스케어 분야와 무관한 경우 투자를 신속하게 포기해야 한다. 투자자가 발굴을 잘 할수록 투자자는 양 당사자의 비용을 절감하는 데 더욱 효과적일 것이다.

분야에 문외한인 투자자들은 발굴하는 범위가 더욱 넓다. 범위를 좁히는 데 도움이 되는 것은 위험 대비 수익률 프로파일, 활용가능한 방법의 유형 및 회사의 성숙도이며, 이는 모두 상호 의존적인 요소들이다. 예를 들어 주요 임팩트 투자자인 뱀부파이낸스는 신흥시장의 저소득층 공동체에 이익이 되는 사업모델에 전문적으로 투자하는 영리 비공개기업투자 회사로 스스로를 정의한다. 이러한 명확한 자리매김은 회사가 발굴 노력에 집중할 수 있도록 도와주며, 투자자금을 찾는 기업이 투자자를 찾는 노력을 줄이는 데 도움이 된다. 임팩트베이스나 글로벌 임팩트 투자 네트워크 또는 토닉과 같은 전문화된 임팩트 투자 네트워크 및 서비스는 발굴단계에서 유용한 자료를 제공할 수 있다.

[선별과정]

발굴전략에 착수하게 되면 수많은 잠재적 투자처들에 대한 평가가 이루어져야 한다. 여기에서는 다음 투자단계로 이동하는 기업의 수를 줄이기 위한 체계적인 접근방법을 취해야 한다. 또한 사회적 임팩트, 투자명제, 사업전략, 운영계획 및 재정적 생존력에 관한 기본적인 질문에 대한 답이 이루어져야 한다. 이러한 질문과 가능한 답변을 넘어서 이 섹션에서는 투자활동을 거치면서 임팩트 투자자가 되는 모의경험을 시작할 것이다. 가상의 세 회사들이 제시되고, 둘을 제거하기 위해 선별과정이 실행될 것이며, 앞으로 나아갈 하나가 선택될 것이다.

❯ 선별 질문들

선별에 관한 체계적인 접근방법을 취하는 것은 각 투자를 객관적으로 측정하는 데 도움이 된다. 특정 투자에 대한 고유한 질문들이 분명히 있지만, 각 투자기회에 대해 묻는 기본적인 질문들을 준비해 놓으면 부적합하거나 바람직하지 않은 투자를 걸러내는 데 도움이 될 것이다. 다음 질문들은 기업의 사회적 임팩트, 사업전략 및 운영, 당면한 특정 투자에 초점을 두고 있다. 세 가지 섹션 가운데 임팩트 투자에 있어 독특한 것은 이러한 질문과정을 안내하는 사회적 임팩트 지도를 만드는 것이다.

❯ 사회적 임팩트 지도를 통한 사회적 임팩트 선별

임팩트 투자 부문은 다양한 도구와 방법을 이용해 개입으로 인한 장기적인 변화를 파악하고 포착한다. 어떤 사람은 변화이론을, 다른 사람은 논리적 체계, 임팩트 지도 등등을 참조한다. 모두 공통적으로 선형 인과관계를 가지고 있다. 한쪽 끝에는 임팩트 투자자가 의도, 목표, 투입물을 가지고 있다. 다른 반대쪽 끝에는 사람들의 삶으로 나타나는 변화가 있다.

임팩트 지도는 인과관계를 명확히 하고 속성의 이해를 도와준다. 임팩트는 긍정적이든 부정적이든 간에 사람들의 복지 변화로 정의된다. 그것은 수익, 안전, 보안, 지식, 능력 또는 행동에 있어서의 증가일 수 있다. 구성요소가 잘 정렬될수록 기대하는 임팩트가 나올 가능성이 높아진다. 임팩트 지도에 포함된 모든 단계는 그림 2.8에 나와 있다.

선별단계에서 우리는 목표로 삼은 장기임팩트의 달성 확률을 평가하기 위해 임팩트 지도를 대략 그려볼 수 있다. 다음의 질문들과 함께

이 훈련을 통해 투자자는 기업의 임팩트 전략이 얼마나 잘 세워지고 문서화되어 있는지 이해할 수 있다.

그림 2.8 임팩트 지도를 만들기 위한 전체 단계

- 1단계: 사명

  기관이 달성하고자 하는 것은 무엇인가? 조직이 다루는 사회적 또는 환경적 도전은 무엇인가? 헬스케어에 대한 접근성을 향상시키기 위한 목적을 가지고 있는가? 교육에 대한 접근성은? 재생가능한 에너지에 대한 접근성은? 저렴한 주택은?

  일반적으로 이는 기관의 강령과 사회적 목표에서 찾아볼 수 있다. 좋은 강령[7]은 다음 세 가지 조건을 갖추고 있다. 목표고객, 목표고객의 예측되는 사회적 결과, 어떻게 기관이 목표고객의 필요를 충족시킬지에 대한 참고.

  효과적이고 간결한 강령의 예시: 저렴한 대출을 통해 멕시코 저소득층 학생들의 고등교육 접근성을 높이는 것.

- 2단계: 사회적 목표

  중·단기 기간에 있어 기관의 사회적 그리고/또는 환경적 목표는 무엇인가?

  이상적으로 기관은 목표인구에 맞는 구체적이고 기간이 정해진 사회적 목표를 설정하고, 시간경과에 따라 이 목표의 달성과

---

7 좋은 강령의 필수 요소(그리고 일반적으로 좋은 사회적 성취 관행)에 대해서는 사회적 성과 태스크포스의 "Universal Standards for Social Performance Management (USSPM)"(2012. 6.)를 참고하라. USSPM은 금융기관이 사회적 목표를 달성하는 데 도움이 되는 종합 안내책자이다.

정을 추적해야 한다. 하지만 사회적 목표는 대개 모호하고 기간이 정해져 있지 않다. 예를 들어 소액금융기관들은 빈곤 감소와 같은 거창한 사회적 목표를 인용하기도 한다. 아직은 전통적으로 빈곤에 대한 측정이 이루어지지 않아 그들이 목표를 이행하고 있는지는 알 수 없다. 소액금융 사업의 정보제공자인 믹스 시장은 405개가 넘는 소액금융기관들[8]에 설문조사를 실시했다. 설문조사에 의하면 조사된 소액금융기관 가운데 84%가 넘는 곳이 빈곤 감소를 사회적 목표로 설정했지만, 오직 10%만이 자료를 제공할 수 있었다.

효과적이고 SMART(구체적인Specific, 측정가능한Measurable, 성취가능한Achievable, 적절한Relevant, 기간이 정해진Time-bound)한 사회적 목표의 예시: 2015년 7월까지 니카라과 소규모 커피농가의 순 농장소득을 최소한 30% 이상 증가시키는 것.

• 3단계: 투입물
목표 달성을 위해 조직은 무엇을 투자하는가?
투입물이란 회사가 활동을 위해 투자하는 자원(인적자원, 자본, 자재)을 일컫는다. 거듭 말하지만 수단을 살펴보면 투자자는 의도한 목적에 도달할 가능성을 알 수 있다. 또한 모니터링과 평가에 투입되는 자원의 수준을 이해하는 것도 중요하다. 이는 구체적인 활동이 얼마나 중요한지 보여준다.

• 4단계: 활동
여기에서 우리는 다음과 같은 질문을 살펴본다.
회사의 경영진과 이사회가 목표 달성을 위해 얼마나 잘 조직

---

8 Micol Pistelli, Anton Simanowitz, and Veronika Thiel, "사회적 성과 보고 및 관리에 있어서 수행 상태, 2009~2010 MIX에 보고된 405개 MFI에 대한 설문", Imp-Act Consortium (2011. 7.), www.themix.org/sites/default/files/MBB-%20SoPinSPReporting%20and%20Management_FINAL_0.pdf.

되어 있는가? 목표고객에게 제공하는 제품/서비스가 얼마나 적합한가? 분배 및 지불의 기제는 얼마나 적합한가? 회사의 데이터 수집 시스템은 실제로 얼마나 잘 수행되는가?

- 5, 6단계: 산출물과 결과
어떤 생산지표가 사회적 임팩트의 핵심을 포착할 것인가?

산출물과 결과의 차이를 이해하는 것은 중요하다. 산출물은 회사활동의 직접적인 결과, 제공된 처리 횟수, 지급된 대출 혹은 판매된 태양광 램프를 가리킨다. 결과는 대신 산출물이 고객의 삶에 미치는 차이, 대출의 임팩트 혹은 태양광 램프 및 처치에 관련된다.

산출물 지표는 물론 조직이 달성하고자 하는 목표에 달려 있다. 방금 언급된 저소득층 학생의 교육 접근성을 촉진하는 회사는 대출이 지급된 학생 수를 보고해야 한다. 그러나 초점이 저소득층 학생들을 위한 대출이기 때문에 사회경제학 범주당 학생 대출의 수와 변화를 모니터해야 한다. 선별단계에서 우리는 조직이 자료를 수집하고 감시하는지 확인해야 한다. 더 중요한 것은 이바지한다고 주장하는 분야에 어떻게 잘 기능하고 있는지를 평가하기 위한 자료가 필요로 하는 형태로 되어 있는지를 검증해야 한다는 것이다.

회사가 주기적으로 모니터링하는 비재무지표는 명확하게 정의되어야 하며, 근본적인 가정과 계산에 대한 자료출처 및 설명을 포함해야 한다. 사실 가정은 임팩트 지도의 필수적인 부분이다. 이는 연구로 뒷받침되어야 하며, 출처는 인용되어야 한다. 새로운 증거가 발견되면 가정은 변할 수 있지만 이 가정의 변경사항 또한 임팩트 지도에 문서화되어야 한다.

- 7단계: 임팩트
임팩트는 무엇인가?

표 2.2를 보면 간략한 임팩트 지도가 있다. 보다 정교한 임팩트 지도는 제3장에서 찾아볼 수 있으며, 포괄적 임팩트 지도는 이 책 웹사이트 제3장 폴더 아래의 엑셀파일에 있다.

선별단계에서 이러한 구성요소를 잠깐 살펴보는 것만으로도 의도한 사명을 달성할 조직의 가능성에 대한 감을 잡을 수 있다. 다음 단계로 넘어가면 철저한 실사를 통해 기본 자료수집 실행 및 조직의 임팩트 이행도에 대한 추가 검증이 가능하다.

사회적 임팩트 선별에 대해 임팩트 지도에 없는 두 가지 다른 요소가 존재한다. 하나는 ESG(환경적environmental, 사회적social, 거버넌스governance) 정책들이고 다른 하나는 모니터링과 평가M&E 역량이다. 거버넌스와 특히 사회목표에 대한 이사회의 감독, 급여제도, 직원 장려책 및 이들의 임팩트 목표와의 일치성들은 모두 ESG의 부분이다. ESG 평가의 상당 부분이 철저한 실사 프로세스의 일부이지만 정책의 일부 의미는 선별단계에서 관찰할 수 있다.

사명과 사회적 목표	투입물	활동	산출물	결과	임팩트
리오(브라질) 슬럼가의 HIV 감염 예방 사회적 목표: 2015년 12월까지 리오 고등학생 30%에게 HIV 예방교육 실시	인적자원, 콘돔, 교육 자재	콘돔 배부 HIV 예방교육 실시 봉사활동 측정치 수집 및 분석	배부된 콘돔의 개수 제공된 HIV 예방교육 횟수 참석자 수	남성들의 올바른 콘돔 사용 HIV 예방에 대한 남성과 여성의 인식	HIV 감염 비율 감소

표 2.2 간략한 임팩트 지도

선별단계에서 임팩트를 평가하는 데 다른 중요한 요소는 조직의 M&E 역량이다. 표 2.2의 예시에서 이 조직이 제대로 진행사항을 평가하려면 개입하기 이전의 목표지역 HIV 유병률에 대한 기준선이 필요하다. 또한 제공된 교육이 감염률을 낮추는 데 얼마나 효과가 있었는지 검사해봐야만 한다. 조직은 자료수집, 설문조사 실시, 자료 품질관리 및 결과 분석비용을 충당하기 위해 예산규정을 마련해야 한다. 더 중요한 것은 실패를 인정하고 개선을 위한 제품/서비스 또는 전달 기제를 재설계할 준비가 되어 있어야 한다는 것이다. ESG 검토와 마찬가지로 M&E 평가의 핵심은 실사단계에서 이루어지지만 사전 관측은 선별단계에서 투자의 초점을 맞추는 데 도움이 될 수 있다.

❯ 사업전략 및 영업 선별

성공적인 임팩트 투자를 하기 위해서는 사회적 임팩트와 사업 관련 지식 모두를 필요로 한다. 임팩트 지도를 만들고 사회적 사명 선별에 충분한 자료를 수집하고 나서 사업과 관련된 사안에 관심을 기울인다.

목표시장에 침투하기 위한 회사의 전략은 무엇인가? 회사의 전략이 신속히 시장점유율을 차지하기 위한 것인가 아니면 느리게 지역적으로 전개하는 것인가? 신속하거나 느린 전개방법은 둘 다 성공적일 수 있지만 서로 다른 종류의 투자자들을 필요로 한다. 신속한 시장점유율 획득을 위해서라면 상당량의 자금을 써야 한다. 시장점유율 탈취가 실행됨에 따라 운전자본, 운영 및 자본지출이 급증하며 높은 상태로 이어질 것이다. 수익으로 이어지기까지 예상했던 것보다 오랜 시간이 걸릴 수 있으며, 추가 투자를 해야 할 수도 있다. 신속히 성장하고자 하는 회사의 투자자들은 추가적인 투자 및 손익분기점과 수익성에 다다르는 데 시간이 오래 걸릴 수도 있음에 대비해야 한다.

느린 속도의 지역적인 전개는 투자자의 계좌에 부담을 덜어줄 수 있지만 경쟁적 위험을 수반할 수 있다. 이러한 유형의 회사 투자자는 전략에 긴밀히 관여하고 경쟁구도를 자세히 이해해야 한다.

해당 산업에서 회사의 경쟁우위는 무엇인가? 투자자가 검토하는 대부분의 회사는 제품, 서비스 또는 사업계획과 관련해 해당 산업의 다른 회사와 유사할 것이다. 일반적으로 경쟁적 환경은 조성되어 있다. 이것을 염두에 두고, 검토하는 회사가 다른 회사와 어떠한 차별점을 갖는지 이해하는 것이 매우 중요하다. 더 높은 수익을 만들어낼 수 있는 낮은 비용구조를 가지고 있는가? 높은 시장점유율을 확보하고 유지할 수 있는 독특한 측면이 있는가? 경쟁우위는 다양한 방법으로 나타날 수 있다. 투자를 검토할 때 투자자들은 빠르게 경쟁우위를 알아내야 한다. 그렇지 않으면 투자는 결코 탄력을 얻지 못하는 저성과 회사로 이어질 수 있다.

제품 또는 서비스의 시장규모와 확장성은 어떠한가? 회사가 영업하는 시장 규모와 해당 시장 내에서의 확장성은 종종 장기수익률의 상한선을 설정한다. 이에 대한 아주 좋은 사례는 2007년에 설립된 교육회사인 엔스트럭이다. 이 회사는 잘 짜인 매우 특정한 유형의 재무분석을 하는 제품교육에 중점을 두었다. 현장에서는 성공적이었지만 교육의 특정한 내용이 잠재고객의 영역을 제한했으며, 이는 금융위기 이후 더욱 축소되었다. 이에 따라 회사는 교육과정을 확대해 새로운 수익원을 많이 개설했다. 그러나 새로운 시장을 열었음에도 불구하고 확장은 매우 어려웠다. 이전의 교육은 자료를 만든 한두 사람이 담당했다. 시장 내에서의 확장을 위해 회사는 추가적인 교육자를 발굴하고 내용 전달을 위해 관리를 시작하면서, 동시에 신규고객을 창출해야만 했다. 회사가 비공개기업이라는 점을 감안해 확장 대신 기존 고객에 초점을 맞추고 새로운 고객을 선별함으로써 가치를 창출하는 지각 있는 결정을 내렸다. 평균 투자자의 경우 이 회사는 1차 관리 이상의 수익을 창출하는 능력이 제한적이므로 선별을 통해 제외되어야 한다.

회사가 어떤 단계에 있는가? 회사가 사업계획단계, 예비시험, 초기단계 혹은 성숙한 성장단계에 있는가? 투자자들은 자신들의 투자전략을 생각하며 투자검토를 하는 회사가 어떤 단계에 있는지 이해해야 한다. 예를 들어 일회성 투자자는 아마도 사업계획단계에서부터 예비시험까지 매우 이른 시기에 투자를 할 것이다. 더 많은 자본을 가진 투자펀드는 초기단계에 접근할 수 있지만 그 포트폴리오 전략은 고려하는 회사들에 대한 참여가 제한적일 수 있다. 예를 들어 매우 초기단계에 해당되는 기업에 1억 달러를 투자하는 펀드를 상상해보자. 첫째, 초기단계 기업의 초기 투자금액은 성장단계의 투자에 비해 낮다(예를 들어 수천만 대비 수백만). 이 펀드가 각 초기단계 회사에 평균 200만 달러씩 투자한 경우 50개의 투자처를 관리해야 한다. 나중에 제7장에서 펀드경제학에 대해 알아볼 테지만 1억 달러로 운영되는 총 50개의 투자처를 철저하게 관리하기란 쉽지 않다. 선별단계에서 알아보아야 할 중요한 점은 투자자의 투자전략과 회사의 성장단계가 맞지 않는다면 선별해서 제외되어야 한다는 것이다.

비즈니스가 자본집약적인가 아니면 가벼운 자산형인가? 투자전략과 일치해야 할 또 다른 개념은 피투자처가 자본집약적인지 가벼운 자산 사업체제인지에 대한 여부이다. 둘 다 실행가능한 투자 선택이지만 자본집약적인 사업계획은 다른 유형의 투자자를 필요로 한다. 자본집약형 사업은 긴 수익률 시야, 충분한 후속 자금 및 부채와의 연계를 필요로 한다. 그 이유는 보통 사업계획이 매년 투자를 필요로 하기 때문이다. 이에 따라 비용은 물론 자본 지출 또한 증가한다. 이는 초기에 양(+)의 자유 현금흐름을 창출하는 것을 어렵게 만든다. 투자의 혜택이 결실을 맺기까지 수년이 걸릴 수 있다. 추가적으로 이러한 자본집약적 사업계획은 부채조달을 통해 더 잘 수행된다. 투자자의 투자기간이 짧고 후속 자금에 제한이 있거나 부채조달 경험이 없는 경우 투자자는 자본집약적인 사업을 피하는 것이 좋다.

회사는 어디에서 수익을 창출하는가? 위험을 신속하게 선별하기 위한 방법 중 하나는 유망한 회사가 어디에서 수익을 창출하는지 이해하는 것이다. 이 회사가 소비자, 유통업자 또는 다른 회사로부터 직접 수익을 얻고 있는가? 현금으로 지불받거나 혹은 신용에 의존하는가? 투자자들은 수익창출원에 대한 분석을 확실하게 해야 한다. 이에 대한 사례로 우간다의 가정용 태양광에너지 회사를 살펴보자. 이 회사의 주요 매출은 소비자 금융의 형태이다. 신용을 기반으로 오랜 기간 소비자로부터 수익을 창출한다. 신용위험을 평가할 수 없는 투자자들은 이러한 투자를 피해야 할 것이다.

어디에서 가치가 창출되고, 회사는 가치사슬을 어떻게 관리하는가? 이 장의 앞부분에서 투자자는 회사의 경쟁우위를 이해해야 한다고 언급했다. 운영수준에서 회사는 경쟁우위 가치를 창출하는 효과적인 프로세스를 활용해야 한다. 한번 생성된 가치사슬은 단순한 모방자와 실경쟁자들로부터 보호되어야 한다. 제품 또는 서비스가 빠르게 상품화되는지의 여부와 드러나는 가치사슬에 대해 조기에 알 수 있다면 경쟁력이 약한 투자를 걸러내는 데 도움이 될 수 있다.

회사는 혁신형인가 개선형인가? 아직 존재하지 않는 제품이나 서비스를 창조하는 회사에 투자하는 것과 이미 존재하는 제품이나 서비스를 개선하고 발전시키는 회사에 투자하는 것은 매우 다른 관점이다. 만약 회사가 새로운 제품이나 서비스를 창출한다면 시장의 존재와 깊이를 조사하기 위해 추가적인 시장분석이 실시되어야 한다. 후속 연구는 다른 사람들이 과거에 같거나 비슷한 제품 또는 서비스를 제공하는 데 실패했는지에 초점을 맞춰야 한다. 시장조사, 부문 분석 및 컨설턴트 고용에 제한된 자원을 가진 투자자들은 혁신형 회사에 대한 투자를 선별해 제외해야 한다.

보편적으로 개선형 회사들은 이미 시장이 형성되어 있으므로 위험이 낮지만, 더 많은 경쟁에 직면하고 투자회수 시점에서 수익이 적을 수 있다. 개선형 회사의 좋은 예로는 태양광 랜턴과 휴대전화 충전기에 기능성 보완을 시도하는 회사들이다. '사용료를 먼저 지불'하는 기술을 만들어 이미 존재하는 태양광 랜턴과 휴대전화 충전기를 개선시키려는 회사들이 많이 존재한다. 이들의 제품 또는 서비스는 다음을 포함한다. 판매자가 저렴한 가격에 제품을 제공하고 지불이 이루어지면 랜턴을 '잠금해제'시킬 수 있는 세계무선통신 시스템 기반의 칩, 랜턴 소유자가 휴대전화로 기능을 잠금해제시킬 수 있는 셀룰러 오디오 기술 또는 연결이 되면 제품 기능성을 더하는 USB 스틱. 이러한 회사들로는 이미 태양광 램프 시장이 존재하기 때문에 시장이 설립될 필요가 없다. 이러한 회사의 제품들은 시간이 지남에 따라 자금의 조달로 이어져 태양광 랜턴 시장을 개선시킨다. 이 개선형 회사의 투자위험은 회사가 업계에서 누구와 제휴했는지, 제품이 얼마나 독특하고 효과적인지, 또는 업계에서의 전반적인 협상능력에 달려 있다. 개선형에 해당하는 회사는 부문 지식을 가진 투자자가 투자과정을 진행해나가는 데 보다 더 수월할 것이다.

기술위험이 존재하는가? 혁신형이든 개선형이든 제품을 만드는 회사는 기술위험에 맞닥뜨릴 수 있다. 이는 개발 초기단계와 이후 진부화의 형태 두 가지로 발생할 수 있다. 기술위험은 새로운 기술을 구축하고 완성하는 데 예상보다 오래 걸리거나 혹은 달성할 수 없을 수도 있는 가능성이다. 개발단계에서 기술위험을 감수하는 투자자는 과정에서 발생하는 값비싼 실패와 더불어 제품의 여러 진화에 대비해야 한다. 투자자는 제품 또는 서비스가 제대로 작동하지 않을 때 추가적인 투자를 해야 할 수도 있다. 투자자가 이러한 잠재상황을 용납하지 않는다면 개발상의 기술위험을 보이는 회사를 당장 제외해야 한다.

진부화 형태의 기술위험은 제품 또는 서비스가 성공적으로 개발되고 시장에 유통된 후에 발생할 수 있다. 진부화는 새로운 기술이 기존 제품이나 서비스를 대체함으로써 부분 또는 전체 시장점유율을 빼앗을 때 발생한다. 태양광 랜턴의 사례로 돌아와서, 다양한 진부화 위험을 찾아볼 수 있다. '사용료를 먼저 지불'하는 형태의 회사들은 다른 기술의 진보로 쓸모없게 될 수 있다. 시간이 지남에 따라 GPS 송신기 가격이 획기적으로 낮아지고, 어떤 회사가 랜턴의 기능을 조작하는 다른 기술을 사용함으로써 다른 회사보다 적은 비용으로 GPS 송신기를 랜턴에 포함시킬 수 있다고 가정해보자. 랜턴 제작자들 모두가 위치서비스를 제공할 수 있다는 이 기술로 옮겨갈 것이다. 좀 더 극단적인 진부화위험으로는 마이크로 그리드의 성공으로 태양광 랜턴의 필요성이 크게 줄어드는 것 등을 들 수 있다.

　이러한 시나리오는 태양광 랜턴 회사와 모든 개선형 회사를 부분 혹은 전체적으로 쓸모없게 만들어버릴 수 있다. 만약 진부화 위험에 처한 회사와 직면하게 된다면 투자자는 잠재적인 경쟁기술 및 기술의 구현시기를 평가하고 관측할 수 있는 역량이 있어야 한다.

창업자는 누구이며, 투자에 있어 그들을 신뢰해야 하는 이유는 무엇인가? 가장 빠른 선별요소 중 하나는 창업자와 임원진과의 편안함의 정도이다. 초기단계 벤처기업에서는 투자자가 다수 지분을 보유하고 일상적인 관리에 깊이 관여할 준비가 되어 있지 않은 이상, 효과적으로 경영에 투자하고 있는 것이다. 전형적으로 어떤 종류의 연결성 또는 전문화된 배경은 창업자가 경쟁우위를 갖게 하는 중요한 요소이다. 그러나 사업 아이디어와 그런 연결성이 없는 창업자이면서도 뛰어나게 효과적인 앙터프리너entrepreneur인 경우도 있다. 가치를 만들고 유지하며, 위험이 실제 문제로 변하지 않도록 하고, 발생하는 필연적인 문제를 해결하는 앙터프리너를 선별하는 것이 가장 중요한 단계 중 하나이다.

업계 전반의 최상위 재무 상태는 어떻게 비교되는가? 선별단계에서 회사의 기초 재무 상태를 살펴보는 것은 가치가 있다. 이들은 예고 또는 초기 대화에서 제공되어야 한다. 가장 중요한 것들은 다음과 같다.

- 역사적 수익(달러 총액과 성장률)
- 판매된 상품의 가격(달러 총액 혹은 매상총이익 퍼센트)
- 운영비용(달러 총액 혹은 영업이익 퍼센트)
- 이자 감가상각 및 상환 전 이익(달러 총액 혹은 EBITDA 이익)
- 부채(달러 총액)
- 자기자본(달러 총액과 소유 퍼센트)
- 자본지출

규제위험은 무엇인가? 제품 또는 서비스가 제공되는 나라에는 거의 항상 판매를 규제하는 정부기관이 있다. 일부 산업에서는 감독이 제한되지만 금융시장, 의료, 제약, 통신, 에너지 및 천연자원과 같은 분야에서는 규제가 심할 수 있다. 회사의 제품 또는 서비스를 둘러싼 정부 규제의 과거, 현재 및 미래의 입장을 이해하는 것은 매우 중요하다. 규모가 작거나 초기단계 회사들은 로비능력이 제한적이기 때문에 정부의 지

 현장노트

아마도 내가 했던 투자 중 규제가 가장 심했던 곳은 지역유통에 중점을 둔 모잠비크의 천연가스 회사였을 것이다. 이 회사는 이윤폭이 통제되는 범위까지 모잠비크 정부에 의해 엄격하게 규제되었다. 외국 시장에서 가스를 구매하기 때문에 규정 내에서 작업하고 규제기관과 협력하는 것이 회사의 성공에 극도로 중요했다. 이 사례의 경우 매우 영향력 있는 모잠비크 정치인사가 회사의 성공에 관심을 갖고 필요한 경우 규제업무를 지원해주었기 때문에 문제가 없었다.

시사항을 무조건 따라야 한다. 심한 경우 규제의 중요한 변화가 사업 폐쇄로 이어질 수 있다.

⟫ 당면 투자모집에서의 선별

투자처가 이사회 자리를 허용하는가? 일부 투자자는 회사의 이사진에 참여하지 않고는 투자하지 않으려 할 것이다. 다수이거나 혹은 주요 소수 투자자라 하더라도 투자금액에 비례해 이사 자리를 요구한다. 회사가 이사 자리를 포기하지 않으려 한다면 투자를 포기하는 조기 선별 시점이 될 수 있다.

다른 투자자는 누구이며, 그들의 주요 투자권한은 무엇인가? 자본구성을 나타내는 표[9]에 있는 당사자에 대한 기본적인 이해는 초기에 중요하다. 투자자들 간에 불일치가 있다면 사업 중단과 잠재적으로 재무 및 사회적 수익 감소로 이어질 수 있다. 마찬가지로 기존 투자자가 보유하고 유지하고자 하는 강력하거나 혹은 특별한 투자자 권리는 모두 조기에 알려져야 한다. 예를 들어 회사의 주요한 대지분율 투자자가 인수 또는 매각에 다른 투자자를 제한 없이 끌어들이고 새로운 투자단계에서 이러한 동반매각청구권을 유지하기 원한다면 새로운 투자자가 낮은 수익에 처하게 되는 데 대한 합법적인 우려가 있다. 동반매각청구권은 제5장에서 다룰 것이지만 선별단계에서는 다른 투자자들의 중요한 권리에 대한 질문들을 해야 한다.

---

9 회사의 설립자 및 투자자가 소유하고 있는 자본의 비율과 가치를 나타내는 표.- 옮긴이

당면 투자모집에서 얼마만큼의 자금이 필요한가? 쉬운 질문처럼 보일 수 있는 것은 실제로 실사과정에서 너무 일찍 얼버무려질 수 있다. 이러한 것에 철저히 답하기 위해서는 대개 엄격한 실사과정을 거쳐야 하지만 선별단계라면 투자자는 일반적으로 요청한 자금이 충분한지 또는 너무 과한지를 결정해야 한다. 이는 최고 수준의 현금소요 및 자본지출 계산을 수행함으로써 달성할 수 있다. 예를 들어 인도의 한 모바일머니 회사는 1,000만 달러 상당의 투자모집을 하고 있었고, 펀드는 400만 달러 투자라운드에 관심이 있었다. 시간이 지남에 따라 1,000만 달러를 모두 모으는 것이 어려울 거라는 사실이 분명해졌다. 이로 인해 회사는 필요한 자금을 하향 조정했다. 그러나 이 때문에 지리적 확장의 예상속도를 조정해야 했다. 이는 보다 심층적인 재무분석이 필요하다는 것을 보여준다. 하지만 선별단계에서 필요자금이 너무 낮거나 너무 높다고 판단되면 다른 투자처를 살펴보라는 좋은 신호일 수 있다.

다른 투자자들은 어떻게 보호받고 보상받는가? 선별단계에서 투자자가 살펴야 할 두 가지 개념은 다른 투자자의 전환권 희석화방지 권리와 청산우선권이다. 희석화방지 권리는 투자모집이 저조할 경우 우선주의 투자자가 어떻게 보상받을지를 결정한다(즉 이전 투자모집과 비교해 회사의 평가가 감소한 투자모집). 청산우선권은 유동성에 문제가 있을 때 현금을 특정 수준까지 받는 권리이다. 새로운 투자자들은 그러한 것들에 의해서 자신들의 투자가 크게 영향받을 수 있으므로 이러한 체제들을 매우 신중하게 분석해야 한다. 이 두 가지 모두 제5장에서 자세히 살펴보겠지만 초기단계에서 이들에 대한 기본 정보를 알고 있으면 투자자가 투자에서 손을 떼는 결정을 내리는 데 도움이 될 수 있다.

합법적이고 안전하게 투자를 완료할 수 있는가? 투자자가 현지 투자처에 돈을 투자하게 되면 보통 법적 위험은 매우 적다. 그러나 해외시장에 투자하게 되면 외국인 소유권에 대한 현안이 쟁점이 될 수 있다. 이에 대한 규칙은 국가, 기업구조, 투자자 주소, 투자대상 산업 등 기타 여러 요인에 따라 크게 다르다. 해외시장에 위치한 모든 투자자들은 해외시장 내 특정 회사에 투자하는 적법성 및 보안에 관해 충분히 이해하고 있거나 현지 법률고문과 상의해야 한다.

투자로 인한 세금 임팩트는 무엇인가? 세금은 투자의 최종수익률에 큰 영향을 미칠 수 있다. 이전 질문과 동일하게, 세금 규정은 여러 요인에 따라 다르다. 투자자들은 현지의 돈을 해외시장으로 가져가고, 국제적으로 수익이 있는 회사의 일부를 소유하고, 무엇보다 미래의 어느 시점에서 투자를 마칠 때 예상되는 세금액 등 세금 임팩트들을 이해하거나 이해할 수 있어야 한다.

[세 잠재적 투자에 대한 고찰]

선별과정에서 유용하고 효과적인 올바른 질문을 설정하기 위해 세 잠재적 투자에 해당 질문들을 적용할 것이다. 이 분석을 통해 모바일 머니, 가정용 태양에너지 및 헬스케어 등 보편적인 세 가지 임팩트 투자 분야가 소개될 것이다. 기업가들은 저소득 가구에 즉각적인 혜택을 제공하면서 수익성 있는 시장기반의 사업모델을 허용하는 접근가능한 가격을 제공할 수 있게 됨에 따라 이러한 분야에 많은 관심을 보였다.

각 분야가 유망하고 강력한 투자 대안으로 보이지만 각자 전략적이고, 가동가능하며, 재무적·사회적 특성이 독특하게 조합된 회사에 투자하고 있음을 기억해야 한다. 최대한 객관적으로 각 측면을 분석하면 가능한 최상의 투자를 선택할 수 있다.

다음의 각 가상 잠재투자에 대한 문제는 이 책에서 알려주는 웹사이트 제2장 폴더에 있다.

▶ 잠재투자 1: 모바일 머니(파가파고)

배경. 많은 나라에서 전통적인 은행은 저소득층을 배제한다. 금융포용성[10]의 결여는 농촌 고객의 먼 물리적 거리, 공식적인 주소 및 문서화 요구사항, 전통적인 은행에서 요구하는 최저금액 이하의 거래금액 그리고 종종 저소득층 인구에 대한 사회적 낙인 때문일 수 있다. 공식 은행제도가 없으면 저소득층 개인은 거래비용 및 시간 증대, 낮은 저축률 및 높은 손실위험 등을 경험하게 된다.

모바일 머니 초기 기업가는 농촌과 도시의 저소득층 지역사회에서 휴대전화의 유행뿐만 아니라 모바일 대리점을 포함한 현지화된 지불구조를 보면서 새로운 은행업무 방법을 고안해냈다. 엠페사와 같은 초기 기업은 사용자가 휴대전화 계정에 돈을 적재해 저장하고, 개인에게 송금하고, 휴대전화를 이용해 물건 값을 지불하고, 지역 대리점을 통해 모바일 계좌에서 현금을 인출하는 등의 서비스를 제공하는 통신회사로부터 유래해 발전했다. 엠페사의 성공으로 수많은 유사 모바일 머

---

10 사회 저소득계층이나 불리한 조건에 놓인 사람들에게 저렴한 비용으로 금융서비스를 이용할 수 있게 해주는 것. – 옮긴이

니 기업이 생겨났다.

개발도상국과 선진국에 걸쳐 은행업무용 휴대전화 사용은 기하급수적으로 증가했다. 기술이 급격히 변하고, 은행 및 통신규제가 종종 각 국가별로 독특하며, 사용자 습관이 지역적 차이를 나타낼 수 있어 시장을 완전히 이해하는 것은 매우 어렵다. 그러나 이러한 요인에도 불구하고 모바일 머니 기업은 높은 빈도, 낮은 수준의 거래가 기술 사용을 통해 빠르게 확장될 수 있다는 점으로 인해 수익성 면에서 가장 강력한 사업모델을 제공한다.

기업. 우리가 선별할 첫 번째 가상의 회사는 파가파고라는 콜롬비아 모바일 머니 기업이다. 웹사이트에 있는 기업 티저를 열어 살펴볼 수 있다. 2년 전에 창립된 파가파고는 인도 회사로부터 전자지불 통합 및 서비스 플랫폼을 인수했다. CEO는 콜롬비아의 대규모 가맹점과 다수의 주요 계약을 맺고, 파가파고와 파트너 관계를 맺기 위해 영향력을 행사했다. 소비자들은 이제 휴대전화를 사용해 돈을 받고, 동료에게 송금하고, 다양한 재화와 용역을 구매할 수 있게 된다. 파가파고 시스템을 채택하는 주요 업체들은 통화료 추가 지불방식 선불 서비스를 제공하는 휴대전화 회사, 지역 버스 및 항공사, 영화관, 연금제도와 같은 엄선된 콜롬비아 정부 서비스 등이다. 사회적 임팩트 관련 활동에 특히 관심이 있는 파가파고는 지급 및 지불을 전자방식으로 수행할 수 있도록 지역 소액금융기관과 연계했다.

파가파고가 활용하는 기술은 주로 SMS 기반이며, 문자메시지를 주고받는 것이 가능한 휴대전화만을 필요로 한다. 가입자들은 계정을 열어 지역 대리점에 자금을 충전한 다음 거래를 관리하는 고유한 PIN을 만든 후에 충전된 금액을 사용하면 된다. 파가파고는 스마트폰의 보급이 증가하는 추세에 맞추어 추가적인 서비스 제공을 고려하고 있다.

상거래업체들은 파가파고 시스템을 통과하는 거래당 서비스 수수료가 청구되므로 주요 수입원이다. 수수료는 사전 협상된 계약에 따라 3~15% 사이다. 대리점으로 등록하는 지역 사업장에서 추가 수수료가 발생한다. 대리점들은 계정을 만들고 자금을 수령함으로써 파가파고의 고객 대면창구 역할을 한다. 고객수준에서 대부분의 거래는 문자메시지 비용만을 지불한다. 그러나 사용자 간 직접 접속으로 거래하는 경우에는 1~3%의 서비스 요금이 부과된다.

파가파고는 800만 달러 규모의 Series B 투자의 투자자를 유치하기위해 기업 티저 광고를 냈다. 이전에는 모바일 기술에 투자하는 영국의 벤처캐피털 회사가 Series A 융자를 제공했다. 파가파고는 보고타지역에서 이전부터 운영되고 있었지만 기금들은 다른 많은 도시 및 준도시 지역을 발전시키는 데 사용될 것이다. 수익금의 일부는 새로운스마트폰 기술에 대한 추가 투자로도 쓰일 것이다.

투자발굴. 파가파고에 대한 투자가 미리 선정되었지만 우리는 엄격한발굴전략에 파가파고에 맞는지 검토해보아야 한다. 첫째, 파가파고는콜롬비아에 기반을 두고 운영되고 있으며 4,400만 명이 넘는 거대 인구이면서 또한 90%의 높은 식자율을 가지고 있다.[11] 콜롬비아는 95%

---

11 일부는 모바일 머니 사용에 글을 읽고 쓸 줄 아는 능력이 필요하다고 생각한다. 그러나 인도에 있는 모바일 머니 회사가 실시한 개인 실사에 따르면 문맹인 사람들도 단순한 SMS 기반 시스템에 접속해 사용한다고 밝혀졌다. 이 투자의 선별파트에 있는 '현장노트'는 바로 그 실사경험과 관련이 있다.

의 탁월한 모바일 보급률에 은행 및 통신 시스템 외부로는 겨우 두 모바일 머니 회사가 있을 뿐이다. 흥미롭게도 이러한 통계치가 나온 보고서는 IFC의 모바일 머니 관찰보고서로, 사업운영 편리성에서 콜롬비아를 39위로 나타내고 있다. 언뜻 우수한 점수인 것처럼 보이지만 시장구성 연습에서 제시된 사업지표를 살펴보면 혼란스럽다. 6위에 위치한 투자자보호와 같이 탁월한 등급들도 있지만 계약집행 부문에 있어서는 매우 낮은 순위를 보이고 있기 때문이다(155위). 투자자들은 특히 계약집행만큼 중요한 것들에 대해서는 순위의 바벨 분포에 대해 알고 있어야 한다. 그러나 콜롬비아는 전반적으로 긍정적인 지표를 많이 보유하고 있으며, 계약집행과 같이 우려할 만한 사항들은 철저한 실사와 현지 변호사 자문을 통해 해결할 수 있다.

경기순환 및 환율에 관해서는 모두 긍정적인 추세를 보이고 있다. 2013년 말에서 2014년 초까지 콜롬비아는 느린 세계경제 회복 속에서 다른 국가들과 함께 움직이고 있다. 경기순환 과정에서 이 단계에 투자하는 것은 아직 성장 가능성이 높고 즉각적인 침체 위협이 없기 때문에 유리할 수 있다. 외환위험에 관해서는 2000년대 초부터 콜롬비아의 통화인 페소의 시세가 지속적으로 오르고 있다. 사실 외환 달러 자본 투자자들은 2000년 초반에 투자하고 2007/2008년에 투자를 환수했다면 환율 상승으로 수익을 올렸을 것이다. 그림 2.9는 콜롬비아 페소^{COP}에 대한 달러의 과거 환율표이다. 특히 지난 4년간의 환율은 상당히 안정적이었다. 과거의 환율로 미래를 예측할 수는 없지만 안정화 패턴은 자본을 투여할 때 위안이 된다. 이는 또한 헤지비용이 내려가고 어떠한 형태의 통화보호가 가능하다는 것을 의미할 수 있다.

[미국 달러 / 콜롬비아 페소]

그림 2.9 USD/COP 환율을 역사적으로 볼 때 상승세이고 안정적이다.

선별. 선별과정을 시작할 때 미리 정해진 순서를 매번 따라야 할 필요
는 없다. 이전에 일반적인 질문이 소개되었을 때 좀 더 일반적인 흐름
으로 시작해 더 구체적인 요인으로 진행되는 흐름이 있었다. 모든 투
자에 대해 취해야 할 접근법은 시간을 절약하고 가장 가능성이 큰 협
상결렬 요인에 우선 초점을 맞추는 것이다. 선별단계에서는 지역, 부
문 및 회사에 대해 가장 관련 있는 위험으로부터 시작해야 한다.

파가파고와 일반적인 모바일 머니 기업들에 투자할 때 가장 보편적
인 위험은 잘 확립되고 자금이 풍부한 통신 및 금융기관이 그들의 주
요한 경쟁상대라는 것이다. 사실상 잠재적 피투자기업은 상용화된 기
술로 초기 심사단계를 훨씬 넘어서는 강력한 경쟁우위를 보여주어야
만 한다.

인도, 나이지리아, 베트남 등 전 세계 여러 국가에서 수많은 모바일 머니 기업들이 등장하고 있다. 동시에 지역에 자리 잡은 통신회사와 은행은 그들의 모바일 지불 시스템을 도입하고 있다.

이 장의 앞부분에서 제기된 선별 질문들을 되돌아보면 현재의 위험이 경쟁우위를 결정짓는다. 파가파고와 같은 회사는 경쟁우위와 관련해 여러 주장을 펼칠 수 있다.

1. 파가파고의 시스템은 통신회사 및 은행과 무관하다. 통신회사나 은행과 관련되어 있지 않다는 사실은 가장 강력한 장점이다. 통신 관련 모바일 머니 및 지불 시스템의 대부분은 사용자로 하여금 통신회사의 서비스를 사용하도록 요구한다. 개발도상국 시장의 많은 고객들은 여러 통신계정을 보유하고 있으며, 이들을 단일 공급업체에 묶어두지 않는 시스템을 선호할 수 있다. 마찬가지로 모바일 머니 서비스를 도입하는 은행은 사용자가 고객이 되거나 계정을 가질 것을 요구할 수 있다. 종종 계정을 얻으려면 저소득 개인이 피하려고 하는 심도 깊은 고객파악 과정을 필요로 한다. 간단하고 보편적인 사용법이 고객에게 더와 닿는다.

2. 고위경영진은 중요한 상거래업체 계약을 확보하는 데 매우 유능할 수 있다. 경쟁우위에 관한 질문의 일부는 창업자와 최고경영자의 배경에 관한 질문으로 연결된다. 모바일 머니에서 고객에게 서비스를 제공하는 데 있어 핵심은 고객가치를 가지고 있는 상거래업체와 계약을 체결하고 유지하는 것이다. 창업자 또는 경영진이 잘 연결되어 있어 가능하면 장기적이고 독점력 있는 강력한 계약을 체결할 수 있다면 그 기업은 경쟁우위를 확보할 수 있을 것이다.

각 질문에 있어 핵심요소는 소급하거나 오늘의 시점에서 질문하는 것이 아니라 어떻게 나아갈 것인지를 생각하는 것이다. 파가파고의 미래 경쟁우위에 관해서는 우려할 만한 위협이 더 많다. 통신사와 은행은 즉각적인 위협이지만 마스터 카드, 아메리칸 익스프레스, 웨스턴 유니온과 같이 자본화가 잘 되어서 모바일 머니 업계에 뛰어들게 될 외국 금융기관들이 있다. 또한 애플, 구글, 스퀘어와 같은 기술지향적인 기업들은 선진국 시장에 적극적으로 진출하고 있으며 해외개발에도 분명히 눈을 돌리고 있다. 이 회사들은 잠재적인 전략적 투자자 또는 인수업체로 인식될 수도 있지만 파가파고가 주요 계약과 같은 경쟁우위를 입증한 경우에만 그렇게 할 뿐이다.

파가파고는 새로운 투자로 나아가기 위해서 통신, 은행 및 외국기업에 맞서 경쟁력을 갖추는 것이 절대적으로 필요하다. 그러나 모바일 머니 투자는 또한 앞서 언급한 추가적인 높은 수준의 선별요소인 규제 위험을 안고 있다. 모바일 머니 회사를 통제하는 규정은 거주 국가에 따라 다르다. 대부분의 국가에서 규제 및 운영능력은 중앙은행에 달려 있다. 콜롬비아에 기반을 둔 파가파고는 다음과 같은 세 가지 주체들에 의해 규제를 받는다. 콜롬비아 은행감독, 통신규제위원회, 방카 드라 오포튜니다즈. 소프트웨어 자유 단체에 따르면, 파가파고에 대한 투자에 있어 가장 당면한 우려는 콜롬비아에서 모바일 지갑이 법적으로 허용되지 않는다는 사실이다.

그렇다고 해서 기존의 법 테두리 안에서 모바일 머니 기업을 설립하거나 운영할 수 없다는 의미는 아니다. 콜롬비아에서는 미지급 기금을 허용하지 않는 한 전자화폐 형태의 기업이 존재할 수 있다. 파가파고의 티저 광고를 보면 은행을 통해 현금을 지불할 수 있는 방법을 찾은 것으로 보인다. 콜롬비아의 엄격한 규제환경을 고려할 때, 이 투자를 다음 단계로 진행하려면 이것이 어떻게 가능한지를 이해하는 것이 중요하다. 전반적으로 경영진이 민간부문과의 분명한 경쟁우위를 보여주더라도 규제환경을 헤쳐 나갈 수 없다면 전체 사업이 위협받을 수 있다.

임팩트 투자자들에게 있어 모바일 머니의 직접적인 사회적 임팩트는 또 다른 주요 선별 문항이다. 연구에 따르면 모바일 머니는 지역경제 확장, 보안, 자본축적 및 경영환경 등을 통해 지역사회에 영향을 미치는 것으로 나타났다.[12] 저소득 개인 및 가족의 경우, 모바일 머니의 가장 직접적인 이점은 사용자가 좀 더 생산적인 작업에 사용할 수 있는 시간을 줄여준다는 것이다. 또한 돈을 저축하는 안전하고 비용 효율적인 방법이며 금융포용성으로, 추가적인 제품과 서비스가 제공되는 공식적인 금융제도로 진입하는 일보로 간주될 수 있다. 더 나은 현금흐름을 제공하고, 리스크 관리를 개선하며, 자산축적을 촉진하는 것 외에도 모바일 머니는 필요한 현금을 신속하게 조달해 헬스케어에 접근할 수 있기 때문에 헬스케어 산업에 긍정적인 영향을 미칠 수 있다.

그러나 개발도상국 시장에서 활발한 모바일 머니 시스템은 다양한 인구구성을 목표로 한다. 일부는 오로지 인터넷 및 스마트폰 사용자를 선호하는 것처럼 보여 농촌이나 저소득층 사용자에게 별로 와 닿지 않는다. 다른 극단에는 소액금융 소비자에 대한 지원을 기반으로 시작된 시스템이 있다. 중간에는 인터넷에서 SMS 기반 거래까지 복수의 접점

---

12 Megan G. Plyler, Sherri Haas, and Geetha Nagarajan, "케냐에서 엠페사의 지역사회 수준의 경제효과: 초기 결과", 메릴랜드 대학의 IRIS 센터(2010. 6.)와 Guy Stuart and Monique Cohen, "현금유입, 현금지불; 저소득층 생활에서 엠페사의 역할."

을 제공하는 모바일 머니 회사가 있다. 임팩트 투자자를 위한 빠른 방법은 기업의 인구통계학적 범위가 투자자가 목표로 하는 집단과 확실히 일치하도록 하는 것이다. 이 단계에서는 회사의 사회적 성과기준과 고객정보 보호와 같은 측면을 포함해 특히 고객보호 실무를 확인하는 것이 중요하다.

이 시점에서 경쟁우위, 규제위험 및 사회적 사명을 토대로 투자 진척을 위한 선별결정을 내릴 수 있을 것이다. 그러나 그러한 결정을 내리기 전에 세 잠재적인 기업들이 모두 소개될 때까지 기다릴 것이다.

다음 투자를 검토하기 전에 투자를 실사의 추가단계로 옮길지 여부에 대한 결정에 영향을 미칠 수 있는 다음과 같은 2차적 위험에 대해 검토해야 한다.

 현장노트

인도의 모바일 머니 회사에서 실사를 하던 중 사회적 임팩트 수준은 분석할 만한 매력적인 주제였다. 경쟁사 중 일부는 사회적 임팩트가 거의 없었으며, 실제로 복권구매 촉진과 같은 부정적인 순사회적 임팩트 사업분야에 중점을 두었기 때문에 내가 조사하는 회사가 경쟁업체보다 낫다는 것은 분명했다.

모바일 머니 사업에서 사회적 임팩트를 입증하는 데 있어 개별 사용자에 대한 정보가 제한적이라는 점이 어려웠다. 개별 사용자들의 구매를 알게 되면 실제로 누가 그 서비스를 사용했는지 알기 위해 노력했다. 더 나은 이해를 위해 거래팀은 일자리와 소득에 따라 인구를 분류하는 시스템을 활용했다. 우리는 지리적인 접근법을 활용해 회사가 직업 및 소득 분류에 의해 구별되는 사전 정의된 영역에서의 판매비율을 지도로 그리게 했다. 이를 통해 저소득층을 대상으로 한 판매비율에 대한 감을 잡을 수 있었다.

- 기술위험: 모바일 머니 지불 시스템의 기술은 상대적으로 보편화된 것으로 언급되었다. 지역통합에는 약간의 맞춤화가 필요할 수 있겠지만 플랫폼은 일반적으로 쉽게 구입하고 판매할 수 있다. 그러나 전체 시스템이 휴대전화를 수익창출 도구로 활용한다는 점에서 기술위험이 존재한다. 일부 국가에서는 신용카드를 위한 판매시점관리 시스템POS과 같은 다른 기술인프라가 없기 때문에 모바일 머니에 대한 주장에 힘이 실린다. 이것은 미얀마와 같이 신용카드 제도가 급속하게 활용되는 나라들에서는 빠르게 변하고 있다. 스퀘어, 구글, 애플과 같은 회사들의 대체기술도 모바일 머니를 위협하는데, 이는 매우 작은 규모의 영세상인들조차도 그 시스템을 사용해 신용카드를 받을 수 있기 때문이다. 이 회사들이 상인들을 위해 지방 및 신흥시장용 제품을 출시했더라면 모바일 머니의 시장점유율을 뺏어올 수 있었을 것이다.

- 미래 이윤폭 부담: 기본 재무에 대한 초기의 선별 질문과 관련된 위험은 가격 스트레스이다. 모바일 머니 산업의 발전이 모바일 전화 산업의 발전에 연결된다면 가격 스트레스가 발생할 것이다. 파가파고가 현재 누리고 있는 3~15%의 상거래업체 부과 수수료는 다른 업체가 경쟁체제에 진입함에 따라 크게 떨어질 수 있다. 미래를 계획하는 데 있어 가맹점 수수료율의 감소를 포함해야만 한다.

- 투자의 적절한 단계와 규모: 투자자가 특정 투자전략을 실행하는 펀드 또는 개인이라면 투자의 단계와 규모가 중요할 수 있다. 둘은 일반적으로 후기 단계 회사가 종종 더 많은 투자금액을 필요로 하기 때문에 상호 밀접하게 연관되어 있다. 이 경우 기업은 B 투자라운드의 상대적으로 큰 투자규모를 모색한다. 그러나 그들은 다수의 펀드로부터 조달하는 것으로 보인다.

파가파고가 B 라운드를 모집하고 있는 것은 분명하지만 단계는 또한 회사의 재무성숙도에 따라 결정된다. 투자자들은 종종 수익, 즉 법인세 이자 감가상각비 차감 전 영업이익EBITDA 수준 및 이윤폭을 고려한다. 많은 초기 투자단계에서 EBITDA는 아직 존재하지 않지만 수익은 측정지표가 될 수 있다. 그러나 모바일 머니는 회계처리상 국제적인 차이점 때문에 수익으로 단계를 측정하는 데 어려움이 있다. 예를 들어 인도의 경우 모바일 머니 회사들은 시스템에 적재된 기금을 수익으로 잡았다가 거래가 완료되면 나중에 그 기금을 비용처리한다. 다른 대부분의 회사는 수익이 재화나 용역비용에 의해 차감되고 나머지가 이윤이 되기 때문에 이것은 진정한 의미의 수익이 아니다. 이 경우 모바일 머니와 관련된 비용은 전부는 아닐 수 있지만, 원래 적재된 금액의 매우 높은 비율을 차지한다. 진정한 수익은 거래에서 얻는 수수료이다. 이러한 수익의 관점에서 회사의 단계를 측정하는 것이 훨씬 더 나은 방법이다.

 현장노트

모바일 머니 회사를 살펴보는 것과 관련된 흥미로운 사실은 잠재적인 시장점유율을 이해하는 것이 얼마나 중요한지에 관한 것이다. 나의 초기분석에 사용된 한 가지 필터는 지역의 식자율이었다. 문맹자들이 텍스트 기반 서비스를 사용하지 않을 것이라는 우려가 있었지만 인도의 모바일 머니 회사를 실사하는 동안 문맹 사용자에 관한 주제가 나왔다. 우리는 문맹자들이 사랑하는 사람들에게 "나는 당신을 사랑해"와 같은 단순하고 일반적인 구절을 통해 기본적인 SMS를 사용하고 있음을 알게 되었고 입증했다. 이는 매우 단순한 SMS 기반 시스템이 문맹자가 사용할 수 있도록 맞춰질 수 있음을 시사했다.

❯ 잠재투자 2: 초소형 태양광에너지(솔레로 라이팅)

배경. 지난 10년간 태양광에너지 산업은 큰 변화를 겪었다. 기술발달로 현재 여러 유형의 태양전지판이 존재한다. 단결정 실리콘, 다결정 실리콘 및 박막 등이 가장 보편적이다. 각각은 효율성과 비용면에서 장점이 있지만 일반적으로 태양전지판을 설치하는 비용은 크게 낮아졌다. 그림 2.10은 광전지^{PV}의 과거 비용을 보여준다.

초소형(micro 혹은 때때로 pico로 불리우는) 태양광은 태양전지판으로 구동되는 소규모 장치를 만드는 사업이다. 일반적으로 5와트 미만의 가장 일반적인 장치에는 랜턴, 휴대전화 충전장치, 일련의 장치에 전원을 공급하는 범용 배터리 저장 시스템 및 기본 가정용 시스템이 포함된다. 이러한 태양광 장치에 의해 구동되는 추가 부속품들은 라디오에서 인터넷 모뎀에 이르기까지 다양하게 개발되었다. 또한 시스템의 와트 스케일이 커짐에 따라 TV, 냉장고 및 거의 모든 전자제품을 포함할 수 있는 더 보편적인 장치들이 개발되었다.

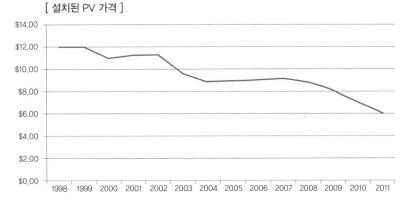

[설치된 PV 가격]

그림 2.10 1998년부터 2011년까지 설치된 PV의 가격은 50% 하락했다. 이 감소의 50% 이상이 모듈의 비용 감소에 기인한다.

사회적 기업가들은 이 기술을 전 세계의 대규모 전력부족 문제를 완화하는 데 신속하게 적용했다. 모든 임팩트 투자자들은 어느 시점에 전력이 제한되거나 혹은 아예 없이 사는 사람들이 12억이 넘는다는 통계치를 인용하는 잠재적인 에너지 관련 투자를 보게 될 것이다.[13] 그 통계는 여러 번 사용되고, 수억 명에 달하는 사람들이 여기저기에 살고 있지만 세계인구의 상당수가 전력부족을 겪는 것은 명백한 사실이다. 전력부족으로 인해 일과 교육을 위한 하루 생산시간이 줄어들고, 전기를 얻는 데 시간을 허비하게 되고, 등유와 같이 유해하고 위험한 대안을 사용하게 하며, 흐릿한 조명으로 인한 일반적인 안전 문제 등을 야기한다.

저가형 태양광 부품, 건전지와 같은 다른 기술의 진보, 농촌 및 저소득층 소비자에 대한 더 나은 이해 등이 결합되어 이 산업은 많은 앙터프리너들의 출현으로 번창하게 되었다. 보다 낮은 가격이라는 점은 중요하고 직접적인 사회적 임팩트를 미치는 제품에 대해 상업적으로 생존가능한 이윤폭을 가능하게 해준다. 그러나 사업창출과 투자의 기본 원칙은 많은 열의와 혁신을 가져야 하며, 그렇지 않을 때 실패의 위험은 불가피할 것이다. 이 사실은 이미 수많은 제품 실패와 파산에 시달리고 있는 기업들과 함께 업계에서 목격되고 있다.

기업. 솔레로는 다음으로 조사할 가상의 기업이다. 책의 웹사이트에서 파가파고의 티저와 같은 폴더에 있는 기업 티저를 열고 검토하라. 솔

---

13 "에너지, 그 실태", 세계은행(2013), http://web.worldbank.org/WBSITE/EXTERNAL/TOPICS/EXTENERGY2/0,contentMDK:22855502~pagePK:210058~piPK:210062~theSitePK:4114200,00.html.

레로는 초소형 태양광 기술 제품을 주로 지역사회에 제조, 배포 및 판매하고 있으며 다음과 같은 다양한 제품을 제공한다.

- 저비용의 1와트 태양광 랜턴
- 휴대전화를 충전할 수 있는 2~3와트의 태양광 랜턴
- 복수의 조명 및 USB 충전이 되는 소형 태양광 가정용 시스템

제조는 중국에서 엄격한 사회 및 환경표준을 준수하면서 가능한 한 저렴한 비용으로 이루어진다. 중장비 및 창고 공간에 자금을 지출하는 대신 계약 생산업체가 활용된다. 제품은 2개의 주요 지역창고인 뭄바이(인도)와 로스앤젤레스(캘리포니아주)로 옮겨진다. 인도 내에서는 지방 저전력화 지역 판매에 초점을 맞춘 솔레로가 운영하는 유통시스템이 개발되고 있다. 현재는 미국 창고나 간혹 중국에서 바로 가져와서 판매하는 대규모 상업적인 주문만 받고 있다.

솔레로는 그들의 사업에 있어서 품질과 유통이라는 두 가지 주요한 특징에 대해 강조하고 있다. 솔레로 제품은 제3검사기관으로부터 검증받아 품질에 대한 명성을 얻었다. 고객들은 브랜드를 식별할 수 있고 제품을 신뢰하기 시작했다. 고객충성도의 또 다른 요인은 지방 유통시스템이다.

지방 고객을 대상으로 한 판매는 마을 유통업자를 통해 이루어진다. 고객들은 마을 유통업자들과 직접 협력하고 문제가 발생할 경우 접촉하는 곳이 있다. 마을 유통업자들은 지역적으로 조직화되어 있으며 기술 사용 및 더 큰 지역 유통업자들을 통해 솔레로의 감시를 받는다. 이 시스템을 통해 솔레로는 판매사슬을 정확하고 효율적으로 파악한다.

이 투자라운드에서 기업 티저 광고는 연구개발, 인도 내 더 많은 지역으로의 확장 및 동남아시아로의 국제 확장을 위해 사용되는 300만 달러의 모금을 보여주고 있다.

투자발굴. 솔레로는 중국, 인도, 미국 등 3개국에서 이미 운영되고 있기 때문에 발굴전략을 정확하게 정의하긴 어렵다. 투자자는 미국에 있는 기업에서 투자를 받을 수 있다는 사실로 이득을 볼 수 있지만 대부분의 사업이 인도에서 이루어진다는 사실을 인식해야 하다. 그러한 이유로 앞에서의 시장지도 작성의 관점에서 인도를 분석할 것이다. 솔레로가 투자자보호 부문에서 좋은 점수를 기록하고 있음을 알 수 있다. 그러나 계약집행, 사업 시작의 용이도 및 파산지표에서는 점수가 좋지 않았다. 사회적 임팩트에 있어서는 인도가 우수한 대상국가임이 분명한데, 이는 HDI 점수를 통해 추가적으로 확인되었다. 그러나 인도가 사업하기 어려운 곳임에도 불구하고 많은 훌륭한 기업가들이 그 어려움에 집중하고 있기 때문에 이 지역에 초점을 맞춘 훌륭한 사업계획이 있을 수 있다는 초기 생각을 잊지 말아야 한다.

인도의 경기순환은 다른 신흥시장 및 선진국 시장에 비해 강한 성장세를 유지하고 있다. 지난 몇 년간 가격 인플레이션이 문제였지만 2014년 선거로 인해 최근 경제전망이 향상되었다.

그러나 인도 루피는 해외 투자전략에 있어 난해한 문제이다. 인도는 2011년 말까지 수년 동안 미국 달러 대비 상대적으로 안정적인 환율을 누렸다. 그러나 바로 그때 인도 루피는 심각한 평가절하의 길을 걷기 시작했다. 2006년과 2007년에 루피에 투자한 후 2011년 이후에 투자를 회수하려던 미국 달러 투자자들은 환율변동으로 인해 막대한 손

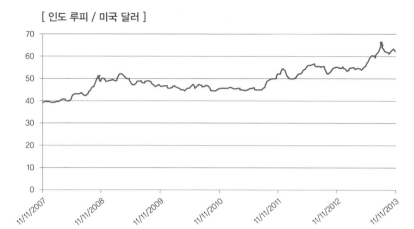

[인도 루피 / 미국 달러]

그림 2.11 2007년부터 2013년까지 미국 달러화에 대한 인도 루피 환율

해를 입었을 것이다. 그림 2.11은 지난 6년간 미국 달러화에 대한 인도 루피의 환율을 나타낸다.

비록 솔레로에 대한 투자는 미국 달러로 이루어지지만 남아 있는 외환 문제는 인도 루피에 대한 간접적인 노출이다. 솔레로의 수익 중 상당 부분은 인도에서 발생하며, 이는 인도 루피의 형태이다. 제품가격 책정은 중국의 제조 및 운송비용뿐만 아니라 현지 시장에 의해 제한된다. 인도 루피가 평가절하 됨에 따라 같은 금액의 달러를 사기 위해서는 루피가 더 많이 소요되므로 솔레로의 이윤폭도 줄어들게 된다. 여러 환율에 의존하는 거래를 발굴할 때, 특히 투자 개시 및 회수와 관련해 교차환율과 변동성을 고려해야만 한다.

선별. 바로 파가파고의 경우처럼 경쟁업체가 넘쳐나는 분야에서 경쟁우위를 결정하는 것이 초기의 걸림돌이다. 그러나 솔레로의 경우에는 파가파고 및 모바일 머니 투자와는 다른 경쟁우위와 관련해서 많은 질문들이 있다.

이것들 중 첫 번째는 그다지 명백하지는 않지만 어디에서 가치가 창출되고 통제되는가의 문제이다. 솔레로의 사업모델을 분석해보면 생산과 유통이라는 두 가지 핵심 가치센터가 있다는 것을 알 수 있다. 생산요소는 경쟁제품과 나란히 놓아 검사하고, 성능을 테스트하고, 소비자가 검토할 수 있는 실제 제품이기 때문에 훨씬 이해하기 쉽다. 엄격한 도매업자 선정, 계약제조업자 관리, 문제를 신속하게 파악하고 해결하는 시스템으로 품질을 관리할 수 있다.

특히 농촌시장에 중점을 두는 유통 네트워크의 가치와 통제 이해는 품질보다 더 규정하기 힘들다. 우리는 초소형 태양광 제품 유통을 위해 존재하거나 시도된 다양한 유통방법들에 대해 간략하게나마 검토해보아야 한다.

- 전형적인 제3자 유통: 가장 일반적인 방법 중 하나는 별도의 지역 유통업체들에게 제품을 판매하는 것이다. 수익은 유통업체를 대상으로 한 판매시점에서 발생하며, 가치사슬의 통제는 이 시점에서 끝나게 된다. 지역 유통업체는 현지 유통업체들에게 판매할 것이며, 이는 다시 현지 상점 소유주 또는 작은 규모의 키오스크 소매점에 판매될 것이다. 가격책정, 제품배치 및 고객대면 서비스에 대한 통제가 존재하지 않는다. 성공을 거둔 제품들은 브랜드 관리에 관심이 적고 사회적 임팩트를 전혀 고려하지 않으면서 유통업체 가치사슬에서 가장 높은 이윤폭을 허용하는 경향이 있다.

- 회사관리 유통업체: 일부 회사가 취하는 접근법은 판매 국가에서 유통사업을 직접 운영하는 것이다. 이는 운영상의 관점에서 비용이 더 많이 들지만 회사가 가치사슬을 더 잘 통제할 수 있

게 된다. 회사는 해당 제품이 현지 유통업체나 상점 주인에게 직접 판매될 때 수익을 창출하게 된다. 회사는 가격결정에 대해 더 많은 통제권을 갖지만 이윤이 더 높은 제품을 찾는 상점 주인들과 여전히 씨름해야 한다. 농촌시장만의 독특한 현상은 농촌지역 소비자들은 가까운 도시의 상점에서 구입하는 바로 그 현지 시장에서 구매한다는 것이다. 제조사로부터 소비자를 분리시키는 가치사슬에는 더 많은 부분이 있다. 고객서비스 또는 보증활용을 필요로 하는 제품의 경우, 분리로 인해 브랜드 충성도를 구축하기 어려워진다.

• 회사관리 가치사슬: 통제의 가장 심오한 방법은 가치사슬의 모든 단계에 회사가 존재하는 것이다. 농촌지역 소비자에 초점이 있는 기업의 경우, 물리적·문화적 접근성 문제로 가치사슬을 완성시키기 어려울 수 있다. 기업은 통제기준점을 최종 판매단계까지 통합함으로써 이러한 문제점을 극복하는 데 한층 가까워졌다. 그렇지만 가치사슬 통제에서의 작은 차이가 사업의 성패를 좌우할 수 있으므로 투자자는 신중해야만 한다.

예를 들어 아프리카의 농촌지역에 태양광 랜턴을 배포하려는 두 회사를 상상해보라. 둘 다 자체 지역 유통장소와 현지 유통지점을 보유하고 있지만, 한 회사는 현지 기업가가 농촌지역에서 사업을 하는 'shop in a box' 개념을 만든 반면 다른 곳은 현지 직원을 활용해 개별 영업사원을 관리한다. 'shop in a box' 사례의 경우, 회사는 현지 기업가에게 상자를 판매할 때 수익을 창출하게 된다. 매출목표, 수익분석, 유지보수 및 보증과 같은 판매과정의 매우 중요한 부분은 현지 기업인에게 달려 있다. 그러나 현지 직원이 개별 영업직원을 관리하는 데 사용되는 후자의 경우 회사는 가치사슬의 통제를 한층 더 강화할 수 있다.

- 편승유통: 일부 회사는 더 큰 회사의 유통망을 통해 제품을 판매하고자 더 크고 잘 자리 잡은 회사와 계약을 맺는다. 이는 소규모 기업의 신제품을 농촌지역 소비자에게 신속하게 유통시킬 수 있는 효과적인 방법이다. 그러나 더 큰 기업은 일반적으로 이윤폭 협상에서 우위를 점하게 되며, 큰 기업과 제품조달을 함께 진행함으로써 제품 이미지 부여 작업이 소비자들에게 쉽게 상실될 수 있다.

- 농촌 전문 유통업체: 최근에는 농촌지역 유통에만 초점을 둔 전문 유통업체가 생겨났다. 이 회사들은 가장 효율적이고 효과적인 농촌 유통망을 구축하는 데 중점을 두고 있다. 농촌 유통업체는 회사가 제품을 판매할 수 있는 훌륭한 플랫폼이 될 수 있지만 이윤폭이 심하게 교섭될 수 있고, 경쟁 브랜드가 그 회사 브랜드로 판매되지 않도록 하는 것이 어려울 수 있으며, 농촌 유통업체가 자체 브랜드를 개발하려고 할 때 브랜드 인지가 분쟁에 휩싸일 수 있다.

솔레로의 경우 고려해야 할 2차적 위험요소는 다음과 같다.

- 시장점유율 확대 위험: 경쟁우위가 분명해 보인다면 회사를 어떻게 확장할 것인지에 대한 생각이 다음 선별 질문이 될 것이다. 경쟁자 수를 감안할 때 모든 기업이 다른 지역으로 확장함에 따라 기업들 간의 중첩은 의심의 여지가 없는 사실이다. 우수한 품질의 제품으로 시장에 먼저 진입하는 기업들은 다른 기업들에 비해 우위를 점할 것이다. 그러나 확장을 위해서는 회사가 성장함에 따라 관리할 수 있는 방법론적 접근법이 필요하다. 새롭게 확장된 기업들의 통제를 유지하지 않고 너무 빠르게 확장하게 되면 큰 조직이 무분별하게 운영될 수 있다.

- 기술위험: 새로운 제품위험과 노후화는 둘 다 태양에너지 시장에서 가능하다. 예를 들어 솔레로는 새로운 태양열 제품을 도입할 예정이다. 도입되는 각각의 제품은 광범위한 공장과 현장시험이 필요하다. 경쟁을 따라잡기 위해 테스트할 시간은 제한되고 제품을 시장에 출시해야만 한다. 테스트 단계에서 발견되지 않은 공학 및 구성요소 문제로 인해 보증반환 및 브랜드 손상과

 현장노트

인도의 소규모 농기구 회사에서 실사를 하는 동안 유통망을 철저히 평가해야 하는 시간이 왔다. 사업의 일부 및 사회적 임팩트 평가는 농민인 최종사용자에 초점을 맞추었는데, 목표로 하는 소비자에게 미치지 못했음이 분명해졌다. 회사는 제품을 사용하고 있는 매우 작은 규모의 농장으로 실사팀을 보낼 수는 없었다. 게다가 회사가 더 큰 농업회사를 통해 유통했기 때문에 일부 소비자는 그 제품의 정확한 상표를 인식할 수 없었다. 이는 회사의 가치사슬에 대한 통제가 붕괴되었음을 시사했다.

농부들에게 직접 제품을 판매하는 현지 상점 주인에게까지 가치사슬을 역으로 추적하면서 판매원들에게 소규모 농장에 판매하지 않는 이유를 물었다. 그러자 많은 판매원들이 동일한 이유를 들었다. 즉 더 큰 규모 농장의 경우 자본이 넉넉해 그들에게 판매하기가 더 쉬웠다는 것이다. 판매원들은 수수료로 동기부여가 되었기 때문에 가장 크고 빠른 판매가 가능한 농부들에게 판매한다. 불행히도 가치사슬에서 발생하는 이러한 통제의 상실은 비즈니스의 두 가지 중요한 측면이 무시되고 있다는 것을 의미했다. 즉 소규모 농민에 대한 반복판매량을 전부 합치면 큰 규모 한 번의 매출을 초과할 수 있다는 것과 그 사업이 투자자들에게 마케팅하는 사회적 임팩트가 과장되었다는 것. 사업적인 관점에서 볼 때 대규모 농장주들은 제품을 제대로 활용하지 못하고 무계획적으로 사용함으로써 판매형태가 불안정해지는 결과를 낳게 되었다. 이 제품은 소규모 농장주들이 매년 사용할 수 있는 저비용 해결책으로 만들어졌다. 그 인구구성이 완전히 적용된다면 회사가 지리적으로 확장됨에 따라 수익은 안정적으로 증가할 것이다. 사회적 임팩트의 관점에서 기업은 제품의 이점을 필요로 하지 않는 인구구성을 대상으로 판매하고 있었다. 사회적 임팩트는 당초 기대했던 것보다 훨씬 제한적이었다.

관련해 회사에 상당한 비용이 발생할 수 있다.

　노후화 부분을 살펴보면, 초소형 태양에너지 시장은 주요 소비자들의 대안이 제한적이라는 생각에 근거하고 있다. 넓은 의미에서 전력이 공급되지 않던 지역사회 또는 마을이 전력망에 연결된다면 그러한 기기에 대한 시장수요는 급감할 것이다.[14] 이미 마을 전체에 전기공급이 가능한 바이오가스 발전기 및 초소형 태양 전지판과 같은 마이크로 그리드[15] 해결책이 존재한다. 또한 풍력, 지열 또는 동력원을 통하는 등 태양열을 넘어선 다른 방법들로 전기를 만들 수 있다. 투자자들은 시장이 어떻게 발전하는지에 대해 면밀히 관찰해야 한다.

- 이윤폭 위험: 예상 재무수치를 살펴보면 솔레로는 좋은 매상총이익과 EBITDA가 기대된다. 이러한 이윤폭은 비교가 가능한 소비자 가전제품 회사와 유사한 수준이다. 그러나 솔레로의 운영에 대해 자세히 살펴보았듯이 수익성을 떨어뜨릴 수 있는 이윤폭 위험이 존재함을 알 수 있다. 예를 들어 솔레로는 중국으로부터 멀리 떨어진 곳으로 상품을 선적해야 한다. 배송은 일반적으로 해상화물로 이루어지므로 시간이 지체된다. 만약 재고가 제대로 통제되지 않는다면 항공화물을 활용해야 할 수도 있으며 여기에는 상당한 비용이 소요된다.

보증이용은 대부분의 소비자 가전제품 회사의 이윤폭에 영향을 미

---

14 이러한 위험은 개발도상국 경제에서 전기가 공급되는 농촌지역조차도 종종 오랜 기간 동안 가동이 중단되었거나 전통적인 전력망에 의해 전기가 공급되지 않는 기간이 있기에 다소 완화된다.

15 소규모 지역에서 전력을 자급자족할 수 있는 작은 단위의 스마트 그리드 시스템. 즉 소규모 독립형 전력망으로 태양광, 풍력 등 신재생에너지원과 에너지 저장장치가 융·복합된 차세대 전력체계. - 옮긴이

치는 또 다른 영역이다. 반품에 대한 기대치는 대개 재무적 예측에 반영되어 있지만 솔레로의 통제범위를 벗어난 많은 사건으로 인해 보증 이용이 증가할 수 있고 이윤폭이 줄어들 수 있다. 이러한 사건으로는 부품 공급업체의 품질 저하, 신제품 설계 결함 및 제조품질 문제 등을 포함한다.

▶ 잠재투자 3: 헬스케어(므토토 클리닉)

배경. 저소득층에 속한 개인은 선진국이든 개발도상국이든 간에 저렴하고 우수한 수준의 의료서비스를 찾는 데 어려움을 겪고 있다. 대부분의 국가에는 정부가 후원하는 건강보험이나 국영 의료시설이 있지만 적시에 양질의 진료를 제공하기에는 부족하다. 민간부문은 시장에서 이러한 격차를 해소하는 데 미온적이었다. 전통적으로 민간병원과 진료소는 국영병원에 비해 더 높은 수준의 의료서비스를 제공하지만 너무 고가여서 할 수 없거나 원하지 않는다고 여기면서 저소득층 인구 집단에 초점을 두지 않았다. 혁신적인 기업가들은 저소득층 인구에게 알맞은 가격의 고품질 의료서비스를 제공하기 위해 자산경량화 사업계획, 표준화된 서비스, 단계별 서비스 또는 이 세 가지의 조합을 통해 비용통제에 초점을 맞춤으로써 기존 모델에 변화를 주기 시작했다.

헬스케어에 있어 재화와 용역비용은 명백히 극복되어야 하는 장애물이다. 보다 높은 수준의 의료서비스는 일반적으로 높은 급여 의사와 기술 발전에 따라 더 비싼 장비를 필요로 한다. 의료시설을 둘러싼 기반시설은 시설 자체에서 시설 내 장비에 이르기까지 상당한 자본을 필요로 할 수 있다. 더 파괴적이고 매력적인 사업계획은 비용 절감과 모든 수준에서의 통제에 초점을 맞추었다.

자산경량화 개발은 기존의 진료소를 인수하거나 의료시설로 쉽게 전환할 수 있는 건물 공간을 임대하는 데 초점을 맞추고 있다. 이를 통해 의료회사는 새로운 건물에 대한 막대한 자본지출을 피할 수 있다. 건물 내에서 장비는 수백만 달러에 달할 수 있기 때문에 저소득층 개인을 대상으로 하는 기업가들은 표준화된 진료소를 선호하게 되었다. 므토토 클리닉 사례에서 볼 수 있듯이 표준화된 산모관리에 초점을 맞추면서 특별한 사례들은 다른 진료소에 소개함으로써 회사는 대부분의 상황에서 시비스를 제공할 수 있는 기본 장비로 운영할 수 있게 되었다.

앙터프리너들이 시도한 다른 접근방법으로는 보다 전문화된 서비스를 허용하면서 절차는 부자나 가난한 사람들에게 똑같은 수준이 되도록 하고, 환자의 소득에 따라 단계별 보살핌을 제공하는 것이었다. 환자가 지불하고자 하는 가격에 따라 병실의 편의시설만 달라질 뿐이었다. 예를 들어 인도의 일부 농촌병원 입원환자는 소득에 따라 다음과 같은 것들을 선택할 수 있었다.

1. 일반 병실: 커튼으로 분리된 큰 방에 배치된 침대에 다수의 환자가 있는 가장 저렴한 옵션.

2. 준개인 병실: 한 명 또는 두어 명의 다른 환자와 방을 공유하는 중간 가격 옵션. 텔레비전이나 에어컨 등 종종 추가적인 고급화도 가능하다.

3. 개인 병실: 환자가 자신의 개별 방을 가질 수 있는 고가의 옵션. 텔레비전, 에어컨, 가족이 잠들 수 있는 장소 등이 표준 편의시설로 구비되어 있다.

계층화된 가격책정 시스템의 장점은 의사가 모든 유형의 환자에게 서비스를 제공할 수 있으면서 더 높은 가격의 옵션을 통해 사업 수익성과 이윤폭을 향상시킬 수 있다는 것이다.

기업. 므토토 클리닉은 투자를 위해 조사할 마지막 가상의 회사이다. 므토토는 케냐의 두 번째 계층 도시인 나쿠루 전역에 브랜드화된 산모 헬스케어 시설 체인을 설립했다. 므토토는 자산경량화 전략, 표준화 및 계층화된 서비스를 결합해 수익을 올릴 수 있도록 운영되는 3개의 진료소들을 성공적으로 만들었다. 므토토는 어디에, 어떻게 진료소를 열 것인지에 대해 상당히 전략적으로 접근했다. 경영진은 통원가능 거리, 경쟁 분위기 및 잠재적인 부지 위치를 확인하기 위해 도시지구에 대해 상세한 조사를 실시했다. 특정 부지에 대한 자본지출을 통제하는 것은 확장전략을 실행하는 데 특히 중요하다. 므토토는 기존 진료소를 보수하거나 표준배치에 도움이 되는 건물을 발굴하고자 했다.

표준화는 총체적으로 므토토가 채택한 또 하나의 강력한 운영전략이다. 므토토는 출산 전후 서비스를 제공하지만 자연분만 및 제왕절개에 대해서만 그렇게 한다. 감당할 수 있는 비용이 문제가 되는 경우, 출생 전후에 필요한 다른 전문적인 진료는 가까운 개인병원 또는 정부 진료소에 넘겨진다. 이를 통해 므토토는 진료소당 더 낮은 자본지출과 덜 비싼 의료진을 필요로 하고, 덜 전문화된 공급구매를 통해 운전자본을 낮게 유지할 수 있다. 게다가 가격책정은 상대적으로 표준화되어 있으며 저렴한 절차와 서비스만 제공하면 된다면 고가의 복잡한 절차들에 비해 지급불이행에 대한 위험이 줄어든다.

계층화된 서비스를 통해 고객은 소득수준에 맞는 서비스를 선택할 수 있다. 므토토는 모든 환자에게 동일한 간호사와 의사가 고품질 의료서비스를 동일하게 제공하고 있음을 강조하고 있다. 그러나 환자가 머무는 구역은 다를 수 있다. 이는 항공기의 계층화된 서비스와 유사하다. 항공기는 서비스 등급에 관계없이 모든 승객의 안전이 가장 중요하지만 일등석은 일반석보다 훨씬 고급화되어 있으며, 따라서 훨씬 더 많은 이윤폭을 가져다준다.

므토토의 전략은 무료인 정부 대안보다 선호되는 낮은 비용의 서비스를 제공할 수 있게 한다. 많은 국가에서 무료 서비스를 제공하지만 치료의 질, 치료 시기 및 병실은 일반적으로 므토토 유형의 진료소에 비해 매우 열악하다.

현재의 투자라운드에서는 인접한 지방자치단체에 6개의 새로운 진료소를 건설하고 새로운 진료소들이 EBITDA 손익분기점으로 이동하는 동안 필요한 운전자본을 제공하기 위해 1억 7,500만 케냐 실링을 모으고자 한다.

투자발굴. 므토토는 확실히 해외투자이며 케냐에 투자하는 전적인 위험을 부담한다. 시장지도를 작성할 때 어떻게 점수가 매겨지는가를 보면 외국인 투자자에게 이러한 위험들이 중요할 수 있다. 대부분의 기본 투자지표는 100이 넘는데 이는 사업의 시작, 지급불능 시 상환청구권, 특히 계약집행과 관련된 어려움을 나타내고 있다. 그런데 HDI가 145인 국가에서는 특히 산모사망률이 30인 산모사망에 관해 상당한 개발의 필요성이 제기되고 있다.

케냐 실링으로 투자해야 한다는 필요조건도 저해요소가 될 수 있다. 지난 10년간 달러 대비 케냐 실링의 환율 변화를 살펴보자. 2008

[케냐 실링 / 미국 달러]

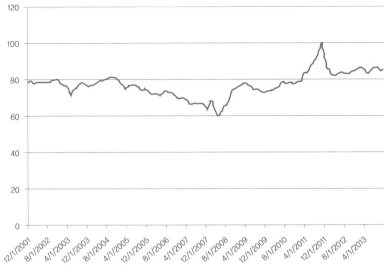

그림 2.12 2001년부터 2013년까지 미국 달러화에 대한 케냐 실링 환율

년에 투자를 하고 2013년에 투자금을 환수해야 했다면 케냐 실링의 하락으로 상당한 손실이 발생할 수 있었음을 알 수 있다. 손실 예측치는 2008년 4월에 달러당 60케냐 실링으로 투자해서 2013년 12월에 달러당 거의 85케냐 실링으로 환수해야 하는 경우를 가정한 것이다. 이는 통화변동으로 인해 29%의 투자손실로 귀결된다. 그림 2.12는 과거의 케냐 실링/미국 달러 환율을 나타낸다.

선별. 일반적인 헬스케어 사업은 확장을 위해 기반시설 및 장비에 대한 투자를 필요로 한다. 그러나 므토토는 자산경량화 기조에서의 사업계획에는 많은 자본투자가 불필요하다고 생각한다. 기존 기반시설을 인수하고 기본 절차에 제한된 서비스를 유지함으로써 경쟁하고 있는 산모 건강진료소보다 자본지출이 현저히 낮아질 수 있다. 특히 투자자는 케냐의 현지 상업용 부동산 시장을 좌우하는 요인, 산모진료소로 사용하기 위해 건물을 개량하는 데 소요되는 비용, 건물 분해비용 및 사업을 운영하는 데 걸리는 시간 등을 이해할 수 있는 능력이 있어야 한다.

므토토에 대한 투자와 관련된 또 다른 선별 질문은 어떻게 가치가 창출되고 통제되는가이다. 자산경량화 모델을 활용하는 것을 넘어서 회사는 어떻게 기본적이고 표준화된 절차만 제공하는지를 상세히 적시했다. 경영진이 밝히는 중요한 이점은 간호사와 같은 인적자원은 더 복잡한 절차가 수행되는 다른 시설만큼 숙련될 필요가 없으므로 저렴한 비용으로 고용될 수 있다는 점이었다. 그러나 이 전략에는 고용해지 및 이전의 위험이 내재되어 있다. 하급사원들은 므토토를 경험과 훈련을 쌓는 수단으로 활용하고, 추후에 더 많은 보수를 제공하는 진료소로 이직할 수 있다. 이러한 성격의 직원 움직임은 고용 및 훈련에 소요되는 시간과 자원으로 인해 비용을 증가시킬 수 있다.

고려해야 할 2차적 위험요소는 다음과 같다.

- 기본적인 운영 데이터 및 재무정보: 기업 티저 광고에 제공된 데이터는 진료소 개업에는 급격한 증가를 보이지만 EBITDA 이윤폭에서는 완만한 축적을 나타내고 있다. 실제로 EBITDA 이윤폭은 사업 최종년도에 최대 25%에 이른다. 실현된다면 이는 괜찮은 이윤폭일 수 있지만 기업 티저 광고는 종종 매우 공격적인 예측을 하는 이상적인 형태라는 것이 쟁점이다. 추후 제 4장에서 살펴보겠지만 시나리오 분석을 철저하게 조사해보면 기업의 예측은 대개 매우 공격적이다. 비용에 대해 중간 정도의 스트레스를 주는 상황만으로도 상당히 볼품없는 EBITDA 이윤폭이 생긴다.

현장노트

인도의 산모진료소에 대한 실사 중에 사업계획 성공의 상당 부분은 환자의 수요가 있는 영역에서 새로운 진료소를 열 수 있는 역량을 필요로 한다는 사실이 명백해졌다. 이 회사도 자산경량화 전략을 수립하고 개량할 수 있는 기존 건물을 찾고자 했다. 그러나 그러한 건물을 찾는 것은 쉬운 일이 아니었다. 다양한 발굴전략들로 단 몇 개의 잠재시설들을 찾을 수 있을 뿐이었다. 실사 중에 내 마음 속에 떠오른 한 가지 스트레스는 새로운 진료소를 열기 위한 예측시각표 일정을 연장하는 것이었다. 게다가 제한된 건물의 선택폭으로 인해 때때로 회사는 이상적이지 못하고 수익성이 낮은 자산을 선택하도록 내몰리는 것처럼 보였다. 이러한 건물들은 결국 폐쇄되어야만 했으며, 파기된 임대차 계약과 다른 시설로 재배치될 수 없는 직원에 대한 고용해지 지불금과 관련된 상당한 처리비용이 발생했다. 이러한 모든 요소들은 분석과 최종 투자결정에 반영되었다.

- 규제 및 경쟁위험: 2013년 6월 1일 케냐의 대통령인 우후루 케냐타는 "우리 정부는 모든 임산부가 모든 공공의료시설에서 무료 출산서비스를 이용할 수 있도록 적절한 예산을 마련했다"[16]라고 언급했다. 케냐 산모관리 진료소 사업의 모든 실사는 그러한 성명과 정책변경을 고려해야만 한다. 공공보건시설의 가격이 공짜로 떨어지면 경쟁환경이 변할 수 있다는 점에서 위험은 분명하다. 그러나 정부 운영시설 간에 의료서비스의 질은 요인이며 차별화 요소가 될 수 있다. 그리하여 이러한 종류의 위험을 파악함으로써 그렇지 않았다면 무료 정부 진료소에 갔을지도 모르는 저소득층의 개인들에게 므토토 클리닉이 품질 면에서 어떻게 인식되는지를 이해하는 데 대한 실사의 부분적 초점을 바꿀 수 있을 것이다.

---

16 Bosire Boniface, "출산비용 면제명령을 준수하는 데 더딘 케냐 병원들". AllAfrica (2013. 6. 5.). http://allafrica.com/stories/201306060239.html.

[투자진행]

모든 투자자가 시간에 제약을 받아 결정을 해야 하는 것처럼 모의투자를 진행하려면 투자가 투자과정 속으로 깊이 진행될 수 있도록 결정해야 한다. 실제로 투자자는 하나, 둘, 혹은 셋 모두의 투자와 투자과정을 진행하거나 하나도 투자하지 않을 수 있다. 여기에서는 약간의 제한을 가하면서 제시된 세 투자 중 단 하나만 결정하도록 할 것이다.

투자에 대한 생각을 정리하는 훌륭한 방법은 강점, 약점, 기회 및 위협이 결합된 분석SWOT을 수행하는 것이다. SWOT 분석을 통해 어떤 거래가 깨질 수 있는 잠재적인 약점이나 위협을 파악하거나, 강점과 기회가 부정적인 면을 넘어설 수 있는지 여부를 확인할 수 있다.

파가파고의 확장성은 매력적이다. 콜롬비아 시장에 침투해 모바일 결제의 선두주자가 될 수 있다면 매출과 이익 증가가 엄청날 것이다. 게다가 수많은 사업분야를 시스템에 통합할 수 있는 잠재력이 있으며, 저소득층까지 쉽게 접근할 수 있는 서비스를 제공함으로써 상당한 사회적 임팩트를 미칠 수 있다. 그러나 훨씬 더 큰 지역 및 외국 기업들 또한 이를 인식하고 있으므로 동일한 시장을 놓고 경쟁하게 될 것이다. 추가적으로 규제위험은 사업계획이 효율적으로 뻗어나가는 것을 방해할 수 있는 것처럼 보인다. 파가파고에 대한 경쟁위협과 규제위험의 조합은 잠재적 강점을 넘어서 이 모의실험에서 탈락할 것이다.

다음 투자는 솔레로로 결정했다. 조사된 주요 위험은 혁신적인 유통전략 및 그 효과성 여부였다. 유통과 결합하면 가치사슬의 복잡성 때문에 이윤폭 문제가 발생할 수 있다. 그러나 이러한 제품에 대한 시장은 확실하게 존재하며, 저소득층이 이러한 제품에 대해 비용을 지불한다는 것이 입증되었다. 구매 시 직접적인 혜택을 볼 수 있고, 약 반년 만에 구매자가 투자수익을 올릴 수 있다는 점에서 솔레로의 사회적 임팩트 또한 매우 분명하다. 다른 추가적인 이익은 미국 달러로 투자가 가능하다는 것인데, 이는 직접적인 외환위험을 제거해준다. 이 경우에서의 위험은 적절한 실사와 분석에 의해 완화될 수 있는 것처럼 보인다. 사업 성공 가능성, 사회적 임팩트, 잠재적으로 다루기 쉬운 위험들이 아주 잘 조합되어 있으므로 솔레로를 좀 더 자세히 분석하면서 진행해나갈 것이다.

	파가파고	솔레로	므토토 클리닉
강점	• 고도로 확장가능한 제품과 서비스 • 기존 모바일시장에 대한 깊은 침투력	• 제품 수요와 경제성이 우수함 • 유통을 통제할 수 있는 특별한 능력	• 표준화되고 계층화된 서비스에 관한 우수한 경영실적 • 투자자들에게 유익한 자산경량화 모델
약점	• 수수료 축소 가능성 • 헤치고 가야 할 어려운 규제환경	• 문제발생 시 이윤폭에 쉽게 영향을 미칠 수 있는 복잡한 공급망	• 적절한 건물 발굴의 어려움 • 한정된 예산으로 우수한 직원 및 서비스 유지
기회	• 새로운 산업과 모바일 결제의 통합 • 은행 또는 통신회사의 잠재적 인수 가능성	• 유통시스템을 다른 지역으로 확장 • 유통시스템에 새로운 아이템 도입	• 지역 및 국가 차원의 확장 • 대규모 헬스케어 기업에 의한 잠재적 인수 가능성
위협	• 자본화가 잘 된 업체와의 경쟁이 매우 치열한 환경 • 기술 노후화 가능성	• 초소형 판 및 기타 혁신적인 에너지원의 기술위험 • 수많은 경쟁회사	• 정부 운영 진료소와 같은 경쟁시설 • 대규모 헬스케어 업체의 저가 가격 시행

표 2.3 여러 기업들에 대한 SWOT 분석은 기업들을 비교하는 데 유용하다.

안타깝게도 므토토 클리닉의 경우 진행하지 않기로 했다. 그러나 그 결정은 나머지 2개의 경우만큼 어려웠다. 므토토는 자산경량화 개발 및 우수한 경영실적을 제공하는 계층화된 서비스와 같은 훌륭한 사업계획을 보유하고 있다. 그렇지만 궁극적으로 제대로 된 자산을 확보하기 어렵고, 낮은 비용으로 고급인력을 유지하는 과제, 규제 변화로 인한 위협들 때문에 사업확장성에 쉽게 제약을 받을 것 같다.

[발굴과 선별에 대한 결론]

임팩트 투자 산업에서 활동하는 사람들은 발굴과 선별단계에서 사업성이 있으면서도 사회적 임팩트의 우수사례를 제시할 수 있는 투자가 부족하다는 것을 알고 있다. 이로 인해 많은 투자자들이 동일한 투자를 추구하고 발굴과 선별기준을 낮추게 된다. 투자하기 위해 기준과 분석을 간과하는 것이 결코 바람직하지는 않다. 그러나 동시에 모든 분석을 우수한 성적으로 통과하지 못한다고 해서 그것이 투자에서 배제되어야 한다는 것을 의미하지는 않는다.

투자자들은 어떤 위험이 즉각적인 계약파기로 이어질 수 있는지 그리고 추가 분석 또는 투자구조화가 완화시킬 수 있는 위험이 무엇인지를 파악할 수 있어야 한다. 계약파기의 경우 다른 투자자들은 모두 다른 위험용인도를 가질 수 있기 때문에 간단하고 일반적인 답은 없다. 그러나 용인될 수 있는 위험에 대해서는 충분히 이해하고 사전준비를 해야 한다. 솔레로의 투자과정을 진행하면서 개별 위험요소를 골라내고 투자를 적절히 구조화하는 방법을 모색할 것이다.

CHAPTER
03

투자분석과 가치평가

INVESTMENT ANALYSIS AND VALUATION

솔레로는 엄격한 발굴 및 선별과정을 거쳤지만 아직 전반적인 투자과정의 초기단계에 있다. 다음 단계는 회사의 상향식 분석을 수행함으로써 사업주도 요소와 회사가 다양한 상황에서 어떻게 수행할 것인지를 이해하는 것이다. 이 과정을 통해 투자자는 회사 및 투자구조의 가치평가에 대한 의견을 결정하게 되는데, 이는 협상 국면에서 매우 중요하다.

[정보교환]

사전 실사단계의 시작은 투자자와 잠재적 피투자자 간의 더 깊은 수준의 약속으로 표시된다. 정보교환의 빈도와 깊이가 증가함에 따라 각 당사자가 투자 프로세스에서 이행하는 책무수준을 이해하는 것이 매우 중요하다. 종종 결혼에 대한 비유가 투자자와 피투자자 간의 관계에 인용된다. 이 은유는 실제로 꽤 정확하다. 백년가약을 맺을 때까지 교제와 데이트의 시기가 존재한다. 교제기간 동안 각 당사자의 관계가 진전될수록 더 많은 시간과 에너지가 관계에 투자된다. 그러나 투자자와 피투자자의 경우에 있어 관계를 깨뜨린 결과는 상처입은 마음보다 더 중요할 수 있다.

투자자들은 효율적인 방식으로 돈을 투자하고자 한다. 돈을 투자하는 데 시간이 많이 소요될수록 잠재수익에 걸림돌이 된다. 투자회수는 투자시점으로부터 종종 수년이 걸리며, 만약 자금을 유치하는 데 수년이 걸리면 화폐의 시간가치로 인해 수익률이 감소하게 된다. 특히 투자자의 돈을 사용하는 펀드기반 투자자의 경우, 관리수수료와 자금이 상환되었는지 여부에 따른 더 많은 스트레스가 있다. 이 개념은 제7장에서 자세히 다룰 것이다.

피투자자는 잠재적으로 사업에 심각한 지장을 초래하는 지연되거나 실패한 투자로, 종종 운 없게 걸린다. 일반적으로 회사는 소규모이고 자금을 모금할 때 태생적으로 자본이 모자란다. 투자자의 관심을 끄는 것은 끊임없는 의사소통, 정보 제공, 분석보고서 작성, 질문 응답, 미팅 주최 등등으로 매우 많은 시간이 소요된다. 그렇지만 회사는 운영을 계속해나가야 하고 지속적으로 성장해야 한다. 투자가 지연됨에 따라 점점 더 많은 현금을 필요로 하게 된다. 피투자자가 단 한 명의 투자자와 함께 일하는 데 그 투자자가 투자를 철회하게 되면 피투자자는 심각한 유동성 위기에 처할 수 있다.

이러한 결과들을 인식하는 것이 양 당사자에게는 중요하며 투명성을 위한 원동력이다. 투자자는 피투자자가 검토하고 있는 다른 금융 대안들, 피투자자가 가지고 있는 그러한 대안들과의 시각표, 투자자의 투자에 대한 예상 일정 등을 결정해야 한다. 피투자자는 그들의 투자가 투자자와 어느 위치에 와 있는지 그리고 펀드와 관련된 경우라면 펀드 내의 다양한 위원회와의 의사결정을 위한 일정 및 방법을 이해할 수 있어야만 한다.

 현장노트

공적인 신재생에너지 제품을 만드는 회사의 CEO인 업계 동료가 어느 날 투자자와 자신의 상황에 대한 조언을 구했다. 투자자는 그의 회사와 이미 상당 부분 연관되어 있었고, 주요 거래조건[17]에 사인을 한 투자단계까지 와 있었다. 그러나 CEO는 투자자와의 전화통화가 한 번도 거절당하지 않았음에도 불구하고 상호관계가 진전되지 않는 것 같다며 낙심했다. CEO에 대한 나의 충고는 투자자를 꼼짝 못하게 잡고, 투자자가 투자과정의 어디에 있는지, CEO가 다른 어떤 조치를 취해야 하는지, 그리고 언제 최종결정이 나는지를 구체적으로 질문하라는 것이었다.

다음 통화에서 CEO는 그대로 실행했고, 투자자가 CEO의 회사를 차선 순위로 두고 다른 회사를 모색하고 있음을 알게 되었다. CEO는 자금이 곧 들어올 것으로 예상했기 때문에 다음날 세 명의 직원을 해고하고 더 넓은 지역으로 이전하는 계획을 철회했다. 다행스럽게도 이 회사는 다른 수단을 통해 자금을 조달할 수 있는 방법을 찾았지만 심각한 유동성 위기를 겪을 뻔했다.

---

17 투자과정의 주요 거래조건 단계는 제5장에서 상세히 다룰 것이다.

▶ 기밀유지협약

두 당사자가 투자과정을 시작하고 진행해나감에 따라 오해를 막고 또한 당사자 간의 이익을 보호하기 위해 법적 문서화는 일반적이다. 투자를 위해 회사를 평가하고 상향식 분석을 구축하기 위해서는 피투자자 회사에게 매우 중대하고 독점적인 상당한 양의 정보를 교환해야 한다. 이러한 이유로 많은 사람들이 직면하게 되는 첫 번째 문서는 다르게는 기밀정보협정서로 알려진 기밀유지협약서NDA이다. 기밀유지협약은 제3자에게 기밀정보를 공개하지 않기로 하는 두 당사자 간의 계약이다. 일반적으로 NDA는 투자자가 피투자자와 민감한 정보를 공유하지 않기 때문에 피투자자 회사가 초기에 요청한다. 개념상 비교적 단순해 보이지만 NDA는 논란을 일으킬 소지가 있다.

피투자자는 NDA에 대해 더 확실하게 해둘 필요가 있다. 그들은 투자자에게 개인정보를 제공할 것이다. 만약 경쟁자 또는 유사한 사업을 시작하려는 다른 당사자가 이 정보를 입수하게 된다면 피투자자의 경쟁력을 심하게 훼손시킬 수 있다. 어떤 경우에는 전매특허 프로세스나 기술과 같은 절대 비공개로 유지되어야 하는 매우 중차대한 정보가 공개될 수도 있다.

대부분의 경우 투자자는 독점정보를 공유하지 않으므로 NDA를 요구하지 않는다. 철두철미한 피투자자는 투자자에 대한 재무 또는 성과 정보를 요청할 수 있으며, 이는 투자자가 NDA를 요구하도록 유도할 수 있다.

NDA를 둘러싼 논란은 NDA의 언어와 범위에 있다. 피투자자는 논의되고 유포된 모든 정보들이 가능한 한 오랫동안 보호되도록 노력할 것이다. 때때로 주어진 특정 정보에 대해서 상대방의 활동을 제한하는 언어가 NDA에 포함된다. 투자자들은 일반적으로 많은 다른 회사를 보면서 여러 투자를 평가하는 능력을 저해할 수 있는 어떤 것에도 서명하기를 꺼려 한다. 익히 알려진 매우 성공적인 어떤 투자자들은 NDA에 대한 서명을 전면적으로 거부한다.

기본적인 NDA에는 다음과 같은 요소들이 있다.

- 관련 특정 당사자들의 투명성. 뻔한 소리지만 투자자는 외부의 위원회들 혹은 위원회들이 정보를 공유해야만 하는 기술적으로 분리된 회사들을 가지고 있는 펀드의 일부일 수 있다.

- 독점적이고 기밀로 간주되는 것의 정의

- 정보를 제3자에게 공개하지 않기로 합의

- 협정 계약기간

- 교환되는 정보를 누가 소유하는지를 명확히 하는 지적재산권 조항도 가능

- 준거법, 양도, 생존 가능성 등에 관한 표준계약 언어

▶ 데스크톱 실사: 재무 및 운영 정보

NDA가 체결되고 나면 피투자자는 일반적으로 주요 요소들이 어떻게 사업이익을 창출하는지를 보여주는 전년도의 재무제표와 데이터 세트를 발송하게 된다. 보내지는 정보는 보통 현장방문 없이 분석되기 때문에 여기에서 데스크톱 데이터 또는 데스크톱 실사라는 용어를 사용한다. 그 이유는 자원투입의 관계 및 중대성의 깊이를 나타내는 이야기로 돌아간다. 투자자는 투자의 실행 가능성에 대해 자세히 파악할

수 있는 충분한 정보가 필요하지만, 그 정보를 얻기 위해 이 단계에서 너무 많은 자원을 소비해서는 안 된다.

투자자의 입장에서 데스크톱 실사를 통해 협상결렬로 이어질 수 있는데, 이는 질서정연한 방식으로 검토할 경우에 비해 시간과 자원을 절약할 수 있다. 예를 들어 과거 데이터는 이전에 생각했던 것보다 좋지 못한 운영 이윤폭을 드러낼 수 있다. 미래에 예상되는 이윤폭은 낮아질 것이고, 기대수익률은 투자자의 최소 한계치보다 낮아질 수 있다.[18] 투자자는 시간을 절약하고 투자 프로세스를 완수함으로써 현장실사에 대한 자원을 소모하지 않아도 된다. 마찬가지로 이전 재무제표 또는 과거 운영자료에서 얻을 수 있는 이유에 근거해 투자자가 거부할 것이라는 사실을 알게만 된다면 피투자자가 여러 현장회의를 잡아야 되는 수고를 덜 수 있다.

당사자들이 투여수준을 나타내는 데 있어 조심해야 하지만 투자 프로세스의 데스크톱 실사단계에서는 견고한 상향식 분석이 필요하다. 상향식이라는 용어는 현금흐름, 자산 및 궁극적으로 수익을 구축하는 가장 기본적인 구성요소로부터 사업을 분석해야 한다는 발상을 가리킨다. 이는 현금흐름 및 자산이 과거 수준 및 비율에서 예측되는 하향식 분석과는 대조적이다.

그림 3.1은 두 가지 방법의 차이점을 묘사한다.

상향식 분석은 성장 및 수익에 대한 회사의 운영능력과 잠재력에 대

---

18 이 장 뒷부분에서 볼 수 있듯이 투자자와 피투자자 간의 어떤 협상결렬에 대해 상호작용이 더 많을 수 있다. 투자자가 원래 기대했던 것보다 회사의 가치가 더 낮다고 생각하는 경우 피투자자는 합의한 가치를 낮추거나 잔여재산분배우선과 같은 방법을 제공할 수 있다.

한 상세한 통찰력을 얻는 데 있어 매우 중요한 첫걸음이다. 또한 이 분석은 여러 유형의 평가방법론의 기초를 형성하며, 이는 평가를 협상할 때 매우 중요하다.

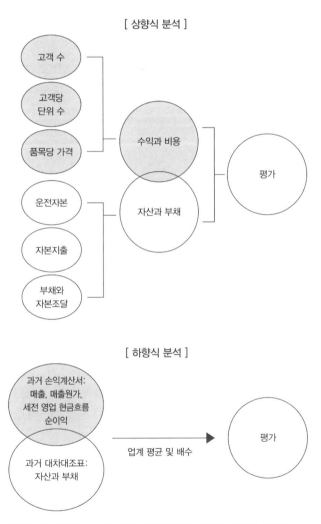

그림 3.1 데스크톱 실사단계에서는 보다 자세한 상향식 분석이 하향식 분석보다 선호된다.

[솔레로 상향식 분석]

솔레로로 모의투자 프로세스를 계속하기 위해 회사가 제공하는 다음 데이터를 사용해 상향식 분석을 완성할 것이다. 즉 3년간의 과거 재무제표, 유통업체 판매에 관한 데이터 기록 및 제품의 기술규격서. 이 정보는 다른 추정들과 결합되어 기반 사례 및 다양한 스트레스 시나리오로 이어지는 상향식 분석을 확립하게 할 것이다. 솔레로의 모든 실사문서는 웹사이트의 제3장 폴더에 있다. 앞으로의 분석들에 사용될 것이기 때문에 이들을 열어 사전 검토할 것을 추천한다.

❯ 가격결정 분석

매출과 비용의 구성을 이해하는 것은 어떤 회사와도 훌륭한 출발점이다. 이는 일반적으로 많은 스트레스 시나리오의 기초를 형성한다. 매출, 비용 구성과 관련된 두 가지 핵심 데이터 세트는 유통업체 자료와 기술규격서이다. 여기에서 농촌 유통사업의 여러 측면에 대해 잠시 생각해보자. 핵심에는 제조 중인 품목(태양등)이 있으며, 이는 유통업체에 판매되고 결국 소비자에게 판매된다. 각 단계마다 비용과 매출이 다를 수 있다. 예를 들어 솔레로는 제조공정에서 사용될 부품을 공급자로부터 구매할 것이다. 이러한 구성요소 비용, 설계비용 및 노동을 합쳐 판매제품 비용이 결정된다. 이후 솔레로는 배송, 보험 및 세금을 발생시키는 여러 장소로 제조품을 이송해야 한다. 이들은 추적해야 하는 추가비용이다. 유통업체는 그 후 유통업체 가격으로 솔레로에서 랜턴을 구입할 것이다. 여기에서 바로 솔레로가 수익을 올리게 되고, 매상총이익(즉 매출에서 비용을 뺀)이 설정되기 때문에 중요한 측정기준이다.

유통업체는 그 후 농촌 소비자들에게 더 높은 가격으로 랜턴을 판매함으로써 그들의 이익을 창출할 것이다. 솔레로는 이미 유통업체 단계에서 수익을 창출했지만 유통업체가 바가지를 씌워 솔레로의 명성에 타격을 입히는 일이 없도록 소비자 가격을 알고 추적하는 것이 중요하다. 또한 유통업체의 고용과 임금은 솔레로의 사회적 임팩트에 있어 중요한 부분을 차지한다. 투자자는 이윤폭이 적정한 수준이고 미래에 어떻게 변할 수 있는지를 인식해야 한다. 그림 3.2는 비용과 매출사슬을 요약한 것이다.

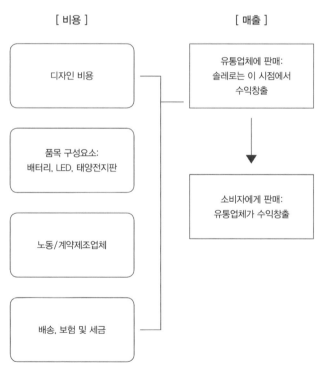

그림 3.2 제조부터 최종소비자 판매에 이르기까지 솔레로의 비용 및 매출사슬

솔레로의 제품사양서는 웹사이트의 제3장 폴더에서 구할 수 있으며, 제조비와 판매가격을 결정하는 데 도움이 된다. 각 제품유형에는 제조원가, 공급자 가격 및 제공된 소비자 가격이 있다. 제3장 폴더에서 이 부분을 열어보라. 각 제품형태마다 제조원가, 유통업자 가격, 소비자 가격이 제공되어 있다. 이것은 비용과 가격에 대한 훌륭한 출발점이지만 나중에 더 세분화해야 할 수도 있다. 예를 들어 제조 가격을 알고 있지만 각 제품의 어떤 부분이 그 가격을 끌어내는지를 이해하기 위해 더 상세한 정보를 필요로 할지도 모른다. 랜턴의 어떤 구성요소가 총비용의 상당 부분을 차지하는가? 이 구성요소의 공급사슬에 어떤 우려할 만한 사항이 있는가?

또한 제품을 최종목적지로 가져오는 데 있어 다른 비용이 수반될 수 있다는 것을 항상 염두에 두어야 한다. 솔레로의 사업에는 배송비, 보험료 및 세금이 포함된다. 이러한 비용이 반드시 단위당 계산과 관련되거나 솔레로의 사업에 국한된 것은 아니어서 업계 소식통으로부터 정보를 얻을 수 있다.

▶ 수량 분석

가격정보만 아는 것은 제조와 유통회사의 이야기 일부에 불과하다. 매출은 가격과 판매량으로 결정되며, 유통 구성요소는 판매량 기대치에 대한 정보를 전달한다. 솔레로의 유통시스템에 대한 이해를 돕기 위해 시간과 제품유형별로 다양한 유통업체의 과거 매출을 보여주는 '유통업체 자료'를 참조할 것이다. 솔레로의 '유통업체 자료'는 웹사이트의 제3장 폴더에 있는 Solero_Distributor_Log.xlsm 파일에서 찾을 수 있다. 그림 3.3은 제공된 데이터의 일부분을 나타낸다.

분류	지역	판매일자	미니 판매량
A1	지역 1	1/10/2013	1
A1	지역 1	1/14/2013	1
A3	지역 1	1/21/2013	1
A3	지역 1	1/22/2013	1
A2	지역 1	1/29/2013	1
A2	지역 1	2/5/2013	1
A4	지역 1	2/6/2013	1

그림 3.3 유통업체 자료는 다른 유통업체들의 매출정보를 제공한다.

유통업체 자료에는 랜턴유형별로 분류, 지역, 판매일자, 제품판매량 등 네 분야가 있다. 이 데이터에 대한 해석은 다음과 같다. 유통업체 A1은 2013년 1월 지역 1에서 2개의 솔레로 미니 랜턴을 판매했다(1월 10일 1개와 1월 14일 나머지 1개).

가장 기초적으로는 2013년 이후의 총판매량을 볼 수 있다. 날짜가 제시되면 월별 및 연간 판매량도 알아낼 수 있다. 이 집계정보가 유용하긴 하지만 올바른 상향식 분석을 하기 위해서는 개별 유통업체의 실적과 시간경과에 따라 지역별로 얼마나 많은 유통업체가 추가될 수 있는지를 이해할 필요가 있다. 이론상으로는 새로운 유통업체가 학습곡선을 따르므로 시간이 지남에 따라 제품을 보다 효율적으로 판매하는 방법을 배울 수 있다. 따라서 더 깊은 역사가 있는 유통업체가 시간이 지남에 따라 더 많은 제품을 판매할 것으로 기대된다.

정보를 이해하는 데 도움이 되도록 유통업체 자료의 분석에 관한 내용은 웹사이트의 제3장 폴더에서 볼 수 있다. Solero_Distributor_Log_Analysis.xlsm 파일을 열어보라. 여기에서 유통업체 수준의 정보를 만

[솔레로 유통업체 자료 – 미니 판매량]

분류	지역	판매일자	날짜	월	연도	미니 판매량
A1	지역 1	1/10/2013	10	1	2013	1
A1	지역 1	1/14/2013	14	1	2013	1
A3	지역 1	1/21/2013	21	1	2013	1
A3	지역 1	1/22/2013	22	1	2013	1
A2	지역 1	1/29/2013	29	1	2013	1
A2	지역 1	2/5/2013	5	2	2013	1
A4	지역 1	2/6/2013	6	2	2013	1
A6	지역 1	2/8/2013	8	2	2013	1
A6	지역 1	2/10/2013	10	2	2013	1

그림 3.4 데이터는 제품유형별로 나누어져 있으며, 대상 날짜는 집계 편리상 분리되어 있다.

들기 위해 기존 '유통업체 자료' 정보를 손질했다. 먼저 제품유형별로 정보가 분리되고 각 제품유형은 별도의 시트로 옮겨진다. 'Mini'라고 표시된 첫 번째 시트를 통해 기존 유통업체의 정보가 날짜별로 구분된 몇 개의 새로운 열을 추가하면서 복사된 것을 알 수 있다. 분석에 관한 설명을 이해하기 위해서는 그림 3.4를 참조하라.

다음으로 시간경과별 유통업체 수준의 통계를 계산하기 위한 영역을 만들었다. 이 영역에서는 다음 질문들에 대한 답을 제공한다.

1. 몇 개의 활발한 유통업체[19]가 있는가? 시간이 지남에 따라 활발

---

19 농촌 유통사업에서는 '활발한'과 '비활발한' 유통업체를 구분하고, 활발함의 정의를 이해하는 것이 중요하다. 어떤 경우에는 지난 6개월, 1년 등의 기간 동안 제품을 판매한 유통업체일 수 있다. 기간을 1~2개월로 정함으로써 활발한 유통업체들에 대해 엄격한 기준을 갖는 것이 더 좋다.

한 유통업체의 수는 어떻게 늘어났는가?

2. 신규 유통업체와 기존 유통업체 간 판매유형이 있는가?

3. 시간별로 유통업체가 각 제품을 몇 개 판매할 수 있는가?

이 질문들은 먼저 각각의 유통업체에 대한 월별 판매 개수를 계산해 답할 수 있다. 그림 3.5a는 열 K에서 시작하는 Mini 시트의 발췌 부분을 나타낸다.

데이터는 각 유통업체별로 월 판매 개수를 보여준다. 예측모델을 만들기 위해 데이터를 구축할 수 있기를 원하기 때문에 데이터 구성방법에 대해 매우 신중해야 한다. 이 방법으로 데이터를 구성하면 활발한 유통업체 수와 각 기간에 판매된 전등 수를 알 수 있다. 판매량 부분은 뒤로 미루고, 일단 지금은 각 기간에 얼마나 많은 활발한 유통업체들이 있는지 계산해야 한다. 이는 한 기간에 적어도 1개를 판매한 각 유통업체에 대해 계산기능을 사용해 알 수 있다. 그림 3.5b는 활발한 유통업체의 총수를 보여주는 Mini 시트의 셀 K132에서 시작하는 부분 가운데 일부이다.

이 숫자에 대한 수식을 보면 적어도 1개 이상 판매를 기록한 유통업체의 수를 계산했다는 것을 알 수 있다. 그림 3.5c에서 볼 수 있듯이 이것을 차트로 나타내면 2년 운영한 후 총 110개의 활발한 유통업체들이 있음을 알 수 있다. 이들은 전부 '지역 1'에 있다. 이것으로 새 지역이 들어오면 어떻게 특정 지역이 발전하는지를 이해할 수 있다.

활발한 유통업체의 수는 수익창출에 중요한 요소지만 다음 단계는 개별 유통업체가 어떻게 수행할 것인지를 보는 것이다. 유통업체가 솔

	Pd Ct	1/1/2013	2/1/2013	3/1/2013	4/1/2013	5/1/2013	6/1/2013
		1	2	3	4	5	6
		2013	2013	2013	2013	2013	2013
A1	1	2	3	3	3	4	4
A2	1	1	2	2	3	3	4
A3	1	2	3	4	4	5	5
A4	2	0	2	3	3	3	4
A5	2	0	1	2	2	3	3
A6	2	0	2	3	4	4	5

그림 3.5a 유통업자별 미니 랜턴 월 판매 개수

활발한 유통업체	3	6	10	15	19	23

그림 3.5b 활발한 유통업체들의 총수 예시

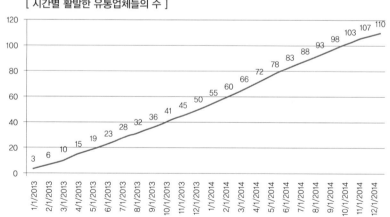

[시간별 활발한 유통업체들의 수]

그림 3.5c 시간별 활발한 유통업체들의 수(2013. 1. 1~2014. 12. 1)

레로와 손잡은 후에는 소위 '매출성과 곡선'을 보일 것이다.

초기에 유통업체는 제품을 적게 판매할 것이다. 이후 최선의 판매기법을 찾아내면서 점점 더 많은 수의 제품을 판매하기 시작할 것이다. 특정 시점에서 평균수준으로 유지되는 포화상태가 될 것이다. 제품이 구형인지 또는 유통업체가 다른 솔레로 제품에 노력을 기울이는지 여부에 따라 판매가 감소할 수도 있다. 게다가 어떤 시점에서 유통업체는 솔레로를 떠나 다른 일을 하기로 결정할 수도 있다. 대체된 유통업체는 매출성과 곡선의 출발 부분에서 시작할 것이므로 이러한 유통업체의 감소는 매우 중요하다.

유통업체가 솔레로와 일하기 시작한 시점부터 개별 유통업체 실적을 확인하고 매출성과 곡선을 작성하려면 각 유통업체가 판매를 시작한 시점부터 성과가 어떠했는지를 보기 위해 과거의 자료를 재구성해야 한다. 이는 각 유통업체가 영업을 개시한 시점으로부터 1개월, 2개월 등으로 성과를 보고 싶다는 것을 의미한다. 그런 후에 첫 번째 달, 두 번째 달 등으로 유통업체의 평균성과를 계산할 수 있을 것이다.

ID	0	1	2	3	4	5	6
A1		2	3	3	3	4	4
A2		1	2	2	3	3	4
A3		2	3	4	4	5	5
A4		2	3	3	3	4	4
A5		1	2	2	3	3	4
A6		2	3	4	4	5	5

그림 3.6 유통업체의 매출이 재구성되어 솔레로와 일을 시작한 이후의 매월 판매액을 나타내고 있다.

유통업체 자료분석 연습문제 예제(Solero_Distributor_Log_Analysis.xlsm)에서 재구성된 데이터인 셀 O136을 확인할 수 있다. 이것이 어떻게 되었는지에 대한 방법은 셀 O136의 수식에서 볼 수 있다. 그림 3.6은 데이터의 일부를 보여준다. 그 후 각 기간별 매출의 평균을 구할 수 있다. 평균은 동일한 시트의 O247셀에서 계산된다. 유통업체의 평균 매출성과 곡선 그래프는 그림 3.7과 같다.

개별 유통업체가 제품을 어떻게 판매하고 한 지역에서 각 기간에 생거날 수 있는 유통업체의 수 및 제품경제성을 알게 되면 매출과 현금 흐름을 예측할 수 있는 방법을 수립하기 시작할 수 있다. 재무제표는 추후 예측모델에서 사용될 것이다. 이 시점에서 웹사이트의 제3장 폴더에 있는 솔레로 예측모델을 열어라(Solero_Model.xlsm). 이것은 솔레로를 위해 수립된 전문적인 수준의 기업 가치평가/운영분석 모델이다. 다음 몇몇 섹션에서는 과거 데이터가 이 모델과 어떻게 통합되는지,

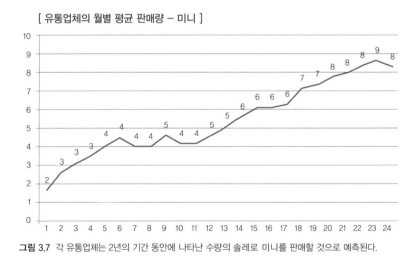

[유통업체의 월별 평균 판매량 – 미니]

그림 3.7 각 유통업체는 2년의 기간 동안에 나타난 수량의 솔레로 미니를 판매할 것으로 예측된다.

예측치가 어떻게 생성되고 가치평가가 산출되는지, 기초 사례의 가치 평가를 수립하는 과정, 스트레스 반응성에 대한 기초 사례의 변경, 마지막으로 피투자자와 문제가 발생하지 않는 가치평가 범위와 투자구조를 제시할 것이다.

[솔레로 예측모델]

언뜻 보기에 솔레로 예측모델은 크기, 데이터 양 및 계산을 고려했을 때 위협적일 수 있다. 이 섹션에서는 파일에 관해 많이 참고할 것이므로 이 재무모델을 열어두어라. 독자들은 내용에 따라 본문과 모델 사이를 쉽게 움직일 수 있어야 한다. 모델에서 이동을 원활히 하기 위해 잠시 시간을 내어 예측모델이 어떻게 작동하는지 개괄해보자. 그림 3.8은 예측모델의 주요 구성요소와 연결에 관한 지도를 나타낸다.

Input 시트는 회사에 대한 가정이 저장되는 주요 시트이다. Vector 시트에는 Vector 시트가 곡선-기반 가정이나 시간경과에 따라 변하는 가정을 저장하는 차별화 요소인 추가 투입물이 있다. Input 시트와 Vector 시트의 결합을 통해 각 유통업체, 유통시스템 전체 및 상세한 제품 매출 데이터로 연결되는 모든 항목들의 결합에 대한 제품곡선을 생성하게 된다.

동시에 회사가 어떻게 자금을 지원받고 사업을 영위하는지에 대해 가정을 만들어야 한다. 이는 운영비용, 자본지출, 운전자본, 장기자본 시트 단계에 있다. 이 시트들과 생산에 관한 이전 자료들을 합치면 예상손익계산서, 대차대조표 및 현금흐름표를 작성하기에 충분하다. 이

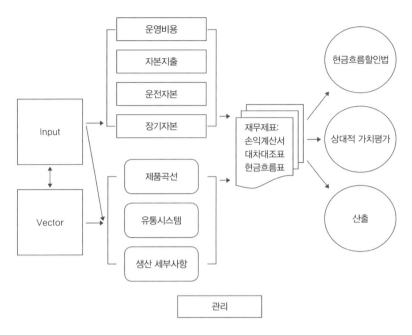

그림 3.8 솔레로 예측모델 개요

들로부터 현금흐름할인법DCF, 상대적 가치평가, 산출이라고 이름 붙인
요약 시트를 만들 수 있다.

▶ Input: 유연성을 위한 모델 설정

고도로 발달된 모델의 특히 뛰어난 속성 중 하나는 여러 가지 상황(시
나리오)을 신속하게 테스트할 수 있는 능력이다. 가치창출에 기여하는
사업의 많은 부분이 있기에 신속하게 시나리오를 수립할 수 있는 능
력은 큰 장점이 된다. 매우 효율적인 방법 중 한 가지는 각 시나리오
에 대한 모든 가정의 데이터를 Input 시트에 저장하고 시나리오 번호
를 사용해 참조하는 것이다. 새 시나리오를 다룰 때 시나리오의 내용

시나리오:	1		시나리오 1이 선택되고 시나리오 1의		
기초 사례			데이터가 활성화된 열에 채워짐		
		선택됨	시나리오		
시나리오 번호		1	1		2
시나리오 이름		기초 사례	기초 사례		증가된 매출원가
제품 1	솔레로 미니				
	초기 제조원가-USD	$ 5.00	$ 5.00	$	5.00
	연간 제조비용 인플레이션	1.00%	1.00%		2.00%

시나리오:	2		시나리오 2가 선택되고 시나리오 2의		
증가된 매출원가			데이터가 활성화된 열에 채워짐		
		선택됨	시나리오		
시나리오 번호		2	1		2
시나리오 이름		증가된 매출원가	기초 사례		증가된 매출원가
제품 1	솔레로 미니				
	초기 제조원가-USD	$ 5.00	$ 5.00	$	5.00
변화를 주목하라! →	연간 제조비용 인플레이션	2.00%	1.00%		2.00%

그림 3.9 시나리오 번호를 변경하면 다른 정보가 활성화된 열에 나타난다. '매출원가 증가' 시나리오에 대한 시나리오 가정에 따라 인플레이션이 증가했음을 주목하라.

과 논리적 근거에 대해 논의할 것이지만 지금은 Input 시트의 셀 C3에 시나리오 번호를 입력해 시나리오가 선택되도록 Input 시트가 작동함을 이해해야 한다. 그러면 선택된 시나리오의 데이터가 Input 시트의 열 F에 채워지고, 이는 모델의 나머지 부분과 연결된다. 열 F만 다른 시트들을 통과한다. 셀 C3은 열 F에 있는 것을 통제하고 열 F는 모델을 통해 실행되는 것을 통제하게 된다. 그림 3.9는 시나리오 번호가 변경되었을 때 Input 시트의 차이를 보여준다.

▶ 글로벌

기본 운영에 대해 숙지했으므로 개념과 기계적인 구성요소를 설명하기 위해 예측모델을 살펴보자. 가장 먼저 살펴볼 곳은 셀 B11, Input

시트의 제일 윗부분이다. 이 입력 부분은 모델 전체에 매우 핵심적인 영향을 주기 때문에 'Globals'라고 표시된다. 설명을 포함한 관련 입력은 다음과 같다.

- 기간 0 날짜: 이 입력은 당기를 설정한다. 이 날짜 이후의 한 기간이 첫 번째 계획기간이다. 이 날짜 이전의 한 기간은 마지막 과거 기간이다.

- 통화 1: 모델의 기본 통화. 이는 제2장에서 확인했듯이 임팩트 투자를 관리하는 데 특히 중요한데, 임팩트 투자의 사업모델 중 다수는 수익에 임팩트를 줄 수 있는 외화에 대해 직간접으로 노출되어 있다.

- 통화 2: 만약 다른 통화가 모델에 영향을 미치는 경우 이곳에서 확인되어야 한다.

- FX 벡터: Vector 시트에는 복수의 환율가정이 있을 수 있다. 이 것은 사용되는 외환벡터를 가리킨다.

- 법인세율: 회사 전체는 일반적으로 거주지에 따라 표준세율로 과세된다.

- 자본이득 세금: 투자지역 및 형태에 따라 투자자는 회수 혹은 배당수령 시 자본이득세를 납부해야 할 수도 있다. 이 가정은 투자자가 지불할 필요가 있는 세율을 저장하는데, 이는 순수익을 감소시킨다.

▶ 손익계산서: 수익과 비용 구축

장차 회사의 재무적 생존 가능성을 내다볼 수 있는 가장 쉬운 방법은 회계적인 관점에서 바라보는 것이며, 가장 중요한 두 가지 분석은 예측 손익계산서와 대차대조표로 이루어진다. 손익계산서는 주어진 기간 동안 현금흐름을 예측하고자 한다. 현금흐름은 부채를 일으키거나 자본지출에 많은 돈을 투자하는 등의 여러 가지 방식들을 통해 달성될 수 있다. 손익계산서에 표시된 현금흐름은 특정 자본구조를 염두에 두고 작성된다. 이 자본구조는 시간이 지남에 따라 바뀔 수 있으며 예측 대차대조표에 나타난다. 손익계산서와 대차대조표는 서로 상호작용해 회사 재무상태의 응집된 모습을 보여준다. 먼저 손익계산서부터 살펴본 뒤 대차대조표로 이동하자.

Input 시트에서 셀 B19로 내려가면 제품 관련 입력을 볼 수 있다.

[수익과 비용 구성]

제품 1	솔레로 미니		
	초기 제조원가 – USD	$	5.00
	연간 제조비용 인플레이션		1.00%
	초기 운송비용 – USD	$	0.50
	연간 운송비용 인플레이션		1.00%
	초기 세금 – INR	₹	50
	연간 세금 인플레이션		0.00%
	초기 유통업체 가격 – INR	₹	450
	연간 유통업체 가격 인플레이션		1.50%
	초기 유통업체 비용 – INR	₹	50
	연간 유통업체 비용 인플레이션		0.50%
	초기 소비자 가격 – INR	₹	550
	연간 소비자 가격 인플레이션		1.00%

그림 3.10 비용 및 가격 경제성과 물가상승률은 각 제품에 대해 입력되어야 한다.

제품경제성을 설명하는 입력란을 배치해야 한다. 이전의 제품명세서에서 기본비용과 가격을 확인했는데, 회사 또는 제3자로부터 추정 운송활동, 보험 및 세금에 대해 제공받을 수도 있다. 비용은 일반적으로 시간이 흐름에 따라 부풀려진다. 비용 인플레이션에 대한 우려는 가격 인상능력이 가격탄력성에 의해 제한될 수 있다는 것이다. 각 비용 및 가격의 인플레이션율에 대한 유연성의 확보가 중요하다. 그림 3.10은 첫 번째 제품에 대한 입력을 보여준다.

Input 시트에서 74행으로 내려가면 모델 사용자는 세 기존 제품유형 및 네 번째 신제품 각각에 대해 제품경제성 및 물가상승률이 반영되었음을 알 수 있다.

가격책정 후 과거의 수량을 분석한 것처럼 유통업체에 대해 수량기반 입력란을 배치해야 한다. Input 시트의 77행에서부터 유통업체에 대한 가정을 확인할 수 있다. Input 시트에서 초기 판매량으로 시작해 연간 성장률을 고려하고, 예상되는 안정화 기간에 성장을 줄임으로써 유통업체의 매출성과 곡선을 구축할 수 있다. 이렇게 만들어진 곡선은 과거 분석데이터에 기반을 두어야 한다.

비용, 가격 및 수량을 입력하면 시간경과에 따른 예상비용 및 수익이 계산되어 나온다. 이러한 계산들은 각 제품유형이 시간경과에 따라 비용 및 가격결정 곡선을 갖는 Prod Curve 시트로 시작한다. 이 시트에 대한 짤막한 묘사는 그림 3.11과 같다. 이 시트는 실행되는 시나리오에 따라 시간경과에 따른 비용 및 가격책정 발달을 계산하는 데 중요하다.

가격결정과 상호작용하는 중요한 요소는 환율곡선이다. 솔레로의 비용 중 일부가 미국 달러로 표시되는데 반해, 수익의 대부분은 인도 루피로 표시되는 것을 알 수 있다. 이윤폭은 외환가정에 따라 압축될 수 있으며, 임팩트를 실행하고 이해하는 데 중요할 것이다. 여러 개의 외환가정을 시험하기 위해 이를 Vector 시트에 저장해야 한다. 이것들은 Vector 시트(열 E 및 F)에 있다. 열 D는 현재 선택된 외환벡터 가정이며, 이는 Input 시트의 셀 F15 값에 의해 제어된다. 이 설정으로 외환가정 사이를 빠르게 왔다 갔다 할 수 있다.

외환벡터와 결합된 Prod Curve 시트는 시간경과에 따른 가격책정 및 이윤폭을 예측하지만 수량 예상치는 주로 Dist Sys 시트(G, H, I열)를 위한 것이다. 그 시트에서 가장 거시적 예측수준은 지역이며, 한 지역에서 판매할 것으로 예상되는 유통업체의 숫자를 예측할 수 있는 옵션이 있다. 지역적 확장은 일반적으로 매우 불확실한 변수이며 예민하게 다루어야 한다. 예민함을 활성화하기 위해 가능한 지역적 전개 시나리오를 저장하도록 Vector 시트(H부터 O까지의 열)에 벡터를 생성한다. 활성화된 지리적 시나리오는 모델 사용자가 Input 시트의 88행부터 92행

[제품곡선]

기간	날짜	제조비용 USD	운송비용 USD	수입세 INR	유통업체 가격 INR	유통업체 비용 INR	소비자 가격 INR	유통업체 이윤폭	회사 이윤폭
\# 이름	솔레로 미니				1				
0	12/31/2014	5.00	0.50	50.00	450	50	550	9.09%	15.56%
1	1/31/2015	5.00	0.50	50.00	451	50	550	9.06%	15.60%
2	2/28/2015	5.01	0.50	50.00	451	50	551	9.03%	15.64%
3	3/31/2015	5.01	0.50	50.00	452	50	551	9.00%	15.69%
4	4/30/2015	5.02	0.50	50.00	452	50	552	8.97%	15.73%
5	5/31/2015	5.02	0.50	50.00	453	50	552	8.94%	15.78%

그림 3.11 Prod Curve 시트는 예상비용 및 가격 데이터를 나타낸다.

지역 1 기본	지역 2 기본	지역 3 기본	DM 기본	지역 1 스트레스	지역 2 스트레스	지역 3 스트레스	DM 스트레스
110	0	0	20	110	0	0	20
115	0	0	22	115	0	0	21
120	0	0	24	120	0	0	22
125	0	0	26	125	0	0	24
130	0	0	28	130	0	0	26

그림 3.12 지역적 확장은 지역별 유통업체 수를 예측한 것이다.

에서 선택한다. 그림 3.12는 Vector 시트에서의 지역적 확장의 부분을
보여준다.

Dist Sys 시트 뒷부분에는 설명해야 할 여러 부분이 있다.

- 새로운 유통업체들: 지역적 확장은 누적된 유통업체 수를 통해
  예측된다. 그러나 유통업체가 시간이 지남에 따라 선방할 것으
  로 예상되는, 앞에 언급된 바 있는 판매실적 곡선을 고려할 때
  각 기간(K, L, M열)의 신규 유통업체 수를 파악하는 것이 중요
  하다. 이는 현재 기간에서 이전 기간을 빼는 간단한 뺄셈으로
  구할 수 있다. 이론적으로 누적 유통업체의 수가 감소할 수 있
  음을 주목하라. 새로운 유통업체가 결코 음수로 계산될 수 없기
  에 공식을 변경해야 할 것이다. 또한 시트의 특정 섹션은 C열의
  날짜를 가리키는 행을 의미하는 '날짜기반'이며, 반면에 시트의
  다른 섹션은 B열의 기간을 가리키는 열을 의미하는 '기간기반'
  을 의미한다는 사실에 유의하라. 날짜는 시간에 있어서 특정 시
  점이고, 기준점에 따라 기간은 재설정될 수 있다. 5행의 표시는
  섹션이 날짜 또는 기간기반인지 여부를 나타낸다.

- 유통업체 효율성: 지금까지의 수량 가정으로는 지역당 예상되는 유통업체 수가 알려져 있다. 그 수준에서 다음 단계는 각 유통업체가 고용된 후 각 기간 동안 판매할 것으로 예상되는 각 제품이 얼마만큼인가하는 것이다(O, P, Q열). 이것이 과거 데이터를 기반으로 분석되었다는 것을 상기하라. 나중에 입력을 민감하게 다룰 때 미래가정의 기본이 무엇인지 알아보는 것도 흥미로울 것이다.

- 유통업체 손실: 이론상으로는 누적 유통업체 수를 줄일 수 있지만 이것은 시간이 지나면 일부 유통업체들이 떠날 것이라는 개념을 완벽하게 포착하지는 못한다. 유통업체 변동에 따라 새로운 유통업체가 발굴되어 교육을 받아야 한다. 유통업체 발굴에도 추가비용이 들지만 새로운 유통업체는 판매실적 곡선에서 다시 맞춰지며, 숙련된 유통업체가 판매하는 수량만큼 판매할 수 없다. 열 S, T, U에는 새로운 유통업체가 회사를 떠나는 기간에 대한 가정을 작성하는 기능이 있다. 유통업체 감소 벡터는 Vector 시트(열 Q에서 V까지)에 저장되며, Input 시트(94~97행)를 사용해 선택된다.

Dist Sys 시트에 더 많은 데이터가 있지만 Prod Detail 시트로 넘어가 어떻게 모든 데이터가 하나로 합쳐지는지 확인해야 한다. Prod Detail 시트는 자체 행이 있는 각 미래 월별로 배치된다. 매월은 일련의 새로운 유통업체들이 고용되는 시점을 나타낸다. 각 열들은 각 유통업체들이 고용된 이후의 기간들이다. 이렇게 설정한 이유는 특히 판매실적 곡선에 있어서 상향식 분석수준의 세밀함을 활용하기 위해서이다. 각 제품에 대해 판매되는 수량은 이 시트의 행 9에서 시작한다. 해당 월의 유통업체 수를 해당 기간의 판매실적 곡선에서의 가치에 근거한 매

제품 1 – 총수량						
기간		0	1	2	3	4	5
	날짜	12/31/2014	1/31/2015	2/28/2015	3/31/2015	4/30/2015	5/31/2015
0	12/31/2014	770.00	834.17	903.68	978.99	1,060.57	1,148.95
1	1/31/2015	–	35.00	37.92	41.08	44.50	48.21
2	2/28/2015	–	–	35.00	37.92	41.08	44.50
3	3/31/2015	–	–	–	35.00	37.92	41.08
4	4/30/2015	–	–	–	–	35.00	37.92
5	5/31/2015	–	–	–	–	–	35.00

그림 3.13 Prod Detail 시트는 수량, 비용, 수익을 계산하기 위해 많은 가정을 사용한다.

출 숫자를 곱해 계산이 이루어진다. 이 단계화된 방법으로 미래의 각 날짜에 예상되는 총수량을 생성한다. Prod Detail 시트의 짤막한 정보는 그림 3.13에 나와 있다.

Prod Detail 시트에 포함된 중요한 개념은 감소처리이다. 유통모델, 특히 개인이 여러 개의 일자리를 가질 가능성이 높은 농촌지역의 경우 판매원은 종종 일을 그만둔다. Input 시트 행 94~97에서 감소에 대한 가정을 선택할 수 있다. 실제 감소 가정은 Vector 시트 Q에서 V열에 저장되고, Prod Detail 시트 S에서 U열에 나타난다. 이 가정은 유통업체가 계속 활동할 것으로 예상되는 달수를 나타낸다. 이러한 가정의 실제 기능은 수량 부분의 Prod Detail 시트(9행부터 시작)에서 수행되는데, 여기에서 공식은 발생한 기간 수와 비교해 각 행의 시작 날짜를 확인한다. 만약 기간 수가 감소 가정을 초과하면 수량을 잘라낸다. 이는 유통업체가 판매를 중단한 것으로 가정하기 때문에 감소 날짜 후 모든 판매를 효과적으로 잘라낼 수 있다.

각 기간의 수량을 파악하면 비용과 수익을 예측할 수 있다. Prod Detail 시트에서 137행으로 이동하라. 이 부분에서는 해당 기간에 대해 이전에 계산된 수량을 Prod Curve 시트(F열)에 있는 합당한 제조원가를 곱한다. 이를 통해 농촌 유통사업이 얼마나 복잡한지 알 수 있다. 유통업체 수, 각 유통업체의 효율성, 비용 및 가격결정에 대한 가정들이 끊임없이 전개된다. 여기에 사용된 방법은 그 혼돈에 질서를 부여하고자 한다.

Prod Detail 시트를 완성하기 위해 다음과 같은 부분들에 대해 살펴보아야 한다.

- 운송비 및 세금: 제조비를 계산하는 것과 유사하다. 이것은 Prod Detail 시트의 265행에서 시작하며, Prod Curve 시트의 G 열을 참조한다. 그렇지만 이 부분에 대한 Prod Detail 시트 수식의 경우 운송비는 USD이지만 수입 세금은 INR인 사실을 반영하고 있음을 주목하라. 수식의 뒷부분은 INR을 USD로 변환하기 위해 Vector 시트를 참조한다.

- 유통업체 수익: Prod Detail 시트의 393행에서 시작하는 것은 수익계산이다. 수입세와 마찬가지로 가격은 INR로 책정되어 있으며 이는 USD로 변환되어야 한다.

- 유통업체 이윤폭: 유통업체 이윤폭은 Prod Detail 시트의 521행에서부터 계산되며, 역시 USD로 변환된다.

이러한 부분들은 각 제품유형에 모두 해당된다. 예를 들어 Prod Detail 시트 DW열로 이동하면 솔레로 제품표준인 제품 2의 계산을 볼 수 있다. 조사한 세 가지 제품의 수익, 즉 미니, 스탠더드, 엑스라지가(Prod Detail 시트의 행 514에서 계산) 함께 추가되어 12행에서 시작하는 Inc Stmt 시트에 요약될 것이다. 매출원가COGs와 운송 및 세금비용도 Inc Stmt 시트에 추가되고 비슷한 방식으로 Prod Detail 시트에 참조된다. 이 과정은 매우 중요한 숫자인 유통업체의 매상총이익을 계산하기 위한 기초를 형성한다.

매상총이익은 수익성에 대한 출발점을 의미하기 때문에 중요하다. 매상총이이 공시은 달러 금액 또는 백분율로 표시할 수 있다.

매상총이익 = 매출액 - 매출원가

$$또는 \ 매상총이익률 = \frac{매출액 - 매출원가}{매출액}$$

기업들은 비용 인플레이션을 넘어 가격을 올리거나 비용을 줄이는 두 가지 방법으로 매상총이익을 극대화하고자 노력한다. 일반적으로 초기단계 회사의 경우, 사업 초기에는 많은 비효율성이 동반되기 때문에 판매단위당 비용을 줄이는 것이 가장 쉬운 방법이다.

21행부터 시작되는 손익계산서 아래로 이동하면 반복되는 것처럼 보이는 부분이 있다. 그러나 이 부분은 솔레로가 온라인 및 특별주문을 통해 소비자에게 직접 판매하는 예상 판매채널인 DM 또는 선진국 시장이라고 불리는 네 번째 제품유형에 대한 수익 및 비용을 계산하기 위한 것이기 때문에 다르다. 이러한 유형의 판매를 하는 유통업체가 없다는 가정하에 계산은 다르게 수행된다. 계산은 Input 시트 62행 및

Vector 시트 K열 및 O열의 가정과 함께 산출된다. Prod Curve 시트의 AJ열에서 시작해 AQ열까지에는 제품경제성도 입력되어 있다. 그러나 수익계산이 K 또는 O열의 수량과 Prod Curve 시트의 가격에서 직접 이루어지기 때문에 Dist Sys 또는 Prod Detail 시트에서 계산이나 상호작용은 불필요하다. DM 수익 및 비용을 가지고 주어진 시나리오에서 솔레로에 대한 매상총이익 기대치를 예측했다.

 현장노트

많은 사회적 기업이 선진국 시장에 제품을 판매함으로써 수익을 보충하고자 시도했다. 예를 들어 태양광 랜턴은 캠핑이나 종종 가사용으로 유용하다. 그러나 선진국 시장에서의 판매는 농촌시장과 매우 다르게 접근해야 한다. 내가 몸담았던 한 태양광 랜턴 회사는 선진국 시장에서 제한적인 성공을 거두었다. 농촌 고객에게 매력적이었던 제품 마케팅 디자인이 선진국 시장 구매자에게는 통하지 않았기 때문이다. 따라서 주요 유통업체들이 활동하고 있는 특정 선진국 시장에 맞는 랜턴을 만들 가치가 있는지 여부에 관해 이사회 수준의 논의를 진행했다. 이러한 경로를 따라가는 것은 선진국 시장에 시간과 기업자원을 집중시켜야 하기 때문에 농촌 고객기반에서 성공을 거둔 회사에게는 위험할 수 있다. 또한 만약 사업의 대부분이 선진국 시장으로 옮겨가면 사회적 사명이 표류될 수 있다.

▶ 운영비용

매상총이익은 제품판매를 통해 즉각적인 수익성을 보여주지만 사업운영에 수반되는 비용은 여전히 더 많이 있다. 유통업체수준의 세분화에서 한 단계 위로 올라가본다면 다음 단위로서 지역수준을 개념화할 수 있다. 새로운 지역으로 확대되고 있는 농촌 유통망의 경우, 지역 관리와 마케팅 단계가 필요하다. 이러한 관리자를 고용하고 광고 미디어를 구매하는 것은 제품판매에서 분리되는 비용이다. 따라서 이러한 비용을 별도로 예측하고 분석에 반영해야 한다.

Input 시트 118행으로 다시 돌아가 보면 고정과 변동지역 비용이 있다. 두 가지 비용을 구별하는 배경개념은 지역 마케팅 비용과 같이 어떤 비용은 고정될 것이고, 다른 비용은 지역관리비용과 같이 지역별 성장에 더 맞추어 조정된다는 것이다. 고정비용은 예상비용 계획에서 생성될 수 있기 때문에 통합하기가 더 쉽다. 이는 지역당 Input 시트의 122행에서 시작된다.

변동비용은 일반적으로 수익의 일정 비율로 나타난다는 점에서 더 어려운 점이 있다. 이 비율은 시간에 따라 변할 수 있으며, 일반적으로 인플레이션에 따라 증가하게 된다. 투자자가 살펴보아야 할 중요한 분석 중 하나는 비용 인플레이션이 가격결정에 전가될 수 있는지 여부이다. 특히 고객층이 가격에 매우 비탄력적인 사회적 기업인 경우, 비용 인플레이션에 대처할 수 있는 능력이 중요하다. 이를 위해 Input 시트 (118~120행 및 105~116행)의 초기 백분율과 비용 인플레이션 기대치를 배치한다.

고정비용과 변동비용 초기 가정과 인플레이션율은 모두 Dist Sys 시트에서 시간별로 전개된다. 열 W에서 연간 인플레이션 기대치가 월별 수치로 변환되고, 열 Z부터 AB까지는 초기 백분율로 시작한 후 월별 인플레이션율을 활용해 각 기간에 증가하는 변동비용률을 결정하고, 마지막으로 열 AD부터 AF란은 지역당 월 고정비용을 배치한다.

Opex라는 이름의 완전히 별개의 시트는 각 기간의 실제 비용을 달러로 계산한다. 이는 Dist Sys 시트의 월간 정보를 취해 변동비용 백분율에 모든 지역 제품의 예상수익을 곱해 산출할 수 있으며, 또한 각 기간의 고정비용을 직접 참조해 산출해낼 수 있다. Opex 시트의 10~22행은 이 계산들을 저장하고, 총지역 운영경비를 요약해 보여준다.

지역수준에서 덜 세분화한 다음 단계는 기업수준이다. 회사 전체의 핵심운영과 회사를 경영하는 임원과 관련된 비용이 있는데, 특히 벤처단계에서 이러한 비용은 회사 총비용의 상당 부분을 차지할 수 있으며 회사가 자금을 모으는 주된 이유일 수 있다. 기획자의 급여, 여행경비, 기타 전문인력경비 및 사무경비는 아주 빠르게 합산된다.

기업비용은 주로 고정되어 있지만 변동적인 요소가 있을 수 있다. 예를 들어 사업규모가 커질수록 사업수준에 따라 더 많은 감사 요구사항 및 관리기능을 필요로 할 수 있다. 고정비용 및 변동비용에 대한 가정은 Input 시트 164~171행에 나와 있다. 이 비용은 이월되어 Opex

[기업비용]

임대	3,000	3,000	3,000	3,000
경영진 보상	8,000	8,000	8,000	8,000
사무실 보상	6,000	6,000	6,000	6,000
여행	4,000	4,000	4,000	4,000
추가 사무비용	4,000	4,000	4,000	4,000
총고정비용(기업)	25,000	25,000	25,000	25,000
총변동비용(기업)	748	837	933	1,037

총변동비용	3,243	3,628	4,045	4,494
총고정비용	26,250	27,083	27,083	27,083
총운영비용	29,493	30,712	31,128	31,578

그림 3.14 새로운 회사의 운영비용은 상당할 수 있으며, 매출과 별도로 계획되어야 한다.

시트 24~32행에서 계산된다. 모든 운영경비의 합계는 Opex 시트 34~36행에서 합쳐진 다음, Inc Stmt 시트 31~34행에서 참조될 것이다. Opex 시트 부분은 그림 3.14에 나와 있다. 이 작업을 수행한 후 계산되는 공통된 측정은 운영비용 이윤폭으로 매출 대비 운영비용의 총비율이다. 추후 규모의 경제가 달성되면 시간이 지남에 따라 운영비용 이윤폭은 감소한다.

운영비용 산출이 완료되면, 법인세 이자 감가상각비 차감 전 영업이익, 즉 EBITDA를 산출할 수 있다. EBITDA는 자본구조와 관계없이 재화 또는 용역이 수익을 창출할 수 있는 회사의 능력을 나타내기 때문에 예측기간 동안 이해가 선행되어야 하는 가장 중요한 계산 중 하나이다. 이는 재화 또는 용역의 수익성에 대한 순수한 지표로 간주될 수 있다. 그렇기 때문에 EBITDA는 상대적 평가를 위해 배수와 함께 자주 사용되곤 한다. EBITDA의 표준공식은 다음과 같다.

$$EBITDA = 판매수익 - 매출원가 - 운영비용$$

$$또는 \quad EBITDA \% = \frac{판매수익 - 매출원가 - 운영비용}{판매수익}$$

불행하게도 훌륭한 제품이나 서비스를 제공하는 많은 회사들이 뛰어난 EBITDA를 만들어냄에도 불구하고 자본구조가 좋지 않아 저조한 실적을 나타낸다. 회사가 부채 또는 자산을 통해 자본지출 및 운전자본을 조달하는 방식은 회사를 만들 수도 있고 망칠 수도 있다. 이러한 이유에서 회사의 대차대조표를 계획하는 것이 매우 중요하다. 상향식 분석의 경우 대차대조표 구성요소를 세분화해 가설을 세우고 시간이 지남에 따라 계획을 세운다.

▶ 자본지출과 감가상각비

대차대조표 관련 항목 계산을 시작하기에 용이한 순서는 회사의 자본지출을 추정하는 것이다. 자본지출은 회사가 운영을 유지하거나 성장하기 위해 투자해야 하는 자본집약적인 대규모 지출이다. 종종 자본지출 자금을 모집하기 위한 투자라운드가 이루어지므로 분석이 매우 중요하다. 예를 들어 솔레로 예시에서 어느 시점에 회사는 전문화된 제조장비가 필요할 수 있다. 이는 이 장의 뒷부분에서 볼 수 있듯이 자금조달이 필요할 수 있는 매우 고가의 지출이다. 또한 자본지출은 실물자산에 이루어지며, 시간이 지남에 따라 가치가 떨어진다. 이 감가상각은 기업에 세금혜택을 제공하며 분석에 포함되어야 한다.

대부분의 다른 부분과 마찬가지로 Input 시트는 자본지출 가정을 통제한다. 솔레로 모델에서 자본지출 부분은 173행부터 시작한다. 간단히 하기 위해 사출성형기에 대해 단일 자본지출이 있다. 재무적 임팩트를 예측하기 위해 가장 중요한 요소는 기계비용, 기계의 유효수명, 잔존가치 또는 기계가 유효수명 후 얼마나 가치가 있는지에 관한 부분이다. 또한 적절한 기간 내에 지출을 맞추기 위해서는 예상 구매시기가 필요하다. 그림 3.15는 사출성형기에 필요한 입력을 보여준다.

가정을 한 후 효과적인 방법은 시간별로 각 주요 자본지출을 배치하고, 바로 아래에 관련 감가상각표를 계산하는 것이다. 이 방법은 Capex 시트 10~20행에 나와 있다. 그 후 자본지출 및 감가상각의 합계는 대차대조표에서 참조할 수 있다. 이것은 대차대조표 Bal Sht 시

사출성형기	10,000
유효수명	4
잔존가치	1,500
구매일	1/31/2016

그림 3.15 자본지출은 적절히 처리되고 자금 지원되어야 한다.

트에서 간단하게 된다. 18~20행에는 총고정자산(Gross PP&E: 부동산 property, 공장plant 그리고 설비equipment), 감가상각 누계액, 순고정자산이 있다. 총자본지출은 누적수치인 총고정자산에 추가된다. 정기 감가상각은 누적되어 대차대조표상의 감가상각 누계액으로 보고된다. 총고정자산과 감가상각 누계액의 차이는 순고정자산이다. 자산이 매각되거나 유효수명이 다한 경우에만 총고정자산과 감가상각 누계액이 감소한다. 그렇지 않은 경우 순고정자산이 계산되어 장기자산으로 간주된다.

손익계산서도 감가상각을 통해 자본지출의 영향을 받는다. Inc Stmt 시트 38행을 보면 감가상각비가 EBITDA에서 차감된다는 것을 알 수 있다. 이는 대부분의 회계방법으로 감가상각은 절세 목적으로 수익에서 차감된다. 현금흐름 항목은 아니지만 감가상각은 그 기간의 유효세전수익을 감소시켜 세금비용이 절약된다. EBITDA에서 감가상각을 빼면 이자 및 세금 전 이익EBIT이 된다.

솔레로 모델에서 자본지출 및 감가상각과 관련해 보이지 않은 두 가지 개념에는 유지보수 자본지출과 무형자산이 있다. 유지보수 자본지출은 매 기간마다 발생하는 비용으로 사업을 운영하는 데 필요하다. 비교적 큰 규모의 장비인 바이오가스 발전기를 제조 및 판매하는 회사가 그 예가 될 수 있다. 발전기를 생산하는 데 사용되는 기계는 제 기능을 유지하기 위해 매년 투자를 필요로 한다. 이 투자는 대개 시간이 지나면서 감가상각된다.

또한 일부 투자는 유형이 아니라 무형 품목으로 정의된다. 이는 구매, 인수나 특허, 상표 등에 해당된다. 무형자산은 자본지출처럼 시간이 지남에 따라 가치가 떨어지지만 감가상각이라는 용어 대신 상각이 사용된다. 상각은 EBIT를 계산하기 위해 감가상각과 비슷하게 EBITDA에서 뺀다.

▶ 운전자본

가치평가 요소와 별도로 대차대조표를 따라 이동하면 많은 항목들이 운전자본의 개념에 해당된다. 운전자본의 표준정의는 유동자산과 유동부채의 차이다. 그러나 운전자본을 분석할 때 반드시 알아야 할 것은 회사의 즉각적인 현금필요를 밝히는 것이다. 매월 많은 현금을 소모하는 초기단계 벤처기업의 경우 이 계산과 이해가 가장 중요하다.

중요성을 이해하기 위해 운전자본의 구성요소를 세분화하는 것이 가장 쉽다. 자산 측면에서는 단기 또는 유동자산만 고려된다. 솔레로 예시를 사용하면 Bal Sht(12~14행)에 세 유동자산, 즉 현금, 외상매출금, 재고가 있다. 현금계정은 정기적이지 않은 사업체의 많은 부분의 결과물이거나 모델링 목적상 예측에 모두 고려되기 때문에 일반적으로 운전자본 용도로는 사용되지 않는다. 따라서 비현금성 운전자본이 주로 계산된다.

외상매출금은 운전자본의 일부인 주요한 유동자산 중 하나이다. 미수금은 누군가 물건이나 서비스를 구입했지만 돈을 즉시 지불하지 않았을 때 생성된다. 회사에게는 판매가 분명히 좋은 일이지만 지불받지 못하는 것은 회사가 감수해야 하고, 비용이 발생하고 누적되기 때문에 문제가 된다. 따라서 매출에서 외상매출금 비율이 높고 지불예정이 길어질수록 사업이 더욱 제약을 받을 것이다. 기간별 외상매출금 증가는 운전자본 감소로 이어지는 반면, 기간별 외상매출금 감소는 고객이 계정을 지불하고 운전자본이 증가했음을 나타낸다.

대차대조표의 재고계정은 운전자본의 또 다른 중요한 구성요소이다. 해당 계정의 달러 금액은 모든 완제품, 진행 중인 작업 및 원자재를 나타낸다. 재고가 주기적으로 증가하는 것은 더 많은 제품이 생산되었음을 의미하며 이는 비용을 수반한다. 그리하여 운전자본이 감소한다. 기간별 재고의 감소는 제품이 판매되었고 운전자본이 증가했음을 의미한다.[20]

Bal Sht 부채 부분의 29행과 30행의 두 가지 항목인 단기부채와 외상매입금에서 단기부채는 사업의 많은 부분에 속하고 예측모델의 부채 부분에 있기 때문에 현금과 유사하다. 그러나 외상매입금은 부채 부분에 속해서 운전자본 항목이다. 회사가 돈을 즉시 지불하지 않고 재화나 용역을 구매할 때 외상매입금이 발생한다. 매달 외상매입금 계정이 증가하면 사용되는 현금이 적어지고 운전자본이 증가하게 된다. 각 기간 외상매입금이 감소하면 현금이 외상매입금을 지불하기 위해 사용되었고 운전자본이 감소한 것을 의미한다.

운전자본의 움직임에 대해 요약하기 위해 간단한 예시를 통해 그것이 회사의 현금에 어떻게 영향을 미치는지 살펴볼 것이다. 그림 3.16

---

20 재고의 감소가 항상 판매와 연관 있다고 생각하지 마라. 때로는 절도, 파손된 재고나 심지어 추후에 반품된 매출 등과 같은 특별한 상황에 기인한 것일 수 있다.

유동자산	기간 1	기간 2	현금 변화
외상매입금	100	125	−25
재고	50	60	−10
유동부채			
외상매출금	45	35	−10
운전자본	105	150	−45

그림 3.16 운전자본은 유동자산과 부채의 차이를 계산한다. 운전자본의 변화는 현금 관점에서 중요하다.

은 이 예시에서 참조로 사용되었다.

그림 3.16의 예는 외상매출금이 증가하고 있는 상황을 보여주며, 이는 회사가 제품을 판매하지만 현금을 지급받지 못한다는 것을 의미한다. 재고가 증가한다는 것은 판매되는 것보다 더 많은 제품을 생산하고 있음을 의미하며, 이는 현금을 필요로 한다. 외상매입금이 감소했다는 것은 회사가 현금이 필요한 공급자에게 돈을 지불했음을 의미한다. 이 두 기간 동안의 순효과는 현금 45달러의 감소이다. 기간 1에서 기간 2까지 운영하려면 회사는 현금보유액, 단기부채 또는 자본모집을 통해 45달러를 마련해야 할 것이다. 기업들의 현금자원이 없어지고, 운전자본이 마이너스로 전환되면 비유동적인 상황이 발생하고 파산이 임박하게 된다.

▶ 운전자본 수지 및 현금 전환주기

운전자본 항목인 외상매출금, 재고 및 외상매입금 각각의 흥미로운 측면은 이들이 손익계산서 항목(매출 및 매출원가)과 연결된 대차대조표 항목이며, 시간요소를 가지고 있다는 것이다. 예를 들어 외상매출금 계정은 대차대조표에서 주기적으로 보고되지만 외상매입금은 판매로부터 나온다. 시간요소는 외상매출의 발생과 관련 외상매출의 지급 사이에 측정가능한 시간 지연이 있다는 사실에 기인한다. 마찬가지로 재고는 손익계산서에서 판매된 물품원가에 잡히며, 생산 후 일정 기간 동안 판매될 수 있다. 마지막으로 외상매입금은 매출원가와 연결되며, 외상매출금과 유사한 시간요소를 가지고 있다.

시간을 일수로 하여 분석하는 것은 운전자본 관련 계좌에 있어서 표준이다. 외상매입금의 경우 이를 매출채권 회전일수DSO: Days Sales Outstanding, 재고자산 회전일수DIO: Days Inventory Outstanding, 외상매입금은 매입채무 회전일수DPO: Days Payable Outstanding라고 부른다. 표준방법은 각 운전자본 계정의 과거 일수를 살펴보고, 산업평균에 가깝게 미래 예측을 하는 것이다. 예를 들어 회사의 현재 DSO 평균치가 100일이고, DSO 산업평균이 50일인 경우, 5년 동안 연간 10일의 감소를 예측하는 것은 무리가 아니다.

솔레로 예시로 돌아가서, 똑같이 하여 각각의 운전자본 계정에 대해 과거 수치를 보고 예측치와 어느 정도 일치하는지 확인해야 한다. 이제는 회사의 이전 재무제표를 활용할 때이다. 책 웹사이트의 제3장 폴더에서 2014 재무제표(Solero_FS_2014.xlsx)가 포함된 엑셀파일을 열어라. 다음 공식을 사용해 2014년 DSO를 계산해보자.

$$\text{매출채권 회전일수} = \frac{\text{외상매출금}}{\text{총신용판매}} \times \text{연간 일수}$$

이것에 관해서 몇 가지 알고 있어야 할 점은 총신용판매액이 없어서 총판매액이 자주 사용되곤 한다는 것이다. 특별한 관습이 적용되지 않는 한 1년은 365일이다. 2014년에는 다음과 같은 수치이다. 외상매출금 21,532(Balance 시트 셀 C7), 유통업체 매출수익 75,732(Income Statement 시트 셀 B5) 및 실제 연간 일수 365. 즉 (21,532/75,732)× 365=103.78일의 공식이 된다. 자료가 있는 각 이전 연도도 이렇게 해야 하지만 2013년에는 외상매출이 거의 없었으며, 2012년에는 하나도 없었음을 확인할 수 있다. 그렇지만 일단 대략 100일이라는 출발점이 있고 여기에서부터 착수할 수 있다.

이제 솔레로 예측모델을 열고 Vector 시트의 X4로 이동하라. 여기에서는 60일부터 시작해 시간이 지남에 따라 45일로 떨어지는 DSO에 대한 기본사례 예측이 있다. 이것은 상당히 의욕적이지만 회사가 기본사례 예측을 제공했다면 드문 일은 아니다. 기업들은 제품을 판매하면서 경험이 축적되므로 외상매출금을 거두는 데 걸리는 시간을 최소화하고 미지급금을 극대화하며 제품이 재고로 남는 일수를 줄이는 방법을 배우고 있다고 종종 주장할 것이다. 이 장 뒷부분에서 회사의 가정을 믿지 않을 수도 있는 스트레스 사례를 검토하면서 평가에 대한 잠재적 효과를 확인하기 위해 보수적인 시도를 할 것이다. DIO, DPO, DSO에 대해 수행된 절차를 반복할 수 있다. 그러나 재고나 외상매입금의 경우 공식은 유사하지만 분모는 매출액이 아닌 매출원가가 되어야 한다. Vector 시트 Y 및 Z열에는 시간대별로 이들 각각에 대한 가정이 포함되어 있다.

Input 시트는 기대치를 확인하는 데 유용하지만 실제 숫자는 미래 예측에 날짜가 어떻게 사용되는가에 달려 있다. 과거 분석으로부터 일수를 세는 것과 관련된 계산을 알기 때문에 공식을 수정해 날짜 일수를 가지고 가치를 생성할 수 있다. 모든 운전자본 계산이 저장되는 모델의 Wk Capital 시트로 이동하라. 11행에서 DSO가 Vector 시트에서 참조되고, 12행에서 총신용판매는 Inc Stmt 시트에서 참조되며, 13행에는 DSO를 수치로 변환하기 위한 중요한 계산이 들어 있다는 것을 알 수 있다. DSO 공식은 다음과 같이 수정될 수 있다.

$$\text{외상매출금} = \frac{\text{매출채권 회전일수} \times \text{총신용판매}}{\text{연간 총일수}}$$

13행에 동일한 공식이 적용된 것을 볼 수 있으며, 이를 통해 어떻게 외상매출금이 예측되는지를 알 수 있다. 산업수준 및 이와 유사한 회사들과 비교할 때 유용한 추가지표는 외상매입금액을 각 기간의 총매출액으로 나누는 것이다.

이 과정은 식에서 총신용판매를 COGs로 대체해 DIO 및 DPO에 대해 반복할 수 있다. 그러나 19행에 더 자세히 검토해야 하는 운전자본 시트에 새로운 개념이 있음을 보라. 이는 재고회전율로 정의되며, 다음 공식을 통해 산출된다.[21]

$$\text{재고회전율} = \frac{\text{매출원가}}{\text{재고}}$$

재고회전율은 재고가 완전히 해소된 횟수를 나타낸다. 회전율 수치

---

21 엄밀히 말하자면 재고는 평균치를 산출해야 하지만 월별 관점에서 볼 때 이 계산은 허용된다.

가 높을수록 상품이 빨리 팔리고 잔여재고로 회사운영에 차질을 초래하지 않으므로 더 바람직하다. 이것은 산업수준과 비교가능한 기업들에 대비해 이해하는 데 유용한 또 다른 척도이다.

이제 핵심 운전자본 계정에 대한 예측과 일일 계산기준에 따라 신속하게 이들을 바꿀 수 있는 유연성을 확보했으므로 세 핵심계정들의 함축성에 대해 생각해보아야 한다. 이 중 2개의 계정 DSO와 DIO는 현금유입을 나타내는 반면, DPO는 현금유출을 나타낸다. 현금이 유입된 날을 추가하고 현금유출이 발생한 날을 빼면 운영을 현금으로 전환하는 데 얼마나 오랜 시간이 걸릴지 알게 될 것이다. 이를 현금 전환주기라고 부르며, 다음 공식으로 나타낼 수 있다.

현금 전환주기 = DSO + DIO − DPO

이 측정법은 현금손실이 투자 요구사항과 직접 관련이 있기 때문에 초기단계 기업이 알아두면 좋다. 매우 높은 수치를 기록하고 있는 회사는 많은 돈이 신용으로 묶이고 재고회전이 느리거나 공급자 신용을 이용하지 않게 된다. 이러한 유형의 회사들은 현금 전환주기가 빠른 회사들보다 유동성 문제가 더 빨리 발생할 수 있다.

〉 장기 자금조달: 부채

지금까지 대차대조표의 자산 부분과 유동부채의 모든 항목에 대해 알아보았다. 평가에 있어서 각 요소의 중요성을 살펴보았으며, 대차대조표 항목에 있어 민감도 분석을 실시할 때 평가 임팩트에 대해 이 장에서 더 깊이 들여다볼 것이다. 대차대조표를 요약하기 전에 해야 할 일은 장기 자금조달원에 대해 살펴보고, 분석을 위해 이를 예측모델에서 설정하는 것이다.

장기 자금조달은 대부분의 운영에 현금을 필요로 하기 때문에 초기단계 회사에게 매우 중요하다. 부채와 자본을 둘 다 쓸 수는 있지만 초기단계 기업은 부채를 얻기가 어려울 수 있기 때문에 종종 자본에 대한 의존도가 높다. 그러나 부채는 예측 관점에서 모델화하기가 더 쉽기 때문에 솔레로 모델에서 부채를 먼저 사용할 것이다.

모든 사금은 LT Capital이라는 별도의 시드에시 게신된디. 12행에서 29행까지는 2개의 분리부채 계층을 허용하고 있다. 회사에 부채계층은 무제한으로 할 수 있으나 대부분의 회사들은 업계 또는 유사기업들과 부합하는 전체 레버리지 금액을 유지할 것이다. '계층'은 선순위와 후순위의 부채를 조달함으로써 발생할 수 있다. 즉 현금부족분이 있는 경우 선순위 채권이 현금흐름에 우선순위가 있다. 동일한 선순위 부채의 복합계층이 있을 수 있지만 특성들이 다르다. 이러한 이유로 12~29행에서 볼 수 있는 것처럼 2개의 분리된 부채발행 공간이 있는 여러 개의 부채 일정을 만드는 것이 유용하다.

장기부채에 대한 가정은 182행에서 시작하는 Input 시트에 저장된다. 각 부채계층의 핵심 구성요소는 다음을 포함한다.

- 초기 잔액: 대출금의 개시 잔액

- 자금 지원일: 대출이 발행된 시기. 이것은 예측모델의 날짜와 일치해야 한다.

- 이자유형: 부채는 고정이자율을 갖거나 지수를 기반으로 할 수 있다.

- 고정금리: 부채가 고정금리인 경우 이자율은 연 백분율로 표시되어야 한다.

- 변동지수: 부채가 변동금리인 경우 기준금리가 산출되는 지수이다.

- 스프레드: 부채가 변동금리인 경우 기준금리에 더한 추가적인 이자부분을 나타낸다.

- 기간: 미지불 부채의 기간

- 할부 상환유형: 원금상환 방법. 솔레로 모델의 옵션에는 원금상환을 균등하게 배분하는 정액방법 혹은 원금의 상당 금액이 기간 말에 만료되는 만기 일시상환이 있다.

LT Capital 시트를 보면 부채가 기초 잔액, 현재 기간의 이자율, 정기이자율, 상환원금, 기말잔액 등과 같이 편성되어 있다. 이것은 부채의 두 번째 층에서도 같게 된다. 총이자, 원금 및 기말잔액은 27~29행에서 합산된다.

부채는 회사의 손익계산서와 대차대조표 모두에 영향을 미친다. Inc Stmt 시트 42행에서 수식의 일부가 총이자가 계산되는 LT Capital 시트를 참조하고 있음을 알 수 있다. 지난번에 감가상각과 할부상환을 제거한 후 EBIT를 계산하고 손익계산서 작성을 중단했다. 세전이익 EBT을 산출하는 단계의 일부는 이자비용을 제거하고 이자수익을 추가하는 것이다.[22] LT Capital 시트의 부채 일정을 활용하는 것은 이자비

---

22 41행에 이자소득에 대한 계산이 포함되어 있다. 비재무적인 초기단계 기업은 이자금액이 별로 없지만 일반적으로 현금에서 발생한 이자에 근거해 산출된다.

용 조정을 포함할 수 있는 가장 좋은 방법이다.

대차대조표에서 부채는 장기부채의 형태를 띤다. Bal 시트로 가서 33~36행을 보라. 모든 기간 동안 부채의 계층과 총부채의 합계에 대한 기말잔액을 볼 수 있다.

모델의 자본 부분은 특히 현재 초기단계 투자자의 관점을 취하고 있기 때문에 상당히 복잡하게 되어 있다. 그런 까닭에 자본을 형성하고 있는 일반적인 항목과 그러한 항목들이 대차대조표에서 어떻게 쓰이는가를 설명하고, 나중에 모델의 LT Capital 시트에 있는 더 자세한 세부정보로 돌아올 것이다.

Bal Sht 시트를 보면 자본 부분은 40~45행에 저장되어 있다. 여기에 5개의 항목들이 있다.

- 보통주: 회사의 가장 기본적인 주식이다. 초기단계에 일반적으로 친구, 가족 및 창업자가 회사에 대한 공헌도 및 인식된 추가 가치에 따라 나누어 가진다. 보통주의 일부는 일반적으로 미래의 우리사주신탁제도ESOP를 위해 보존된다.

- Class A 우선주: 초기단계의 외부 투자자가 회사에 투자할 때 투자자는 일반적으로 어떤 선호도를 필요로 하므로 우선주라는 용어를 사용하게 된다. 이러한 선호도에 대한 내용은 제5장에서 예제용어 시트를 살펴볼 때 자세히 논의될 것이다.

- Class B 우선주: 초기단계 투자에는 종종 여러 라운드가 있다. 이 라운드들은 첫 번째 라운드가 A, 두 번째 라운드는 B 등등의 글자체계로 표시된다.

- 워런트: 회사 주식을 구입할 수 있는 옵션이다. 초기단계 벤처 기업에서 워런트는 리스크를 보상하기 위해 부채조달 패키지의

일부로 부채 투자자에게 제공될 수 있다.

- 유보이익: 매년 생성되는 순수익은 회사의 가치를 창출한다. 유
  보이익이 증가하면서 대차대조표의 자산 부분은 현금 또는 일
  부 다른 유형의 자산을 통해 증가할 것이다. 이는 배당금으로
  주어질 때까지 회사의 자본으로 간주될 수 있다. 그러나 초기단
  계 기업에서는 영업에서 수익이 나올 때까지 순이익이 마이너
  스가 될 수 있으므로 음(-)의 유보이익이 있을 수 있음을 명심
  해야 한다. 음의 유보이익은 대차대조표의 다른 부분과 균형을
  이루어야 한다.

총자본은 Bal Sht 시트의 46행에 합산되어 있다.

▶ 손익계산서 마무리

앞에서 EBT를 설명하면서 손익계산서를 마치지 않았다. 손익계산서
를 완성하기 위해서는 두 가지 개념이 남았다. 바로 세금과 배당금이
다. 법인세는 기업의 소재지에 따라 매우 복잡할 수 있으므로 현지 회
계 전문가들과 철저하게 상의해야 한다. 그러나 대부분의 회계제도를
통해 기업은 이전손실을 이월할 수 있고, 이는 초기단계 회사에게는
매우 유용하며 평가에 반영될 수 있다.

회사가 이익을 내지 못한 경우에 발생하는 손실은 종종 누적되어 수
익을 올릴 때 미래에 사용할 수 있도록 '이월'될 수 있다. 이 개념은 순
손실 이월이라고 하며, 일반적으로 세금계산에 앞서 가치평가모델에
통합된다. 그것을 통합하는 가장 효율적인 방법은 다음과 같은 계산을
포함하는 것이다.

- 순손실 이월 기초잔액: 순손실은 기간별로 증가하거나 감소할 수 있기 때문에 계정으로 간주할 수 있다. 이러한 계정에는 시작과 종료기간이 있다. 순손실 이월 기초잔액을 각 기간마다 알아야 한다. 이것은 Inc Stmt 시트 45행에서 볼 수 있다.

- 순손실 이월 생성: 손실이 발생하면 기록되어야 한다. 솔레로 모델에서 음의 손실이 46행에서 양수 값으로 변환되는 것에 주목하라.

- 순손실 이월 사용: 미래의 어떤 시점에서 이익이 발생할 때 순손실 이월잔액이 사용될 수 있다. 이는 47행에서 계산된다.

- 순손실 이월 기말잔액: 순손실 이월 기초잔액과 생성액에서 사용을 뺀 것이 기말잔액이다. 이것은 48행에서 계산된다.

- 과세소득: 순손실 이월의 실제 사용은 세전이익을 상쇄하는 손실금액이다. 따라서 과세소득은 49행에서 보듯이 영업이익에서 순손실 이월 사용을 뺀 것이다.

EBT	(670)	(18,923)	(18,133)
순손실 이월 기초잔액	68,804	69,474	88,397
순손실 이월 생성	670	18,923	18,133
순손실 이월 사용	–	–	–
순손실 이월 기말잔액	69,474	88,397	106,530
과세소득	–	–	–
세금비용	–	–	–
순이익	(670)	(18,923)	(18,133)
배당금	0	–	–
순유보이익	(670)	(18,923)	(18,133)

그림 3.17 손익계산서의 끝부분에서는 이전손실에 대한 가치를 포함하고, 배당금을 뺀 나머지는 유보이익으로 보낸다.

- 세금비용: 과세소득이 구해지면 세금비용은 세율과 과세소득을 곱한 금액이 된다.

순손실 이월이 계산되고 세금비용을 알면 세금비용에서 세전이익을 빼면 순이익을 계산할 수 있다. 배당금은 순유보이익 이전의 최종항목 이며, 이사회가 선포하고 지급한다. 배당금을 지불한 후에 금액이 남 으면 유보이익의 일부로 간주될 수 있다. 손익계산서의 마지막 부분은 그림 3.17과 같다.

▶ 손익계산서 및 대차대조표의 전반적인 구성과 기능

지금까지 손익계산서와 대차대조표의 핵심요소에 대해 각각 별도로 자세히 다루었다. 이 시점에서 두 표가 모델에서 어떻게 구성되고 서 로 상호작용하며, 예측을 위해 어떤 역할을 하는지 이해할 필요가 있 다. 이 장의 뒷부분을 보면 이 두 예측표가 평가에 필요한 정보의 대부 분을 제공하고 있음을 알 수 있다.

지금까지 만들었던 손익계산서는 매우 세분화된 수준부터 구축된 것으로, 영업활동에서 현금흐름을 줄이거나 늘릴 수 있는 보다 일반적 인 기업 항목에 걸쳐 수익과 비용 발생을 설명하고 있다. 한 가지 유념 해야 할 점은 예측에 초점을 맞추었다는 것이다. Inc Stmt 시트의 D열 (녹색으로 강조 표시된)에는 예측 이전에 실제로 발생한 데이터에 대한 기 록이 들어 있다. 솔레로의 경우 웹사이트 제3장 폴더에 2014년부터의 재무제표가 있으며 적정한 데이터를 직접 입력할 수 있다. 경우에 따 라 과거의 기간에서 성장 방향과 수준을 측정하는 것도 유용하지만 순 이월손실과 같은 이전 계정 잔액 데이터가 필요한 상황에서는 이들이 절대적으로 필요하다.

대차대조표에는 E열에 동일한 기록 데이터가 있다. 데이터는 과거 재무제표로부터 유래할 수도 있다. 계정변경은 평가에서 설명될 현금 흐름 이동을 나타내는 것이므로 대차대조표 항목에 대한 이전 재무 데이터를 보유하는 것이 더 필요하다. 과거 혹은 예측 재무제표들을 보든지 간에 손익계산서와 대차대조표 사이에 중요한 연관성이 있다. 이러한 연관성은 자산과 부채금액이 현금흐름으로 이동하거나 그 반대의 경우에 필수적이다. 주요 연관성들은 다음과 같다.

- 순유보이익과 순자본금: 일단 손익계산서가 작성되고 현금흐름이 배분되지 않으면, 그것은 회사 자본의 일부가 된다. 이것은 솔레로 모델의 '유보이익' 부분(Bal Sht 시트의 45행)을 설명한다. 여기에서는 손익계산서의 당기 순유보이익이 대차대조표의 이전 기간 유보이익에 더해진다.

- 운전자본 항목, 판매 및 매출원가: 이 장에서 앞서 살펴보았듯이 재고와 같은 운전자본 항목은 매출원가와 판매에 연결된 외상매출금 등과 관련이 있다.

- 자본지출과 감가상각비: 마찬가지로 자본지출은 감가상각을 통해 손익계산서에 연결되는 대차대조표 항목이다. 무형자산은 무형자산의 감가상각으로 연결된다.

- 부채, 현금 및 이자: 부채 및 현금은 이자를 통해 손익계산서 항목을 작성하는 대차대조표 항목이다.

상호 임팩트는 손익계산서와 대차대조표 사이에서뿐만 아니라 대차대조표의 경우, 그 안에서도 발생한다. 회계의 가장 중요한 규칙-자산은 부채와 자본을 더한 값과 항상 같아야 한다−은 모든 예측기간 내내 유지될 필요가 있다. 따라서 솔레로 모델 Bal Sht 시트 55~57행에서 자산이 부채와 자본을 합한 것과 같은지 확인해야 한다.

그렇지만 솔레로 모델이 설정된 방법으로는 두 가지가 있기 때문에 자산은 항상 부채와 자본을 합한 것과 같을 것이다. 맞춤예측을 설정할 때 대차대조표가 완벽하게 균형을 이룰 수 있다는 것을 보장할 수 없기 때문에 이러한 사항은 필요하다. 부채보다 자산이 많은 경우, 그것은 우리가 지불하지 않은 자본지출과 같은 자산을 만들었다는 것을 의미한다. 이론적으로 이러한 자산은 어떤 자본형태로든 조달될 수 있지만 장기부채와 자본에 대한 기대치를 이미 입력했다면 의지할 수 있는 표준방법은 단기부채이다. 솔레로 모델의 경우, 단기부채는 자금부족분을 막을 것이다. 부채가 자산보다 큰 경우는 초과자금이 있음을 의미한다. 이 경우 일반적인 방법은 초과금액을 현금으로 할당하는 것이다. Bal Sht 시트 12, 29행 및 50행~53행은 이러한 조화를 보여준다.

▶ 현금흐름표

현금흐름표는 세 번째 핵심 재무제표이지만 전적으로 손익계산서 및 대차대조표 항목으로 구성된다. 그런 까닭에 다른 표들의 모든 항목이 설명되고 시트가 적절히 통합되도록 하기 위해 현금흐름표를 작성하고 올바르게 계산하는 것이 중요하다. 현금이동 조정이 그 점검이다. 현금흐름표를 통해 세 핵심영역들을 볼 수 있다.

- 영업활동으로 인한 현금흐름CFO: 회사운영으로 인해 발생하거나 손실을 입은 현금이다. CFO는 사업의 순이익으로부터 시작해 감가상각비 및 무형자산의 감가상각과 같은 비현금 항목을 다시 추가한 다음 운전자본의 변화를 설명한다.

- 투자로 인한 현금흐름CFI: 자본지출과 같은 비운영요소로부터 사용되거나 벌어들인 현금이다.

- 재무활동으로 인한 현금흐름CFF: 자본모집 또는 상환으로 인한 현금흐름이다.

▶ 가치평가: 현금흐름할인법

예상 재무제표의 작성이 완료되면 다양한 평가방법들이 있다. 많은 회사들은 바로 유사회사 비교법을 사용해 상향식 분석에서 얻은 이윤폭 및 운영상 지표를 활용해 상대적 가치평가를 한다. 다른 회사들은 근본주의적 접근법을 취해 상향식 분석을 활용함으로써 투자자에게 되돌려질 수 있는 미래 현금흐름을 예측한다. 두 방법 모두 장점과 단점이 있지만 재무제표의 작성을 방금 완료했으므로 잉여현금흐름을 분석할 수 있는 좋은 단계에 와 있다.

잉여현금흐름이라는 용어는 사업을 운영하기 위해 현금이 필요하지만 어떤 시점에서 성공기업들은 필요 이상의 현금을 창출해낸다는 개념에서 유래되었다. 이 여유자금은 '잉여'로 간주되어 투자자에게 되돌려질 수 있다. 투자자는 기댓값을 계산하기 위해 이들을 현재로 할인해 기대수익을 분석할 수 있다. 현금흐름할인법으로 알려진 이 보편적인 기법은 정확도를 높이기 위해 여러 가지 복잡한 내용이 있다.

첫째, 누가 잉여현금흐름을 소유하고 있는지에 대해 중요한 구분이 있다. 잉여현금흐름을 계산하는 두 가지 주요한 방법으로는 기업 잉여현금흐름FCFF과 주주 잉여현금흐름FCFE이 있다. FCFF는 기업의 모든 투자자가 사용할 수 있는 잉여현금흐름이며, 주주 잉여현금흐름은 지분보유자들만 사용할 수 있는 것이다. 새로운 투자자들은 종종 이러한 다른 투자자가 누구인지에 대해 질문하며 그 대답은 상당히 간단하다. 바로 부채보유자들이다. 엄밀히 말하자면 채권자들은 회사의 투자자이지만 주주들과 달리 적은 위험과 수익률에 투자한다. FCFF는 채권자와 지분보유자가 얼마나 많은 현금을 사용할 수 있는지 확인하기 위해 계산한다. FCFF의 표준계산법은 다음과 같다.

$$FCFF = 영업이익 - 세금 + 비현금공제 - 자본지출 \\ - 운전자본 필요조건$$

불행하게도 이 공식은 금융산업의 여러 출처에서 다양한 방식으로 반복되기 때문에 혼란을 야기한다. 명확히 하기 위해 공식에서 각 항목과 의도를 조사해볼 필요가 있다.

- 영업이익: FCFF는 회사운영으로 발생하는 현금으로 시작한다.

이것은 일반적으로 이자 또는 세금을 납부하기 직전의 소득이다. 때때로 이 계산은 순이익으로 시작하지만 FCFF가 부채와 주식 투자자의 관점으로부터 나온 것이기 때문에 이자가 다시 추가되어야 한다. EBIT로 시작하는 것이 훨씬 쉽다.

- 세금: 잉여현금흐름의 계산은 필요현금 사용에 초점을 맞추고 있으며 세금도 그중 하나에 해당한다. 순손실 이월이 발생할 수 있음을 유념하라. 솔레로 모델에서 볼 수 있듯이 이는 세금채무를 줄일 수 있다. 임팩트 투자와 관련된 하나의 독특한 고려사항은 임팩트 투자로 회사를 지칭하기에는 충분하지 않지만 세금납부는 사회 전반적인 이익으로 간주될 수 있다는 점이다.

- 비현금공제: 감가상각과 무형자산의 감가상각과 같은 항목은 EBIT에 포함되어 있지 않다. 이것들은 현금 항목이 아니므로 도로 합산되어야 한다.

- 자본지출: 모든 계획된 자본지출은 현금 사용이 분명하므로 잠재적 잉여현금흐름에서 제외되어야 한다.

- 운전자본 필요조건: 이것은 잉여현금흐름 계산 가운데 가장 헷갈리는 부분이다. 운전자본 필요조건은 기간별로 운전자본에 음(-)의 변화가 있음을 의미한다. 이 계산은 이 장의 앞부분에 나와 있다. 기간 중 운전자본에서 여유자금이 있는 경우에는 추가해야 한다.

솔레로 모델에서 DCF 시트 4행에서 시작하는 FCFF 계산을 확인할 수 있다. 제시된 공식에 따라 계산하면 21행에 있는 FCFF를 얻을 수 있다. FCFF가 음수가 될 수 있음을 주목하라. 초기단계의 기업, 특히 사회적 기업은 초기에는 돈을 잃는다. 이것은 음수값의 FCFF에서

명백하다. 이는 회사가 운영에 충분한 수입을 올리지 못하고, 손실을 입고, 현금이 충분하지 않으면 외부 자금이 필요할 것이라는 사실을 의미한다.

초기단계 기업들의 자본 투자자에게 있어 FCFF는 자본 투자자가 부채로부터 어떠한 수익도 얻지 못하기 때문에 적절한 가치평가 계산법이 아니다. 이러한 이유로 다른 계산법인 FCFE가 사용된다. FCFE는 자본 투자자를 위한 회사의 가치를 결정하는 데 중점을 두고 있으며 다음과 같은 방식으로 계산된다.

$$FCFE = 순이익 + 비현금공제 - 자본지출 - 운전자본\ 필요조건$$
$$+ 신규부채 - 채무상환$$

여러 항목이 동일하게 유지되는 것은 분명하지만 세 가지 뚜렷한 차이점이 있다. 첫 번째는 EBIT 대신 순수익이 출발점이라는 것이다. 자본 투자자의 현금흐름은 일반적으로 항상 부채보유자에 대한 이자지급에 종속되기 때문에 이치에 맞다. 두 번째 차이점은 신규부채가 추

 현장노트

가나의 Gyapa 저연비 조리기구는 잉여현금흐름의 중요성을 보여주는 훌륭한 예시이다. 이 프로젝트는 2002년에 시작되어 전 세계적으로 가장 큰 규모의 탄소지원 프로젝트로 성장했다. Gyapa 프로젝트와 관련된 릴리프 인터내셔널 이사진의 일원으로서 나는 사회적 기업의 재무적 성공을 목격할 수 있었다. 배출권 거래제는 프로젝트가 필요로 하는 이상으로 현금을 창출함으로써 결과적으로 효과적인 잉여현금흐름이 발생했다. 이 잉여현금흐름은 재투자, 다른 프로젝트 또는 두 가지 모두에 분할되어 사용될 수 있다.

가되었다는 점이다. 이사회와 주주가 이를 허용하고 그것에 대한 규약이 없다면 자본보유자는 부채로부터의 현금증가에 기인하는 현금흐름을 받을 수 있다. 그러나 부채보유자에 대한 어떤 상환이나 무형자산에 대한 감가상각은 제거되어야 한다. 이는 공식에 있어서 세 번째 주요 차이점이다. 부채가 거의 없는 회사는 FCFF와 FCFE가 매우 유사하다. 솔레로 모델은 DCF 부분 32~51행에서 시작해 FCFE 계산에 대해 자세히 다루고 있다.

 현장노트

시티그룹에 있을 때 라틴아메리카에서 부채조달을 모색하는 회사를 만났다. 재무제표를 들여다보았을 때 회사가 큰 수익이 나지 않았음에도 불구하고 매년 주주들에게 큰 액수를 계속해서 배당할 수 있다는 점이 흥미로웠다. 이것이 어떻게 가능했는지 더 자세히 살펴보니 제한사항이 거의 없는 많은 출처로부터 채무를 차입하고 있음을 알 수 있었다. 주식보유자는 회사로부터 효과적으로 잉여현금흐름을 당겨가고 있었지만 회사가 부채를 늘리고 모든 부채의무를 감당하는 스트레스를 받는 곤란한 위험에 처해 있었다.

❯ 종가

솔레로 모델로부터 FCFF와 FCFE를 계산하는 것은 많은 기본 가정으로 구축되어 있는 복잡한 과정이라는 것을 알 수 있다. DCF 시트는 10년 동안의 잉여현금흐름 예측을 제시하고 있으며, 종가라고 불리는 O열에서 끝난다. 종가는 회사가 계속 기업이라는 본질에 근거한 계산이다. 10년차에서 중단한 후 회사의 가치를 평가하기 위해 단지 10년 동안의 현금흐름만 사용한다면 회사는 단순히 사라지고 가치가 존재하지 않는다고 말하는 것과 진배없다. 실제로는 오랫동안 사업을 하고 영원히 건재할 것으로 기대되는 회사에 투자한다. 이러한 이유로 그러한 가치를 포착하는 계산이 필요하다.

영구연금과 회수배수는 종가를 계산하는 데 가장 많이 사용되는 두 가지 방법이다. 영구연금 계산은 예상되는 장기 현금흐름을 취하고 영구히 그 현금흐름을 받는 가치가 무엇인지를 추정한다. 이것은 다음과 같은 공식을 통해 계산된다(솔레로 모델 DCF 시트 셀 O22에 구현되어 있다).

$$\text{종가(영구연금법)} = \frac{\text{장기 FCFF 또는 FCFE}}{\text{장기자본비용} - \text{장기성장률}}$$

이 공식의 분자는 장기 FCFF 또는 FCFE이다. 이는 최종 예측년도의 수치를 늘리고 지속적인 장기적 상황을 반영하도록 조정함으로써 계산할 수 있다. 솔레로 모델은 DCF 시트 O8~O20에서 이러한 계산을 볼 수 있다. 이 계산에서 특히 중요한 부분은 모든 항목이 실행 가능한 장기투자상황을 반영하는지 확인하는 것이다. 장기자본지출(셀 O19)이 맞춤 공식을 가지고 있는 솔레로 모델 DCF 시트를 주목하라. 이것은 예측기간 동안 Capex 시트에 예정되어 있는 자본지출에 대한 매우 구체적인 기대가 있을 수 있기 때문이다. 길게 보았을 때 회사를 장기성장률로 성장시키는 데 필요한 기본수준의 자본지출이 있을 것이다. 이는 예측기간 스케줄이 자본지출에 연동되어 있기 때문에 감가상각도 그렇고 또한 장기적으로 운전자본계정도 안정화되기 때문에 역시 마찬가지로 해당된다.

장기 가중평균 자본비용(장기 WACC)은 분모의 첫 번째 부분이다.

이 장의 뒷부분에서 WACC에 대해 자세히 논의할 예정이지만 WACC 는 기본적으로 회사의 자금조달비용이다. FCFF가 분자에서 사용된다 면 WACC가 사용되는데, 이것은 부채와 자본의 조합으로 되어 있다. 반면 FCFE가 분자에서 사용된다면 장기 WACC 대신 장기자본비용이 사용된다는 것에 유념하라. 마지막으로 회사의 장기성장률은 회사가 영구적으로 얼마나 성장할 것인지를 예측한 것이다.

중요한 점은 FCFF가 분자, 장기 WACC가 분모에 사용되면 전체 회 시의 종가가 계산된다는 것이다. 대신에 FCFE가 분자가 되고 분모에 장기자본비용이 사용되면 자본금의 종가가 산출된다. 모든 것을 일관 되게 유지하고 회사 또는 자본금 가치가 생성되는지 여부를 이해하는 것이 중요하다.

》 자본비용

현재의 회사 또는 주식가치를 산출하기 위해서는 주기적인 값이든 종 가이든 기대수익의 미래 가치를 할인해야만 한다. 그 이유로는 돈의 시간가치와 자본비용 때문에 미래의 돈이 오늘날보다 더 가치가 낮다 는 생각 때문이다. 특히 임팩트 투자에 있어서 자본비용을 결정하는 것은 가치평가의 보다 어려운 측면 중 하나이며, 위험조정 수익을 창 출할 때 가장 중요한 요소 중 하나이기도 하다.

자본비용은 회사가 자금을 조달할 수 있는 이율이다. 부채 및 자본 투자자가 모두 있는 경우, 자본비용은 부채비용과 자본비용으로 구성 된다. 비용은 대출자가 빌려주는 이자율과 지분보유자가 해당 기업과 관련해 가지는 기대수익률이다. 대출자는 특히 청산의 상황에서 현금 흐름에 대해 우선순위가 있기 때문에 일반적으로 지분보유자보다 낮은 수익률을 수용한다. 주식투자자는 회사의 위험에 대비해 요구수익률을 결정한다.

자본비용 및 임팩트 투자와 관련된 특정 문제를 논의하기 전에 투자자가 부채 및 자본비용을 결정하는 방법에 대한 이론적 근거를 검토해야 한다. 성숙한 단계에 있는 회사들의 경우, 일반적으로 부채비용은 국가공인 통계평가기관NRSRO이 측정하는 회사신용도와 연관되어 있다. 신생회사들의 경우 부채비용은 회사의 채무불이행위험을 반영하는 할증이 붙는다. 고정 또는 변동금리 발행 여부에 관계없이 부채비용은 기준금리와 스프레드를 반영해야 한다. 기준금리는 일반적으로 부채의 가중평균 수명WAL: Weighted Average Life[23]과 관련 있는 반면, 스프레드는 투자신용위험을 반영한다.

자본비용은 계산이 순수 채무불이행위험을 초과하기 때문에 훨씬 복잡한 수치이다. 주식 투자자들은 부채 투자자와 달리 고정된 지불금을 받지 않으며, 부채보유자에게 종속되기 때문에 그들의 요구수익률을 설명하기 위한 여러 가지를 고려해야 한다. 자본자산 가격결정모델CAPM은 회사의 지분투자에 필요한 수익을 계량화하기 위해 1964년에 도입되었다. CAPM의 공식 정의는 다음과 같다.

자본비용 = 무위험 이자율 + 시장위험 프리미엄 × 베타

가장 기본적인 수준에서 이 정의는 자본 투자자가 최소한의 무위험

---

[23] 가중평균 수명은 정기적인 원금 분할상환 금액에 각 기간의 누적 일수 계수를 곱해 계산하고 전체를 합친 다음, 상환된 원금으로 전체 금액을 나누어 계산한 표준부채 지표이다. 일반적으로 연단위로 표시된다.

이자율에 다른 모든 지분투자와 상대적으로 그 특정 회사가 어떤 성취를 올리는가를 반영하는 요인과 지분투자에 대한 프리미엄을 곱한 것을 더한 수익률을 벌어야 함을 의미한다. 해당 공식에 대한 좀 더 자세한 정의는 다음을 포함한다.

- 무위험 이자율: 대부분의 실무자들은 미국 국채와 같은 글로벌 무위험 이자율을 생각한다. 때때로 지역 무위험 이자율이 사용되지만 이를 적용하는 것에 대해서는 논쟁이 있다.
- 시장위험 프리미엄: 채무불이행위험이 없는 증권을 넘어서는 주식수익률의 스프레드이다.
- 베타: 주식시장에 대비해 대상이 되는 투자수익률의 공분산을 주식시장의 분산으로 나누는 것으로 보통 계산되는 체계적 위험의 척도. 특히 데이터가 거의 또는 전혀 없는 시장이나 산업에 있어서 적절한 베타를 결정하는 것을 둘러싼 광범위한 토론이 이루어진다.

임팩트 투자의 주식 투자자는 신흥시장 소재지와 투자가능한 기업들의 초기단계 특성들로 인해 표준 CAPM 모델을 적용하는 데 종종 어려움을 겪는다. 자본 임팩트 투자를 위한 CAPM 요소를 개선하기 위해 각 구성요소에 대한 다음과 같은 생각들이 제안된다.

❯ 무위험 이자율

대부분의 시장 종사자들은 자동적으로 글로벌 무위험 이자율이다. 달러 투자의 경우 재무부 이자율을 사용하는 것이 보편적인 반면, 유로화 투자는 때때로 유리보^{Euribor}를 참조한다. 7년 또는 10년 만기의 미국 재무증권 이자율이 주어진 투자보유기간 동안의 사모투자에 보통 사용된다. 다른 사람들은 지역 자본자산 가격결정모델^{LCAPM}[24]과 같은 모델을 만들어서 지역 무위험 이자율을 사용해야 한다고 주장한다. 특정 신흥시장이 진정으로 리스크가 없다는 생각은 거의 신뢰하기 어렵다. 예를 들어 인도가 비록 높은 신용등급의 지역부채를 발행할지라도 국가부도위험이 높아질 수 있어 위험이 없는 것으로 간주되지 않을 수도 있다. 아래 각주에 달렸듯이 험프리 본 제너도 LCAPM을 사용하는 것과 관련해 이 문제를 언급했다.

❯ 시장위험 프리미엄

고정 글로벌 시장 리스크 프리미엄이 종종 대기업에 사용된다. 이는 선진국 시장에 있어서 규모가 크고 유동성이 높은 투자가 대기업에 더 일반적이기 때문이다. 달러 투자, 특히 미국에서의 경우 시장위험 프리미엄의 기본지수로 S&P 500을 사용하는 것이 일반적인 관행이다. 국제적으로 다른 보편적인 사례는 MSCI 또는 기본 글로벌 기업들의 지수를 활용하는 것이다.

다른 두 가지 고려사항은 계산방법 및 데이터의 범위이다. 계산방법에 관해 과거 수익률을 분석할 때 산술 또는 기하평균을 사용할지 여부에 대한 논의가 때때로 있다. 산술평균은 안정적이고 상관관계가 없는 수익률 분포를 가정해 기하평균보다 큰 수익률을 지속적으로 산출할 것이기 때문에 보다 적절해 보인다.[25] 시장에서 더 많이 목격되듯

---

24 Mark Humphery Von Jenner, "신흥시장의 자본비용 계산", JASSA 4(2008): 21~25.
25 각 기간마다 수익률이 동일하지 않다면.

이 수익률의 변동성이 증가함에 따라 기하평균은 산술평균보다 낮아질 것이다. 두 가지 방법을 사용하는 것을 둘러싼 논쟁과 방금 이야기한 점들을 감안할 때 산술평균을 사용하는 것이 더 보수적으로 보인다. 산술평균은 더 높은 시장위험 프리미엄을 생성하게 되고, 이는 더 높은 자본비용을 만들고, 할인에 그 이율이 사용된 후 더 낮은 가치가 산출될 것이다.

발생할 수 있는 다른 하나의 쟁점은 분석기간이다. 시장위험 프리미엄을 계산하기 위해 매우 많은 연수가 사용된다면 더 많은 경제사이클이 포함된다. 이는 시장위험 프리미엄이 경기순환에 걸쳐 이어져야 한다는 점에서는 좋다. 그러나 현재 경제가 근본적으로 이동했고 시장이 과거에 그랬던 것처럼 이행하지 않는다면 기간이 길면 길수록 미래의 기대치를 왜곡시킬 것이다.

〉 베타

베타는 수익률이 거의 없는 초기단계 회사의 베타를 확정지으려는 많은 분석가에게 혼란과 어려움을 초래할 수 있다. 그러한 데이터가 없다면 비슷한 접근법이 취해질 수 있지만 다른 많은 요소들로 인해 평가가 더욱 싫증나게 된다. 분석기간, 부채유무, 실제 수익률의 사용, 부문수익률, 비교가능한 회사 및 부문 또는 국가수준의 베타.

일반적인 접근방식은 지역시장에서 비교가능한 회사를 선택하는 것이다. 그런 회사가 없는 경우, 2차 전술은 해외시장에서 동일한 부문 내의 비교가능한 회사를 사용하는 것이다. 비교가능한 회사의 베타는 해당 회사 고유의 자본구조를 반영하기 때문에 다음 공식을 사용해 베타의 부채를 제거해야 한다.

$$\text{무부채 베타} = \frac{\text{유부채 베타}}{1 + (1 - \text{세율}) \times (\text{부채} / \text{자본})}$$

그리하여 시가총액으로 가중해 중간값 베타 또는 가중평균을 계산해야 한다. 그리곤 그 결과 수치는 분석회사의 자본구조에 따라 부채를 얹어야 한다. 무부채 베타 공식을 재배열해 사용하면,

$$\text{유부채 베타} = \text{무부채 베타} \times [1 + (1 - \text{세율}) \times (\text{부채} / \text{자본})]$$

베타의 경우 기본 CAPM 공식이 적용되지만 신흥시장의 초기단계 투자에서는 할인율이 결코 완전하지 않다. 국가위험, 기업체 크기 및 프리미엄 통제 등은 고려해야 할 또 다른 사항들이다. 이러한 각각의 개념들은 별개의 독특한 위험에 대해 가치평가를 조정하고자 한다.

▶ 국가위험

정치, 경제구조 및 국가 고유의 시장요인들로 인해 어떤 국가에는 고유한 위험이 존재할 수 있다. 이러한 위험을 설명하는 한 가지 방법은 자본비용에 국가위험 프리미엄을 더하는 것이다. 표준접근법은 채무불이행이 없는 국가채권 이자율 대비, 국가의 채무불이행 스프레드와 동일한 순위로 채권불이행 스프레드를 분석하는 것이다. 일부 실무자들은 단순히 이 차이를 더한다. 어스워스 다모다란과 같은 사람들은 조정을 통해 국가위험 프리미엄을 계산한다.[26] 그의 방법은 국가순

---

26 Aswath Damodaran. "국가 채무불이행 스프레드와 위험 프리미엄", (2014. 1.), http://people.stern.nyu.edu/adamodar/New_Home_Page/datafile/ctryprem.html.

위를 구한 다음, 그 순위에 근거해 채무불이행 스프레드를 추정하고 이 스프레드에 1.5를 곱해 국가위험 프리미엄을 구하는 것이다. 1.5배수에 관한 논리는 주식시장이 채권시장보다 1.5배 더 변동성이 크다는 그의 계산에 근거하고 있다. 시장위험 프리미엄이 이미 채권에 대한 주식의 변동성을 조정하고 있는 것을 감안할 때 스프레드에 1.5를 곱하지 않는 것에 대한 주장이 있을 수 있다.

다모다란의 채무불이행 스프레드 및 국가위험 프리미엄 테이블에서 인도를 보면 Baa3 국가등급에 기초해 2.20%의 채무불이행 스프레드를 찾을 수 있다.[27] 이 2.20%는 인도 투자에 대한 국가위험을 포착하기 위해 자본비용에 추가될 수 있다. 이것은 순전히 국가위험이며, 외환위험에 대한 보상요인으로 혼동해서는 안 됨을 명심하라.

▶ 회사 크기

소규모 기업들은 일반적으로 대기업들에 비해 위험하다. 관리체계가 발달되어 있지 않고, 사실상 여유자금이 없으며, 대기업보다 고객들에게 더 많이 의존하고 있다. 회사 규모의 차이는 중소기업들이 대기업보다 차용비용이 높은 이유를 보여준다. 그러면 이 경우 주주들도 그 위험에 대해 비슷한 수준의 보상을 요구해야 한다. 이봇슨 어소시에이츠는 시가총액기준 회사 크기 프리미엄에 관해 많은 연구를 해왔다. 회사 크기 프리미엄 백분율은 자본비용에 직접 추가된다.

---

27 같은 글에서.

개념	백분율	출처
무위험 이자율	2.79%	http://www.marketwatch.com/investing/bond/10_year
주식시장 수익률	11.64%	http://en.wikipedia.org/wiki/S&P_500
시장위험 프리미엄	8.85%	계산됨
베타	1.7	비슷한 회사를 사용해 계산됨
자본비용	17.84%	
인도 채무불이행 스프레드	2.20%	http://pages.stern.nyu.edu/~adamodar/New_Home_Page/datafile/ctryprem.html
회사 크기 프리미엄	4.00%	이봇슨 어소시에이츠의 과거 데이터
지배 프리미엄	0%	소수 주주권을 가정
최종 자본비용	**24.04%**	

그림 3.18 CAPM으로 계산한 자본비용. 초기단계/신흥시장 기업 고유의 요인들과 데이터 출처

≫ 지배 프리미엄

대부분의 임팩트 투자자들은 소수의 회사 지분을 보유하고 있다. 소수 투자에는 특정 권리가 주어지지 않는다. 다른 말로 하면 회사를 운영하는 다수의 투자자들은 소수 투자자들에 비해 더욱 가치 있는 지분을 보유하고 있는 것이다. 이 개념은 투자체계에 소수 주주권이 정립되어 있다면 다소 논쟁의 여지가 있다. 이러한 권리는 용어 시트가 논의되는 제5장에서 살펴볼 것이지만 기본적으로 다수 투자자가 가치를 떨어뜨리지 못하게 하는 특정 권리를 소수 투자자가 가지고 있다면 지배를 위한 조정은 필요하지 않다. 앞의 모든 항목이 있는 솔레로 예시로 돌아가면 그림 3.18과 같이 합리적인 자본비용을 구성해볼 수 있다.[28]

---

28 이 계산은 현재 솔레로 모델에 저장된 것과 다를 수 있다. 솔레로 모델은 WACC에 민감도를 적용하고, 밑에 있는 자본비용과 부채에 대한 가정을 변경할 수 있는 기능을 가지고 있다.

이전에 계산된 자본비용은 현재와 단기계획에 좋지만 잉여현금흐름처럼 장기추정치도 변할 것이다. 이 변경사항은 영구연금 공식을 사용해 종가가 계산되는 방법에 영향을 미칠 수 있다. 자본비용에서 증가율을 뺀 값을 사용해 주식종가가 계산된다는 것을 기억하라. 가장 두드러진 두 가지 변화는 베타와 회사 크기 프리미엄일 것이다. 회사가 성장하고 안정화되면서 장기적으로 베타가 줄어들 것으로 예상될 수 있다. 마찬가지로 종가가치가 산출되는 시점에 회사의 시가총액이 크게 성징한다면 크기 프리미엄이 줄어들 수 있다. 이런 변화는 일반적으로 장기자본비용을 감소시키며 종가 계산값이 증가하게 될 것이다.

▶ 부채비용

자본비용보다 훨씬 더 간단한 계산이지만 부채비용에 대한 가정은 논쟁의 여지가 있다. 표준방법은 회사가 현재 지불하고 있는 부채의 세후비용을 취하는 것이다. 공식은 다음과 같다.

세후 부채비용 = 현 부채비용 × (1 − 세율)

때때로 회사의 리스크 특성이 다른 부채비용을 요구하도록 변경되었는지 여부에 대한 논쟁이 발생한다. 이것은 대체로 회사를 비공개로 만들기 위해 상당한 양의 부채가 수반되는 차입매수LBOs 상황에서 볼 수 있다. 높은 부채, 스트레스 수준이 높은 이자와 부채 보상비율로 인해 낮은 잠재신용등급이 되고, 그리하여 더 높은 부채비용이 발생하게 된다. 시간이 지남에 따라 회사는 부채비율을 낮추고 신용도를 개선함으로써 신용등급이 높아지고 부채비용이 낮아질 것이다.

초기단계의 기업들에게는 비슷한 현상이 발생될 수 있다. 이른 단계에 있는 기업의 초기 부채는 대개 10대 중반의 매우 높은 비율로 나타난다. 대출자가 부채를 상환하는 회사의 능력에 좀 더 안심하면서 요구하는 이율을 줄일지도 모른다.

그러나 임팩트 투자의 특징은 일부 회사들이 사회적 기금 또는 대규모 기관의 일부인 사회적 금융그룹으로부터 매우 낮은 비용의 부채를 받을 수 있다는 것이다. 이 저비용 부채는 펀드의 사회적 사명 지원에 초점이 맞춰져 있기 때문에 때때로 시장금리에 따르지 않는다. 회사가 성장하고 더 상업적으로 된 이후에도 이러한 저비용 부채가 여전히 회사에서 사용될 수 있는지 여부에 주의를 기울여야 한다.

▶ 가중평균 자본비용

가중평균 자본비용WACC의 공식을 처음 접할 때는 겁을 먹지만 깊게 들여다본다면 다음의 형태를 갖는 단순한 가중평균 공식이다.

$$\frac{\text{자본비용} \times \text{자본의 시장가치} + \text{세후 부채비용} \times \text{부채의 시장가치}}{\text{자본과 부채를 합친 시장가치}}$$

이 공식의 흥미로운 부분은 엄밀히 따지자면 시장가치를 사용해야 한다는 것이다. 자본은 시장가치를 얻는 것이 훨씬 쉽지만 기업들은 종종 거래되지 않는 부채를 대차대조표에 장부가치로 기재한다. 표준 관행은 장부가치를 사용하는 것이지만 부채의 장부가치를 시장가치로 변환하는 방법이 있다.

▶ 할인과정

FCFF와 FCFE, 자본비용, 부채비용 및 WACC가 모두 갖추어졌으므로 이제 현금흐름을 할인해 가치를 얻을 수 있다. 앞서 10기간 동안 추정 FCFF와 FCFE를 계산해 종가를 도출했다. 각 현금흐름은 다음과 같은 공식을 사용해 할인될 수 있다.

$$현재\ 가치 = \frac{현금흐름(FCFF\ 또는\ FCFE)}{(1+이율)^{기간}}$$

여기에서 다섯 가지 중요한 점들은 다음과 같다.

1. 기업가치를 구하려면 FCFF와 이율에 WACC를 사용하라.

2. 자본가치를 구하려면 FCFE와 이율에 자본비용을 사용하라.

3. 1, 2번과 마찬가지로 종가는 기업가치 또는 자본가치가 될 수 있지만 현금흐름과 이율은 일관되어야 한다.

4. 타이밍에 유의하라. 거래가 그해의 중간에 실행되는 경우, 시간가치의 연도 중간은 때때로 중요할 수 있다. 기간으로 부분적 첫 기간을 사용할 필요가 있다.

5. 종가를 할인하려면 최종년도의 잉여현금흐름이 포함되도록 하라. 1개의 추가된 기간에 의해 할인되어야 하는 것처럼 보이더라도 최종년도의 잉여현금흐름으로 이동되어야 한다.

솔레로 모델에서 할인과정은 그림 3.19에서 보이듯이 수행된다. 그림 3.19는 10기간 동안의 현금흐름과 영구종가를 나타낸다. 종가는 열 번째 기간의 잉여현금흐름에 포함되며, 그 시점에서 다시 할인된다는 점에 유의하라. 할인과정에 관한 두 가지 흥미로운 점들은 할인율과 현금흐름에 관한 것이다. 첫째, 할인과정은 단기간 및 장기간에 다른 할인율이 적용될 수 있지만 일부 분석가들은 기업가치를 계산할 때 변화하는 자본구조를 반영하기 위해 매 기간마다 할인율을 재계산하기도 한다. 일반적으로 초기단계 기업은 차입매수를 방금 마친 기업과 같은 정도의 대규모 자본구조 변화를 보이지 않는다.

두 번째 흥미로운 점은 할인될 때 0에 수렴하는, 음의 현금흐름이 있다는 것이다. 음의 현금흐름은 초기단계의 회사 분석에서 자주 볼 수 있다. 실제로 예측된 할인되지 않은 음의 현금흐름의 합계는 필요한 투자금액으로 여겨진다. 이러한 음의 현금흐름을 단기부채 준비나 다른 유형의 자금조달로 연결하지 않으면 그 회사는 현금부족을 보일 것이다. 음의 현금흐름을 할인할 때는 일반적으로 이것이 되었다고 가정한다.

현재까지의 합계 결과를 평가값으로 결정하기 전에 값을 줄일 수도 있는 두 가지 단계가 더 있다. 첫 번째는 비유동성에 대한 할인이며, 이는 회사가 위치해 있는 비공개시장의 유동성에 달려 있는 것으로 종종 가정된다. 예를 들어 많은 신흥시장에서 비공개 투자시장은 제한적이어서 회사들은 공개기업 대비 할인거래로 이루어진다. 이 할인의 가치를 결정하는 방법은 여러 가지가 있지만 일반적으로 20~50% 사이다.[29] 할인은 회사의 최종가치에 직접 적용된다.

---

29 S.P. Pratt, R.F. Reilly, and R.P. Schweighs, "사업가치 평가: 소수 주주 지배 기업의 분석 및 평가", Journal of Real Estate Literature 5, no.1(1997. 1.).

[회사의 연간 잉여현금흐름]

기간	0	1	2	3	4
연도	2014	2015	2016	2017	2018
잉여현금흐름	(38,605)	(195,456)	10,832	433,478	1,347,293
종가					
할인할 현금흐름		(195,456)	10,832	433,478	1,347,293
현금흐름 현가		(158,136)	7,090	229,568	577,282
현가 합계	30,163,158				
비유동성 할인	3,016,316				
잉여현금흐름 가치평가	27,146,842				
자본이득 세금					
세후가치	27,146,842				

5	6	7	8	9	10	영구종가
2019	2020	2021	2022	2023	2024	
2,738,479	4,534,483	6,395,372	7,988,944	9,543,424	11,073,247	11,100,074
						179,903,962
2,738,479	4,534,483	6,395,372	7,988,944	9,543,424	190,977,209	
949,330	1,271,795	1,451,231	1,466,701	1,417,549	22,950,748	

그림 3.19 10기간 동안 회사의 잉여현금흐름과 영구종가는 현재 가치로 할인되었다.

고려해야 할 마지막 계산은 자본이득 세금이다. 세금 및 투자체제에 따라 투자가치를 떨어뜨리는 세금이 있을 수 있다. 이것은 투자자 회

사의 가치를 감소시키는 데 영향을 주며, 이는 가치평가에 반영되어야
한다.

FCFF 대 FCFE

FCFF는 일반적으로 기업가치를 계산하는 데 사용된다. 자본가치를
구하기 위해서는 순부채(즉 현재 부채－수중에 있는 현금)를 빼야 한다.
FCFE는 수익률이 자기자본 상황에 대한 가치와 동일한지 보기 위해
계산된다. 솔레로 모델에서 볼 수 있듯이 여기에는 차이가 있을 수 있
다. 솔레로 예시에서 FCFF의 경우, 종가계산상 장기부채에 대한 다른
가정이 있다. 그래서 순수히 자기자본만 가지고 있는 경우에 비해 훨
씬 더 낮은 자본비용이 계산된다. 그러므로 FCFF 계산이 더 높게 나
온다. 부채를 일으키고 제안된 수준에서 자본구조가 이루어진다는 기
대가 유지되는 한 이 방법은 효과적일 것이다. 만약 자본구조가 바뀔
것으로 예상되지 않는다면 FCFF 계산은 유효하지 않으며, 더 보수적
인 자본구조 기대치가 반영되어야 할 것이다. 그럴 경우 WACC가 높
아지게 된다.

상대평가와 유사기업 분석

DCF 가치평가는 상세한 가정들을 통해 회사의 내재가치를 계산하지
만 상대평가는 유사기업 분석을 통해 그 회사의 시장가치를 만들어내
고자 한다. 유사기업 분석이 현금흐름할인법에 비해 구현하기가 쉽지
만 상대가치평가는 특히 평가가치 협상에 자주 사용되는 우세한 방법
이기 때문에 입력물에 대해 높은 수준의 이해를 필요로 한다.
　유사기업 분석은 동일한 업계에 있고, 평가대상 회사와 유사한 기업

[자기자본에 대한 연간 잉여현금흐름]

기간	0
연도	2014
순이익	(43,255)
감가상각	1,850
무형자산의 감가상각	–
자본지출	(5,000)
순운전자본의 변화	7,800
신규부채	–
부채상환	–
FCFE	(38,605)
종가	
할인할 현금흐름	
현재 가치로 표시된 현금흐름	
현재 가치의 총합계	18,843,366
비유동성 할인	1,884,337
자기자본 가치-할인액	**16,959,030**
자본이득 세금	–
세후가치	16,959,030

그림 3.20 FCFE 분석으로부터 산출된 현저히 낮은 자기자본 가치에 주목하라. FCFF와 FCFE 방법의 주된 차이점은 WACC 대비 자기자본 비용 할인이다.

특성을 나타내는 같은 등급 회사집단을 파악함으로써 수행된다. 같은 등급집단이 파악되면 각 지표의 중간값을 이해하는 데 중점을 두면서 여러 가지 지표들을 계산해야 한다. EBITDA 대비 기업가치와 매출액 대비 기업가치와 같은 특정 지표들이 분석 중인 회사의 배수로 작용해 평가가치가 나온다.

▶ 같은 등급집단 선정

상대평가의 출발점은 적절한 비교대상 회사를 파악해 선택하는 것이다. 같은 등급집단의 일원으로 회사를 선정하는 다섯 가지 주요 기준들은 다음과 같다.

1. 산업/부문/하위산업: 유사기업은 분석 중인 회사와 같은 산업군에서 사업을 하거나 사업의 큰 부분을 차지해야 한다. 업종일치는 가장 정밀한 분류를 넘어서야 한다. 예를 들어 솔레로에 있어 단순히 전자산업 분류에 근거한 유사회사를 받아들이지 말아야 한다. 농촌시장을 겨냥한 태양광 제품을 비롯해 가전제품 판매에 주력하는 회사를 찾아야 할 것이다. 분명한 것은 초점을 좁힐수록 선택할 수 있는 잠재적인 기업이 더 적어진다는 것이다. 매우 좁은 범위에 초점을 맞추는 데서 시작해 적당한 수의 유사한 회사가 확보될 때까지 천천히 일반화하는 것이 가장 좋다.

2. 시가총액: 시가총액의 절대적인 크기는 회사의 규모를 나타내는 것이기 때문에 이를 이해하는 것이 중요하다. 솔레로와 같은 초기단계 회사는 시가총액이 작다. 시가총액이 큰 회사는 다른 성장단계를 보이는 더 크고 성숙된 회사이기 때문에 작은 회사와 비교하기가 쉽지 않다. 이러한 차이로 인해 평가에 사용되는 지표가 부정확해질 수 있다.

3. 자본구조: 회사의 자본구조, 즉 부채 대비 자기자본 비율은 회사의 성장과 가치에 중요한 영향을 미칠 수 있다. 회사가 높은 금액의 부채를 보유하고 있는 경우, 부채에 대한 부담이 적은 회사만큼의 성과를 거두지 못할 수 있다. 산업에 일정한 부채 대비 자기자본 비율이 있는데 비교회사가 이상치인 경우, 유사기업으로 최선의 선택이 아닐 수 있다.

4. 성장률: 각 유사기업들은 비슷한 성장단계에 있어야 한다. 잠재적인 유사기업이 과도하게 성장하거나 성장률이 0인 경우, 유사기업으로 좋지 않은 선택을 하는 외양이 되어버린다.

5. 이윤폭: 각 잠재 유사기업들의 총액, EBITDA, EBIT 이윤폭은 평가되어야 한다. 특히 매상총이익은 상대적으로 유사해야만 한다. 예를 들어 유사기업이 분석대상 기업보다 매출총이익이 훨씬 더 큰 경우 채택된 기술이 비슷하지 않다는 것을 의미할 수 있다. 그러므로 많은 평가지표들만으로는 제대로 된 비교가 힘들 수 있다.

▶ 솔레로의 동료집단

솔레로 모델의 Rel Val 시트 29행부터 5개의 잠재적인 회사들에 대한 익명의 유사기업 분석이 있다. 분야가 일반적으로 기술되어 있지만 어떤 특정 제품 카테고리가 해당 사업을 주도하고 솔레로와 얼마나 유사한지를 알기 위해 매우 자세히 살펴보았다고 가정해야 한다. 열 D에서 F까지는 동료집단에 포함되는데, 적합성 여부를 결정하는 데 도움이 되는 측정지표들을 보여준다.

각 유사기업의 합리화에 관한 작업을 진행하면서 부정적인 성장률과 낮은 이윤폭을 가진 '회사 4'를 바로 볼 수 있었다. 그것의 특성들에 대해 자세히 살펴보니 동료집단의 다른 회사들보다 시가총액이 더 낮다는 것을 알 수 있었다. 이것은 아마도 동료집단에 속해 있는, 많은 다른 회사들의 초기단계 특성일 것이다. 이 회사에 대한 관심은 초기단계 회사라고 가정했을 때, 높은 성장률을 보이는가 하는 것이다.

'회사 2'는 실제로 시가총액이 작기 때문에 회사 4와 유사한 회사로 보이지만 높은 매출성장률과 우수한 이윤폭을 가지고 있다. 산업은 정

사전 실사과정에서 제품의 신뢰성을 검증하는 시스템을 만든 기술회사를 찾고 있었다. 이것은 주로 말라리아 치료제와 같은 주류 의약품의 상당 부분이 위조된 것이어서 나이지리아의 의약품 시장이 물색 대상이었다. 그 회사는 검증을 위해 SMS로 코드를 보내주는 안전한 긁는 딱지 기술기반의 모델을 채택해 이 작업을 수행했다. 유사기업 분석을 진행하는 동안 내 기준을 거의 충족시키면서 매우 높은 이윤폭을 가진 회사를 알게 되었다. 그 회사를 조사한 결과 DNA 표지인자를 사용해 제품 진위 여부를 검증한 것으로 나타났으며, 실험실에서 단위당 비용이 거의 들지 않고 제조되었다. 일단 만들어진 후에는 각 표지인자에 대한 매출원가가 무시할 만한 정도였으며, 믿을 수 없을 정도로 높은 이윤폭을 보였다. 최종적으로 너무 많은 측정지표들이 이상치로 탐지되어 이 회사는 유사기업 목록에 포함되지 않았다.

확히 같진 않지만 성공적으로 확장하고 있는 중기업으로 보인다.

가장 크고 성숙한 곳은 '회사 3'이다. 성장률은 낮지만 수익성이 좋고, 시가총액이 매우 크다. 이 회사는 솔레로가 어떻게 될지에 관한 좋은 나침반이다.

'회사 1'도 꽤 크지만 이윤폭이 더 높고 측정지표가 강하다. 전반적으로 이 회사의 산업집중도가 유사하다면 데이터 세트에 추가하기 좋을 것이다.

'회사 5'는 회사 1과 비슷한 측정지표를 가지고 있다는 점에서 흥미롭지만 자본구조는 동료집단 내에서 독특하다. 시가총액 대 기업가치를 비교해 살펴보면 이를 알 수 있다. 회사 5는 이 비율에 근거한 부채(또는 상당한 양의 현금)가 거의 없다. 지금은 유사기업으로 남겨둘 예정이지만 이와 유사한 회사는 동료집단 적합성에 대해 추가적으로 살펴

[유사기업 분석]

	부문	LTM 매출 성장률	매출총이익	EBITDA 이윤폭	시가총액	LTM EBITDA
기업 1	가전제품	7.00%	51.00%	22.00%	700,000,000	78,145,118
기업 2	태양에너지	20.00%	42.00%	15.00%	200,000,000	10,550,921
기업 3	가전제품	3.00%	47.00%	19.00%	1,500,000,000	166,004,891
기업 4	가전제품	-4.00%	27.00%	9.00%	145,000,000	16,033,725
기업 5	가전제품	9.00%	55.00%	25.00%	650,000,000	50,005,281
중간값						
평균						

	기업가치	EV/LTM EBITDA	1년 미래 EBITDA	EV/1년 미래 EBITDA	LTM 매출	EV/LTM 매출
기업 1	950,000,000	12.16	83,615,276	11.36	355,205,082	2.67
기업 2	300,000,000	28.43	12,661,105	23.69	70,339,473	4.27
기업 3	2,000,000,000	12.05	170,985,038	11.70	873,709,953	2.29
기업 4	200,000,000	12.47	15,392,376	12.99	178,152,500	1.12
기업 5	700,000,000	14.00	54,505,756	12.84	200,021,124	3.50
중간값		15.82		14.52		2.77
평균		12.47		12.84		2.67

그림 3.21 평가배수를 정하기 위한 솔레로의 동료집단 분석

봐야 한다. 그림 3.21은 솔레로의 동료집단을 나타낸다.

잠재적으로 유사한 기업의 목록이 생기면 조정이 필요한지 여부를 확인하기 위해 재검토되어야 한다. 조정은 다음과 같은 이유들로 인해 수행된다.

176

- 비반복 항목: 일회성 자산매각 또는 기타 이유로 일정 기간의 현금흐름이 비정상적으로 증가한 경우 현금흐름을 재조정해야 한다. 유사하게 미래에 예상되지 않는 일회성 비용이 부과되면 비용은 제거되어야 한다.

- 부채변화: 차입매수가 임박하거나 인수가 예상되는 경우 자본구조가 크게 변할 수 있다. 이 항목들은 조정되어야 한다.

- 회계상의 차이: 회사가 LIFO 대 FIFO와 같은 다른 회계시스템을 사용하는 경우, 유사한 회사 또는 분석 중인 회사가 일관성을 위해 조정되어야 한다.

[평가배수]

동료집단에 익숙해지면 데이터 세트에서 파생되는 가장 중요한 측정 지표는 평가를 지원하기 위해 분석 중인 회사에 적용할 수 있는 배수이다. 가장 일반적인 두 가지 평가배수는 기업가치^{EV}/EBITDA 및 EV/지난 12개월 동안의 매출^{LTM}이다. EV/EBITDA는 매출원가 및 사업의 운영을 반영하기 때문에 더 많이 사용되는 경향이 있다. 그러나 많은 경우 초기단계 회사는 수익이 전혀 없으므로 상대적 가치평가의 근거로 매출에 의존해야 할 것이다.

　사소한 요소들이 매우 큰 영향을 줄 수 있으므로 이러한 배수들로 작업할 때는 몇 가지 차이점들을 구별해야 한다. 첫 번째는 계산 중인 배수가 현재 배수인지 또는 미래 배수인지 여부를 확인하는 것이다. 미래 배수는 회사가 미래에 어떻게 성장할 것인지에 대한 분석가의 의견을 반영한다. 분석가는 예상되는 EBITDA 및 기업가치를 결정짓기 위해 솔레로에 대해 이 장에서 만든 것과 유사한 DCF 모델을 사용할 수 있다.

이것들은 유사성이나 변환가능한 구조를 구조화하는 데 사용될 수 있지만 LTM 배수는 현재 평가에 더 일반적으로 사용된다.

배수에 있어 또 다른 중요한 측면은 때때로 사람들이 거래배수와 거래처리배수를 혼동한다는 것이다. 거래배수는 이미 계산해오고 있었던 것—시가총액과 현재 측정지표를 기반으로 한 배수—이다. 거래처리배수는 가치평가와 매출 혹은 거래처리 발생 시 EBITDA를 확정하기 위해 이전 거래처리를 본다. 거래처리배수는 종종 연관성이 떨어지고 다음과 같은 세 가지 이유로 선호되지 않는다.

1. **정확한 정보를 얻기 어렵다.** 종종 회사의 가치를 설명하는 거래처리는 사적이며, 거래조건이나 회사의 기본 정보와 관련된 정확한 정보를 얻기가 어렵다.

2. **거래처리배수는 회사의 정확한 가치평가와 관련이 없는 외부 요인에 의해 영향을 받을 수 있다.** 형편없는 협상, 시너지에 대한 기대 등은 종종 부풀려지거나 과소평가된 계산을 야기할 수 있다.

3. **인기가 높은 산업들은 부풀려진 배수를 나타낼 수 있다.** 이로 인해 높은 거래처리배수로 이어진다.

배수에 관한 부분이 합의되면 마지막 단계는 사용할 최종배수를 계산하는 방법을 결정하는 것이다. 솔레로 모델에서 동료집단의 중앙값과 평균값이 계산되었다(Rel Val 시트 37, 38행). 중간값을 사용하면 극단적인 이상값의 영향으로부터 자유로워질 수 있기 때문에 가장 일반적인 방법으로 사용된다. 이상값이 수동으로 제거되고 평균값이 사용될 수 있지만 중간값을 사용하는 것이 더 표준화된 방법이다.

❯ 가치평가를 위한 배수의 사용

배수가 손에 있다면 가치를 계산하고 분석으로 돌아가는 단계를 거치면 된다. 현재 가치분석을 위해 지난 12개월의 매출LTM 또는 EBITDA를 조사한 뒤 여기에 LTM 배수를 적용한다. 이는 고성장이 예상되지만 EBITDA가 거의 없는 초기단계 기업에게는 어려울 수 있다. 투자자 관점에서 회사의 가치는 미래 성장성에 있다는 것을 명심해야 한다. 이러한 이유에서 여러 평가값을 얻기 위해 DCF 방법과 함께 상대적 가치평가법을 사용해야 한다. 솔레로의 경우 LTM 매출 및 EBITDA는 매우 낮지만 향후 성장에 대한 기대치는 매우 높다. 현행 주식보유자가 손에 있는 배수에 의한 가치평가와 제시된 측정지표에 동의할 것 같지는 않다. 현재의 투자자들은 아마도 DCF 계산법을 따를 것이지만 동시에 투자자들에게 수익률 분석 또한 제시할 것이다.

수익률 분석은 솔레로 모델에 표시되어 있다. 솔레로 모델의 Rel Val 시트를 보면 11행에서 EBITDA 값에 미래 기대 EBITDA가 곱해져 있음을 알 수 있다. 언뜻 보기에는 현금흐름을 할인한 DCF 설정과 유사하지만 가치 평가방법은 다르다. 즉 모든 기간이 아니라 투자회수일을 가정해 회사 및 지분을 평가하는 것이다. 이렇게 하기 위해서는 투자회수 연도를 가정해야 한다. 전통적인 초기단계 투자자들은 투자 후 5~7년이 지나면 투자금을 회수하고자 한다. 그러나 많은 임팩트 투자자들은 투자시야가 더 길어 적어도 7년 정도의 보유기간을 갖는다. 솔레로 모델에서 사용자가 그림 3.22에 강조 표시된 Input 시트 241행에서 가정된 투자회수 연도를 제어한다는 것을 알 수 있다.

투자회수 연도를 어떻게 가정할 것인지에 대한 지침은 투자마다 다르지만 생각해볼 수 있는 일반적인 고려사항들이 있다. 투자회수 연도에 대한 가정이 너무 빠르면 단순히 타이밍의 관점에서 보면 비현실적일 뿐만 아니라 회사의 EBITDA도 성장할 시간이 없고 저평가될 수 있다. 투자회수 연도가 너무 먼 미래에 있으면 EBITDA가 이미 장기 성상수준에 도달했을 수 있으며 절대적 수익률이 매력적일지라도 내부수익률IRR은 안 좋을 수 있다. 이 장 후반에 IRR을 보면서 타이밍이 얼마나 중요한지 확인해볼 것이다. 그러나 지금은 가정된 투자회수 연도가 가치평가에 다방면으로 영향을 미칠 수 있음을 인지해야 한다.

타이밍이 이해되면 EBITDA에 배수를 곱해 실제로 어떤 가치가 계산되는지 생각해야 한다. 기업가치를 사용해 배수가 계산되었기 때문에 기업가치는 곱셈의 결과이다. 기업가치는 부채와 자본을 모두 포함한다는 것을 깨닫는 것이 매우 중요하다. 회사의 주식가치를 얻기 위해 미지급된 부채에서 현금을 뺀 순부채를 뺄 필요가 있다. 많은 경우 음수의 순부채 가치가 있을 수 있다. 이는 현금이 예상치에 축적되어 부채를 초과하기 때문이다. 따라서 순부채를 기업가치에서 뺄 때 기업가치가 커지게 된다. 이는 현금이 부채상환 후 주주가 쓸 수 있도록 내부적으로 생성된 자금이기 때문에 그렇다. 13행은 솔레로의 주식가치를 보여주며, 가정된 투자회수 연도는 회색으로 강조 표시되어 있다.

비공개기업의 경우, 주식가치에 대해 최종적으로 비유동성 조정이 이루어져야 한다. 공개기업들은 공개적으로 주식시장에서 거래하며, 종종 거래를 촉진하기 위해 시장조성자들이 있다. 비공개기업은 그러한 유동성 혜택을 못 받는다. 비공개기업의 주식은 판매하기가 매우 어렵고, 많은 비용이 소요되며, 판매되는 데 오랜 시간이 소요될 수 있다. 이러한 이유로 비공개주식은 순전히 유동성 때문에 공개주식에 대

[상대가치 수익률 분석]

기간	0	1	2	3	4
연도	2014	2015	2016	2017	2018
투자회수 연도					
EBITDA	(173,234)	74,920	780,619	2,303,101	4,492,568
가정된 배수	8.00	8.00	8.00	8.00	8.00
기업가치	(1,385,874)	599,357	6,244,949	18,424,808	35,940,541
순부채	(886,766)	(931,189)	(1,425,151)	(2,784,746)	(5,548,633)
주식가치	(499,108)	1,530,546	7,670,100	21,209,554	41,489,174
비유동성 할인	(49,911)	153,055	767,010	2,120,955	4,148,917
할인 후 주식가치	(449,197)	1,377,491	6,903,090	19,088,599	37,340,256

기간	5	6	7	8	9
연도	2019	2020	2021	2022	2023
투자회수 연도			회수		
EBITDA	7,366,802	10,154,772	12,593,395	14,969,397	17,096,432
가정된 배수	8.00	8.00	8.00	8.00	8.00
기업가치	58,934,413	81,238,180	100,747,163	119,755,173	136,771,458
순부채	(10,131,644)	(16,611,265)	(24,731,507)	(34,463,805)	(45,793,888)
주식가치	69,066,057	97,849,445	125,478,670	154,218,979	182,565,346
비유동성 할인	6,906,606	9,784,944	12,547,867	15,421,898	18,256,535
할인 후 주식가치	62,159,451	88,064,500	112,930,803	138,797,081	164,308,811

그림 3.22 예측모형의 미래 EBITDA와 가정된 투자회수 배수를 가지고 매년 기대되는 미래의 기업가치를 계산할 수 있다. 예상 투자회수 연도는 회색으로 강조 표시되었다.

비해 할인되어 거래된다. 다양한 방법을 사용해 여러 연구가 수행되었지만 그들 모두는 비공개기업의 주식이 유사한 공개기업들에 대비해 할인가에 거래되고 있음을 시사했다. 이를 반영하기 위해 Rel Val 시트의 14행과 15행의 순가치에 보이듯 주식가치에 최종조정을 했다.

▶ 내부수익률과 화폐배수

이제 생각할 수 있는 몇 가지 평가방법들은 다음과 같다. 첫 번째는 현재의 회사가치를 산출하는 DCF 방법이며, 두 번째는 현재 수익배수에 LTM(지난 12개월) 수익을 곱해 산출한 현재 가치 상대평가법이고, 세 번째는 가정된 투자회수와 EBITDA 배수에 근거한 미래 가치이다. 지금까지의 목표는 회사의 현재 주식보유자와 협상을 하기 위해 회사와 주식의 가치를 결정하는 것이었다. 가치는 DCF 및 상대가치 기법들을 통해 구체화될 수 있지만 투자자는 미래를 내다보고 가정한 가치금액에 투자할 만한 가치가 있는지 여부를 평가해야 한다.

투자가 비용만큼의 가치가 있는지를 평가하는 가장 일반적인 방법은 내부수익률을 계산하는 것이다. 제2장에서 이 계산이 나왔는데, 내부수익률은 투자기간 동안 연간수익률을 산출한다. 이 수치는 다른 대체투자처들과 비교해 그 투자가 올바른 선택인지 여부를 판단하는 데 도움이 된다. 기업자본 투자의 IRR을 결정하기 위해서는 세 가지 수치들이 필요하다.

1. 투자비용: 투자되는 금액이다. 회사는 투자를 구하고 있으며 여러 경로가 있을 수 있다. 솔레로의 예시에서는 100만 달러가 투자된 것으로 가정되었다.

2. 지분율: 가치평가 부분의 모든 목적은 회사의 지분가치와 지분
   이 투자되었다면 새로운 지분 투자자가 소유한 지분이 얼마인
   지를 파악하는 것이었다. 솔레로 모델에서는 100만 달러의 투
   자로 회사의 4.65%를 샀다. 이것은 회사의 지분가치가 현재
   2,150만 달러(USD 1,000,000/4.65%)임을 시사한다. 이것은 자
   금투자 후 지분가치로 알려져 있는데, 이는 새로운 지분투자가
   이루어진 이후임을 의미한다. 회사의 자금투자 전 지분가치는
   2,050만 달러이다(post-money = pre-money + 신규투자).

3. 미래 지분가치: 이는 앞에서 설명한 바와 같이 가정된 투자회
   수 연도의 Rel Val 시트의 15행에 있는 값이다.

이 세 항목들에 대해 알면 솔레로 모델 Rel Val 시트의 24행에 표시
된 대로 IRR을 계산할 수 있다. 현재 기간에는 투자비용이 들어간다.[30]
미래의 주식가치를 지분율로 곱하면 투자자의 미래 수익이 된다. 이것
을 가장 쉽게 개념화하는 방법은 회사가 추정가치로 판매되고, 인수되
거나 투자가 회수될 때 지분 투자자는 자신의 비율만큼 돌려받는 것이
다. 솔레로 예시에서 이는 7,159,572달러가 나오게 된다. 내부수익률
은 IRR 기능을 사용해 계산할 수 있는데 기본사례 시나리오에서 우량
한 32.47%가 나온다.

IRR과 함께 화폐배수는 지분투자를 고려할 때 사용되는 다른 측정
지표이다. 화폐배수는 단순히 회수된 총금액을 원래 투자금액으로 나
눈 것이다. IRR은 투자수익의 시기를 고려하는 반면, 화폐배수는 순전
히 투자한 금액에 비해 얼마나 많은 돈이 회수되었는지만을 본다.

---

30 엑셀의 IRR 기능이 제대로 작동한다면 이것은 음의 값이어야 한다.

▶ 가치 다면분석

그 어떤 단일값도 절대적인 정답으로 간주할 수 없다. 모델링 프로세스가 구체적인 답을 제공하지만 항상 한걸음 뒤로 물러나서 일련의 가정들로 그 해답들이 나왔음을 인식해야 한다. 이러한 가정들은 정확하거나 혹은 그렇지 않을 수도 있다. 전제들이 변할 수 있기 때문에 투자자들은 일반적으로 다양한 방법론을 채택하고, 여러 시나리오들을 살펴보며 평가분석들을 중심으로 민감도를 측정한다.

시금까지 DCF, 상대가치평가 및 수익률 분석과 같은 일반적인 방법론들을 살펴보았다. 이 모든 작업은 단일의 정태적인 기본사례를 가지고 수행했다. 기본사례는 경영진이 그들의 계획을 옳게 실행하고 성장 및 수익률이 예측된 것과 동일한 상황으로 간주된다. 대부분의 투자자들은 기본사례가 결코 완벽하게 달성되지 않으며, 기본사례에 적용된 많은 가정들이 다르게 작동된다는 사실을 알고 있다. 이러한 이유 때문에 투자자들은 솔레로 모델 Input 시트 10행에서 볼 수 있듯이 여러 시나리오들을 개발하기 시작한다. 이러한 시나리오들은 일반적으로 전제조건들을 상세히 검토해야 하기 때문에 전체 실사과정을 통해 개발되고 테스트된다. 이에 대해서는 제4장에서 더 상세히 살펴본다.

많은 다른 시나리오를 일단 제쳐두고 평가에 집중해 관심을 가질 수 있도록 하는 일반적인 민감도를 살펴보자. 셀 D35와 D44에서 시작하는 Output 시트에서 FCFF와 수익률 민감도에 대한 내용을 확인할 수 있다. 이 그리드들은 오른쪽 버튼을 사용해 실행되는데 파란색으로 되어 있는 가정을 가져와 모델을 실행하고 결과를 내보낸다.[31] FCFF의

---

[31] 버튼을 작동하려면 파일로드 중 메시지가 표시될 때 엑셀에서 매크로를 활성화한다.

경우 평가에 중요한 영향을 미치는 두 가지 주요 가정은 장기성장률과 WACC이다. 최저 가치 19,360,531달러(장기성장률 0.00%와 WACC 25.60%)와 42,531,881달러(장기성장률 5.00%와 WACC 21.60%) 사이에 2,300만 달러의 차이가 발생함을 알 수 있다.

마찬가지로 수익률 분석을 위해 가정한 투자회수 연도와 변하는 EBITDA 배수를 살펴보기 위해 그리드를 설정했다. 이 경우 최고치의 IRR과 최저치 IRR이 14% 가까이 차이가 난다. 수익률 분석의 민감도에 대한 흥미로운 점은 IRR이 가장 높은 해는 2019년이라는 것이다. 뒤에 투자를 회수하는 것은 EBITDA가 더 커질 것이기 때문에 더 높은 IRR을 산출할 것이라고 생각할 수 있지만 화폐의 시간가치 때문에 이른 투자회수가 주어진 가정하에서 더 높은 IRR을 산출한다는 것을 알 수 있다. 이 분석에 대한 반박은 다른 가정하에서 화폐배수가 더 높다는 것이다. 2019년에는 더 높은 IRR로 투자를 회수할 수 있지만 2023년까지 기다리면 회수되는 금액이 절대적으로 가장 많을 것이다. 그림 3.23은 솔레로의 민감도를 나타낸다.

이러한 방법들은 본질적으로나 시장기반 수준에서나 의미가 있는 기본사례 평가를 수립할 수 있게 한다. 가정된 가치평가가 수용가능한 수익률 제안이 있는지 확인하기 위해 민감도를 반복해서 할 수 있다. 합리적인 회수시기 구조와 보수적인 EBITDA 배수하에서 기대수익률이 탄탄하기 때문에 이 단계에서 솔레로 투자를 진행하는 것이 이치에 맞다. 그러나 이 시점에서의 평가는 대체적으로 회사가 제공한 자료에서 가정이 만들어졌으므로 경영의 기본사례를 나타낸다. 경영진이 4,000만 달러에서 가치토의를 시작하려 해도 놀랄 일은 아니다.

투자자는 그러한 평가를 즉시 받아들이지 않을 가능성이 높다. 이제

[FCFF 민감도]

WACC	LT 성장률				
	0.00%	1.00%	2.00%	3.00%	4.00%
21.60%	25,996,651	28,400,832	31,584,326	35,999,345	42,531,881
22.60%	24,122,187	26,337,312	29,270,468	33,338,306	39,357,146
23.60%	22,400,247	24,442,541	27,146,842	30,897,295	36,446,526
24.60%	20,817,145	22,701,325	25,196,261	28,656,356	33,775,968
25.60%	19,360,531	21,099,959	23,403,221	26,597,494	31,323,792

[수익률 민감도]

EBITDA 배수	투자회수 연도				
	2019	2020	2021	2022	2023
4	28.94%/3.56	27.53%/4.30	26.03%/5.05	24.72%/5.86	23.51%/6.69
5	31.10%/3.87	29.55%/4.73	27.83%/5.58	26.32%/6.48	24.91%/7.40
6	33.13%/4.18	31.42%/5.15	29.49%/6.11	27.78%/7.11	26.20%/8.12
7	35.03%/4.49	33.17%/5.58	31.03%/6.63	29.14%/7.74	27.39%/8.83
8	36.84%/4.80	34.81%/6.00	32.47%/7.16	30.40%/8.36	28.49%/9.55

그림 3.23 평가 및 수익률 기대치는 핵심요인들에 근거한 민감도의 범위에 따라 계산되어야 한다.

투자자는 시간을 가지고 위험을 조목조목 더 자세히 비판하고 평가에 대한 자신의 견해를 밝혀야 한다. 제4장에서는 그런 견해와 가치를 확립하기 위해 실사가 어떻게 완료되어야 하는지를 살펴볼 것이다.

[데스크톱 실사: 사회적 임팩트 도표화]

사회적 분석의 관점에서 볼 때 다음 단계는 회사의 사회적 사명을 분석하고 그 사명이 투자자의 투자명제와 일치하는지 여부를 알아보기 위해 보다 포괄적인 임팩트 지도를 작성하는 것이다. 제2장의 선별과정에서 안내하는 데 도움이 되는 기본 임팩트 지도와 과정을 살펴보았다. 그러나 데스크톱 실사단계에서는 임팩트 산업 도구를 사용해 이를 정교히 하고 표준화해야 한다. 솔레로의 포괄적 임팩트 지도는 엑셀 포맷으로 개발되었으며 웹사이트의 제3장 폴더에 저장되어 있다.

표준화를 달성하기 위해 임팩트 보고 및 투자 표준지표들을 통합해 시작할 것이다.[32] 이 지표들은 사회적 임팩트 관점에서 회사를 분석할 때 표준정보를 전달한다. 지표는 그림 3.24의 첫 번째 열에서 볼 수 있으며, 그 옆에 있는 두 번째 열에는 해당 IRIS 지표 코드가 표시된다. 코드는 각 지표에 대한 IRIS 웹사이트로 연결되며, 온라인 상태에서 클릭하면 지표에 대한 설명이 제공되는 IRIS 웹사이트로 연결된다.

표준화된 특성을 가지고 임팩트 지도를 완성하는 7단계의 과정을 시작할 수 있다.

▶ 1단계: 사명

임팩트 지도를 그릴 때에는 가장 먼저 회사의 사명선언문을 살펴보아야 한다. 제2장에서 언급했듯이 효과적인 사명선언문에는 목표 인구, 결과(또는 산출물) 목표, 목표 달성을 위한 수단이라는 세 가지 요소들이

---

32 http://iris.thegiin.org/metrics.

솔레로 라이팅 회사 프로필		
주의: 솔레로 라이팅은 예시 목적으로 만들어진 허구의 회사이다.		
	IRIS 코드	
회사 소개		솔레로는 소외인구층에게 저렴하고 질 좋은 태양광 램프를 디자인, 제조, 판매 및 유통한다.
설립년도	OD3520	2010
법적 구조	OD2999	유한책임회사
소유지분		발기인: 69.77% 엔젤투자자 주주 1: 11.63% 주주 2: 4.65% 워런트: 2.33% 우리사주신탁: 11.63%
여성 소유지분	OI2840	엔젤투자자 주주 1: 11.63%
소수 또는 이전에 배제된 소유지분	OI7194	0%
조직본부 주소	OD6855	No.111, M.L. Dahanukar Road, Cumbaya Hill, 뭄바이 400026, 인도
운영모델	OD6306	태양광 램프의 생산/제조 및 유통
고객모델	OD8350	B2C(기업과 소비자 간의 거래)
부문		재생에너지, 제조업/소매
제품 목록		솔레로 미니, 솔레로 스탠더드, 솔레로 엑스라지, 솔레로 Developed Markets(DM)
유통채널		마을로 직접, 수출, 도매
고객 위치	PD2587	인도, 미국, 유럽

그림 3.24 회사 특성을 표준화하는 것은 상세한 임팩트 지도를 작성하는 예비단계이다.

1단계
사명선언문
우리는 소외인구층에게 저렴하고 질 좋은 태양광 램프 및 태양열 제품을 디자인, 제조, 판매 및 유통한다.

그림 3.25 임팩트 지도를 만드는 첫 번째 단계는 사명선언문을 작성하는 것이다.

포함되어 있다. 사명선언문은 기업활동을 통해 어떻게 회사가 재무·사회·환경적 가치를 창출하는가를 나타내는 간결한 메시지이다.[33] 임팩트를 미치도록 설정된 회사는 일반적으로 그들의 사회적 임팩트를 반영하는 사명선언문을 보유하고 있다. 그림 3.25는 솔레로의 사명선언문을 보여준다.

사명 안전장치는 사명선언문과 관련된 추가개념이다. 일부 회사들은 법적 문서(예: B Corporation 인증을 통한 회사규약)를 통해서나 제3자 약정(GIIRs 기금 또는 B Corporation)을 준수함으로써 회사 소유 여부와 상관없이 사회적 또는 환경적 사명이 계속 유지될 것이라는 점을 확실히 하고 있다. 투자자는 또한 회사가 인구의 특정 부분에 봉사하도록 하는 사명 안전장치를 요구할 수 있다. 솔레로는 소외인구층에게 봉사하겠다는 약속을 했으며, 제5장에서 용어표와 관련해 사명 안전장치를 검토할 것이다.

▶ 2단계: 사회적·환경적 목표

다음 단계는 회사가 추구하는 사회적·환경적 임팩트 목표들을 조사하는 것이다. IRIS 프레임 워크를 사용하면 그림 3.26에 나와 있는 빈틈

---

33 B Lab.

사회적 임팩트 목표	환경적 임팩트 목표
– 깨끗한 물 접근성	– 생물다양성 보전
– 교육 접근성	– 에너지 효율성/연비
– 에너지 접근성	– 천연자원 보존
– 금융서비스 접근성	– 오염방지 및 폐기물 관리
– 정보 접근성	– 지속가능한 에너지
– 알맞은 가격의 주택	– 지속가능한 토지 이용
– 농업생산력	– 수자원 관리
– 역량 훈련	
– 지역개발	
– 갈등해소	
– 특정 질병 예방 및 완화	
– 고용창출	
– 평등과 권한	
– 식량안전 보장	
– 자선기부 모금	
– 건강증진	
– 인권보호 또는 증진	
– 소득/생산성 증가	

그림 3.26 두 번째 단계는 모든 IRIS의 표준화된 사회적·환경적 임팩트 목표 중에서 선택하는 것이다.

2단계	
추구되는 사회적·환경적 임팩트 목표	
사회적 목표 • 에너지 접근성 • 고용창출	**환경적 목표** • 지속가능한 에너지

그림 3.27 솔레로의 사회적·환경적 임팩트 목표는 가능한 IRIS 지표로부터 선택할 수 있다.

없는 목록 중에서 선택할 수 있다. 가능한 IRIS 지표들 중에서 솔레로에 적합한 것을 선택할 것이다(그림 3.27 참조).

표준화된 지표들이 있지만 사례의 특정한 뉘앙스에 유의해야 한다. 예를 들어 솔레로가 마을에 직접 판매하는 모델에서 유통업체의 소득 수익 증가는 고용창출보다 사회적 목적의 더 나은 표현이라고 할 수 있다.

임팩트 목표들을 정의하는 또 다른 유용한 참고자료는 수혜자 관점에서 설계된 빅 소사이어티 캐피털이 제시한 '성과 매트릭스'이다.[34]

앞서의 일반적인 임팩트 목표는 매우 광범위함을 명심하라. 제6장에서 이러한 일반 목표가 연간 운영계획(또는 유사한 전략문서)의 연간 SMART 목표(구체적이고Specific, 측정가능하고Measurable, 달성가능하고Achievable, 현실적이며Realistic, 시간측정이 가능한Time scaled)에 어떻게 더 자세히 설명되고 근거가 되는지 검토할 것이다.

▶ 3단계: 입력 내용

임팩트 지도를 작성하는 이 세 번째 단계에서 조직의 목표를 추구하는 데 사용된 인적 및 투자된 자본자원들에 대해 살펴볼 것이다. 입력물이 조직의 목표와 일치하는지 여부를 평가할 필요가 있다. 솔레로의 입력물은 그림 3.28에 나타나 있다.

---

34 그들의 표현으로 "성과 매트릭스는 사회투자금융 중개기관 및 사회적 부문 조직이 사회적 임팩트를 계획, 측정 및 학습하는 데 도움이 되는 도구이다." Big Society Capital, "성과 매트릭스 사용법", www.bigsocietycapital.com/outcomes-matrix.

3단계
입력물

- 직원에 대한 입력
  - 수와 자격요건(조직도 확인: 경영, 디자인 및 기술팀, 생산엔지니어, 공급업체 금융, 물류, 유통, 전략적 파트너십, 마케팅, 영업인력, 고객 재무, 판매 사후관리)
- 자원(예산)
- 활동들과 관련된 근무시간 기록표
- 고객에 대한 입력
  - 시간(설명회에 참석하거나 구매장소에 도착)
  - 투자된 돈(당기 연기된 지불방식에 연결된 신용기능 및 최종비용)

그림 3.28 임팩트 지도의 세 번째 부분에서의 솔레로 입력 내용

》4단계: 활동

임팩트 지도의 다음 단계는 네 번째 단계인 '활동'으로 이어진다. 그림 3.29는 솔레로의 활동들에 대해 자세히 설명하고 있다.

이 단계에서는 회사의 활동들에 대해 조사해야 한다. 이러한 활동들 각각은 특정한 사회적·환경적 쟁점을 야기한다. 잠재적인 투자를 찾

4단계
주요 활동들

1. 고객의 요구에 충분히 부응할 수 있도록 질적으로 우수하고 저렴한 태양광 램프를 설계 (지역 소외고객이 요구하는 성능 및 가격)
2. 제조(책임감 있게)
3. 고객의 요구와 선호도를 충족시키는 배송채널 설정
4. 배송채널 관리
5. 브랜드 인지도 제고 및 관리
6. 디자인, 가격책정 및 유통을 개선하기 위해 고객(및 기타 이해관계자)의 의견을 수렴

그림 3.29 임팩트 지도의 네 번째 단계는 회사의 활동들에 대해 자세히 설명하는 것이다.

기 위해 회사를 분석할 때에는 각 단계 ESG 관점에서 위협과 기회를 이해하고 있어야 한다. 다음 장의 실사과정에서 회사가 어떻게 책임감 있게 제조할 것인지, 사회적·환경적 과오를 가려내기 위해 얼마만큼의 비율로 중요한 공급업체에 정기적으로 방문해야 하는지를 탐구할 것이다.

▶ 5단계: 실적 결과

제2장에서 언급했듯이 대출공여, 주택건설, 언청이수술 시행 등등의 실적은 회사활동의 직접적인 결과들이다. 솔레로는 판매된 램프 개수를 셀 것인데, 이는 회사의 최고 실적지표이다. 또한 주로 저소득층, 소외계층 고객에게 관심이 있어서 솔레로의 네 가지 제품 중 세 가지의 판매현황을 추적하고, 선진국 시장의 야외 레저(캠핑)용 램프 매출은 별도로 제쳐둘 것이다. 솔레로의 실적 결과들은 그림 3.30과 같다. 제6장 별도 연습문제에서 솔레로의 활동과 임팩트의 핵심을 포착하기

5단계	
실적 결과	
• 판매된 태양광 램프의 수 　(판매개시 이후 총누적수량 및 당분기 합계) • 추가 조명시간 • 소자본 창업가 수 • 소자본 창업가 유통업체 수익 • 현존 국가 수 • 관할지역 수 • 온실가스 상쇄/완화	**가정** • 평균광도(루멘 단위, 광속 측정) • 램프의 평균수명 • 램프의 평균 사용시간 • 배터리의 평균수명 • 램프당 온실가스(GHG) 전환율 • 가구당 인원 수 • 가구당 램프 수

그림 3.30 솔레로의 실적 결과들을 상세히 나타내었다.

위해 분기별 보고체계를 구축할 것이다. 분기별 측정지표는 크게 측정지표의 원래 데이터 요소(판매된 램프 수)를 기반으로 하고, 가정(램프당 평균 사용자 수를 기준으로 한 사용자 통계)에 따라 계산된다.

❯ 6단계: 성과

제2장에서 언급했듯이 성과는 결과 실적의 산물이다. 솔레로의 경우 고객 설문조사에서 그림 3.31과 같은 성과를 확인했다.

6단계
성과

- 학습시간 증가
- 소득창출 활동시간의 증가
- 비재생 에너지원에 대한 지출 감소
- CO_2 배출 감소
- 눈의 피로 감소
- 향상된 실내공기질
- 뱀에게 물린 사건 감소
- 범죄사건 감소
- 등유(및 기타 연료) 화상, 폭발(연료 변조와 관련된) 및 체내 피폭사건 감소

그림 3.31 기업은 설문조사 데이터를 기반으로 성과를 정의할 필요가 있다.

❯ 7단계: 임팩트

확인된 성과들은 그림 3.32에 자세히 나타나 있는 임팩트로 귀결된다. 물론 꼭 이렇게 된다는 보장은 없고, 향후 조심스럽게 추적 관찰되어야 한다.

임팩트를 평가하고자 할 때 인과관계와 귀속성의 문제에 직면하게 된다. 이전의 목록에서 볼 때 학생성과에 있어서 나타나는 향상은 태양광 램프로 인한 학습시간 증가일 뿐만 아니라 더 나은 교과서, 더 나은 교사 또는 더 낮은 교사 결근율 혹은 부모가 자녀를 학교에 보내도

7단계
임팩트
• 학생들의 성과 향상　　　　　• 수익 증가 • 등유 및 등유 램프의 비용 절감　• 건강증진(시력, 호흡기) • 향상된 안전성　　　　　　　• 향상된 보안

그림 3.32 성과는 임팩트로 이어진다.

록 격려하는 캠페인의 결과로 인한 것일 수도 있다. 더 나은 학생성과
를 이끌어낼 수 있는 많은 요인들이 있기 때문에 그것이 태양광 램프
가 있어 추가 조명시간이 생기는 아동의 직접적이고 배타적인 결과라
고 주장하는 것은 무리가 있다. 이 개념은 귀속성의 문제로 일컬어진
다. 또한 반사실적 조건 쟁점이 있다. 즉 소외가정들에게 램프를 파는
'개입'이 없었다면 달리 무슨 일이 일어났을지 모른다. 이 문제를 해결
하는 가장 좋은 방법은 무작위 대조시험RCT: Randomized Controlled Trials을 통
한 것이지만 매번 실현가능한 것은 아니며, 많은 비용이 소요될 수 있
다. RCT를 활용해 정책과 개입의 빈곤퇴치 효과를 테스트하는 연구센
터인 빈곤퇴치연구소[35]의 작업을 검토해보는 것이 좋다.

　임팩트 지도 프로세스 외에는 회사운영상 임팩트가 있다. 운영상 임
팩트는 회사의 사회적·환경적·지배구조 및 소유권 쟁점과 관련된 정
책 및 관행을 의미한다. 공식적으로 그것은 임팩트 지도를 구성하는
단계가 아니지만 생성된 임팩트에 어느 정도 작용한다. ESG 위험요인
에 따라 모든 ESG 관행을 즉시 그리고 매년 혹은 격년으로 면밀히 조

---

35 www.povertyactionlab.org.

사할 때 회사의 운영상 임팩트는 실사 시 세심히 조사된다. 'GIIRS 임팩트 평가'를 생성하고 'B 기업'을 인증하는 데 사용되는 'B 임팩트 평가'와 같은 연간 임팩트 평가를 제출한다면 의도된 비즈니스 모델 임

운영상 임팩트: 조직의 ESG 정책 및 관행
E: 환경적인
환경적인 • 임팩트 평가 및 대상 재활용, 유해물질 처분을 다루는 환경경영 시스템의 존재 • 제품수준 인증, 표준
S: 사회적인
직원정책 및 관행 • 채용정책(인종차별 반대) • 경력개발 및 훈련 • 사회적 핵심 성과지표 달성에 맞춰진 보상, 혜택 및 인센티브. 최저임금을 받는 정규직 사원과 비교했을 때 가장 높은 보상을 받는 개인배수 • 직원 교대 • 직업상의 건강 및 안전 • 출처: 고질적 불완전고용 인구 대비 취업자 비율 **고객보호** • 솔레로 램프는 보증 및 고객보호 정책의 적용을 받음 • 고객이 제품 피드백을 제공하고 불만사항을 제기할 수 있는 공지된 기제의 존재 • 품질보장 문제를 관리하기 위한 추적시스템의 존재 **공급업체** • 공급업체 위치 • 선정과정에서 공급자 평가, 즉 공급업체의 사회적·환경적 성과와 임팩트, 유통업체 또는 소매업자 고려, 주요 공급업체의 현장방문 비율 • 사회적·환경적 책임을 명시하는 공급업체 및 유통업체를 위한 행동규범의 존재 **유통업체(마을과 마을 사이)** • 윤리적 행동 • 사회적 성과 및 고객보호에 관한 교육 • 일반적으로 받아들여지는 관행들에 관한 매뉴얼 　지역사회 프로그램(직원 근무시간 기부 또는 비영리활동들에 대한 지원)

소유지분
- 주주 구성(여성/소외계층), 동기부여 및 주주 지지

지배구조
- 사회적·환경적 목표에 대한 이사회 구성 및 후속조치 즉 전문적인 기능, 의사결정 프로세스 및 회의록 문서화, 이해상충, 투명성

재무
- 회계보고 표준품질(IFRS, GAAP, 지역), 검토, 감사

그림 3.33 운영상 임팩트 요소는 사회적, 환경적, 지배구조 및 소유권 문제를 다룬다.

팩트뿐만 아니라 이러한 관행들도 검토될 것이다. 그림 3.33은 솔레로의 운영상 임팩트에 대해 자세히 나타내고 있다.

제3자의 임팩트 평가도구 사용. 여기에서 개발한 '임팩트 지도'는 궁극적으로 임팩트를 미치는 구성요소를 연결하고 정렬하는 내부의 전략적인 연습의 일환이다. 이 연습은 잠재투자에 대한 사전 실사/실사단계의 평가에 탁월하다. 이외에도 회사는 자신의 임팩트에 대한 제3자의 검증을 원할 수 있다. 임팩트 투자자가 회사를 분석하기 이전에 검증이 완료된다면 투자 프로세스를 간소화하고 투자평가에 긍정적인 척도가 될 수 있다. 광범위하게 사용되어온 현재 사용되는 도구 중 하나는[36] 'B 임팩트 평가(BIA, GIIRS 임팩트 평가등급에 사용됨)'이다. 이것은 회사의 지리, 부문 및 규모에 따라 조정되는 일련의 질문 및 측정 항목(IRIS 분류 활용)을 생성하는 표준 임팩트 측정도구이다. GIIRS 평가는

---

[36] 2014년 8월자로 'B 기업'의 임팩트 평가는 8년 동안 1만 8,000개 이상의 기업들에 의해 활용되었다.

다음 세 가지 유형의 임팩트 데이터들을 다룬다.

- 운영/ESG: 지배구조, 근로자, 지역사회 및 환경에 관한 회사 자체의 관행과 정책에 대한 데이터

- 임팩트 사업모델: 제품 및 서비스, 대상 수혜자 및 기타 혁신적인 임팩트 모델과 관련해 사업의 긍정적인 임팩트 의도에 초점을 맞춘 데이터

- 공시 항목: 잠재적으로 민감한 활동이나 사업 임팩트에 초점을 맞춘 데이터

이 과정을 충분히 설명하기 위해 솔레로는 'B 임팩트 평가'[37]를 완료하고 B Lab의 데이터 검증과정을 거쳐 GIIRS 임팩트 평가를 받았다. 모든 GIIRS 등급을 받은 회사와 인증된 B 기업은 B Lab 팀과 함께 평가검토를 마쳐야 한다. 솔레로는 '임팩트 사업모델 평가' 부문에서 '플래티넘' 등급과 '임팩트 운영 평가'에서 '정격' 등급을 받았다. '임팩트 사업모델IBM 평가'는 회사 제품 또는 서비스, 대상고객, 가치사슬, 소유권 또는 운영을 통해 환경 문제를 해결하기 위해 특별히 고안된 비즈니스 모델을 인식한다.

'임팩트 운영 평가'는 회사가 일반적으로 'ESG(환경적·사회적 및 지배구조)'라 불리는 관행의 운영방식에 있어서 기업의 임팩트를 평가한다.

자세한 질문표와 개선보고서를 포함한 솔레로의 전체 GIIRS 등급 평가는 제3장 웹사이트에서 찾을 수 있다.

---

37 B 임팩트 평가, GIIRS 임팩트 평가 및 B 기업 인증은 미국 소재 501(c)3 비영리단체인 B Lab에 의해 시행되고 있다.

[전반적인 평가 요약]

	IBM 평가	운영평가
	플래티넘	정격
소비자	플래티넘	
지역사회	플래티넘	★
환경	실버	★
근로자	N/A	★★★
지배구조	N/A	★★★★

[전반적인 점수]

124	
회사의 전반적인 점수와 GIIRS 평가는 B 임팩트 평가, 동일한 표준집합에 대한 성과를 나타낸다. 자세한 내용은 B 임팩트 보고서를 참조하라.	
회사는 인증을 받은 'B 기업'인가?	아니오
B 기업 되기 평가에서 전반적인 점수를 최소 80점 이상 획득한 회사는 인증받은 'B 기업'이 될 수 있다.	

그림 3.34 솔레로의 GIIRS 평가 결과

- 샘플회사 – B 임팩트 평가
- 샘플회사 – GIIRS 평가보고서
- 샘플회사 – 맞춤형 개선보고서

[투자과정 진행]

이 장의 대부분은 회사의 기본 요소, 가능한 기본사례 평가 및 수익 잠재력에 대해 상세히 살펴보는 데 할애했다. 앞에서 운영 데이터, 과거 재무제표 및 향후 개발에 대한 기대치들을 사용해 모든 것이 책상에서 수행될 수 있었기 때문에 이를 사전 또는 데스크톱 실사단계라고 지칭했다. 그러나 대부분의 정보들은 회사에서 제공한 것이었으며, 특히 성장 가정에 따라 기본사례 가치평기로 이어졌다. 이 정보는 종종 매우 진취적이고 낙관적이다. 많은 양의 분석이 이루어졌지만 아직도 훨씬 더 많은 부분이 남아 있다.

사전 실사단계의 목적은 회사와 투자가 완전한 실사에 적극 관여할 만한 가치가 있는지 판단하는 것이다. 기본사례에서 계산된 수익률은 투자자의 최소요구를 쉽게 충족해야 한다. 사실 일반적으로 말하면 투자자는 완전 실사과정에서 자신의 예상사례를 구축해야 하기 때문에 수익률은 최소요구보다 훨씬 높아야 한다. 이 사례를 구축하는 것은 회사의 위험에 대해 조사하고 위험이 투자가치에 미치는 임팩트를 계산하며, 이에 따라 가치평가를 조정하는 것을 종종 의미한다.

또한 기본사례는 솔레로 모델에서 알아차렸음직한 청산선호도처럼 위험을 완화하는 데 도움이 될지도 모르는 구조를 통합하기 위한 기반을 제공한다. 이러한 유형의 구조들은 거래조건에 통합되도록 하는 완전 실사단계에서 고려되어야 한다.

여기에서 제시된 사전 실사의 다른 측면은 사회적 임팩트를 평가하는 데 있어 초기 시도라는 것이다. 작성된 임팩트 지도는 사회적 임팩트 지식을 안내하는 표준방법으로 사용된다. 제3자의 도구는 객관적인 분석을 제공할 수 있으며, 임팩트 평가를 표준화하는 데 도움을 줄 수 있다. 이러한 분석들은 사회적 임팩트에 기반을 둔 투자 프로세스를 허용하거나 중단하는 결정을 뒷받침할 수 있는 충분한 정보를 제공할 수 있다.

여기에서부터 이 부분에서 수행된 분석을 구축하고, 완전 실사단계와 투자구조를 확정짓는 것을 다루는 제4장으로 넘어갈 것이다.

CHAPTER 04

실사와 투자구조화

DUE DILIGENCE AND INVESTMENT STRUCTURING

임팩트 투자 프로세스의 실사단계는 투자에 대한 진지한 약속을 나타 낸다. 실사를 효과적이고 의미 있게 만들기 위해 양 당사자는 시간과 재원을 써야 한다. 투자자 관점에서 볼 때 회사, 시장 및 사업운영에 대한 철저한 조사가 이루어질 것이다. 관리회의는 일상이 되고, 여러 계층 및 부서의 직원들과 상호작용이 이루어진다. 데이터가 요청되며 심사되고, 다양한 조건에서 운영상황이 현장에서 관찰되고, 이전에 발 표된 재무 및 사회적 성과 데이터의 검증이 뒤따를 것이며, 경쟁기업 에 대한 연구가 진행될 것이다. 투자자들은 경영에 대한 자신의 견해 를 확고히 하고 그들의 투자논지를 검증하려 할 것이다. 또한 사전 실 사평가로 이어진 비즈니스 동인에 대해 재검토하고 테스트하며, 발견 된 모든 위험을 분석에 반영할 것이다. 실사를 통해 발생할 수 있는 우 려를 완화하기 위해 가능한 선진화된 투자구조가 필요할 수도 있다.

[실사]

실사를 완료하는 투자자의 목표는 투자를 마무리하기 용이하도록 회사를 철저히 조사하는 것이다. 실사는 보다 명확하게 '운영 및 사업실사'라고 지칭되어야 한다. 따로 구별해 지칭하는 이유는 다른 유형의 실사, 즉 회계와 법률 또한 진행되기 때문이다. 그러나 실사의 다른 두 가지 형태는 일반적으로 주요 거래조건에 서명이 완료되고 모든 선행조건이 충족된 후에 수행된다. 그 이유는 주요 거래조건단계에서 투자가 파행될 수 있고, 변호사와 회계사를 고용하는 데 비용이 많이 들기 때문이다. 이 단계에서 투자자는 사업 및 운영상의 가정과 위험을 검증하고자 한다. 전달되는 정보는 사실인 것으로 가정되며 추후에 전문가들로부터 철저히 심사받을 것이다.

　사업 및 운영실사는 마치기까지 수주에서 수개월이 걸릴 수 있는 반복적인 프로세스이기 때문에 단순히 글쓰기만으로는 전달하기 어렵다. 이 과정을 가장 잘 파악하기 위해 일반적인 실사개념을 먼저 살펴본 후 비판적 질문을 제기한 다음, 해당 개념이 어떻게 관련이 있는 솔레로에 적용되는지를 집약할 것이다.

❯ 경영진 회의

완전한 실사가 시작될 즈음에는 투자자가 아마도 몇 차례 이미 경영진과 만났을 가능성이 높다. 완벽한 운영 및 사업실사를 위해 창업자와 경영진은 사업의 뚜껑을 열어 준비할 수 있어야 한다. 투자자는 각 창업자 및 고위간부와 다음과 같은 사항들에 대해 논의하기 위해 시간을 할애해 만나야 한다.

- 전략: 각 창업자 및 고위간부는 회사가 운영되는 시장, 경쟁우위 및 사업계획 수행방법에 대해 자세히 설명해야 한다. 이전에 교환된 정보는 이 시점에서 수집해야 하는 정보보다 보편적인 것일 것이다. 가치사슬의 생성 및 유지방법에 대해 정확한 계획이 드러나야 한다.

- 역할: 흥미로운 사실은 기업의 창업자라고 해서 특정 고위관리자 역할에 항상 최적의 사람들은 아니라는 점이다. 일부 창업자는 기술적 경험을 보유하고 있기 때문에 기술지도를 할 수 있는 반면, 다른 사람들은 CEO로 활동할 수 있는 보다 광범위한 일련의 능력을 보유하고 있다. 각 창업자와 고위관리자의 강점을 발견하고 해당기술을 적용할 수 있는 적임자에게 역할을 맡게 하는 것이 필수적이다. 경영진이 서로 얼마나 잘 협력하는지, 어떤 알력이 있어 투자 후 제 기능을 하지 못하는 경영팀이 될 수 있는지 여부를 평가하기 위해 각별한 주의를 기울여야 한다.

- 이해관계의 일치: 투자자, 창업자 및 고위관리자는 지속적으로 사업을 성장시키는 데 있어 모두 일치되는 게 중요하다. 창업자의 동기부여, 회사에 대한 구체적인 지분보유 및 회사에 대한 미래 기대치 등은 자세히 설명되어야 한다. 투자자는 자신의 예상 투자 보유기간, 수익률 기대치 및 선호하는 투자회수 방법에 대해 회사에 명확히 알려야 한다.

❯ 기존 투자자 회의

회사의 기존 투자자들은 자금조달라운드에 상당한 영향력을 행사할 수 있다. 사실 사전투자 조건에 따라 특정 결정은 다수결 또는 다수결 이상의 투표를 요구할 수 있다. 또한 초기 투자자들은 새로운 투자자의 회수능력 및 회사의 조건에 영향을 줄 수 있는 동반매각권 또는 동반매각청구권과 같이 특정 조건들을 협상했을 수도 있다. 이 개념들은 제5장에서 자세히 설명할 것이다. 투자자가 될 수도 있는 창업자와 마찬가지로 모든 투자자들의 이해관계를 일치시키는 것이 중요하다.

▶ 이사회 회의/기업 지배구조

초기단계의 회사에서는 이사회가 종종 기업의 전략 및 경영에 상당한 영향력을 행사한다. 어떤 상황에서 이사회 구성원은 좀 더 성숙한 기업에서는 경영진의 책임으로 간주되는 프로젝트를 수행할 수 있다. 이러한 이유로 기존 이사회가 경쟁시장에서 신속하고 지속적인 성장을 통해 경영진과 회사를 지원할 수 있는 적정한 분야에 경험의 깊이가 있음을 알림으로써 새로운 투자자를 만족시키는 것이 중요하다.

특히 대부분의 소수 및 다수 투자자들은 투자를 유치하는 대가로 대개 이사회 의석을 요구할 것이다. 이사회의 잠재적인 신입회원으로서 투자자는 이사회에 대한 자신의 미래 역할을 평가하고 참여가 건설적이며 도움이 될 것이라고 믿어야 한다.

기존 이사회에 대한 평가를 내리기 위해 실사의 일환으로 이전 이사회 회의록부터 검토해야 한다. 의사결정, 의사결정 방법 및 결정에 누가 영향을 미쳤는지에 대한 회의록을 분석하는 것은 이사회와 경영진이 어떻게 문제에 접근하고 해결했는지에 대한 창을 제공할 수 있다. 더욱 흥미로운 사실은 과거 이사회 회의록은 투자자에게 잠재적인 이사회 문제와 불만을 드러낼 수 있다는 점이다.

사회적 기업에 구체적인 사명 지지, 이사회 구성 및 사회적·환경적 목표에 대한 감독이 중요하다. 기관의 사명과 사회적·환경적 목표에 이사회 구성원이 얼마나 민감하고 많이 아는가? 이사회가 이러한 목표를 모니터링하고 있는가? 이사회는 어떤 정보를 어느 정도의 빈도로 보고받는가? 이사회 회의록은 감독 사실과 일치하는가? 비전, 사명, 사회적 목표와 재무목표의 상충관계(분명하든 혹은 그렇지 않든)에 대한 이사회 구성원 간의 불일치가 있었는가?

실사는 다음과 같은 측면들을 포함해 기관의 전반적인 지배구조에 대해 검토한다.

- 회사의 전략, 비전 및 문화의 실행을 정의하고 모니터링하는 이사회의 역할과 책임

- 이사회 구성: 가장 좋은 방법은 한두 명의 독립적인 이사회 구성원을 두는 것이다.[38]

  사회적 기업은 주요 이해관계자 그룹(대상인구층 또는 최종고객)을 직접 대변하는 사람이 이사회 회의에 참여하는 것이 이상적이다. 솔레로의 경우 이는 솔레로를 위하는 소외층 농촌지역 인도 사람일 것이다. 하지만 현지를 대표하는 사람이 이사회 멤버십을 갖는 경우는 드물다. 일반적으로 이사회 구성원은 대상인구층에 대한 충분한 지식이 있고, 그들을 대변할 수 있도록 하기 위해 그들의 필요에 맞추고 있다.

- 이사회 구성원 제휴 및 이해관계 신고(이해상충을 피하기 위해)

- 법적으로 정한 임기와 교체, 투표권의 명확성, 이사회 구성원을 평가하는 기제의 존재, 신입회원을 소개하는 입증된 관행[39]

---

38 독립적인 이사회 구성원은 여기에서 소유권, 고용, 사업 또는 가족관계를 통해 해당 기관 또는 고위경영진과 제휴를 맺지 않은(그리고 맺은 적이 없는) 사람으로 정의된다.

39 http://www.giirs.org/storage/documents/Best_Practice_Guides/em_creating_bod_advisory_body.pdf의 "GIIRS 신흥시장 평가자원 가이드: 이사회 또는 자문기구 창설

- 위원회: 감사, 융자, 위험, 보수

- 이사회 회의의 빈도수 및 회의록의 질, 이사회 결정의 문서화

▶ 가치사슬 따르기

회의 외에도 실사의 현장 부분은 가치사슬로 알려진 가치가 만들어지고 구축되는 모든 단계를 따라가는 것을 수반한다. 지속적인 생존능력, 회사를 위해 생산하는 가치의 수준, 혼란의 영향, 중단될 경우 비상계획, 임팩트 투자 특유의 사회적 사명과 사회 및 환경적 목표에 대한 완전성 등에 대해서 각 단계를 확인하고 평가해야 한다.

연구 및 디자인

대부분의 기업은 첫 제품을 판매하기 전에 시간과 자원의 상당 부분을 제품 또는 서비스의 디자인에 중점을 두었다. 회사가 수익을 창출할 만큼 성장했을지라도 연구 및 디자인 과정은 계속되어야 한다. 이사회와 경영진의 전략 및 제품 혹은 서비스 디자인 간의 의사소통 과정은 원활히 이루어져야 한다.

- 생존능력: 제대로 작동하는 연구 및 디자인 과정은 기존 제품들을 지속적으로 개선하고 새로운 혁신을 이루기 위해 노력하거나 보완할 수 있는 제품을 개발하는 것이어야 한다. 간단하게 들리지만 이 과정은 실제로 회사의 여러 영역들과 겹친다. 실사는 디자인 의사결정이 어떻게 이루어지고 실행되는지를 보여줄 수 있어야 한다.

- 가치: 연구와 디자인은 두 가지 방법으로 이익을 증가시킬 수

및 개선"을 참조하라.

있다. 그것은 판매를 늘리기 위해 제품을 만들거나 혁신하거나 핵심기능과 디자인을 그대로 유지하면서 기존 제품의 생산비용을 절감할 수 있다. 연구 및 디자인을 평가하는 데 있어 핵심요소는 기존 제품에 대한 변경이 지속가능하고, 장기적인 가치를 창출하는지 여부이다. 고객이 원하는 것과 필요사항을 충족시키기 위해서 디자인에 대해 어떤 연구가 수행되어 왔는가? 혁신이 회사의 이윤폭에 미치는 영향은 무엇인가? 회사가 원래의 사업전략에서 벗어나 경영이 미숙하거나 준비가 되지 않은 영역에 진입하고 있는 것은 아닌가?

- 혼란: 핵심 인적위험은 연구개발 분야에서 지장을 주는 잠재력을 염두에 둘 때 드는 첫 번째 생각이다. 초기단계 회사에서 제품이나 서비스는 종종 단지 한 사람으로부터 비롯된 것이다. 투자자로서는 제품을 만드는 데 책임이 있는 핵심적인 인물을 찾아 회사에 대한 그들의 헌신도를 평가하는 것이 중요하다. 그 사람이 회사에 상당한 지분을 가지고 있는가? 지적재산권이 개인에게 속하기보다는 회사에 제대로 배정된 적이 있는가? 핵심 인물이 팀을 구성해 지식을 전파하는 데 관심이 있는가?

  제품 문제 및 디자인 실패는 연구 및 디자인과 관련해 또 다른 지장을 주는 요소이다. 회사에 심각한 제품 문제나 리콜 요청이 있었는가? 문제가 특이하거나 체계적이었는가?

- 비상계획: 제품 실패에 있어서 마지막 관점에 직접적으로 관련된 후속조치는 이러한 실패가 어떻게 해결되었는지 확인하는 것이다. 문제가 어떻게 처음으로 확인되었는가? 디자인 문제와 관련된 정보를 얻기 위해 어떤 피드백 회로가 존재하며, 제품 디자인을 변경하는 데 얼마나 오래 걸리는가? 제품이나 서비스가 제대로 수행되지 못한다면 어떤 법적 위험이 발생할 수 있는가? 품질보증서에 의한 반환 또는 예상된 실패에 대비할 수 있

는 적절한 금액은 얼마인가?

　앞의 혼란 부분에서 핵심 인적위험에 대해 논의했다. 주요한 혁신적 개발자가 더 이상 회사의 일부가 아닌 것이 될 경우에 비상계획이 있어야 한다. 방법론은 문서화되어야 하며, 부매니저는 지속적인 교육 속에 있어야 한다.

- 사회적 사명 완전성: 앞서 언급했듯이 임팩트 투자의 관점에서 초점은 제품이나 서비스의 사용을 통해 삶에 영향을 받는 개인이나 가정에 있다. 고객의 요구사항을 완전히 이해하고 있는가? 고객의 요구사항이 제품 디자인 및 유통단계에서 적절하게 반영되고 있는가? 이 사실은 설문조사 데이터로 뒷받침되었는가? 아니면 추측인가? 회사는 고객 피드백을 제품 또는 서비스 개선을 위해 적시에 적절하게 반영하는가?

 현장노트

태양광 랜턴 회사 이사회에서 일하면서 집 전체에 설치하기 위해 디자인된 보다 크고 더 강력한 조명제품에 접근하는 방법에 대한 질문이 제기되었다. 디자인 프로세스는 이사회가 새로운 제품을 미리 살펴보고, 전략적 토론을 진행하는 이사회 피드백 회로를 수반한다. 가정용 시스템의 경우, 케냐와 우간다에서 실시된 현장조사에서 많은 농촌지역, 가난하고 전력이 공급되지 않는 주택보유자들이 원했던 디자인은 켜진 격자 경험과 매우 유사한 것으로 나타났으며, 벽기반 스위치와 같은 세부사항은 원하지 않았다. 이사회는 비용, 기능성 및 시장요구가 충족되었는지 여부에 대해 가정용 시스템 시제품을 평가했다. 비용은 적정 수준에 있었지만 시장요구를 충족시키는 기능성은 부족한 것처럼 보였다. 지속적인 논쟁이 계속되었고, 결국 격자와 더 비슷한 장치를 위해 초기 시제품은 폐기되었다. 이 과정은 올바른 제품을 만들고 출시하는 데 있어 필수적이었다.

공급업체

제품을 제조하거나 서비스를 제공하는 모든 기업들은 제품 구성
요소 공급업체나 서비스를 위한 자재를 필요로 할 것이다. 솔레로
는 유형의 제품을 생산하므로 솔레로의 공급업체가 갖추어야 할
것은 태양전지 패널, 배터리 및 최종 조명제품을 만드는 데 필요
한 기타 전기부품 등으로 명확하다.

　서비스 회사와 같은 다른 유형의 회사들도 여전히 공급업체를
필요로 한다. 전에 살펴보았던 산모 건강관리 회사인 므토토 클리
닉은 의약자재를 필요로 할 것이다. 모바일 머니 기업인 파가파
고는 핵심운영을 위한 장비를 필요로 하지만 더욱 중요한 것은 통
신회사가 파가파고의 가치사슬에 있어 중요한 부분을 제공한다는
것이다.

- 생존능력: 많은 초기단계 기업들은 공급망에 문제가 생길 때 난
  관에 봉착한다. 각 공급업체는 해당 제품 또는 그 회사에 공급
  되는 서비스를 계속해서 생산할 수 있는 능력에 대해 평가되어
  야 한다. 대상기업의 공급업체에 대한 중요성을 이해하기 위해
  대화 및 분석이 수행되어야 한다. 그 기업이 공급업체의 매출
  에서 중요한 부분을 차지하는가? 기업이 구매하는 자재가 쓸모
  없어지거나 곧 단종될 예정인가? 자재 혹은 공급업체와 관련해
  품질 문제가 있었거나 있는가?

- 가치: 공급업체와 자재들은 매출원가의 일부인 비용을 생성하
  고 기업의 매출총이익에 영향을 미친다. 많은 경우 가격에 있어
  협상이 진행된다. 실사는 비용이 합리적인지 여부, 가격고정에
  대한 계약이 있다면 그러한 계약의 기간, 가격이 산업 평균과
  비교했을 때 얼마나 경쟁력이 있는지를 확인해야 한다.

- 혼란: 회사는 혼란한 상황 속에서도 지속될 수 있는 자재재고를

보유하고 있을 수 있지만 재고가 거의 없는 회사, 적기공급 생산방식 재고를 사용하는 회사 또는 장기간의 중단으로 인해 기업이 실질적으로 폐업할 수 있다. 실사는 이전 공급망 중단, 중단 이유, 중단 지속기간 및 궁극적으로 중단이 회사에 미친 영향을 평가해야 한다. 결함이 있거나 품질이 낮은 자재를 공급하는 공급업체는 또한 혼란을 야기할 수 있다. 이 경우 반품, 품질보증 절차 및 전반적인 고객서비스 수준을 해결하는 프로세스를 평가해야 한다.

- 비상계획: 공급이 중단되면 회사는 비상계획을 수립해야 한다. 회사가 접근할 수 있는 제품 또는 서비스 공급업체들이 있는가? 있다면 회사와 해당 공급업체와의 기존 관계를 이해해야 하고 가격책정 기대치를 파악해야 한다.

- 사회적 사명 완전성: 개발도상국에서 구매, 제조 또는 제품의 일부를 조립하는 회사들은 표준에 못 미치는 사회적·환경적 관행들에 노출될 수 있다. 예를 들어 솔레로의 경우 태양광 랜턴의 여러 부품들이 중국에서 생산된다. 공급업체의 환경 및 사회적 E&S 관행은 공급업체가 독립적인 제3자인 경우에도 회사의 임팩트 관리에서 중요한 요소가 된다. 공급업체의 미성년 노동 또는 환경오염에 대한 단 하나의 사례도 솔레로의 임팩트 주장을 완전히 파괴할 수 있다. 회사가 공급업체의 E&S 관행들에 관한 명확한 기대치를 설정하고 그러한 관행을 모니터링할 계획을 세우는 것이 중요하다. 회사가 모니터링할 계획이나 공급업체 행동강령을 가지고 있는가? 회사는 주요 공급업체의 노동 및 환경감사를 얼마나 자주 수행하는가? 부실한 사례가 발생하면 시정할 수 있는 구체적인 계획이 있는가?

제조

유형의 제품을 생산하는 회사의 경우 제조과정은 필수적이다. 제조는 다양한 방법으로 구조화될 수 있으며, 가장 두드러진 두 가지는 자본집약적인 방식으로 전체 프로세스 제어를 허용하는 사내 접근방식이거나 계약 제조업체를 이용하는 고정자산 투자가 적은 방식이다. 두 가지 모두 장단점을 가지고 있어 사업 전반에 대한 평가를 필요로 한다.

- 생존능력: 제조공정의 실행 가능성을 알아보기 위해서는 최종 매출원가와 이를 생산하는 데 필요한 자본의 조합으로 결정되는 제조원가에 대한 포괄적인 계산이 이루어져야 한다. 또한 감가상각 정책과 함께 자본집약적인 구매에 대해 철저한 이해가 동반되어야 한다. 미래에 예상되는 유지보수 자본지출에 대해서도 의문을 제기하고 이해해야 한다.

- 가치: 제조공정에 의해 구축된 부가가치는 매출원가에 반영되어야 하며, 이는 산업표준에 부합되거나 또는 그 이상이어야 한다. 가격은 산업표준에 맞춰져 있지만 매출총이익이 산업표준과 크게 다를 경우 매출원가비용이 매우 비싸질 수 있음을 시사한다. 초기단계의 기업은 규모의 경제가 실현될 때까지 높은 매출원가에 만족해야만 한다. 사업분석의 일환으로 램프를 정상 이윤폭으로 맞추는 것은 회사가 성장함에 따라 적절하게 자금을 확보하는 데 필수적이다.

- 혼란: 사내에서 수행되는 제조공정은 혼란에 덜 노출되지만 여전히 실사는 필요하다. 제조공정의 주된 약점은 무엇인가? 사업운영에 필요한 특수장비가 있는가? 제조공정을 운영하는 핵심인물은 누구인가? 노동자들은 노동조합에 가입되어 있는가? 직원 파업의 잠재적 요소는 무엇인가?

계약제조를 활용하는 회사의 경우 계약 생산업체가 더 이상 회사에 서비스를 제공하지 않기로 결정하면 중단이 발생할 수 있다. 계약 생산업체는 수익성이 높고, 보다 장기적인 계약을 제공하는 대형 고객을 대상으로 하고 소규모 고객들은 제외시킬 수 있다. 가격협상은 제조공정비용을 증가시킬 수 있으며, 최종 매출원가에 흘러들어갈 것이다.

• 비상계획: 사내제조를 활용한다면 잠재적인 공장, 기계류 및 인적자원 문제에 대한 대안이 있어야 한다. 계약제조를 활용하는 회사의 경우 계약 제조업체를 대체할 수 있는 다른 계약 제조업체가 있어야 하며, 이미 이 업체를 활용 중일 수 있다. 추진일정과 전환비용에 대해 추정되어야 한다.

• 사회적 사명 완전성: 공급업체와 관련된 사회적 사명 완전성의 많은 요소들은 제조에 있어서도 유사하다. 계약 생산업체의 적절한 노동관행에 대해 검토해야 한다. 제조업체들에 대해 특별히 눈여겨봐야 할 특징은 제품이 사용수명에 도달한 후 제품에 무슨 일이 발생하는지다. 재활용 프로그램을 수립했는가 아니면 제품을 폐기할 것인가? 제품들이 버려지면 유해한 폐기물과 같은 우려가 있는가?

유통

제품을 만드는 회사는 최종사용자에게 제품을 제공할 수 있어야 한다. 임팩트 투자회사들의 경우, 신흥시장 집중도와 지방 고객들이 더 많음을 고려할 때 사업모델에서 가장 어려운 측면이다.

• 생존능력: 유통시스템은 고객들이 회사의 제품을 안정적으로 수급받을 수 있고, 표준화된 가격으로 제품을 구입할 수 있는 경우에 생존력이 있다. 하지만 이전 진술의 핵심요소는 '접근

성'이다. 예시로 솔레로를 사용하면 중국에서 생산되는 랜턴은
인도와 같은 외국으로 수출될 수 있어야 하고, 합법적이면서도
최소한의 세금으로 입항이 명확해야 하며, 지역 물류센터에 모
아서 지역 유통센터로 가고, 궁극적으로 고객에게 제품을 판매
하는 마을 영업담당자에게 전달되어야 한다.

마을 영업담당자는 많은 사회적 기업에 있어서 독특한 측면
으로 종종 선발된다. 그러나 이들의 생존능력은 많은 회사의
영업인력과 동일하게 작동한다. 동기부여는 모든 영업사원들
에게 있어 중요한 요소이다. 판매된 제품의 이윤폭뿐만 아니라
영업사원이 판매할 수 있는 경쟁제품의 이윤폭에 대해서도 알
고 있어야 한다. 어느 정도 약삭빠른 영업사원이라면 조금이라
도 더 이윤폭이 높은 제품을 판매하는 데 집중할 것이다. 또한
시간을 다른 방법으로 사용하는 것이 판매노력을 저해할 수 있
기 때문에 제품판매에 대한 시간헌신을 이해할 필요가 있다.
마지막으로 영업인력을 고용하고 훈련시키는 일정은 매출 및
판매확장의 토대이기 때문에 평가되어야 한다.

- 가치: 실사는 유통시스템의 가치에 중요한 두 요소, 즉 시간과 비용을 이해하는 데 초점을 맞추어야 한다. 시간이란 제품을 제조시설로부터 고객에게 전달하는 데까지 소요되는 시간을 의미한다. 이것은 회사의 유동성에 필수적이며, 이 장의 뒷부분에서 제품유통의 와해효과를 논의할 때 다시 살펴볼 것이다. 각 지점에서 비용을 조사하는 것이 중요한데, 비용은 매출총이익에 대해 기본적인 기여를 하고 있기 때문이다. 비용증가를 초래하는 복잡한 유통시스템은 이윤폭에 상당한 영향을 줄 수 있다.

- 혼란: 유동시스템은 혼란스러울 때 사업에서 가장 눈에 잘 띄는 영역이다. 제품의 부족은 유통망 속에 있는 업체들에게 확연히 드러나고 품절현상이 발생하면 고객은 바로 안다. 품절로 인한 중요한 혼란은 지역 유통업체, 마을 영업담당자, 가장 중요하게는 핵심고객들 사이에서의 회사의 명성을 훼손할 수 있다. 실사를 통해 유통시스템의 혼란이 이전에 발생했었는지, 향후 유

 현장노트

중국에서 제조한 상품을 인도에서 판매하는 회사를 실사하던 중 제품의 재고부족에 관한 의문이 제기되었다. 이 회사는 작년에 두 차례의 재고부족을 겪었다고 인정했다. 원인과 파급효과는 투자과정에 상당히 의미가 있었다. 강력한 전사적 자원관리 시스템의 부재가 발단이었는데 제품 수요가 생산에 명확하게 전달되지 않았다. 이로 인해 제조물량이 부족하게 되었다. 문제가 어떻게 해결되었는지 추가로 질문하자. 회사는 필요한 양들을 해상수송이 아닌 항공수송으로 충당했다고 설명했다. 이로 인해 해당 기간 동안 회사의 매출총이익이 20% 이상 감소했다. 투자자 관점에서 투자수익 중 일부는 새로운 ERP 시스템과 소프트웨어에 투자해야 한다는 것이 분명해졌다. 또한 해상운송보다는 때때로 값비싼 항공운송을 활용할 필요성 때문에 이윤폭에 영향을 줄 수 있는 시나리오를 실행한 후 가치평가가 조정되었다.

통시스템의 와해가 일어날 만한 곳은 어딘지 찾아내야 한다.

- 비상계획: 만약 회사가 과거 유통시스템에 문제가 발생했었다면 그 해결책이 면밀히 조사되어야 한다. 그러한 와해가 다시일어나는 것을 방지하기 위해 취해진 어떤 체계적인 변화가 있었는가? 와해로 인한 소요비용은 얼마였는가?

- 사회적 사명 완전성: 섹션의 뒷부분에서 이해관계자들에 관해논의될 것이며, 이는 유통시스템과 관련된 중요한 관심사이다.전반적으로 유통시스템은 기업 최고경영자에서부터 최종유통업체에 이르기까지 모든 단계에서 공정하게 작용해야 한다.

기업운영

가치사슬은 엄밀히 말하자면 고객에게 최종제품을 판매하는 것으로 끝이 나지만 논의되지 않은 요소는 전 과정을 관리감독하고 방향을 제시하는 기업운영이다. 회사의 초점이 어디에 맞추어져 있는지에 따라 다양한 종류가 있을 수 있지만 핵심영역에는 인적자원, 회계 및 기술이 포함된다.

- 생존능력: 기업운영에 대한 실사는 확장성의 렌즈를 통해 행해져야 한다. 기업운영의 즉각적인 생존력은 사람을 고용하고 유지할 수 있는 현재 능력, 재무보고서 작성의 속도 및 정확성, 정보의 수집 및 전송, 지시하고 각 부서로부터 배울 수 있는 경영진의 능력을 통해 명확해져야 한다. 그러나 각 영역들은 운영에 있어서의 대규모 확장과 연결지어 생각되어야 한다. 10배나많은 사업들이 있다면 어떨까? 혹은 100배는? 인사팀은 어떻게 해야 직원을 신속하게 고용할 수 있는가? 어떤 회계 소프트웨어가 사용되고 있는가? 사업이 다른 지역으로 확장되면 그에맞는 회계규칙을 알고 있는 사람들이 있는가? 현재 기술이 훨

씬 확장될 수 있는가? 만약 그렇다면 얼마나 빨리, 어느 정도의 비용으로 가능한가?

기업운영 실사의 또 다른 부분은 제공된 재무제표에 대한 깊은 탐구이다. 불명확하거나 불규칙한 항목이 있다면 철저히 논의되어야 하고 부서장들의 해명이 필요하다.

• 가치: 기업운영은 주로 원가 중심점이며, 이는 회사가 보고하는 운영비용에 포착된다. 기업운영이 운영비용을 발생시키지만 사업이 효율적으로 운영되고 더 중요한 것은 성장함에 따라 가치가 칭출된다.

• 혼란: 이해해야 할 전형적인 혼란들에는 여러 부서를 관리하는 핵심인력의 잠재적 이탈, 기존 시스템으로 성장을 처리할 수 없고 정보에 의해 압도당하는 상황, 기술의 경우 의사소통 및 정보의 정지로 이어지는 전면적인 실패 등이 있다.

• 비상계획: 앞서 언급한 혼란이 일어날 경우에 대비해 각각은 비상계획에 대해 점검받아야 한다. 주요 인물들이 적절한 수준의 인센티브를 받고 종업원 지주제도ESOP에 참여하고 있는가? 고용계약의 조건은 무엇인가? 기존 관리자는 확장계획을 수행하는 데 적합한 지식이 있는가? 사업규모를 고려했을 때 현재 어떤 시스템이 설치되어 있는가? 데이터 백업시스템 또는 전면적인 물리적·기술적 재앙에 대한 복구계획이 있는가?

• 사회적 사명 완전성: 빠른 확장은 회사의 사회적 사명에 부담을 줄 수 있다. 경영진은 사회적 사명에 적합하고 저소득층에게 책임감 있게 서비스할 수 있는 적절한 기술을 갖춘 직원을 모집하지 못할 수 있다. 직원의 동기부여 구조는 조직의 사회적 목표에 부합되어야 한다. 즉 회사가 저소득층에게 제품을 팔고자 한다면 직원의 변동 보너스는 정확히 이 목표층을 서비스하는 것

에 연계되어야 한다. 특히 어려운 상황에서 직원을 고용하고 적절하게 훈련시키는 회사의 능력을 검토하는 것이 중요하다. 반대로 사업축소 상황은 직원, 서비스, 궁극적으로는 고객요구를 충족시키는 능력을 감소시킬 수도 있다. 최근 안드라 프라데시의 소액금융 위기에서 대출기관에 의한 신용경색현상으로 인해 MFI는 그들의 고객에 대한 대출을 축소하게 되었다.[40] 비즈니스 혼란 상황에서 최선의 방법으로 고객의 필요를 보호하기 위한 비상계획이 필요하다.

 현장노트

내가 투자한 매우 성공적인 한 회사는 급속한 성장을 경험했지만 성장통을 겪고 있었다. 이것은 분명히 긍정적인 문제점이지만 실질적인 병목현상이 형성되기 시작했다. 예를 들어 회계팀이 다양한 출처와 시스템의 데이터에 압도당해 재무보고가 계속 지연되고 오류로 가득 차게 되었다. 이로 인해 이사회 회의 및 경영관리가 지연되었으며, 이사회가 운영을 완전히 이해하는 데 차질이 발생했다. 미래 계획은 보고 이슈가 해결되고 새로운 전사적 자원관리 시스템이 설치될 때까지 문제가 될 소지를 품게 되었다.

---

40 2010년 10월 안드라 프라데시[AP] 정부는 MFI가 그들의 사업을 수행하는 방식과 MFI 사업모델의 핵심적인 부분인 금지된 관행들을 급진적으로 변경하는 조례를 통과시켰다. AP 정부는 과도한 채무와 강압적인 대출관행 사건에 대한 고객의 주장에 대응한 것이었다. 결과로 초래된 지방정부의 간섭으로 AP 내의 고객상환이 사실상 중단되었고, 이는 새로운 대출지출이 발생하지 않는 결과로 이어졌다. 이로 인해 인도의 소액금융에 전반적인 유동성 위기가 발생했고, MFI는 대출채무불이행, 수익성 악화, 고객들이 신규신용대출을 거부당하게 되는 위험에 처하게 되었다.

▶ 사회적 임팩트 검증 및 분석을 위한 전문 실사: 이해관계자 분석

임팩트 명제의 유효성을 입증하기 위한 실사는 영향을 받는 주요 이해관계자에 초점을 맞추어야 한다. 사회적 투자수익률SROI 방법론은 이해관계자를 분석대상 활동의 결과로 긍정적이든 부정적이든 변화를 경험하는 사람, 조직 또는 단체로 정의하고 있다.[41] 임팩트 투자에서 가장 중요한 이해관계자는 대부분 제품 또는 서비스의 최종사용자— 예를 들어 건강관리 치료를 받는 여성, 예방접종을 받는 아동, 새 집을 소유한 가족, 학교에 다니는 어린이 또는 대출수령자—이다. 직원은 또 다른 중요한 이해관계자이다. 그리고 회사가 취약계층들로부터 상당한 양의 제품 및 서비스를 제공하거나 제조할 때 공급업체는 임팩트 분석에 있어 중요한 이해관계자일 수도 있고 심지어 가장 중요할 수도 있다.[42] 소규모 유통업체들에 의존하는 유통시스템을 보유하고 있는 회사들 또한 중요한 이해관계자일 수 있다. 다른 이해관계자들은 투자자들 또는 규제기관일 수 있다.

누가 주요 이해관계자인지는 제품/서비스 및 유통모델에 따라 다르다. 이해관계자 분석은 가장 중요한 두 명 또는 세 명의 주요 이해관계자들에게만 제한하는 것이 좋다. 현장실사는 이해관계자들에 대해 배우고 임팩트 명제를 테스트해볼 수 있는 가장 중요한 기회이다.

솔레로의 경우 주요 이해관계자들은 (1)소외계층, 농촌지역, 서비스가 부족한 지역사회 등의 최종사용자, 개인 또는 가정 그리고 (2)유통업체들이다. 이해관계자 선택은 회사의 사회적 목표—에너지에 대한

---

41 www.thesroinetwork.org.
42 공정무역에서는 소규모 자작농가가 중요한 이해관계자이다.

접근성을 촉진하고 유통업체의 수익을 증가시키는 것-에 직접적으로 부응한다.

현장노트

SROI 교육에서 학대로부터 당나귀를 보호하는 것을 목표로 하는 영국 자선단체인 '당나귀 보호구역'의 이해관계자들을 식별하도록 요청받았다. 당나귀 소유자, 규제당국 및 사육사 등 많은 이해관계자들을 브레인스토밍하고 목록을 작성했지만 첫 번째 이해관계자를 명단에서 빼버렸다. 바로 당나귀.

이해관계자 1: 서비스 또는 제품의 최종사용자. 다음은 제품/서비스 및 그 사용법과 이점에 관련된 몇 가지 질문들이다.

- 고객은 제품과 제품의 이점을 어떻게 설명하는가?

- 고객은 제품을 어떻게 사용하는가? 얼마나 오랫동안? 왜? 어떤 상황에서? 누구와? 얼마나 많은 제품/서비스가 사용되는가?

- 제품/서비스가 회사의 설명서에 따라 사용되는 것으로 보이는가? 고객이 사용을 최적화하고 있는가?

- 그/그녀는 전에 무엇을 사용했는가? 무엇이 그/그녀를 바꾸었는가? 대안은 무엇인가? 제품, 가격, 배송 및 애프터서비스에 대해 그/그녀는 얼마나 만족하는가?

- 대우의 공정성: 그/그녀를 정중하게 대했는가? 공격적인 영업, 예고 없는 방문 또는 기타 구매압력에 대한 징후가 있는가?

- 영업사원이 구매비용(가격, 커미션 및 기타 수수료) 및 구매조건에 대해 만족스럽게 설명했는가? 고객들이 이해할 수 있는 언어로 설명되었는가? 제품을 구매하기 전에 잘 설명했는가?

- 취소권리가 있는가? 고객이 자신의 권리를 이해하는 것으로 보이는가? 고객이 구매계약서에 서명하도록 요청받았는가? 고객이 계약서 사본을 가지고 있는가?

- 제품 그리고/또는 구매경험에 대해 그/그녀는 조금이라도 불만이 있는가? 불만을 제기할 수 있는 적절한 체계가 있는가? 그 체계는 어떻게 작용하는가? 고객이 불만을 제기했는가?

고객에 대해 무엇을 알아야 하는가? 이 또한 회사 및 사업모델에 따라 다르지만 종종 다음 질문과 관계가 있다.

- 사회경제적 부문: 저소득층, 빈곤층, 중간소득층
- 위치: 농촌, 도시, 주변 도시
- 성별: 여성, 남성
- 연령: 성인, 청소년, 어린이
- 교육수준
- 가구 구성

이전 질문들도 중요하지만 실사는 회사가 상호작용하고, 함께하고, 일반적으로 고객을 보호하는 방법을 찾아야 한다. 고객보호는 어디에서나 중요하지만 고객이 취약한 경우 더욱 그렇다. 가난한 고객은 부유한 고객에 비해 정보가 부족할 수 있다. 고객이 합리적 경제행위자라고 가정하지만 그들은 잘못된 선택을 할 수 있다. 가난한 고객의 잘

못된 구매결정비용은 더 나은 이웃보다 더 큰 부정적 영향을 미칠 가능성이 높다. 높은 취약성은 교육부족, 사회보호부족(보험부족, 저축부족 등) 및 전반적인 정보 접근성의 감소로 인한 것이다. 취약성은 사회적 보호를 필요로 한다. 실사 중에는 고객보호 정책 및 관행이 방문의 중요한 초점이 되어야만 한다. 고충의견 등을 써넣는 노트를 검토하면 고객응대에 대한 중요한 정보를 알 수 있을 것이다.

고객보호는 실사과정 그 자체로 또한 확장되어야 한다. 최종사용자를 인터뷰할 때 신뢰 분위기를 조성하는 것이 중요하다. 인터뷰 대상자가 자신의 의견을 나누고 자신에 대해 이야기하는 것을 편안하게 느껴야 한다. 목적은 제품 또는 서비스를 평가하고 대체품과 다른 점, 판매 및 판매 후 제공되는 서비스의 질을 평가하는 것이다.

최종사용자의 평가에 있어 공통적인 문제는 기관이 종종 인터뷰 대상고객을 선정하는 것이다. 이는 제시된 고객들이 '모범고객'이어서 선택편향을 가져온다. 그 경험은 객관적인 진위보다는 연출된 진위 중 하나가 된다. 보다 정확한 정보를 얻으려면 조직에 의해 제안된 고객뿐만 아니라 다른 고객들, 고객이 아닌 사람들 및 이전 고객들을 인터뷰하라. 고객 책자는 언제든 요청할 수 있으며, 인터뷰를 위해 무작위로 고객을 선택할 수 있다. 또한 운송직원, 호텔직원 및 대상인구층에서 일하는 비정부기구의 직원들도 회사에 대한 통찰력을 줄 수 있다.

사회적 감사 및 임팩트 분석에서 주의 깊게 듣고 공감을 나타내며, 잘난 체하지 않는 것이 중요하다. 임팩트 투자명제의 타당성을 입증하고자 하는 욕구는 명제를 조사하는 정보를 선택적으로 인정하고 이를 무효화하는 데이터를 무시하게 만들 수 있다는 것을 명심하라. 성공적인 임팩트 실사를 위해 중요한 것은 적극적으로 듣고, 자기가 하고 싶은 말을 사람들이 하는 것처럼 말하는 것을 피하고, 예기치 않은 것을 듣기 위해 열려 있어야 한다.

이해관계자 2: 직원들. 실사 중에는 CEO와 최고경영진에서부터 지사 관리자 및 영업사원에 이르기까지 다양한 직급의 직원들이 있는 사무실과 현장에서 시간을 보낸다. 이것은 조직 사명과의 전반적인 일관성과

 현장노트

투자고객을 방문할 때 종종 그들의 집으로 걸어 들어가서 많은 질문을 했고 때로는 사진을 찍기도 했다. 나는 보통 환영받는다고 느낀다. 대부분의 경우, 고객을 아는 대출 또는 영업관리자를 동반하지만 집으로 돌아가서는 내 방문이 얼마나 거슬렸을지 알게 된다. 나라면 판매대리인 또는 은행원을 우리집에 반가운 마음으로 앉혀두고 그의 호기심 많은 질문에 대답했을까? 이 방법으로 수집된 정보의 타당성은 어느 정도인가? 고객이 대출담당관이나 영업관리자 앞에서 자신이 대출금 지불에 어려움을 겪고 있거나 제품에 만족하지 않는다고 얼마나 자유롭게 표현할 수 있을까?

현지관찰을 좀 더 한 후에 얻은 임팩트 실사로부터의 솔직한 인용문들은 다음과 같다.

- "우리는 우리 사업에 중요한 정부계약을 확보하고 정부관리에게 우리가 얻은 계약에 대한 보상을 제공한다."　　　　　　　　　　　　　　 – 인도에 위치한 위생관리 회사

- "많은 토지를 가진 부유한 농부들에게 물건을 판매하는 것이 낫다. 그들은 제품을 쉽게 구입할 수 있는 능력이 있다. 소농들은 쉽게 못 산다."
　　　　　　　　　　　　　　　　　　　　　　　　　 – 인도에 위치한 농업서비스 회사

- "그녀가 비교해볼 것이고 경쟁사가 더 나은 가격을 가지고 있기 때문에 고객이 대출금의 가격을 아는 것을 원치 않는다."
　　　　　　　　　 – 중앙아메리카에서 가격책정의 투명성을 설명하는 대출담당관

- "우리는 채무불이행 대출에 대한 징수서비스를 전직 군 출신이 운영하는 수금대행사에 외부 위탁했다. 그들은 육체적으로 강인한 남성이며, 매우 설득력 있고 연체된 대출금에 대해 높은 회수율을 달성한다."　　 – 동유럽의 회수관행을 설명하는 소액금융 회사

임팩트를 전달하는 확률을 느낄 수 있는 독특한 기회를 제공한다. 회사의 노동정책, 보수정책, 전반적인 직원만족도 수준, 회사 사명에 대한 직원의 참여, 고객의 이익에 대한 회사의 민감도는 실제로 명백해질 것이다. 직원이 회사의 사회적 사명을 지지하는 것으로 보이는지와 그들이 사회적 목표를 얼마나 인식하고 있는지를 테스트해보아야 한다. 인센티브는 회사의 사회적 목표를 반영하는가? 직원이 수집하는 고객수준의 데이터는 무엇인가? 그 데이터로 무엇을 하는가?

▶ 다른 사람들에 의한 실사: 독립 컨설턴트의 참여

일반적으로 투자자는 본인이 전문성을 가지고 있고 스스로 실사를 진행할 수 있는 회사에 투자하는 것에 초점을 맞추어야 한다. 가끔 이러한 전문지식 밖의 훌륭한 투자기회가 나타날 것이다. 투자자는 철저한 실사를 수행할 수 없기 때문에 그러한 잠재적 투자를 포기하기보다는 제3자를 고용해 회사, 제품 또는 서비스에 대해 조사하는 것을 돕도록 할 수 있다.

독립 컨설턴트는 특정 기술에 관한 연구논문을 작성하는 연구소에서부터 특정 분야에 매우 깊은 전문성을 가지고 있는 인재에 이르기까지 다양할 수 있다. 솔레로 예시의 경우 실제로 활용할 수 있는 독립 컨설턴트는 유럽의 응용 중심 연구기관인 프라운호퍼이다. 2009년에는 상업적으로 생산되고 판매되는 10개의 다른 태양광 랜턴에 대한 테스트를 실시했다.[43]

---

43 P. Avato, G. Bopp, A. Cabraal, R. Gruner, S. Lux, and N. Pfanner, "LED 기반의 PV 동력 랜턴에 대한 조사와 실험", http://publica.fraunhofer.de/documents/N-142765.html.

자격, 객관성 및 비용은 독립 컨설턴트와 계약할 때 체크해야 할 세 가지 고려사항들이다. 컨설턴트는 평가대상 분야에 대한 충분한 경험을 명확히 가지고 있어야 한다. 그러나 더욱 중요한 것은 컨설턴트의 독립수준이다. 컨설턴트가 연구소인 경우 연구소 자금의 주요 원천이 결정되어야 한다. 컨설턴트와 다른 회사, 조직과의 제휴 또한 검토되어야 한다. 최종 고려사항, 계약에 있어 일반적으로 주요 결정요인은 특정 투자기회에 대한 컨설턴트의 비용이다. 투자금액이 25만 달러이고 컨설턴트기 5만 달리의 비용을 청구하게 되면 거래비용은 거래를 비경제적으로 만드는 수준으로 급상승하게 될 것이다.

[실사정보 활용]

이전에 시사했듯이 이 장에서는 솔레로 투자에 앞서 논의한 실사 관점 중 일부를 적용할 것이다. 주요 초점은 회사의 지분평가에 대한 조정을 통해 실사과정에서 발견될 수 있는 잠재위험을 어느 정도 완화하는 방법에 관한 것이다. 제3장 말미에서 경영진이 회사를 4,000만 달러로 평가할 수 있음을 상기하라. 이 부분 전체에 표시된 수치들은 가정 변경을 통해 산출한 DCF 평가이다.[44] 이 섹션 도처에 나타나는 숫자들은 가정을 바꿈에 따라서 파생되는 DCF 가치들이다. 파악된 위험이 실제로 있으며, 그중 일부 또는 많은 위험이 일어날 것 같다고 생각하는

---

[44] 평가수치 외에 IRR 계산도 표시된다. 이는 이 장 말미에서 논의될 청산선호도를 고려한 가정 투자가치 2,150만 달러에 근거한다.

과정을 밟는다. 이러한 이유로 투자자와 피투자자는 그러한 위험을 포함하는 가격에 합의해야 한다. 또한 회사의 가치와 주식가치 숫자들이 모두 제시된다는 점을 명심하라. 주식 투자자는 주식가치를 놓고 투자를 협상 중이라는 사실을 반드시 기억해야 한다. 분명히 실사과정에서 많은 문제가 있을 수 있다. 여기에는 보상과 같은 기타 비계량적인 완화전략이 필요할 수 있지만 이것들은 제5장에서 논의될 것이다.

▶ 증가된 비용

실사의 가치사슬 부분에서 비용을 증가시킬 수 있는 많은 문제들에 대한 가능성을 논의했었다. 대안의 더 비싼 공급자를 활용해야 할 수도 있고, 제조비용이 증가할 수 있으며, 값비싼 운송방법을 사용해야 하는 것과 같은 특정 문제가 발생할 수도 있다. 이를 설명하기 위해 솔레로 모델에서 일련의 시나리오를 실행해 가치에 대한 잠재적 임팩트를 확인해야 한다.

솔레로 모델을 열고 Input 시트로 이동하라. 열 I에서 시나리오 2의 이름이 '증가한 매출원가^{COGs}'임에 유념하라. 셀 C3에서 '2'를 입력해 이 시나리오를 채워라. 가장 명백한 변화는 셀 H3:J6의 빠른 결과 부분에 표시된 평가 및 IRR의 현저한 감소이다. 그림 4.1은 시나리오 1에 대한 시나리오 2의 빠른 결과 비교를 보여준다.

평가치와 IRR이 크게 감소한 이유는 시나리오 간의 차이를 조사해 보면 명확해진다. 연간 제조비용 인플레이션은 모든 제품에 대해 2배가 되었다(셀 I22, I36, I50, I64가 1.00%에서 2.00%로 이동했음을 주목하라). 이러한 변화의 결과는 Prod Curve 시트의 제조원가로 전해져 그 결과 사용가능한 잉여현금흐름을 줄이게 된다. 제조비용의 지속적인 증가

원인은 이전 실사 중에 확인된 여러 가지 이유 때문일 수 있다.

실사 중에 확인된 특정 사안은 재고가 없는 상황에서 항공운송에 의존한 것이었다. 항공운송으로 인해 발생한 비용증가분을 알면 이를 시나리오에 통합할 수 있다. 시나리오 3은 연간 운송 인플레이션 가정(셀 J24, J38, J52 및 J66)을 2배로 늘려 수행한다. 이는 그림 4.2에서 볼 수

[시나리오 1 경영기반 사례]

빠른 결과	
FCFF 값	$27,146,842
FCFE 값	$16,959,030
IRR	32.47%

[시나리오 2 매출원가 증가]

빠른 결과	
FCFF 값	$19,491,553
FCFE 값	$12,382,707
IRR	29.00%

그림 4.1 매년 제품비용이 증가되면 가치와 예측 IRR에 상당한 영향이 있다.

[시나리오 1 경영기반 사례]

빠른 결과	
FCFF 값	$27,146,842
FCFE 값	$16,959,030
IRR	32.47%

[시나리오 3 운송비 증가]

빠른 결과	
FCFF 값	$26,474,655
FCFE 값	$16,557,579
IRR	32.19%

그림 4.2 잠재적인 항공운송 이용으로 예측되는 운송비용이 2배가 되면 평가 및 IRR에 영향을 준다.

[시나리오 1 경영기반 사례]

빠른 결과	
FCFF 값	$27,146,842
FCFE 값	$16,959,030
IRR	32.47%

[시나리오 4 자본지출 증가]

빠른 결과	
FCFF 값	$27,107,487
FCFE 값	$16,918,209
IRR	32.47%

그림 4.3 일회성 비용 또한 가치와 수익률을 낮출 수 있다.

있듯이 경영기반 사례에서의 평가 및 IRR에 영향을 미치지만 제조원가가 2배가 되는 것만큼 심각하지는 않다.

시나리오 2와 3은 시간의 흐름에 따라 지속되는 비용에 대해 살펴보았지만 즉각적인 일회성 비용을 수반하는 더 나은 장비 또는 기술이 필요했을 수도 있다. 회사의 규모가 커짐에 따라 기업자원 및 회계시스템이 부적합하게 변해버렸던 '현장노트'를 떠올려 보라. 이것들을 구현하는 것은 값비싼 일회성 비용이 될 수 있다. 시나리오 4는 2016년 고비용의 자본지출을 가정한 상황을 검토한다. 이 가정은 셀 K174의 Input 시트에서 볼 수 있으며, 그 결과는 그림 4.3의 가치와 수익률에 나타나 있다.

❯ 유통시스템 위험

실사 중에 유통시스템에서 많은 위험들이 확인되었다. 실사의 여러 부분을 포괄하는 중요한 하나는 마을수준의 유통업체와 관련이 있었다. 이윤폭, 대체고용, 사회적 임팩트 관점에서 공정하게 지불받는 것들 모두 그 기능을 발휘하고 있는 유통시스템의 중요한 구성요소였다.

이러한 위험들은 여러 가지 측면에서 가치와 수익률에 직접적으로

[시나리오 1 경영기반 사례]

빠른 결과	
FCFF 값	$27,146,842
FCFE 값	$16,959,030
IRR	32.47%

[시나리오 5 유통업체 이윤폭 증가]

빠른 결과	
FCFF 값	$21,580,031
FCFE 값	$13,626,144
IRR	29.97%

그림 4.4 유통업체의 이윤폭을 높이는 것은 유통업체에게는 바람직하지만 회사의 가치와 수익률 목표에 영향을 미친다.

연계되었다. 유통업체들은 적절한 인센티브를 받기 위해 더 높은 이윤 폭을 요구할 수 있다. 시나리오 5는 가격상승에 비용증가를 적게 전가시켜 결과적으로 유통업체의 이윤폭을 증가시키는 위험에 대해 조사한다. 예상대로 이는 그림 4.4에서 볼 수 있듯이 사업의 가치와 기대수익률에 상당한 영향을 미치게 된다.

솔레로에 영향을 미치는 유통업체 인센티브와 관련된 또 다른 위험은 이전에 생각했던 것보다 유통업체를 고용하는 것이 더 어렵다는 것이다. 시나리오 6은 지역 2에서 활동하는 것으로 가정되는 유통업체의 수와 고용속도를 축소함으로써 이 위험에 대해 들여다본다. 이 작업은 영역 2의 스트레스를 받는 팽창곡선이 선택된 Input 시트 셀 M90에서 수행된다. 지역 확장계획의 차이점은 열 I와 M을 비교해 Vector 시트에서 볼 수 있다. 이 결과는 그림 4.5에서 볼 수 있듯이 평가와 기대수익에 반영되어 나타난다.

인센티브와 유통업체를 고용하는 능력과 유사하게 관련된 것은 유통업체를 유지하는 능력이다. 자연감소율은 유통업체의 대안적 기회들에 따라 빠르게 달라질 수 있다. 경영사례에서는 유통업체가 첫날부터 10년 동안 고용상태를 그대로 유지할 것이라는 낙관적인 가정을 가지고 있다. 솔레로의 규모가 커지면서 아마도 기존 유통업체들이 나가고 새로운 업체가 고용되어야 할 것이다. 이러한 물갈이는 노련한 유통업체가 일반적으로 새로운 유통업체보다 많이 판매하기 때문에 유통업체의 예상 생산성에 영향을 미친다. 유통업체 감소의 스트레스 상황은 Vector 시트의 열 T, U 및 V에서 수행된다. 그림 4.6은 평가와 수익에 미치는 중대한 임팩트를 보여준다.

유통업체의 또 다른 위험은 예산생산성이다. 이 위험을 평가하기 위

[시나리오 1 경영기반 사례]

빠른 결과	
FCFF 값	$27,146,842
FCFE 값	$16,959,030
IRR	32.47%

[시나리오 6 지역적 실패]

빠른 결과	
FCFF 값	$20,601,449
FCFE 값	$12,926,565
IRR	28.96%

그림 4.5 인센티브는 유통시스템에 적합한 직원을 고용하는 데 어려움을 줄 수 있다. 이는 가치감소로 이어지게 된다.

[시나리오 1 경영기반 사례]

빠른 결과	
FCFF 값	$27,146,842
FCFE 값	$16,959,030
IRR	32.47%

[시나리오 7 유통업체 감소 증가]

빠른 결과	
FCFF 값	$16,465,069
FCFE 값	$10,790,850
IRR	27.99%

그림 4.6 유통업체 감소는 유통에 중점을 두고 있는 회사의 가치에 심하게 영향을 미칠 수 있다.

[시나리오 1 경영기반 사례]

빠른 결과	
FCFF 값	$27,146,842
FCFE 값	$16,959,030
IRR	32.47%

[시나리오 8 유통업체 생산성 감소]

빠른 결과	
FCFF 값	$11,865,557
FCFE 값	$7,640,539
IRR	23.19%

그림 4.7 유통업체의 생산성 또한 평가 및 수익률에 영향을 미친다.

해 O81:O86 셀에서 연간 매출증가 및 안정화 기간을 낮춤으로써 각 유통업체에 대한 연간 매출성장 기대치를 낮출 수 있다. 이는 판매량을 줄이는 전반적인 효과를 가져와 그림 4.7에 보이듯이 평가 및 기대 수익을 낮추게 된다.

➤ 기업 경영관리 위험

위험은 기업경영의 범위에 포함되는 실사로부터 드러날 수 있다. 궁극적으로 이러한 위험은 사업운영과 현금흐름에 영향을 줄 때 가치 감소로 나타난다. 여러 가지 기업 경영위험이 회사에 존재할 수 있지만 솔레로의 경우 두어 예들을 설명하기 위해 현금 전환주기와 품질보증비용을 살펴볼 것이다.

제3장에서는 현금이 얼마나 효율적으로 생성되는지 현금 전환주기를 통해 살펴보았다. 재고자산 회전일수에 대금 회수일수를 더하고, 여기에서 대금 지불일수를 빼서 계산된다는 점을 기억하라. 실사에서 우려해야 할 점은 유통시스템 전반에 걸쳐 지불금을 받는 시간이 예상보다 오래 걸릴 수 있다는 것이다. 동시에 공급업체를 변경하면 새 업체에 더 빨리 지불해야 할 수 있다. 현금 전환주기의 근본적인 구성요소에 문제가 생기면 회사에 실질적인 경제적 손실이 될 수 있다. 그림 4.8은 현금 전환주기가 문제되는 시나리오의 결과를 보여주고 있다.

이 시나리오는 외상매출금과 재고자산의 증가일수와 미지급금에 대한 감소일수를 사용해 만들어졌다. 관련 변경사항은 Vector 시트 X열에서 시작하고, 그림 4.9에 부분적으로 표시되어 있다.

품질보증비용은 실사, 특히 유통회사에서 드러날 수 있는 또 다른 기업관리위험이다. 만약 제품에 결함이 있고, 고객이 예상보다 훨씬 빠른 속도로 제품을 반품하게 되면 결과적으로 매출이 취소될 뿐만 아니라 반품을 처리하는 데 추가비용이 발생한다. 회사를 평가할 때 이것을 반영할 수 있는 많은 방법들이 있지만 기본적으로 수익은 품질보증 반환 및 반환과 관련된 비용으로 인해 감소되어야 할 필요가 있다. 솔레로 모델에서는 시나리오 10의 Input 시트(셀 Q107:Q116)에서 볼 수

[시나리오 1 경영기반 사례]

빠른 결과	
FCFF 값	$27,146,842
FCFE 값	$16,959,030
IRR	32.47%

[시나리오 9 현금 전환주기 증가]

빠른 결과	
FCFF 값	$26,477,416
FCFE 값	$16,314,787
IRR	32.23%

그림 4.8 현금 전환주기의 변경은 사업운영과 현금흐름, 궁극적으로 가치에 영향을 미친다.

[현금 전환주기]

DSO 기반	DIO 기반	DPO 기반	DSO 스트레스	DIO 스트레스	DPO 스트레스
60	80	50	80	140	30

그림 4.9 대금 회수일수와 재고자산 회전일수를 늘리는 동시에 대금 지불일수를 줄이게 되면 회사의 현금흐름과 가치를 낮추게 된다.

[시나리오 1 경영기반 사례]

빠른 결과	
FCFF 값	$27,146,842
FCFE 값	$16,959,030
IRR	32.47%

[시나리오 10 품질보증비용 증가]

빠른 결과	
FCFF 값	$17,711,121
FCFE 값	$11,309,218
IRR	28.02%

그림 4.10 운영비용을 증가시킴으로써 예상보다 높은 품질보증비용을 설명할 수 있다.

있듯이 운영비를 늘림으로써 수행된다.

이 효과는 상당할 수 있고 그림 4.10에 나타나 있다.

≫ 시장기반의 위험

회사는 많은 고유한 위험을 가지고 있지만 시장 전체와 관련된 위험이 실사를 통해 노출될 수 있다. 실사에서는 경쟁구도, 산업 및 독립된 환경 등이 분석되어야 한다. 이러한 분야에서의 예기치 않은 변화는 비공개기업 투자의 가치와 수익에 영향을 줄 수 있다.

환율변동은 회사에 영향을 미치고 특히 투자에 영향을 줄 수 있는 위험의 훌륭한 예시이다. 제2장에서 직접 및 간접적인 외환위험에 노출된 회사를 솎아내는 것에 대해 논의할 때 외환위험의 개념에 대해 배웠었다. 솔레로의 경우 위험을 인지했지만 인도 루피의 현재 예측에 안주했었다. 그러나 현재 루피의 유통시스템 노출에 대한 세부사항을 알고 투자라운드에 대해 더 명확해진 실시를 진행한 후에는 위험을 정량화하기 위해 노력해야 한다.

솔레로 모델에서 시나리오 11은 인도 루피의 다른 환율경로를 활용하고 있다. 2개의 잠재적인 경로는 Vector 시트 E와 F열에서 볼 수 있다. F에서 루피가 10년 동안 60인도 루피/미국 달러에서 71인도 루피/미국 달러로 변화할 것으로 예상되는 것을 유의하라. 이것이 회사와 투자에 가하는 스트레스는 두 가지이다. 첫째, 순전히 기업의 관점에서 보면 솔레로의 매출원가는 달러화이며, 제품은 주로 인도에서 루피로 판매되고 있다. 이것은 인도 루피의 가치가 떨어질수록 달러를 사기 위해 더 많은 루피가 필요하기 때문에 매출에 대한 이윤폭이 낮아진다는 것을 의미한다. 특히 고객기반의 가격에 매우 민감한 시장에서는 평가절하의 전체적인 효과를 판정하기 어려울 수 있다.

추가 스트레스 또한 투자수준에서 발생할 수 있다. 제2장의 예시에서 투자는 인도 루피로 이루어졌지만 그 투자자는 미국 달러기반의 투자자였다. 이는 투자자가 투자 시 미국 달러를 인도 루피로 교환한 후, 투자회수 시 인도 루피에서 미국 달러로 다시 교환해야 한다는 것을 의미한다. 투자 후 인도 루피가 하락하고 회수 시 상승하면 투자자는

[시나리오 1 경영기반 사례]

빠른 결과	
FCFF 값	$27,146,842
FCFE 값	$16,959,030
IRR	32.47%

[시나리오 11 외환 평가절하]

빠른 결과	
FCFF 값	$10,848,410
FCFE 값	$7,163,797
IRR	23.91%

그림 4.11 외환변동성에 직접 노출되면 기업의 평가 및 수익전망에 영향을 미칠 수 있다.

[시나리오 1 경영기반 사례]

빠른 결과	
FCFF 값	$27,146,842
FCFE 값	$16,959,030
IRR	32.47%

[시나리오 12 비유동성 증가]

빠른 결과	
FCFF 값	$21,114,210
FCFE 값	$13,190,356
IRR	29.15%

그림 4.12 비공개기업 투자의 현금화가 더 어려워지면 최종적으로 실현되는 가치와 수익은 예상보다 낮아질 것이다.

돈을 잃게 된다. 솔레로 모델에서는 투자가 이미 미국 달러로 이루어졌음을 가정하고 단순하게 가고자 했다.

그럼에도 불구하고 평가절하의 효과가 솔레로에게는 여전히 큰 타격으로 다가온다. 그림 4.11은 예상된 가치절하로 인해 가치와 수익률이 큰 폭으로 감소하고 있는 모습을 나타낸다.

외환 외에도 산업이 약화되는 추세이거나 내수시장이 비공개기업에 대해 어려워지면 투자회수 시 투자를 현금화하기 어려울 수 있다. 지분투자의 궁극적인 재무적 가치는 투자회수 시 현금화할 수 있다고 가정한다는 것을 기억하라. 이 경우 애초에 가정된 비유동성 할인을 증가시키고자 할 수 있다. 솔레로 모델에서는 비공개기업 투자가 더 유동성이 있는 공개기업 투자보다 현금회수가 어려운 위험을 반영하기 위해 10%의 비유동성 할인이 애초에 가정되었다. 시나리오 12는 비유동성 할인율을 35%로 증가시키는데, 그 결과는 그림 4.12에서 확인할 수 있다.

솔레로 투자에 대한 다양한 시나리오를 살펴본 후 주의 깊은 독자들이 관찰했을 수 있는 추세는 회사의 가치가 IRR보다 훨씬 더 불안정하다는 것이다. 이것은 솔레로 투자에 청산우선권으로 알려진 상급기능이 있기 때문이다.

[청산우선권]

투자자가 가치와 수익률 가능성들에 대해 분석하는 실사단계 이후 투자자는 잠재적인 결과가 극도로 불안정하다고 느낄 수 있다. 이러한 우려를 불식시키기 위해 투자자는 후원자들에게 청산우선권을 제안할 수 있다. 청산우선권은 다양한 방법으로 설정할 수 있지만 핵심은 청산우선권의 소유자가 청산 시 현금흐름에 우선권을 가진다는 것이다. 일반적으로 우선권은 우선주에 투자하는 투자자에게 주어지며, 우선권은 1x 또는 2x 같은 배수개념으로 논의된다.

기본적인 2x의 청산우선권은 투자자가 청산 중 투자금액의 2배까지의 모든 현금흐름에 우선순위가 있음을 의미한다. 예를 들어 한 투자자가 450만 달러를 회사에 투자하고, 1,500만 달러가 주주에게 돌아가게 되는 청산을 할 때, 우선주 투자자는 900만 달러를 돌려받고 나머지 600만 달러는 다른 주식 투자자들에게 돌아갈 것이다.

그렇지만 청산우선권의 실질적인 보호는 회사가 부실한 청산을 할 때 발생한다. 회사가 강매되고 지분보유자에게 단지 600만 달러만 돌아간다면 2x의 청산우선권을 가진 그 동일한 투자자는 600만 달러 모두를 가져가고 다른 주식보유자들은 아무것도 가져가지 못할 것이다. 이 경우 청산우선권이 있는 투자자는 자신의 원래 투자원금을 돌려받고 여기에 더해 일부 수익을 얻을 것이다. 그러나 그 반대의 상황을 생각해보자. 회사가 히트를 치고 원래 투자가치 평가의 배수로 팔린다면 단순히 청산우선권을 가진 투자자는 단지 2x의 수익과 특별할 것 없는 IRR을 실현할 것이다.

참가적 및 비참가적 청산우선권은 '홈런' 수수께끼에서 비롯되었다. 이전에 투자자가 자신의 우선권 한도 내에서 가져갈 수 있는 비참가적 청산우선권을 다루었었다. 이 상황은 제4장 폴더 웹사이트에 있는 엑셀파일 LiqPrefs.xlsm에서 더 자세하게 살펴볼 수 있다. 이 파일을 열고 Non-Participating Liq Pref라는 시트로 이동하라.

이 시트에는 동일한 라운드(투자자 A: 450만 달러, 투자자 B: 200만 달러)에서 2,500만 달러의 가치로 자금을 투자한 별도의 우선주 투자자 두 명이 있고, 2x의 비참가적 청산우선권에 대해 협의했다. 셀 D8에서 시작해 계속해서 행 8에 걸쳐 일련의 잠재적 회수금액이 표시되어 있다. 두 투자자에게 2x의 청산우선권을 지불할 만큼의 충분한 돈이 있을 때 지불받고 수익정산이 완료된다. 이것은 두 투자자에게 지불할 만큼 충분한 돈이 들어 있는 E열과 N열 사이에서 확인할 수 있다. 16행과 17행의 IRR과 머니배수는 각각 12.25%와 2x로 고정되어 있다.

예외는 D열에서 명확히 볼 수 있는데 투자회수 시 단지 1,000만 달러만 남고 청산우선권은 합해 1,300만 달러에 달하는 경우이다. 투자자 A와 B는 동일한 우선주를 소유하고 있기 때문에 우선주 보유(투자자 A: 69.2%, 투자자 B: 30.8%)에 비례비율로 1,000만 달러를 분할하게 된다. 즉 투자자 A는 6,923,077달러를 받고 7.44%의 IRR 수익률을 올릴 것이며, 머니배수는 1.54x가 될 것이다. 낮은 투자회수 시나리오와 보통 주주는 아무것도 얻지 못한다는 사실을 감안할 때 그렇게 나쁘지 않다.

그러나 제대로 비교하고자 한다면 청산우선권이 없으면서 투자자가 참가적 주식만을 가지고 회사에 투자한 경우에 무슨 일이 일어났을 것인가를 생각해보아야 한다. 19행에서 22행은 동일한 투자회수 시 가치를 가지고 한 계산을 보여준다. 투자회수가치가 원래 투자가치(2,500만 달러)와 같아지는 손익분기점에 이를 때까지 투자자가 손실을 본다는 것을 알 수 있다. 그렇지만 손익분기점 이후 잠재적 투자회

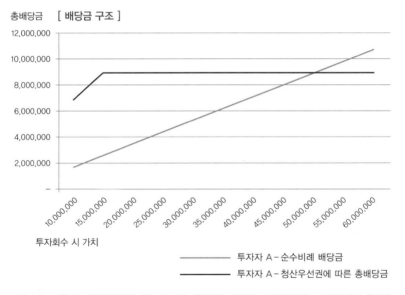

그림 4.13 비참가적 청산우선권이 있는 투자자는 청산배수 아래의 시나리오에서는 더 양호하고, 청산배수를 웃도는 시나리오에서는 더 나쁘게 된다.

수가치가 높아짐에 따라 투자자의 수익률이 동시에 증가하게 된다. 만약 회수 시 가치평가가 2배를 초과하게 되면, 순수한 비례배당금은 투자자에게 더 가치가 있으며, 청산우선권은 불리한 기제가 되어버린다. 그림 4.13에 다시 계산되어 있듯이 해당 도표는 가능한 배당금의 비교를 나타낸다.

투자자들이 투자에서 발생하는 상방 부분을 놓칠 수 있기 때문에 참가적 청산우선권이 만들어졌다. 이러한 구조를 통해 투자자는 청산우선권에 의해 보호를 받으면서 수익을 얻을 수 있고, 투자회수 결과가 아주 좋을 때 가능한 상방 부분이 있을 시 몫을 받을 수 있다. 예를 들어 엑셀파일에서 '참가적 청산우선권'이라고 표기된 시트로 가보자. 이 시트의 설정은 비슷하지만 '투자자Investor A/B 비례Pro Rata Under Liq Pref'라는 2개의 새로운 행(13 및 14에 삽입됨)이 있다. 이 행들은 N4와 N5 셀의 투자자 총지분을 기준으로 우선주 주주에게 청산우선권 부분이 충족된 후 남는 자금을 할당한다. 이는 투자자들이 안 좋을 시에 보호를 받으면서 상방 부분에 참여할 수 있기 때문에 투자자들에게는 매우 유리한 시나리오이다. 그림 4.14는 다양한 투자회수 시 수치에 따른 총수익률 표를 나타낸다.

그렇지만 참가적 청산우선권은 상당히 공격적이어서 일반적으로 후원자가 대규모 자금을 필요로 하는 매우 위험한 투자에만 사용된다. 또한 투자 전 평가가 투자 후 평가보다 낮은 투자에 다른 투자자를 공동투자하도록 하는 방법으로 사용될 수 있다. 위험공유는 과도한 투자자보호와 더불어 편파적이어서 피투자자들은 보통 그러한 구조에 반대한다.

비참가적 청산우선권은 투자자가 잘 될 수 있는 부분을 강력히 제한

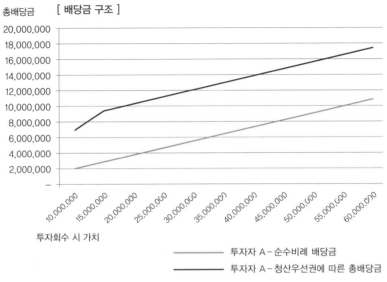

총배당금　　[배당금 구조]

투자회수 시 가치

투자자 A – 순수비례 배당금
투자자 A – 청산우선권에 따른 총배당금

그림 4.14 참가적 청산우선권하에서 투자자는 청산우선권이 없는 투자보다 항상 유리할 것이다.

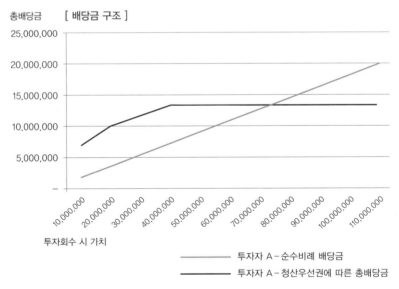

총배당금　　[배당금 구조]

투자회수 시 가치

투자자 A – 순수비례 배당금
투자자 A – 청산우선권에 따른 총배당금

그림 4.15 캡이 있는 참가적 청산우선권은 어느 정도 상방 부분을 허용한다.

하고, 참가적 청산우선권은 투자자에게 과도한 이익을 줄 수 있으므로 이러한 극단을 완화하기 위해 다른 구조가 만들어졌다. 캡이 있는 참가적 청산우선권이 그러한 구조 중 하나이다. '캡cap'은 투자금액의 배수를 나타낸다. Participating Liq Pref with Cap이라고 표기된 시트의 예시에서 볼 수 있듯이 E6 셀에는 3이 있음을 알 수 있다. 이는 우선주 투자자의 총수익이 3배를 초과하지 않는다는 것을 의미한다. 눈에 보이는 것처럼 그림 4.15는 다른 투자회수금액을 가정한 잠재수익률의 예를 나타내고 있다.

그림 4.15에서 수익률의 모든 특성들은 캡이 있는 참가적 청산우선권하에서 투자자 A가 받는 배당금의 변화하는 경사면에 따라 명백해진다. 경사면의 첫 번째 부분은 낮은 평가하에서 더 높은 배당금을 보여준다. 경사면의 두 번째 부분은 줄어들었고, 참여가 가능해짐에 따라 증가한다. 마지막으로 경사면의 세 번째 부분은 캡이 작동해 투자수익이 고정된 부분이다. 투자회수 시 주식가치가 약 7,500만 달러를 초과하면 순수비례 배당금이 더 나은 선택이다. 순수비례 배당금이 청산우선권을 초과한 첫 번째 비참가적 상황과 유사점이 있지만 캡이 있는 참가적 청산우선권에서 이렇게 되기 위해서는 투자회수 시 가치가 더 높아야만 한다.

[시나리오 1 경영기반 사례]

빠른 결과	
FCFF 값	$27,146,842
FCFE 값	$16,959,030
IRR	32.47%

[시나리오 13 청산우선권 감소]

빠른 결과	
FCFF 값	$27,146,842
FCFE 값	$16,959,030
IRR	29.80%

그림 4.16 청산우선권을 변경하면 IRR에는 영향을 주지만 평가에는 영향을 미치지 않는다.

솔레로 모델로 돌아가면 Rel Val 시트 17, 18행에 참가적 청산우선권이 가정되었음을 확인할 수 있다. Input 시트는 2x라고 가정하는 기본 경우의 청산우선권 금액을 뽑아낸다. 시나리오 13은 2x 대신 1x를 사용해 기본사례 청산우선권을 변경한다. 청산우선권의 감소는 기업의 가치가 아니라 투자자에게만 영향을 미친다는 것을 명심하라. 예상했던 대로 그림 4.16에서 수익의 감소를 볼 수 있지만 평가는 아니다.

앞서 언급했던 바와 같이 청산우선권이 가혹하게 사용될 수 있다는 것이다. 투자자가 이미 회사에 투자하고 있고 회사의 실적이 좋지 않은 경우, 추가자금이 필요할 수 있다. 만약 기존 투자자가 회사를 여전히 신뢰하고 있다면 그들은 그 자금라운드에 참가할 것이다. 그러나 회사가 제대로 기량을 발휘하지 못하고 있기 때문에 현재 가치가 이전 라운드보다 더 낮은 다운라운드가 될 충분한 가능성이 있다. 기존 투자자들 모두가 다운라운드에 참가하기를 원하는 것은 아니다. 기존 투자자 일부만 참여하기로 결정하고 다른 투자자는 그렇지 않은 경우 참가 투자자는 새로운 라운드에 대해 매우 공격적으로 청산우선권을 시행하고자 할 수 있다. 이것들은 때로 3x를 초과할 수 있다. 그러한 행동은 다른 투자자들이 참여하도록 동기부여를 제공하기 위해 취해진다. 그들이 그렇게 하지 않으면 새로운 라운드 우선권을 가진 투자자가 회수의 상당 부분을 차지할 것이므로 청산 시 지리멸렬될 수 있다.

[투자자기반 및 하방사례 만들기]

지금까지 작성된 13개의 시나리오 각각은 회사의 평가 그리고/또는 수익기대에 영향을 미친다.

한 걸음 물러나 평가과정은 전반적으로 경영관리 정보로 작성된 기본사례로 작업한 다음 데이터를 조사하고, 독립적인 관점을 형성하기 위해 상세한 실사를 수행한 뒤 그 지식을 모델에 통합해 평가와 수익에 미치는 영향을 확인했다. 그림 4.17에 민감도 결과를 요약했다.

외환 및 유통업체의 생산성 변화가 가장 큰 영향을 미치고, 자본지출을 변경하는 일은 거의 없다는 것을 알 수 있지만 이러한 상대적 차이의 일부는 각 스트레스의 수준에 기인한다. 시나리오 스트레스 수준은 어떻게 결정해야 하는가? 이 질문에 대한 간단한 해답은 없다. 오히려 실사과정에서 필요한 스트레스 수준이 나와야 한다. 예를 들어

시나리오	FCFF 값	% 기반	IRR	% 기반
시나리오 1 경영기반 사례	$27,146,842	100.00%	32.47%	100.00%
시나리오 2 매출원가 증가	$19,491,553	71.80%	29.00%	89.31%
시나리오 3 운송비 증가	$26,474,655	97.52%	32.19%	99.13%
시나리오 4 자본지출 증가	$27,107,487	99.86%	32.47%	99.98%
시나리오 5 유통업체 이윤폭 증가	$21,580,031	79.49%	29.97%	92.29%
시나리오 6 지역적 실패	$20,601,449	75.89%	28.96%	89.19%
시나리오 7 유통업체 감소 증가	$16,465,069	60.65%	27.99%	86.20%
시나리오 8 유통업체 생산성 감소	$11,865,557	43.71%	23.19%	71.41%
시나리오 9 현금 전환주기 증가	$26,477,416	97.53%	32.23%	99.26%
시나리오 10 품질보증비용 증가	$17,711,121	65.24%	28.02%	86.30%
시나리오 11 외환 평가절하	$10,848,410	39.96%	23.91%	73.62%
시나리오 12 비유동성 증가	$21,114,210	77.78%	29.15%	89.76%
시나리오 13 청산우선권 감소	$27,146,842	100.00%	29.80%	91.76%

그림 4.17 민감도 결과를 검토해 어떤 변수가 투자에 주로 영향을 미치는지 확인하라.

회사에 대해 자세히 알고 나면 자본지출에서 그들의 표준계획 이상으로 가장 가능성이 높은 증가는 새로운 전사적 자원관리 및 회계 소프트웨어를 구현하는 것으로 평가할 수 있다. 이 비용에 대한 보수적인 추정치는 10만 달러이지만 숫자가 의심스러우면 제3자 소프트웨어 공급업체와 비교해 확인할 수 있다.

외환 평가절하와 같은 보다 영향력 있는 다른 가정은 과거 실적을 토대로 평가할 수 있다. 제2장에서 언급했던 바와 같이 예측치를 뽑을 수 있도록 인도 루피에서 미국 달러로의 진환에 대한 오랜 역사가 있다. 위험선호도에 따라 가장 나쁜 5년(또는 10년) 수준으로 평가절하하

[시나리오 1 경영기반 사례]

빠른 결과	
FCFF 값	$27,146,842
FCFE 값	$16,959,030
IRR	32.47%

[시나리오 14 투자자기반 사례]

빠른 결과	
FCFF 값	$8,804,705
FCFE 값	$5,820,520
IRR	22.30%

그림 4.18 투자자기반 사례는 확인된 많은 개별 스트레스들을 결합한다.

[FCFF 민감도]

	LT 성장률				
WACC	0.00%	1.00%	2.00%	3.00%	4.00%
21.60%	8,573,250	9,275,574	10,205,556	11,495,299	13,403,624
22.60%	7,971,764	8,618,860	9,475,712	10,664,034	12,422,295
23.60%	7,418,100	8,014,707	8,804,705	9,900,310	11,521,386
24.60%	6,908,031	7,458,450	8,187,286	9,198,070	10,693,643
25.60%	6,437,741	6,945,874	7,618,717	8,551,848	9,932,523

그림 4.19 투자자기반 사례에 대해 동일한 평가 및 수익률 매트릭스를 실행해야 한다.

도록 인도 루피를 기획하거나 좀 더 과학적으로 지난 몇 년 동안의 변동성을 검토하고 앞으로 표준편차의 배수를 적용하는 방식을 취할 수 있다. 이것은 다른 많은 가정들에 대해서도 수행될 수 있다.

솔레로 모델에서 투자자기반 사례는 Input 시트 열 U에 생성되며 그 결과는 그림 4.18에 나와 있다.

투자자기반 사례는 이전의 열세 가지 시나리오의 측면을 취해 단일 사례로 통합했다. 물론 이것의 임팩트는 상당하지만 적절한 사고방식은 가정이 결과를 결정해야 한다는 것이지 그 반대는 아니다. 회사의 가치에 대한 경영진의 기대와 투자자가 믿어야만 하는 것에 있어 큰 차이가 있을 수 있음을 알 수 있다. 가능성의 범위를 확인하려면 Input 시트에서 시나리오 14를 선택한 채로 Output 시트로 가고, 민감도 버튼을 눌러 평가 및 관련 수익률 매트릭스를 실행해야 한다. 이 결과들은 Output 시트의 모델에 채워져야 하며 그림 4.19에도 나와 있다.

그림 4.19의 가치는 회사가치이며, 주식라운드 협상은 주식가치에 초점을 맞추어야 함을 명심하라. 이 값들은 대부분의 시나리오에서 회사의 가치가 1,000만 달러 미만임을 시사한다. 또한 Output 시트에 있는 수익률 민감도 표는 특정 지분가치로 투자가 이루어진 것으로 가정하고 있다. 이 모델은 FCFF/FCFE 결과에 따라 주식지분을 변경하도록 설정되지 않았다. 이 작업은 수동으로 수행되어야 한다. 지분에 대한 설정은 사전 실사결과에 기초해 2억 1,500만 달러의 지분가치로 고정 설정되어 있다.

피투자자가 높은 평가를 요구하는 경영진 사례에서 알고 있지만 투자자 사례 스트레스를 가정한 21.5mm 지분가치에 대한 수익률 민감도를 확인해야 한다. 그림 4.20은 최대 21.5mm 지분가치를 협상해야

EBITDA 배수	회수년도				
	2019	2020	2021	2022	2023
4	22.11%/2.72	20.45%/3.05	18.31%/3.24	16.58%/3.41	14.98%/3.51
5	23.39%/2.86	21.73%/3.25	19.39%/3.46	17.49%/3.63	15.72%/3.72
6	24.62%/3.01	22.95%/3.46	20.41%/3.67	18.36%/3.85	16.43%/3.93
7	25.80%/3.15	24.12%/3.66	21.38%/3.88	19.19%/4.07	17.10%/4.14
8	26.94%/3.30	25.23%/3.86	22.30%/4.09	19.98%/4.29	17.74%/4.35

그림 4.20 투지 후 주식가치 21.5mm의 압박된 투자자 사례에서도 어전히 유리한 수익를 기대치가 있다.

[시나리오 1 경영기반 사례]

빠른 결과	
FCFF 값	$27,146,842
FCFE 값	$16,959,030
IRR	32.47%

[시나리오 15 투자자 하방사례]

빠른 결과	
FCFF 값	$1,981,905
FCFE 값	$1,476,427
IRR	14.36%

그림 4.21 거의 모든 스트레스들을 합치면 회사에 대한 매우 낮은 평가를 보여준다.

[수익률 민감도]

EBITDA 배수	회수년도				
	2019	2020	2021	2022	2023
4	5.39%/1.30	5.29%/1.36	4.70%/1.38	4.09%/1.38	3.49%/1.36
5	6.28%/1.36	6.08%/1.42	5.30%/1.44	4.55%/1.43	3.81%/1.40
6	7.14%/1.41	6.83%/1.49	5.88%/1.49	4.99%/1.48	4.11%/1.44
7	7.97%/1.47	7.56%/1.55	6.45%/1.55	5.41%/1.52	4.41%/1.47
8	8.78%/1.52	8.27%/1.61	6.99%/1.60	5.83%/1.57	4.70%/1.51

그림 4.22 청산우선권이 감소하는 스트레스 상황에서는 IRR이 빠르게 떨어지기 시작한다. 이 표의 결과는 1x 청산우선권에서 생성되었다.

EBITDA 배수	회수년도				
	2019	2020	2021	2022	2023
4	−19.08%/0.35	−13.84%/0.41	−11.48%/0.43	−10.14%/0.43	−9.46%/0.41
5	−16.64%/0.40	−11.79%/0.47	−9.89%/0.48	−8.92%/0.47	−8.58%/0.45
6	−14.45%/0.46	−9.95%/0.53	−8.46%/0.54	−7.80%/0.52	−7.75%/0.48
7	−12.46%/0.51	−8.28%/0.60	−7.15%/0.60	−6.77%/0.57	−6.98%/0.52
8	−10.64%/0.57	−6.76%/0.66	−5.94%/0.65	−5.81%/0.62	−6.26%/0.56

그림 4.23 청산우선권이 없다면 하방사례의 경우 손해를 볼 상당한 위험이 존재함을 알 수 있다.

한다고 할지라도 여전히 많은 유리한 수익률 시나리오를 가지고 있음을 보여준다. 그러나 우리가 고려하지 않은 한 가지는 투자자기반 사례가 그다지 스트레스가 심하지 않다는 것이다. 가정한 것을 살펴보면 가치평가에 가장 큰 영향을 미치는 가정 중 한 가지인 외환 스트레스가 없어졌다. 이 항목과 다른 항목들은 Input 시트 V열에 제시된 투자자 하방사례에 추가되어야 한다. 그림 4.21에서 가장 영향력이 강한 스트레스들을 더하는 복합효과들에 대해 볼 수 있다.

하방사례 아래에서의 평가는 많은 피투자자들에게 제시될 경우 성공할 가망이 거의 없을 것이다. 하지만 이 사례를 운영하는 가치는 IRR에 있다. 앞서 살펴본 바와 같이 IRR은 매우 탄력적이다. 탄력성 이면의 이유는 두 투자자 모두에서 2x의 청산우선권이 협상되었다고 가정하기 때문이다. 1x 및 0x의 청산우선권을 가진 투자자 하방사례를 확인해야 한다. 그림 4.22와 4.23은 이 두 사례들의 수익률 매트릭스를 보여준다.

청산우선권을 바꾸는 연습으로 기대수익률에 있어 청산우선권이 얼마나 중요한지를 알 수 있었다. 청산우선권이 없다면 하방사례의 수익률은 모두 마이너스가 될 것이다.

하방사례에 포함된 외환 평가절하와 같은 많은 스트레스들이 발생할 수 있다는 점을 고려할 때 투자구조에 청산우선권을 넣는 것에 초점을 강하게 맞추어야 하며 주식투자자에게 요청해야 한다.

[전환가능한 부채구조로 잠재적 가치 간극 메우기]

솔레로의 경우에서 알 수 있듯이 경영자가 회사의 가치평가에 기대할 수 있는 것과 투자자가 기대하는 것과는 큰 차이가 있다. 흔히 여러 투자자와 함께 일하고 유사한 피드백을 받고, 투자자가 한 발짝 물러서서 더 많은 위험을 감수하고, 또는 이전 섹션에서 보았던 청산우선권을 포함하는 것과 같이 거래구조를 변경하는 피투자자에 의해 그 격차는 줄어들 수 있다. 이러한 시도들이 효과가 없고 여전히 큰 격차가 있지만, 양측이 여전히 거래를 종결하는 데 매우 관심이 있다면 전환가능한 부채구조가 해결책이 될 수 있다.

비공개기업 투자를 위한 전환가능한 부채구조는 전환사채와 유사하게 작용한다. 이 구조가 어떻게 작동하는지를 이해하기 위해서는 표준 전환사채가 어떻게 기능하는지를 살펴보아야 한다. 전환사채를 처음 접할 때 대부분의 사람들이 묻는 가장 기본적인 질문은 채권이 무엇으로 변환되는 것인가이다. 전환사채는 여러 가지 방법으로 구조화될 수 있지만 대부분은 부채수단에서 자본으로 전환된다.

전환사채 예시는 책 웹사이트의 제4장 엑셀 폴더에 제공되어 있다.

기본적인 전환구조를 분석하는 데 필요한 요소는 셀 D4:D11에 '기본 전환사채'라고 표시되어 있는 첫 번째 탭에 있다. 이러한 가정들에는 다음과 같은 사항들이 포함된다.

- 부채금액: 대출의 초기 원금 잔액

- 금리: 대출의 이자율. 이 예에서는 고정이율이지만 지수 위에 스프레드를 두는 변동금리가 될 수도 있다.

- 기간: 부채가 만기가 되는 시간

- 전환비율: 전환사채는 종종 부채가 채권마다 받는 주식 수를 반영하는 전환비율로 구성된다. 이 경우 1,000달러의 채권은 회사의 50주식으로 전환된다.

- 현재 주가: 부채를 발행하는 회사의 현재 주가

- 현재 시장이자율: 기본 시장이자율은 부채이자율과 다를 수 있다. 시장금리가 부채이자율보다 낮으면 그 채권은 프리미엄으로 책정되어야 한다. 시장금리가 부채이자율보다 큰 경우에 채권가격은 할인가로 매겨진다.

- 전환기한: 부채구조에 따라 부채보유자가 전환을 행사할 수 있는 기한이 있을 수 있다. 예시에서는 2년으로 설정되어 있다.

가정의 오른쪽에서 부채는 다수의 방법들로 분석된다. 첫 번째 단계는 셀 F4:J10에서 수행되는 부채상환 일정을 만드는 것이다. 여기에는 이자지불과 가정된 만기 원금 일시상환이 표시된다. K6:K10에서는 채권 현금흐름이 집계된다. 현재 시장금리로 현금흐름을 할인함으로써 채권의 현재 가치를 신속하게 계산할 수 있게 된다.

표준화된 부채투자를 검토 중이라면 채권가격 책정에 그칠 수 있지만 전환사채의 경우 잠재적인 주식가치를 분석해야 한다. 이를 위해서는 발행회사의 주가에 대한 기대치를 가질 필요가 있다. 셀 M5:M11은 현재 주가와 예상 미래 주가를 보여준다. 주식가치는 전환주식 수에 현재 주가를 곱해 각 기간마다 셀 N5:N11에서 계산된다. 주어진 2년의 전환기간 동안 셀 O6:O11에서 채권자가 2년 동안 채권을 보유하고 이자지불금을 수거하고, 주식으로 전환하는 현금흐름 시나리오를 볼 수 있다. 5년 후 채권보유자는 주식을 매각하기로 결정한다.

5년째에 주식가격이 모든 현금흐름의 현재 가치가 채권을 만기까지 보유하는 현재가치보다 높게 만드는 수준까지 오르기 때문에 전환분석을 통해 이 시나리오에서 채권보유자는 전환하는 것이 더 나음을 알 수 있다.[45] 이 동적 특성을 보다 잘 이해하려면 M8:M10에서 각 연도마다 주가를 21로 변경하라. 이는 주가가 소폭 상승하는 것을 의미하지만 수년간 일정하게 유지될 것이다. 이 시나리오에서 5년 후에 판매된다면 주식전환형 상품의 현재 가치는 최초 부채를 계속 보유하는 현재 가치보다 작을 것이다.

전환사채에 대한 기본적인 이해를 바탕으로 전환가능한 부채수단을 사용하는 회사에 투자하는 보다 관련성이 높은 사례로 나아갈 수 있다. 이 예제는 '전환부채투자'라고 표시된 그다음 시트에 나와 있다. 이들은 이전에 사용된 전환사채 예시와 많은 유사점들이 있다. 무엇보다 많은 가정들은 미리 알려져 있다.

---

45 이는 두 현금흐름 모두를 할인하는 데 현재 시장이자율을 사용하는 것을 가정한다. 일반적으로 주식 현금흐름은 자본비용으로, 부채는 시장 부채이자율로 할인되어야 한다.

- 투자금액: 회사에 투자될 금액이다.

- 이자율: 처음 부채가 발생하면 이자율이 있을 수 있다. 임팩트 투자에서 회사는 일반적으로 초기단계이므로 이자지불이 누락되고, 자본화될 수 있는 PIK(현물지불)로 이자지불이 짜일 수 있다. 일부 구조들은 이자가 아예 없을 수도 있다.

- 전환기간: 부채가 주식으로 전환될 때의 기간. 이자와 마찬가지로 이것은 많은 방법으로 구조화될 수 있다. 기간은 특정 날짜에 전환이 발생하는 경우 고정될 수 있다. 전환은 전환 날짜에 투자자가 전환할 것인지 채권자로 남을 것인지 선택할 수 있는 옵션이다. 투자자는 전환기한이 끝나기 전에 언제든지 전환할 수 있는 옵션을 선택할 수도 있다.

- 평가배수 및 배수기준: 전환투자에 있어 가장 중요하고 어려운 두 가지 협상 구성요소는 평가배수와 배수가 적용될 수 있는 기준이다. 이 두 요소들은 전환 시 투자자의 보유주식 비율을 결정하는 데 중요한 역할을 한다. 이 배수는 대개 간단하고 비교 가능한 회사 및 이해관계자들의 교섭력 분석을 기반으로 협상된다. 배수기준은 어떤 지표로든 설정할 수 있지만 초기단계의 회사에서는 EBITDA가 수년 동안 생성되지 않을 것으로 예상되기 때문에 보통 매출수익이 사용된다.

전환투자 분석을 완료하기 위해 회사 실적에 대한 모델링 가정이 필요하다. 솔레로 모델링 예시에서 보았듯이 상세한 재무예측 및 투자가치 평가 시나리오를 생성할 수 있다. 이 예시에서는 잠재적 회수 시나리오 속에 기본적인 수익 예상치를 만들 것이다.

전환투자의 실질적인 분석은 셀 F6에서 시작되며, 현금흐름은 투자로부터 나온다고 가정한다. 셀 G7과 G8에서는 2년 동안의 이자지급액을 계산한다. 이 예에서 전환투자자가 자신의 부채를 자본으로 전환하기로 선택해 H열에서는 원금을 받지 않는다고 가정한다.

소유지분을 계산하는 것은 그다음으로 중요한 단계이다. 이를 위해서는 회사 수익을 예측해야 한다. 이 예시에서는 현재 수익에 대비해 적용되는 간단한 성장률을 사용한다.

결정된 수익배수는 이전 투자 수익배수였다. '이전 투자' 구별은 가치평가가 이전 투자인지 이후 투자인지를 나타내기 때문에 매우 중요하다. 이전 투자와 이후 투자의 차이는 투자금액에 있으며, 따라서 소유지분은 하나에 대비해 다른 것을 사용할 경우 매우 달라질 수 있다는 것을 기억하라. 다른 중요한 조건은 주식배수에 있다. 즉 생성된 가치는 기업가치가 아니라 주식가치라는 것이다. 열 J는 시간경과에 따른 이전 투자 주식가치 평가를 나타낸다. 소유지분은 2년차에 계산되는데, 투자자의 투자금액이 주식가치와 투자금액의 합으로 나누어진다. 이전 투자 주식가치에 투자금액을 더하면 이후 투자 주식가치가 나옴을 유념하라. 투자를 이전 투자가치로 나눈 값이 투자 후 투자자의 소유지분이다.

이제 총투자수익률을 계산할 수 있다. 첫 번째로 회수시기와 투자가치를 결정지어야 한다. 이 예시에서는 투자종료 연도와 수익배수를 가정한다. J열의 회사 지분가치는 투자종료배수를 사용해 지분가치를 계산하는 식을 사용한다. 투자자의 주식 소유지분에 주식가치를 곱하면 투자자의 현금수익률을 결정하는 데 필요한 모든 것이 다 있다. 투자 IRR을 계산하려면 투자자가 받은 부채이자를 통합하는 것을 잊어서는 안 된다. 셀 C19 및 C20은 예시 시나리오의 IRR 및 머니배수를 보여준다.

[조건에 동의하기]

최고의 투자란 어떤 구성원들도 지나치게 행복하지 않은 것으로 알려져 있다. 매우 비관적으로 들릴지 모르지만 이 말의 원천을 따져보면 사실이다. 가치와 투자구조는 협상을 통해 양 당사자가 수용해야 한다. 한쪽 당사자가 너무 행복하다면 다른 쪽이 불만을 느낄 수 있으며, 투자가 진행됨에 따라 상대방이 철회할 수 있다. 더 심한 경우는 투자가 완료된 이후 나중에 불만이 발생하는 경우이다. 이것은 회사운영에 심각한 영향을 미칠 수 있다.

투자조건을 명확히 하고, 협상을 법적으로 확고히 하기 위해서는 주요 거래조건과 확실한 문서화가 필요하다. 투자과정에서 이 단계는 좀 더 운영적인 분석에서 특정 투자 메커니즘이 상세하게 문서화된 법적 분석으로 전환하게 된다. 제5장에서는 이를 세부적으로 다루는데, 투자평가와 구조에 의견을 같이 한다는 가정하에서 시작한다.

주요 거래조건과 최종 문서화

THE TERM SHEET AND DEFINITIVE DOCUMENTATION

구두계약만으로 거래가 확정되는 경우는 거의 없으며, 당사자의 권리와 보호를 수립하는 복잡성을 수반할 수 있는 기업투자의 경우에는 특히 그렇다. 궁극적으로 거래를 관장하는 문서는 공적인 구속력이 있는 계약 및 조항에서 굳어지지만 일반적으로 주요 거래조건이 먼저 만들어진다. 주요 거래조건은 거래내역을 서류상에 표시하며, 이해의 기반이 된다. 이는 자원 및 재무적으로 강도 높은 법적 실사를 시작하고 법률팀이 최종 문서를 공들여 만들도록 하기 전에 모든 당사자가 조건에 동의하게 하고자 하는 것이다.

[주요 거래조건]

주요 거래조건의 목적은 모든 당사자가 투자조건을 정확히 이해할 수 있도록 투자의 핵심 세부내용을 밝히는 것이다. 또한 투자를 완료하기 전 특정 상황을 통제하기 위해 주요 거래조건에 법적으로 구속력 있는 조항들이 있다.

기존 시장 참가자들은 이 섹션에서 임팩트 투자와 관련된 몇 가지 고유조항을 발견할 수 있을 것이다. 임팩트 투사는 이전에는 소홀했던 사회 경제적 인구의 특정 부문에 제품이나 서비스를 제공하고자 하는 것이다. 어떤 이유에서든 회사가 대상고객층에서 이탈해 고소득층을 위해 일하기 시작하면 원래의 사명에서 벗어나게 된다. 이러한 사회적 초점으로 인해 회사에 투자하는 투자자는 주요 거래조건의 여러 부문을 비롯해 궁극적으로 최종 문서에서 그들의 사회적 임팩트에 대한 초점을 보호해야 한다.

▶ 주요 거래조건의 개요

주요 거래조건은 거래유형 및 특정 투자구조에 따라 크게 다를 수 있지만 대부분 다음과 같은 핵심특성들을 나타낸다.

- 정의
- 거래 세부사항
- 주주보호 조항
- 이사회보호 조항
- 선행 및 후속조건
- 이사회 구성과 지배구조

- 매입, 매각, 전환권리
- 창업자/경영진 제한사항

각 부문별로 주제를 설명한 뒤 예시 표현을 보여주고, 임팩트 투자에 대한 특별한 고려가 필요할 수 있는 세부 부문을 작성한 다음, 투자자와 피투자자의 관점을 제공할 것이다.

▶ 정의

주요 거래조건은 회사, 거래당사자 및 투자유형을 나열하는 것으로 시작된다. 이들은 논쟁의 여지는 있을 수 있지만 보통 간단한 정의이다. 예를 들어 일부 개인 피투자자는 책임을 피하기 위해 지명을 피하려 하거나 실사를 거치지 않은 회사로부터 공동투자자가 투자하고 있음을 투자자가 발견할 수 있다. 주요 거래조건의 정의 부분은 거래에 참여한 사람 간의 협력을 확고히 하고 거래유형을 식별하는 과정이다.

법률문서의 정의 규칙에 익숙하지 않은 독자에게는 약간의 설명이 필요할 것이다. 알아두어야 할 주요 측면은 법률문서가 오해와 문서의 재사용을 방지하기 위해 정의된 용어를 도처에 사용한다는 것이다. 정의된 용어는 문서에 정의가 있고, 용어 주변에 인용부호가 둘러져 정의되어 있으며, 키이스 올맨 'Investor(투자자)'와 같이 대문자로 시작한다. 이것은 Investor('I'가 대문자로 되어 있는)가 사용될 때마다 키이스 올맨을 가리킨다는 것을 의미한다.

정의가 서로 매우 유사하게 들릴 수 있기 때문에 법적 문서를 읽을 때에는 극도로 주의해야 한다. 예를 들어 the Investor와 the Investors는 서로 다른 별도의 정의이다. 하나는 단일 투자당사자인 키이스 올맨을 의미하고, Investors는 복수의 당사자들을 의미한다. 또한 문서에서 사용하기 전에 용어를 정의하는 것이 관례임에도 불구하고, 문서에서 나중에 정의될 용어를 사용하는 많은 법률문서가 있다. 모든 문서는 전체적인 관점으로 읽는 것이 중요하다. 앞에서 다룬 내용을 기억하고 주요 거래조건의 시작 부분으로 넘어가자.

예시 표현

- 법인체: 케이맨 제도의 법률에 따라 설립된 유한책임회사인 솔레로는 '회사Company'로 불린다.

- 기존 주주들: 데시 말릭은 '기존 주주 DM'으로, 마이크 로는 '기존 주주 ML'이라고 불리며, 양 당사자를 총칭해 '기존 주주들Existing Shareholders' 또는 '창립자들Founders'이라고 한다.

- 신규투자자: 키이스 올맨은 '신규투자자New Investor'라고 불린다.

- 투자자들: 기존 주주들과 신규투자자를 총칭해 '투자자들Investors'이라고 한다.

- 기존 자본구조: 완전히 희석된 기준으로 제시된 회사의 주식자본은 Exhibit 1에 나타나 있다.

- 제안된 안정성 유형: 신규투자자는 전환가능한 회사의 Series A 우선주, 'Series A 우선주' 또는 '우선 주식'에 투자할 것이다. Series A 우선주 주주의 권리는 이 주요 거래조건에 제시된 조건과 일치해야 한다.

투자자 관점. 투자자가 알게 되는 첫 번째 항목은 솔레로가 유한책임회사(다르게 LLC라고 함)로 조직된 유형이고, 케이맨 제도에 설립되었다는 것이다. 투자자는 법률 및 세금을 이유로 투자하는 회사의 유형 및 소재지를 알아야만 한다. 이 단계에서 투자자는 주어진 주소지의 해당 회사에 투자할 때의 영향들에 대해 법률 및 세금자문을 구해야 한다.

정의 부분에서 투자자에게 중요한 또 다른 항목은 회사의 기존 자본구조이다. 투자자는 회사의 현재 소유구조에 대해 알아야 한다. 사실 주요 거래조건 이전에 이 주제는 초기에 알아야 한다. 소유권의 세부사항은 주요 거래조건에 나타나 있기 때문에 의외인 것은 없다.

'완전히 희석된 기준으로'라는 단어가 사용되었다는 것에 유념하라. 기존 주주가 주식으로 전환할 수 있는 옵션이나 워런트를 가지고 있다면 이들이 행사된 것처럼 제시되어야 한다. 그렇지 않으면 투자자는 가치를 협상하고, 소유권 비율을 설정하며, 옵션 또는 워런트의 행사에 의해 소유비율이 희석되는 위험에 직면하게 될 것이다.

투자자가 알고 있어야만 하고, 피투자자들과 함께 논의해야 하는 하나의 잠재적 희석요소는 종업원 지주제도ESOP이다. ESOP은 주식이 만들어졌지만 훗날 직원에게 주식을 발행하기 위해 지금은 할당하지 않는 회사를 위해 특별히 고안된 프로그램이다. 이러한 주식은 향후 핵심인재를 유치하고 유지하는 데 필요하다. ESOP이 없다면 투자자는 투자 이전에 조건으로 하든 예상 소유비율의 일부로 계산하든 ESOP을 만들 계획을 세워야 한다.

피투자자 관점. 주요 거래조건 시트의 이 부분에서 피투자자를 위한 주요 초점은 제안된 안정성 유형이다. 이 부분에서 피투자자가 알아야 할 중요한 항목은 투자유형의 기술어이다. 예를 들어 앞의 예에서 '전환'과 '우선'이라는 단어가 눈에 띈다. '전환'이라는 용어는 많은 의미를 내포할 수 있으므로 피투자자는 나중에 주요 거래조건에서 전환조건을 정의하는 용어를 찾아야 한다. 특히 우선주에서 말하는 전환은 일반적으로 보통주로의 전환을 의미한다. 이것은 제4장의 끝부분에서 논의된 전환가능한 부채구조와 혼동되어서는 안 된다. 이러한 전환물은 주식화되는 부채이다. 전환가능한 부채구조가 사용된다면 투자유형은 우선주가 아닌 전환가능한 옵션이 있는 채무증권이 될 것이다.

우선주가 보통주로 전환되는 개념으로 돌아가서 그러한 고안에는 몇 가지 주요 이유들이 있다. 첫 번째 이유는 싱딩한 금액의 자본을 회사에 투자하는 새로운 주주는 투자를 하기 위해 우선권을 요구할 수 있다. 이러한 우선권은 이미 논의된 청산우선권 같은 항목 또는 이 장의 뒷부분에서 탐구할 다른 보호 특징이 포함될 수 있다. 두 번째 이유는 우선주가 일반적으로 신규공모IPO 시 보통주로 전환된다는 것이다. 전환비율은 일반적으로 1:1로 설정되지만 이것은 희석방지규정에 따라 바뀔 수 있으며, 이 장에서 더 자세히 논의될 것이다.

▶ 거래 세부사항

거래당사자와 투자유형이 알려진 상태에서 다음 단계는 실제 투자에 대해 자세히 다루는 것이다. 이 부분에서는 투자금액, 취득한 주식 수, 투자라운드에 부합하는 가치평가 및 투자라운드가 자본구조에 미치는 투자라운드 임팩트를 명시해야 한다.

예시 표현

- Series A 우선주 투자라운드의 일환으로 신규투자자는 한 주당 5달러의 가격으로 20만 Series A 우선주에 대해 100만 달러(신

규투자)를 투자할 것이다.

- Series A의 우선주 투자라운드는 2,150만 달러 이후 투자가치 평가에 해당되는 2,050만 달러의 완전 희석화된 이전 투자가치 평가를 기반으로 한다. Exhibit 1과 2는 회사의 이전과 이후 투자자본화를 명시해야 한다.[46]

- 언제든지 보유자의 재량에 따라 전환가능한 Series A의 우선주는 전환율을 기준으로 보통주로 전환할 수 있다.

- 적합한 기업공개QIPO 이전에 신규투자자는 Series A 우선주를 보통주로 전환할 것이다.

- 투자 이후 회사는 ESOP 풀을 회사의 할당되지 않은 10%까지 늘릴 것이다.

투자자 관점. 투자자는 조건이 이전에 이루어진 구두계약에 부합하는지 확인해야 한다. 이 경우 ESOP은 투자 후 최대 10%까지 자본화되어야 한다는 것에 유의하라. 이것은 투자자가 현재 ESOP이 얼마든지 간에 최대 10%까지 증가하는 것을 고려할 필요가 있음을 의미한다. 가장 중요한 것은 투자 이후의 자본화 표는 기대치와 이전의 협의사항들을 반영해야 한다는 것이다.

QIPO라는 용어는 이 섹션에서 언급되었으며 투자자가 이해해야 할 또 다른 항목이다. 이 장의 뒷부분을 통해 모든 최초 공모는 투자자에게 이상적이지 않을 수 있으며, 적합한 공개공모를 확립하기 위해서는

---

46 예시 계산은 솔레로의 예시와 관련되어 있으며, New Shareholder 2의 LT Capital 시트 45행부터 시작해볼 수 있다.

확실한 기준이 있음을 확인할 것이다. 이 표현을 사용하는 것은 최소한의 기준을 충족시키지 못함으로써 투자자의 수익을 위험에 빠뜨리는 공모로부터 투자자를 보호하기 위한 것이다.

피투자자 관점. 피투자자는 이 섹션에서 투자자와 비슷한 우려사항들을 알아야 한다. 가장 흔한 혼란은 자본화 표에 영향을 줄 수 있는 ESOP 풀과 요소들인 경향이 있다. 피투자자들은 투자자가 투자 전에 ESOP 풀을 늘리라고 요청하면 기존 주주의 소유권이 희석될 것임을 인지하고 있어야 한다. 이와 같은 상황에서는 투자에 이어 ESOP 풀이 증가하게 되므로 모든 당사자가 희석상황을 맞이할 것이다.

》주주보호 조항

투자자는 투자금액과 위험허용치에 따라 보호 조항이 필요할 수 있다. 일반적으로 중요한 소수의 투자자들(회사의 10~49%)은 소수자의 권리를 필요로 한다. 이러한 권리들은 주주 투표요건 또는 이사회 승인권한을 통해 여러 방식으로 행사될 수 있다. 이러한 투표권에는 여러 가지 변형들이 있을 수 있지만 종종 주주 권리와 이사회 권리의 둘로 나누어진다.

검토할 첫 번째 유형의 권리는 주주 권리이다. 이는 우선주 소유지분비율에 따라 달라질 수 있으며 또한 동일한 주식클래스에 여러 명의 투자자가 있는 경우 투자자, Series 주주의 대다수 혹은 상위 대다수의 투표를 필요로 한다. 다음 예시 표현은 공통의 우선주 주주 권리를 나타낸다.

예시 표현

처음 발행된 Series A 우선주의 최소 15%가 그대로 있는 경우(재편성, 주식분할 등으로 조정되고), Series A 우선주의 대다수 찬성표는 다음과 같은 행동조치에 필요하다.

1. 변경사항이 Series A 우선주의 권리, 특권, 우선권, 권한 또는 제한사항에 부정적인 영향을 미치는 경우 회사 또는 자회사의 정관 혹은 내규를 변경하거나 개정한다.

2. 모든 새로운 주식, 새로운 클래스 또는 일련의 주식, 옵션, 워런트 또는 주식을 신청, 취득 또는 청약할 수 있는 다른 권리를 만들거나 승인한다.

3. Series A 우선주의 승인된 수를 줄이거나 늘린다.

4. 회사 또는 자회사와 관련된 모든 자산매각, 합병 또는 기타 인수 혹은 구조조정을 승인한다.

5. 회사 또는 자회사 자본주식의 매입, 매각, 상환 또는 기타 취득을 승인한다. 직원, 이사 또는 컨설턴트의 만료 시 이는 이사회가 이미 승인한 주식제한협약에 따른 환매를 제외한다.

6. 회사 또는 자회사의 해산 또는 청산을 승인한다.

7. 채무투입을 통해 회사나 자회사의 자산 전체 또는 거의 대부분에 근저당 설정을 하거나 선취특권security interest을 부여한다.

8. 회사의 Series A 우선주 또는 보통주와 관련해 배당금이나 지불금을 공표하거나 지급한다.

9. 이사회에서 활동하는 이사의 수를 변경한다.

10. 회사 또는 자회사의 회계감사관을 변경한다.

투자자 관점. 이들이 투자자 권리라는 것을 감안할 때 각각은 투자자에게 의미와 이유가 있다. 이는 해당 번호에서 다음과 같이 논의된다.

1. 이러한 권리들 중 가장 첫 번째인 회사조례 또는 법인문서에 대한 변경을 승인하기 위한 요건은 가장 기본적이고 근본적이다. 사실 회사의 핵심문서를 변경하면 당사자들의 권한을 변경할 수 있기 때문에 다른 권리는 이 권리에 비해 부차적이다. 당연한 말이지만 주요 투자자들은 그들이 투자하는 회사가 핵심 회사문서를 변경함으로써 그들의 투자조건을 임의로 변경하지 못하도록 해야 한다.

2. 허가받지 않고 신주를 발행하는 것은 양 당사자에게 확실히 해야 한다. 이는 모든 당사자의 소유권을 희석시키고 투자가치에 큰 영향을 줄 수 있다. 그렇지만 보호가 옵션과 같이 주식으로 전환할 수 있는 항목들을 망라하도록 하기 위해서는 문서작업이 필요하다.

3. 2번과 마찬가지로 동일한 주식클래스를 추가로 발행하는 것은 사전에 논의되고 합의되지 않는 한 명확히 금지되어야 한다.

4. 주요 투자자의 승인 없이 회사 또는 자산을 판매하는 것은 특히 판매된 가치가 투자자에게 적은 수익을 가져다주는 경우 문제가 될 수 있다. 투자자 또는 대다수의 투자자들은 판매 또는 합병을 승인할 권리가 있어야 한다. 회사를 판매하는 데에는 여러 가지 방법이 있기 때문에 법적 문서의 최종본을 작성할 때 이 조항에 주의해야 한다. 예를 들어 회사를 작은 조각으로 나누어 파는 것은 총금액이 X가 되는 일련의 자산판매는 금지된다고 밝히는 조항에 의해 처리되어야 한다.

5. 회사의 통제권을 변경하는 또 다른 방법은 기존 주식을 매각하

는 것이다. 5번은 자본주식의 판매가 승인을 받아야 하는 것에 대해 다루고 있다.

6. 4번 및 5번과 유사하게 판매 외에 회사를 해산하거나 청산할 때는 승인이 필요하다.

7. 투자자가 걱정해야 할 또 다른 문제는 부채이다. 부채는 자본은 말할 것도 없고 우선주보다도 우선권을 가지고 있다. 회사가 부채를 떠안게 되면 기존 주주에게 악영향을 끼칠 수 있다. 여기에 사용되는 또 다른 핵심단어는 주식 투자자가 투자한 자산이 부채보유자 또는 경영진의 담보에 의해 저당을 잡히는 '제한물권encumbrance'이다.[47]

8. Series A 우선주 주주들에게 배당금이 지불되면 투자자가 원하는 것보다 빠를 수 있다. 배당을 원하지 않는 것은 반직관적인 것처럼 보이지만 그러한 지불을 둘러싸고 여러 가지 고려사항이 있다. 첫째, 투자자는 회사가 다른 성장 관련 용도로 자금을 필요로 한다고 인지할 수 있다. 이러한 자금이 없으면 회사의 전반적인 가치가 낮아지고 투자의 전체적인 가치가 줄어들 것이다. 둘째, 배당금을 받으면 세금에 영향이 있기 때문에 투자자는 배당금을 받을 준비가 되어 있어야 한다.

9. 주주들은 대개 이사회에서 활동하는 이사 수에 투표한다. 중요한 소수 투자자의 경우 이사회의 투표가 중요하며, 만약 주주의 동의 없이 더 많은 이사들이 추가되는 경우 사전정의된 이사진 권한과 관련된 중요한 문제에 대해 투표를 한 것으로 나타났다(이 장의 다음 섹션에서 볼 수 있다).

---

47 어떤 재산에 관해 (그 재산보유자 이외의) 타인이 갖는 각종 권리나 이익을 총칭하는 용어로 주로 부동산과 관련해 사용되지만 동산이나 주식 같은 유가증권 등에 대해서도 사용될 수 있다. ─ 옮긴이

10. 회계감사관의 변경은 사소한 것처럼 보일 수 있지만 회계감사
    관은 중요한 제3자로서 회사운영에 대한 투명한 창을 제공한
    다. 회계감사관이 현지 회사 또는 창업자의 가족이나 친구로
    바뀌면 투명성 문제가 생길 수 있다. 감사관 선출은 보통 주
    주들에게 맡겨진다.

피투자자 관점. 이 예시에서 투자자보호 조항은 매우 포괄적이며 피투자
자는 자신과 자신의 사업에 미치는 영향을 인식해야 한다. 투자자보호
조항이 사업을 방해하거나 피투자자의 수식에 해로울 경우 투자자의
요청에 대한 추론을 이해해야 한다. 투자자는 보호에 대한 명확하고도
합당한 이유를 제시해야 하며, '그것이 표준이기 때문에'라는 이유를
대거나 의존해서는 안 된다.
　열 가지 주요 사항들에 대해 각각 알아보도록 하자.

1. 피투자자는 지배주주의 승인 없이 핵심 사업서류를 변경하려
   고 시도하지 않을 것에 동의해야 한다. 주요 거래조건 단계에
   서 협상의 많은 부분이 주주협약에 들어갈 것이며, 결과적으로
   정관을 수정하게 될 것이다. 모든 핵심개념 소개는 주요 거래
   조건 작성 시 이루어져야 한다. 핵심개념들은 주요 거래조건의
   일부여야 하기 때문에 주주의 동의단계 때까지 기다리는 것은
   곤란하다.

2. 1번과 마찬가지로 새로운 종류의 주식을 발행하는 것은 지배주
   주의 요청 없이 이루어져서는 안 된다.

3. 동일한 주식클래스에 대해 추가로 주식을 발행하는 것은 주요
   투자자가 유지해야 하는 보호 조항이다.

4. 주요 투자자들은 회사의 자산 또는 회사 자체를 판매하는 사안에 있어서는 투표를 해야 한다. 그러나 피투자자들은 어떤 대규모 판매가 이러한 보호 조항의 일부로 구성되지 않도록 해야 한다. 대규모 자산판매가 발생할 수 있는 경우, 이것은 정상적인 사업과정에서 회사발전을 저해할 수 있다. 크거나 상당한 규모의 판매가 무엇인지 정의하기 위한 한계치를 정하는 것은 양 당사자들의 우려를 완화하는 방법이다.

5. 자본주식의 판매는 피투자자 계획의 일부가 될 수 있다. 주요 투자자들이 투자할 때 창업자와 경영진에 대한 제한사항이 있을 수 있다. 작은 규모의 카브아웃carve out[48]에는 동의할 수 있지만 투자자들은 피투자자와 경영진이 계속 회사에 전념하고 있음을 확인하고 싶어 하며, 주식지분의 상당 부분을 유지하길 원한다.

6. 일들이 잘못되고 피투자자가 회사를 해산하거나 청산하기를 원한다면 주요 투자자들이 손실을 분담하게 된다. 그들은 보통 해산 또는 청산계획을 승인할 권리가 있어야 한다.

7. 부채는 투자자가 유연성을 확보해야 할 또 다른 영역이다. 초기단계의 회사가 수백만 달러의 부채를 지는 것을 허용하지 않는 것은 명확히 합리적인 이유가 될 수 있지만 회사에 2만 5,000달러가 필요한 경우에는 어떻게 해야 할 것인가? 주요 소수 투자자들의 승인을 받아야 하는가? 이로 인해 불필요한 시간과 자원이 승인을 얻는 데 소비됨으로써 피투자자의 사업을 방해하게 된다. 그러므로 투자자 승인을 요구하는 부채에 대한 한계점이 있어야 한다.

---

48 기업이 특정 사업부문을 분해해 자회사를 만든 후 이를 증시에 상장시키거나 매각하는 행위(출처: 한경 경제용어사전).

8. 주주가 원치 않을 때 피투자자가 배당금을 지불하는 것은 드문 경우이다. 그러나 일부 주주가 배당을 원하고 다른 사람들은 아닐 때 이런 상황이 발생할 수 있다. 회사의 정관은 배당금에 대해 투표권을 행사하고 이를 수령하는 투자자층의 권리를 명확하게 기술해야 한다. 피투자자는 나중에 의견충돌을 막기 위해 기존 주주 및 신규주주가 이를 이해하는지 확인해야 한다.

9. 이사진은 투자라운드 중에 정해져야 한다. 이사회의 모든 변경사항에는 주주 투표가 필요하다. 피투자자는 기여도와 부가가치 면에서 이사진으로 누구를 원하는지 신중히 생각해야 한다.

10. 겉으로 보기에도 좋지만 피투자자는 평판이 좋은 투명한 정보를 제공해야 한다. 회계감사관은 이를 위해 가장 중요하며, 감사기관을 지속적으로 바꾸는 것은 좋지 못한 신호가 될 수 있고, 시기적절하게 재무제표를 제공하는 데 문제를 발생시킬 수 있다.[49]

》 이사회보호 조항

주주 권리는 매우 중요하지만 이사회 차원에서도 결정이 내려진다. 중요한 소수 투자자들은 보통 적어도 선출이사를 요구할 것이다. 어떤 중대한 사안들에 대해 주요 소수 투자자는 승인 또는 거부권을 요청할 수 있는데 승인과 거부권 사이에는 약간의 차이가 있다. 엄밀히 따지자면 승인권이 더 강하다. 언뜻 보기에는 그렇지 않을지 모르지만 이사 정족수에 관해 논의할 때 왜 승인이 거부보다 투자자에게 더 나은지 다시 검토해볼 것이다.

---

49 보통 정보용이성 또한 필요하다. 따라서 적시에 정보를 제공할 수 없게 하는 피투자자의 어떤 행동도 회사에 대한 의무를 위반할 위험이 있다.

지금은 이사회에 합류할 때 투자자가 요구할 수 있는 승인 또는 거부권을 이해하는 데 초점을 맞출 것이다.

예시 표현

신규투자자가 지명한 이사의 승인을 포함해 이사회의 사전 승인 없이는 회사나 어떤 자회사도 하지 말아야 할 것들.

1. 이사회에서 근무하는 이사진 수 증가

2. 회사의 ESOP 또는 어떤 다른 주식옵션 계획의 규모 확대

3. 어떤 지적재산이라도 허가, 양도 또는 근저당 설정

4. 연간 사업계획에 동의하지 않았다면 회사의 어떤 중역들에 대해서도 보상을 취소하거나 수정

5. 일반 업무의 일부가 아니라면 위임장을 발급

6. 연간 사업계획(Business Plan)을 수정하거나 승인

7. 합의된 사업계획에 명시된 것 이외에는 한 건당 50만 달러[50] 또는 합계 100만 달러를 초과하는 자본지출을 약속

8. 합의된 사업계획에 명시된 것 이외에는 한 건당 25만 달러 이상 또는 합계 75만 달러 이상의 부채발행

9. 합의된 사업계획에 명시된 것 이외에는 한 건당 10만 달러 이상 또는 합계 100만 달러를 초과하는 회사 유가증권에의 투자 또는 물질적 자산구입 약속

---

50 예시 주요 거래조건에 제시된 수치는 시연용이다. 주요 거래조건을 협상할 때 이 수치들은 당면한 회사의 운영상 필요에 맞게 조정되어야 한다.

투자자 관점. 투자자는 사업을 관리하는 과정에서 발생할 수 있는 일들에 관심이 있음을 확인할 수 있었다. 다음 지적은 이사회보호 조항의 각 부분에 대한 것이다.

1. 이사회 투표를 통해 이사진을 늘리는 것은 제한되어야 한다.

2. 주주 투표와 마찬가지로 이사회는 ESOP에 투표할 수 있는데, 이는 불필요한 희석을 피하기 위해 제한되어야 한다.

3. 현대 비즈니스에 투자하는 데 있어 중요한 요소는 지적재산이다. 특히 사회적 기업가 정신이 있으면 새로운 방법, 서비스 또는 제품이 만들어지고 사용된다. 투자자는 이러한 것들에 가치를 부여하고 회사가 이들을 보유할 수 있도록 해야 한다.

4. 초기단계의 회사에서는 투자자가 경영진에 크게 투자했다. 이들은 사업계획을 실행하고 회사를 성장시키기 위해 투자자가 사업을 맡긴 사람들이다. 이사들 중 일부가 동의하지 않고 경영진을 제거하기 원한다면 투자한 투자자는 그에 대해 신중해야 한다.

5. 위임장을 발행하는 것은 때때로 이사회 권한의 한 방법으로 간주되지만 이것이 위임장의 본 목적이 되어서는 안 된다는 것은 분명하다.

6. 연간 사업계획을 개정하고 승인하는 것은 이사회의 중요한 임무이다. 그것은 경영진에게 필요한 감독과 회사에 있어서의 적정한 수준의 참여이다. 이사회 임원들은 회사를 운영해서는 안 되지만 전략을 수립하는 데 도움이 되어야 한다.

7. 주요 소수 투자자는 자본투자를 위해 수익금을 사용하는 것에 대해 우려할 수 있다. 연간 사업계획 이외의 투자는 신중하게

통제되어야 한다.

8. 어떤 이유에서건 회사가 부채를 지게 될 경우 주요 소수 투자자는 이 문제에 대해 약간의 재량권을 가져야 하는데, 이는 청산 시나리오에서 어떤 부채라도 우선주에 앞설 것이기 때문에 특히 그렇다.

9. 대부분의 회사에서 드문 경우지만 경영진은 자금조달라운드 수익을 다른 증권에 투자해서는 안 된다. 많은 보호 조항의 목적은 제공된 돈이 의도한 대로 사용되도록 하는 것이다.

피투자자 관점. 피투자자는 앞서 언급한 많은 항목들에 대해 매우 명확한 이해관계가 있다.

1. 이사회는 동의에 의해서만 확장되거나 변경된다는 사실이 명백해야 한다. 피투자자는 새로운 투자자가 투자자의 최고 이익을 대변하는 이사와 함께 들어옴을 고려해야 한다. 새로운 투자자의 이사회 투표권이 축소되는 방식으로 갑자기 이사회에 변경사항이 생기거나 변화하게 되면 새로운 투자자에게 가치 있던 많은 보호장치들이 사라질 수 있다.

2. 다른 문제들과 마찬가지로 ESOP 변경은 투자시점에 이루어져야 하고, 그 이후에는 안 된다.

3. 피투자자가 지적재산을 창출하고 투자자가 이를 기반으로 하는 회사에 투자하게 되면 피투자자는 회사에 지적재산권을 양도해야 한다. 피투자자가 아이디어, 제품 또는 서비스에 깊은 연관성을 느낄 수도 있지만 투자자는 제시된 지적재산권에 대해 상당한 양의 가치를 반드시 인지함을 인식할 필요가 있다.

4. 투자자가 경영을 하고 있는 동안은 경영진의 위치가 이사회의 승인사항이기 때문에 피투자자는 안심해도 된다. 이것은 새로운 투자자 이사가 경영진을 제거하거나 급여체계를 변경할 수 있다는 것이 아니라 보상을 고려하는 경우에만 보상의 삭제 또는 변경을 승인할 수 있을 뿐이다.

5. 특정 위임장이 필요한 경우도 있지만 변호사가 회사에 관한 중요한 결정을 내릴 수 있도록 권한을 부여하는 무제한의 권한을 갖는 것이 좋은 관행이 아니라는 사실을 피투자자는 알고 있어야 한다.

6. 연간 사업계획을 관리하면서 경영진과 이사들 간의 대립이 발생할 수 있다. 일부 피투자자들은 한 명의 이사가 연간 사업계획을 승인하지 않음으로써 사업을 정체시킬 수 있다고 우려할 수 있다. 이는 합당한 우려지만 투표 및 정족수 규칙을 적절히 구성하면 완화될 수 있다. 한 명의 이사가 다른 이사들이 지지하는 연간 사업계획에 계속해서 반대하기란 쉽지 않다. 유일한 경우는 이사진이 없을 때일 것이지만 정족수 규칙이 올바르게 설정되면 피투자자는 걱정할 필요가 없다.

7. 피투자자는 일반사업에 적합한 자본지출 기준액에 대해 협상해야 한다.

8. 피투자자는 일반사업에 적합한 부채수준 임계값에 대해 협상해야 한다.

9. 마지막으로 피투자자는 일반사업에 적합한 투자수준을 협상해야 한다. 이에 대한 한 가지 예외는 초기 투자자금이 즉시 인출되지만 일정 기간 동안 활용되지 않은 경우이다. 안전한 투자계정은 투자자금을 일시적으로 보관할 수 있는 좋은 장소이다.

〉 선행 및 후속조건

초기단계 투자의 여러 상황에서 투자자가 투자하는 데 필요한 것에 대해 피투자자들이 고려하지 않는 것들이 있다. 특히 임팩트 투자에 있어서 거래를 성사시키는 데 필요한 특별한 조건들이 있을 수 있다. 이는 선행 및 후속조건을 만듦으로써 대체적으로 극복이 가능하다.

선행 혹은 후속조건에는 세 가지 중요한 구성요소가 있다.

1. 필요한 조치 설정하기
2. 조치가 선행적 또는 후속적으로 되도록 사건 설정하기
3. 조건이 충족되는지 확인하기 위한 방법 만들기

양 당사자들은 선행 및 후속조건들이 달성가능하고 검토할 수 있도록 현실적이어야 하므로 이들을 신중하게 고려해야 한다.

예시 표현

Series A 우선주의 최종 문서에 대한 신규투자자의 서명은 다음과 같은 기존 주주들의 서면승인 조건들을 충족시키는지 여부에 달려 있다.

• Series A 우선주 투자라운드와 Series A 우선주의 보통주로의 잠재적 전환에 필요한 주식의 수 허가하기

• Series A 우선주 주식등급 만들기

• 신주인수권을 포기하고 신규투자자에게 주식발행하기

• 신규투자자를 만족시키기 위해 회사의 사업, 법률, 회계 및 기술실사 완료

• 기존 투자자들과 신규투자자가 합의한 대로 새로운 지주회사
  설립을 위한 모든 규제 및 법적 승인

투자자 관점. 최종 문서는 나중에 소개되겠지만 이들은 기본적으로 신주발행계약SSA: Share Subscription Agreement과 구주인수계약SHA: Shareholder's Agreement이다. 이러한 문서들은 투자를 굳건히 하지만 투자자에게는 제공할 주식이 있고 '깨끗함clean'이 보장되어야 한다. 용어 'clean'은 주식에 대한 논란이 없고 소송 우려 없이 배분될 수 있음을 의미한다. 또한 투자자는 주요 거래조건 서명 후에나 시작할 수 있는 모든 실사, 특히 법적·회계적 실사를 완료할 수 있는 시간을 부여받아야 한다.

피투자자 관점. 앞서 제시된 최종 문서 서명의 선행조건들은 투자자의 정당한 요구이다. 그러나 선행조건이 불공평해질 수 있는 상황이 있을 수 있다. 예를 들어 투자라운드가 공동투자자를 찾는 것을 전제로 한다면 새로운 투자자는 주요 거래조건 서명 이전에 공동투자자를 필요로 할 수 있다. 그러나 비정상적으로 신경을 써서 새로운 투자자를 고르게 되는 경우, 이는 회사에 필요한 투자를 지연시킬 수 있다. 피투자자는 승인이 부당하게 보류되지 않도록 하는 조항 혹은 시간제한을 두어야 한다.

　선행조건의 또 다른 유형은 자금조달 이전의 것이다. 이들은 최종 문서에 서명한 후에 그러나 자금이 이전되고 투자라운드가 종료된 것으로 간주되기 전에 취하는 조치에 중점을 둔다.

예시 표현

Series A 신규투자에 대한 신규투자자의 지급금은 다음 조건들을 충족해야 한다.

- 최종 문서는 모든 당사자들에 의해 실행되었다.

- 정관은 신규투자자가 수용할 수 있는 형식으로 새로운 최종 문서에 맞게 개정되었다.

- 회사의 사회적 사명을 사업목표의 일부로 해 최종 문서에 통합시키고 정관을 개정했다.

- 필요한 모든 허가, 승인 및 동의가 처리되었다.

- 거래종결 확인서closing certificate가 전달되었다.

- 신규투자자가 지명한 이사가 합리적으로 수용할 수 있는 수준 및 조건으로 임원배상책임D&O보험을 제공해야 한다.

- 현재 직원 및 컨설턴트는 신규투자자가 수용할 수 있는 형태로 비밀유지 및 소유권 양도 계약을 체결했다.

- 회사와 관련해 중요한 부작용을 가져올 수 있는 변경사항은 발생하지 않았다.

투자자 관점. 대부분의 경우 이러한 요구사항은 회사의 투자에 있어서 기본적인 것이다. 임원배상책임보험의 세부사항은 새 이사가 책임에 대해 적절하게 보상받기를 원하지만 초기단계 회사는 비용을 통제해야 하므로 문제가 발생할 수 있다. 불리하게 변경된 중요 조항은 피투자자에게 걱정을 끼칠 수 있지만 투자자는 실사가 완료된 이후로 중요한 것이 아무것도 변하지 않았음을 확인할 필요가 있다.

회사의 사회적 임무수행을 최종 문서화에 통합하는 것이 두드러진 독특한 조항이다. 임팩트 투자자들은 회사가 사회적 사명에 계속 초점을 맞추고 있는지 확인하고자 한다. 조항들은 이 부분에서 약할 수 있지만 선택적인 구속과 같은 다른 섹션에서 더 많은 반향을 일으켜 강화될 수 있다.

피투자자 관점. 앞선 선행조건들에 있어서 피투자자가 가지고 있어야 할 유일한 점은 '새로운 투자자가 수용가능한'이라는 문구가 삽입된 몇 가지 항목이 있다는 것이다. 소유권 양도와 같은 항목의 경우 법적 전문 용어로 언어가 매우 상세해진다. 이것은 모든 당사자에 적용되는 최종 형태에 동의하기 위해 숙고를 요구할 수 있다.

사회적 사명에 관련된 조항이 너무 구속적이라면 피투자자의 우려를 야기할 수 있다. 미래의 자금조달라운드에서 피투자자가 주류 투자자를 유치하려는 경우 어떻게 할 것인가? 현재 라운드 최종 문서의 언어로 인해 주류 투자자가 투자하지 못하게 할 것인가?

▶ 이사회 구성과 지배구조

최종동의서의 다음 핵심섹션은 이사회, 그 구성 및 지배구조에 초점을 두고 있다. 이것은 지루한 세부사항처럼 보일 수 있지만 회사에 중대한 영향을 미칠 수 있는 중요 결정은 이사회 차원에서 이루어진다.

예시 표현

1. 이사회는 기존 주주가 임명한 이사 두 명과 신규투자자가 임명한 이사 한 명으로 된 세 명의 이사로 구성될 것이다.

2. 이사회 회의 전에 회사는 회의 중에 논의되고 투표될 항목을 명시한 회의 의제를 발송할 것이다. 이사회 회의를 위한 정족수는 신임투자자 이사가 회의에 참석하는 것을 전제로 해 두 명의 이사가 될 것이다. 만약 신규투자자 이사가 적절하게 공지된 회의에 참석하지 않고 다른 정족수 요건이 충족되는 경우, 회의는 영업일 기준 10일 후까지 연기될 것이다. 신규투자 이사가 다음 회의에 참석하지 못하고 다른 정족수 요건이 충족되면 신규투자자 이사는 회의에 참석한 것으로 간주되며, 회의의 의제를 승인했다고 상정된다.

3. 이사회 결정은 새로운 투자자 이사의 승인을 필요로 하는 결정을 제외하고는 정족수가 존재하는 단순 다수결 기준으로 결정될 것이다.

투자자 관점. 이사의 수는 일반적으로 등장하는 주제이다. 일반적으로 홀수가 선호되며, 적어도 한 명의 이사가 독립적인 이사가 된다. 이 예시에서 회사는 아직 세 명의 이사만을 필요로 하는 초기단계에 있다.

섹션의 두 번째 부분은 더 흥미로운 대목이다. 정족수 요구사항은 회의 및 결정이 진행될 수 있을 정도로 필요하지만 충분히 참여해야 한다. 이전에는 새로운 투자자가 승인을 받아야 하는 많은 결정사항들이 있었다. 이 회의에는 새로운 투자자가 참석해야 하며 그러한 결정에 투표해야 하는 특별한 정족수 요건이 있다.

이 예에서 투자자는 승인권한을 가지므로 경영자는 새로운 투자자 이사의 승인을 받아야 한다. 이것은 일반적으로 경영진이 무언가를 제안하고 새 투자자가 거부할 수 있는 거부권보다 강하다. 새로운 투자자 이사가 신중하게 의제를 따르지 않는다면 완전히 이해하지 않고 무언가가 통과될 수 있다. 승인을 얻으려면 새 투자자 이사의 구체적인 승인이 필요하며, 이는 이사에게 정보를 제공해야 함을 의미한다.

피투자자 관점. 이사회 회의의 경우 투자자는 정보에 입각한 결정이 효율적으로 이루어질 수 있도록 확실히 해두고자 한다. 일반적으로 이사진이 적을수록 단순한 다수결을 통해 투표가 간소화될 수 있으므로 이사는홀수가 된다. 전문지식, 지도 및 네트워크를 가지기 위해 피투자자는 회사가 운영하는 업계에서 노련한 진문가인 독립이사를 선호할 수 있다. 직접 운영전략을 넘어서 이사는 향후 자금조달라운드와 가능한 투자종료 기회를 위해 중요한 네트워크를 가져올 수 있다.

피투자자에게는 새로운 투자자 이사가 지속적으로 이사회를 놓쳐 회사에 영향을 미치는 중요한 결정이 지연되는 우려가 있을 수 있다. 이를 방지하기 위해 새로운 투자자 이사가 계속해서 결석할 경우 결정을 내리는 시스템을 정의하는 표현이 있다. 구체적으로 살펴보면, 새 투자자 이사는 회의를 놓칠 수 있으며 새 투자자 이사를 필요로 하는 투표가 연기되었다면 새 투자자 이사가 승인했다고 가정한다. 투자자와 피투자자 모두 정족수 요건에 익숙해져야 한다.

▶ 매입, 매각, 전환권리

주식의 매입, 매각 및 전환을 둘러싸고 많은 권리가 협상된다. 이러한 권리 중 상당 부분은 초기단계의 거래에서 볼 수 있으며, 회사와 주식 보유량의 가치를 보존한다는 개념에 기인한다.

투자자의 마음에 항상 있는 위험은 여러 방면으로 발생할 수 있는 희석이다. 투자자가 희석될 수 있는 한 가지 간단한 방법은 새로운 투자라운드가 발생하고 새 주식이 발행되는 경우이다. 이 우려를 완화하기 위해 투자자가 요구하는 보호장치는 추가발행에 대한 신주우선인수권이다.

예시 표현

> 새 투자자는 회사의 기존 주식보유량 비율에 근거해 주식 또는 기타 증권의 전체 새 발행에 대해 비례비율로 가장 먼저 청약할 수 있는 권리를 갖는다.

투자자 관점. 이 조항을 통해 투자자는 회사가 제공하는 증권의 새 발행분을 구매할 권리를 갖는다. 표현은 "기존 주식보유량에…… 기초해…… 비례비율"로 서술한다. 이로써 새로운 발행이 있더라도 새 투자자는 자신의 주식보유량 비율을 유지할 수 있게 된다. 그렇지만 가치 또는 새 증권의 주당가격이 정해지지 않았으므로 투자자는 사업을 재평가하고 주당가격이 추가 투자에 적합한지 여부를 결정해야 한다는 것에 유의해야 한다.

피투자자 관점. 피투자자는 가격 혹은 가치가 책정되지 않는 한 투자자가 신주우선인수권을 가질 수 있도록 허용해야 한다.

▶ 창업자/경영진 제한사항

이익의 조정은 투자자들에게 또 다른 관심사이다. 만약 창업자나 핵심 경영진이 투자기간 초기에 그들의 지분을 매각한다면 투자자들이 계속 일하는 데 동기부여가 거의 없을 것이다. 또한 새로운 경영진은 원래 투자자가 의도하지 않았던 방향으로 회사를 끌고 갈 수도 있다. 이는 원래 투자명제가 사업의 사회적 사명을 포함하고 있다는 점을 고려할 때 임팩트 투자자들에게 특히 중요하다.

예시 표현

> 새로운 투자자가 주식보유량을 유지하고 있는 동안 창업자는 회사의 어떤 주식 또는 증권에 대한 어떤 선취특권이라도 이전, 지장, 처분 또는 생성하지 않는다.

투자자 관점. 표현은 피투자자가 회사의 주식보유량을 유지하도록 철저히 해야 한다. 투자자는 창업자가 거기서 그 사업계획을 실행한다는 생각으로 투자했다. 적절하게 장려하고 이익을 일치시키기 위해 창업자들은 그들의 주식보유량을 유지해야 한다.

피투자자 관점. 앞에서 언급한 진술에 대한 유효한 반박은 투자자가 오랜 기간 동안 주식보유량을 유지할 수 있다는 것이다. 피투자자는 일정 기간 동안 앞선 진술에 해당될 수 있다. 예를 들어 다음과 같이 시작될 수 있다. "새로운 투자자의 Series A 우선투자로부터 2년의 기간 동안……" 이는 창업자들이 중요한 성장단계에 관여할 것이라는 점에서 경영진에게 안정감을 제공할 것이다. 투자자는 창업자에게 그러한 기간이 경과한 후에도 최소한의 주식보유량을 유지하도록 요청할 수 있다.

[희석방지]

만약 향후 발행에서 이전 단계에서 투자자가 지불한 것보다 더 낮은 가격에 제공된다면 투자는 희석될 수 있다. 가격하락으로 이어지는 낮은 가치평가에 대해서는 수많은 이유가 있을 수 있지만 가장 일반적인 것은 회사의 실적부진이다. 희석방지 조항은 낮은 가치평가를 보상하기 위해 우선주의 보통주로의 전환비율을 조정해 우선주 투자자를 보호한다. 전환비율 조정을 계산하는 데에는 다수의 보편화된 방법이 있으며, 각 방법은 투자자와 피투자자 간에 서로 다른 수준의 위험이전을 제공한다.

희석방지의 세 가지 주요 방법은 다음과 같다.

1. 보편적 가중평균: 이 방법은 모든 주식 및 옵션을 가중해 새로운 전환가격[51]을 제시한다.

2. 편중 가중평균: 이 방법은 해당 주식등급 금액만을 가중해 새로운 전환가격을 제시한다.

3. 래칫기반: 다운라운드 가격을 사용해 전환가격을 제시한다.

이들이 어떻게 작동하는가를 잘 이해하기 위해 라운드 조건과 다른 희석방지 조항 기반의 자본화 표를 엑셀로 된 예시를 통해 분석해보자. 엑셀 예시 AntiDultion.xlsx는 책 웹사이트의 제5장 폴더에서 찾을 수 있다.

---

51 전환가격은 전환비율과 같은 것이 아님에 주의하라.

➤ 업라운드[52]

비교기준을 설정하기 위해 먼저 회사가 Series B 투자라운드를 통해 잘 성장했고 더 높은 평가를 기대하고 있으며, 이제는 Series C 라운드를 마감하려는 예를 살펴볼 것이다. 보통주, Series A 우선주, Series B 우선주 및 옵션이 있으며 각 유형의 주식 총수량은 나와 있다. 각 우선주의 주당가격 또한 주어져 있으며, Series B는 Series A 가격의 2배로 되었다. 이를 통해 각 시리즈별 우선주로 회사에 실제 투입된 금액인 '납입자본금'을 계산할 수 있다. 마지막으로 보통주로의 전환을 통해 각 클래스가 가지게 되는 주식의 수를 알 수 있다. 이 상황에서 전환비율은 1:1로 시작되므로 모두의 소유권(가정 %)은 각 등급의 주식을 총주식으로 나누어 직접 계산된다. 이러한 정보는 그림 5.1에 요약되어 있다.

셀 H5를 살펴보면 Series C가 보태져 새로운 계산이 시작된 것을 볼 수 있다. Series C로 1,200만 달러가 들어왔다고 가정하면 회사의 가치가 다시 한 번 2배가 되어 주당가격이 4달러이고, Series C는 300만 주를 얻게 된다. 보통주로의 전환은 여전히 1:1 비율로 발생하며, Series C 투자가 도입되면 모든 주식클래스가 희석되는 것을 알 수 있다. 이에 대한 자료는 그림 5.2에 나와 있다.

---

52 다가오는 라운드의 투자 전 가치평가가 지난 라운드의 투자 후 가치평가보다 높은 경우, 그 투자는 업라운드라고 불린다. 반대의 경우가 다운라운드이다. 투자 전 가치평가는 사모펀드나 벤처캐피털 산업에서 투자나 자금조달 전에 실시하는 회사나 자산의 가치평가를 일컫는다. – 옮긴이

	주식 수	주당가격	납입자본금	보통주 전환	가정 %
보통주	2,000,000			2,000,000	30.77%
Series A 우선주	1,000,000	1.00	1,000,000	1,000,000	15.38%
Series B 우선주	2,500,000	2.00	5,000,000	2,500,000	38.46%
옵션	1,000,000			1,000,000	15.38%
합계	6,500,000			6,500,000	

그림 5.1 첫 번째 예시에서는 다운라운드가 없으며, Series B 투자자는 Series A 투자자 대비 2배의 가치를 지불한다. 보통주로의 전환비율은 1:1로 계산된다.

Series C	주식 수	주당가격	납입자본금	보통주 전환	가정 %
보통주	2,000,000			2,000,000	21.05%
Series A 우선주	1,000,000	1.00	1,000,000	1,000,000	10.53%
Series B 우선주	2,500,000	2.00	5,000,000	2,500,000	26.32%
Series C 우선주	3,000,000	4.00	12,000,000	3,000,000	31.58%
옵션	1,000,000			1,000,000	10.53%
합계	9,500,000			9,500,000	

그림 5.2 Series C 투자자가 다운라운드가 아닌 상태에서 투자한 1달러당 0.25주를 받는다.

▶ 다운라운드, 보편적 가중평균 희석방지 권리

엑셀시트 13행에서 시작되는 다음 예시에서 시작점은 동일하게 유지되지만 후속 Series C 라운드는 다운라운드를 가정해 수행된다. 주당 가격은 이제 이전 라운드 가치의 4분의 1인 0.50달러이다. 이것은 가혹한 다운라운드이지만 그 심각성은 실제로 차이를 입증하는 데 사용된다. 이 회사가 성장계획을 축소해야 하기 때문에 단지 150만 달러가 필요하다고 가정해보자. 이 경우 Series C 투자자는 여전히 300만 주를 그러나 훨씬 저렴한 비용으로 받는다. Series C의 전환비율은 여전히 1:1이다. 그렇지만 더 흥미로운 점은 보편적 가중평균법에 따르면 Series A 및 Series B의 우선주 전환가격이 1을 초과한다는 것이다. 그 이유는 보편적 가중평균법을 적용한 이후 희석방지에 따라 가격이 조정되어 인하되기 때문이다.

우선주의 조정가격을 계산하는 공식은 다음과 같다.

희석방지 조정가격 - Series 주당 원래 가격 ×

$$\frac{\text{전환가정 옵션 포함 총주식 수} + (\text{새 라운드 투자금액} / \text{Series 원래 투자금액})}{\text{전환가정 옵션 포함 총주식 수} + \text{새 라운드 투자 주식}}$$

이후 각 Series의 주당 원래 가격을 주당 조정가격으로 나누면 전환비율을 알 수 있다. 원래의 우선주에 전환비율을 곱하면 보통주가 계산된다. 전환된 보통주를 모든 전환 후의 총보통주로 나눈 비율이 소유비율이다. 그림 5.3에 이 계산이 나와 있다.

Series C	주식 수	주당가격	납입자본금	희석방지 조정가격	전환비율	보통주 전환	%
보통주	2,000,000					2,000,000	19.11%
Series A 우선주	1,000,000	1.00	1,000,000	0.84	1.19	1,187,500	11.35%
Series B 우선주	2,500,000	2.00	5,000,000	1.53	1.31	3,275,862	31.31%
Series C 우선주	3,000,000	0.50	1,500,000	0.50	1.00	3,000,000	28.67%
옵션	1,000,000					1,000,000	9.56%
합계	9,500,000					10,463,362	

그림 5.3 이 예시에서 Series C 투자자는 다운라운드일 때 투자한다. Series A와 Series B 투자자들은 보통주로 전환할 때 보편적 가중평균 공식에 의해 보호받는다.

흥미로운 비교는 예시 2와 비교해 예시 1의 소유비율을 살펴보는 것이다. 업라운드에서는 전환비율이 변하지 않았다. 그러나 다운라운드 경우에서는 전환비율이 증가하고, 다운라운드 상황에서의 희석을 보상받기 위해 우선주 시리즈가 그들의 소유비율을 증가시켰다. 자본구조의 합은 100%임을 명심해야 한다. 우선주 시리즈가 더 많이 받았다면 다른 형태의 자본이 더 많이 희석되었다는 것을 의미한다.

▶ 다운라운드, 편중 가중평균 희석방지 권리

다른 가중평균 방법은 편중 가중평균으로 조정가격을 계산하는 것이다. 이것은 보편적 가중평균과 매우 유사하지만 이름에서 알 수 있듯이 가격을 계산할 때 더 제한된 범위를 사용한다. 전환가정 옵션 포함 총주식 수 대신 이 계산법은 개별 우선주 Series 주식 수를 사용한다. 공식을 다시 쓰면 다음과 같다.

희석방지 조정가격 = Series 주당 원래 가격 ×

$$\frac{\text{Series 원래 주식 수} + (\text{새 라운드 투자금액}/\text{Series 원래 투자금액})}{\text{Series 주식 수} + \text{새 라운드 투자 주식}}$$

이 공식의 효과는 보편적 가중평균을 사용했을 때보다 조정가격이 낮아진다는 것이다. 낮은 조정가격은 전환비율이 높다는 의미이고, 이는 곧 우선주 Series 투자자들이 보편적 가중평균을 사용했을 때보다 높은 소유권 비율을 가지게 된다는 의미이다. 이는 또한 다른 종류의 주식들이 더 많이 희석된다는 것을 의미하기도 한다. 그림 5.4에서 계산을 통해 비교해볼 수 있다.

Series C	주식 수	주당가격	납입자본금	희석방지 조정가격	전환비율	보통주 전환	%
보통주	2,000,000					2,000,000	16.91%
Series A 우선주	1,000,000	1.00	1,000,000	0.63	1.60	1,600,000	13.52%
Series B 우선주	2,500,000	2.00	5,000,000	1.18	1.69	4,230,769	35.76%
Series C 우선주	3,000,000	0.50	1,500,000	0.50	1.00	3,000,000	25.36%
옵션	1,000,000					1,000,000	8.45%
합계	9,500,000					11,830,769	

그림 5.4 편중 가중평균 공식은 그러한 권리를 가진 투자자에게 희석이 적게 되도록 한다.

▶ 다운라운드, 래칫기반 희석방지 권리

래칫기반 희석방지는 희석방지 권리의 마지막 종류이며, 현대의 주요 거래조건에서는 보기 힘들다. 래칫기반을 거의 볼 수 없는 이유는 이 방법이 매우 투자자 중심이며, 미래의 다운라운드로 인한 어떤 유형의 희석도 효과적으로 방지하기 때문이다. 사용되는 방법은 희석방지 조정가격을 다운라운드 가격과 동일하게 만드는 것이다. 전환비율에 사용될 때 차액을 충당하기 위해 주식을 발행함으로써 이전 투자자는 보다 낮은 가치평가에 대해 원상회복된다. 이에 대한 계산은 그림 5.5와 희석방지 스프레드시트에서 볼 수 있다.

▶ 다운라운드, 희석방지 권리의 부재

마지막 예시는 희석방지 권리가 존재하지 않았을 때이다. 이 사례로 보면 원투자자들이 상당한 희석을 감수해야 하는 것이 명확하다.

이는 다운라운드 없는 예시 1과 희석방지가 없는 다운라운드가 적용된 예시 5에서의 현재 설정을 비교하는 예로 알 수 있다. 예시 1에서 Series C의 투자자가 300만 주에 대해 1,200만 달러를 지불했음을

Series C	주식 수	주당가격	납입자본금	희석방지 조정가격	전환비율	보통주 전환	%
보통주	2,000,000					2,000,000	11.11%
Series A 우선주	1,000,000	1.00	1,000,000	0.50	2.00	2,000,000	11.11%
Series B 우선주	2,500,000	2.00	5,000,000	0.50	4.00	10,000,000	55.56%
Series C 우선주	3,000,000	0.50	1,500,000	0.50	1.00	3,000,000	16.67%
옵션	1,000,000					1,000,000	5.56%
합계	9,500,000					18,000,000	

그림 5.5 래칫기반의 희석방지법은 많이 지불한 투자자들에게 최고의 결과를 제공하지만 그 메커니즘은 미래의 투자자들을 제약한다.

Series C	주식 수	주당가격	납입자본금	희석방지 조정가격	전환비율	보통주 전환	%
보통주	2,000,000					2,000,000	21.05%
Series A 우선주	1,000,000	1.00	1,000,000	1.00	1.00	1,000,000	10.53%
Series B 우선주	2,500,000	2.00	5,000,000	2.00	1.00	2,500,000	26.32%
Series C 우선주	3,000,000	0.50	1,500,000	0.50	1.00	3,000,000	31.58%
옵션	1,000,000					1,000,000	10.53%
합계	9,500,000					9,500,000	

그림 5.6 희석방지 조항의 부재는 확실히 다운라운드와 보통주 전환 후 희석화로 이어진다.

알 수 있다. 예시 5에서 가치와 그에 따른 주당가격이 훨씬 낮아서 같은 투자자가 똑같이 300만 주를 구입하기 위해서는 단지 150만 달러를 투자하면 되는 것을 알 수 있다.

만약 회사가 다운라운드 상황이고 희석방지 조항의 부재로 Series C 라운드에서 1,200만 달러가 고스란히 다 필요하다고 가정한다면, 다른 모든 투자자들이 심각하게 희석될 것이다. 셀 I45의 주식 수를 300만에서 2,400만으로 변경해보자. 이는 자동으로 투자된 금액을 1,200만 달러로 변경시킬 것이다. 다른 투자자들이 강제적으로 떠안아야 하는 심각한 희석을 그림 5.6에서 볼 수 있다.

희석방지 권리의 역학 이해

희석방지는 기존 권리를 지닌 주주가 있는 회사를 향한 투자자의 마음에 대한 고려사항과 또한 기존 투자자가 향후 투자라운드에 대해 생각해야만 하는 어떤 것 때문에 복잡할 수 있다. 가장 극도의 희석방지 권리인 래칫기반의 희석방지를 살펴보는 것이 가장 쉬운 출발점이다.

예시들과 희석방지 스프레드시트에서 볼 수 있듯이 래칫기반의 희석방지는 다운라운드 상황에서 투자자들에게 강력한 보호를 제공한다. 그렇지만 투자자들이 인식해야 하는 것은 이러한 보호가 회사의 미래 투자자들에 의해 분석되어 미래의 투자라운드에서 매우 비싸게 치일 수 있다는 점이다. 예를 들어 스프레드시트의 예시에서 Series C 투자자가 Series B 투자자에게 래칫기반 희석방지 권리가 있음을 알게 된다면, 그 투자자는 투자가치가 예상보다 적을 수 있음을 합리적으로 걱정하게 될 것이다. 투자 시 Series C 투자자는 950만 주 중 300만 주를 보유하게 되어 회사 주식지분의 거의 32%에 이르게 된다. 그러나 다운라운드 상황에서 희석방지 조항이 작동되면 Series A와 B 투자자는 더 많은 보통주를 얻게 되어 투자자의 지분과 회사의 총주식이 늘어난다. 이로 인해 Series C 투자자는 회사의 16.67%만 소유하게 되는데, 이는 보유량에 있어서 거의 50%에 가까운 손실이다.

가중평균기반 방법을 사용하는 상황에서 Series A와 B의 투자자는 여전히 더 많은 주식으로 보상받을 수 있지만 래칫기반 방법을 사용하는 것 만큼은 아니다. 이 방법은 현재의 투자자들에게 좀 더 절충안이고 더 일반적으로 사용된다. 이는 미래의 투자자가 래칫기반 방법만큼 많은 위험을 내포하지 않으며, 현재의 투자자가 여전히 보호를 받기 때문이다. 앞의 주요 거래조건 섹션에서와 마찬가지로 계속해서 주제를 설명하고, 예시 표현을 보여주며, 투자자와 피투자자의 관점을 제공할 것이다.

예시 표현

> 회사가 Series A 우선주에 대해 신규투자자가 지불한 가격보다 낮은 가격으로 보통주 또는 우선주로 전환가능한 주식 또는 동등한 증권을 발행하는 경우, 언제라도 Series A 우선주의 전환비율을 계산하기 위해 사용된 전환가격은 보편적 가중평균법에 따라 감소되어야 한다.

투자자 관점. 희석방지 권리는 미래의 다운라운드로부터 주요 투자자들을 보호하기 위해 중요하다. 그러나 보호를 계산하기 위해 활용하는 방법은 미래 투자자의 가능한 필요를 고려해야 한다. 또한 투자자가 추가 주식으로 보상받을 수는 있지만 다운라운드가 진행되는 경우 회사는 여전히 불안정한 위치에 있음을 명심해야 한다. 추가 주식은 회사가 상황을 바꿀 수 있고 기업가치를 유지하거나 증가시킬 수 있어야만 유용하다.

피투자자 관점. 피투자자는 합리적인 희석방지 조항에 동의할 것이다. 피투자자는 거래조건들이 미래 투자에 충분히 유리하다는 것을 보장해야 한다.

▶ 우선매수권/우선청약권

결국 회사의 주식은 다른 당사자들에게 판매된다. 투자자와 피투자자 모두 그러한 지분변동을 걱정하고 판매에 관한 규칙을 협상한다. 이러한 규칙 중 대부분이 가장 먼저 접하게 되는 것은 우선매수권ROFR 또는 우선청약권ROFO이다. 그 메커니즘들은 밀접히 연결되어 있으므로 두 가지 모두를 논의해야 한다.

ROFR과 관련해 주식 매도자는 주식 매입자를 찾아 매각조건을 협상한 후 ROFR 보유자에게 동일한 조건을 제공해야 한다. ROFR 보유자는 그 조건에서 구매하거나 권리를 포기할 수 있다. ROFO는 주식 보유자가 ROFO 보유자에게 주식매입 제안을 요구한다는 점에서 차이가 있다. 제안의 조건을 협의할 수 없는 경우 판매자는 주식을 별도의 당사자에 제공할 수 있다. 그러나 대부분의 ROFO는 판매자가 ROFO 보유자가 제공한 것보다 적은 조건(특히 가격대비)으로 주식을 제공할 수 없는 구조이다.

예시 표현

회사의 보통주 보유자가 소유지분의 전체 또는 일부 주식을 판매하고자 하는 경우 주주는 먼저 해당 주식을 회사가 구입할 권리를 제공해야 한다. 회사가 제공된 주식을 구매하지 않기로 결정하면 그 주식은 신규투자자에게 제공된다. ROFO가 포기되면 판매자는 회사 또는 신규투자자가 제공한 것보다 낮은 가격으로 제3자에게 주식을 매각할 수 없다. 주식이 초기 ROFO로부터 6개월 안에 판매되지 않는다면 ROFO 조항은 재설정된다. Series A 우선주 보유자가 전체 또는 일부 주식을 판매하고자 하는 경우 주주는 먼저 해당 주식을 신규투자자에게 매수할 권리를 제공해야 한다.

ROFO가 포기되면 판매자는 신규투자자가 제안한 것보다 낮은 가격으로 제3자에게 주식을 매각할 수 없다. 주식이 초기 ROFO 로부터 6개월 안에 판매되지 않는다면 ROFO 조항은 재설정된다.

투자자 관점. ROFO와 ROFR은 각 당사자에게 다른 강점과 약점이 있다. ROFO에서 투자자는 먼저 판매자와 가격을 협상할 수 있다. 판매자는 항상 높은 가격을 강요하고자 한다. 하지만 ROFO를 확보할 때 투자자가 필요로 하는 중요한 표현은 판매자가 낮은 가격으로 타인에게 주식을 제공할 수 없다는 것이다. 이는 판매자가 지나치게 높은 가격을 요구해 ROFO 보유자에게 주식을 판매하는 것을 피하지 못하도록 한다. 제3자는 주식을 구매하지 않을 것이고 몇 달 후 ROFO 조항은 재설정될 것이다.

ROFR은 잠재구매자의 수를 제한하고 그에 따라 거래조건에 대해서 경쟁적 협상을 감소시키는 효과가 있다. ROFR이 존재하는 경우 비상장 주식을 구매할 때 회사에 대한 철저한 실사가 필요하기 때문에 많은 구매자들이 협상에 돌입하지 않을 것이다. ROFR이 실행되면 제3자가 실사와 협상에 투입한 모든 작업이 쓸모없게 되어버린다.

주목해야 할 다른 중요한 항목은 우선주와 보통주에 뚜렷한 차이점이 있다는 것이다. 예시 표현에서 보통주는 먼저 회사에 제공되었으며, 회사가 ROFO를 사용하지 않는 경우 신규투자자가 주식을 구매할 수 있게 된다. 그러나 우선주의 경우 신규투자자가 첫 번째 ROFO를 갖게 된다. 이는 회사의 지분을 유지할 수 있는 창업자 및 경영진에게도 일관되게 적용된다. 두 창업자 중 한 명이 주식을 판매하고 싶다면 다른 창업자가 그 주식을 구입할 권리가 있다. 창업자의 관점에서 볼 때 모든 주식은 여전히 창업자의 손에 있다. 두 명의 Series A 투자자의 경우, 한 명이 주식매각을 원한다면 다른 투자자가 주식을 구입하고 Series A 소유권을 유지할 권리가 있다. 이는 주식보유량 요건을 전제로 하는 다른 주주 권리에 중요하게 작용할 수 있다.

피투자자 관점. ROFO와 ROFR은 피투자자가 투자자와 비슷한 우려를 갖게 되는 상황이다. 그들은 주주 주식을 매각하거나 인수하는 데 공정한 조건을 원한다. 피투자자의 주요 관심사는 창업파트너가 가질 수 있는 보통주의 판매에 초점을 맞추어야 한다. 창업자는 타 창업자 주식을 인수할 수 있어야 한다. 투자자가 ROFO 또는 ROFR 조항을 협상해 보통주에 대한 우선권을 가질 수 있게 하려는 경우 피투자자는 저지해야 한다.

▶ 동반매각권

주주가 주식 매입자를 발견했을 때 다른 주주가 그 매각에 참여할 수 있는 능력은 일반적으로 협상되는 또 다른 매매 권리이다. 이 동반매각권으로 주주는 다른 주주들이 판매하는 것과 동일한 비율의 주식을 팔 수 있다.

예시 표현

> 신규투자자는 보유하고 있는 지분의 일부를 기존 주주가 판매 또는 양도한 주식에 비례해 제3자에게 매각할 권리는 있지만 의무는 없다. 판매조건은 기존 주주와 동일해야 한다.

투자자 관점. 좋은 판매기회가 존재한다면 투자자는 판매에 참여하고자 할 것이다. 그러나 예시 표현에서 볼 수 있는 핵심조항은 동반매각권이 의무가 아닌 선택사항이라는 것이다. 하지만 주식 매수자는 동반매각청구권의 보유자로부터 비례한 양만큼의 주식을 구입해야 하므로 동반매각청구권은 매각 가능성을 제한할 수 있다.

피투자자 관점. 피투자자는 일반적으로 자신의 주식을 매도하는 투자자가 아닌 주식 구매자에게 초점을 맞춘다. 주식판매를 지나치게 제한하는 것은 투자자들 간에 마찰을 야기하지만 궁극적으로 회사에 투자한 주체가 중요한 초점이기 때문에 피투자자는 사전 ROFR/ROFO 권리가 확실히 표현되도록 해야 한다.

》 동반매각청구권

동반매각권은 주주가 판매에 참여할 수 있는 능력에 초점을 맞추는 반면, 동반매각청구권은 대다수의 투자자는 팔고 싶어 하지만 소수 투자자가 동의하지 않을 경우 발생한다. 소수 투자자의 매각방해를 막기 위해 동반매각청구권은 종종 협상을 필요로 한다.

예시 표현

적격최초기업공개QIPO 일자 혹은 그 이후 또는 이사회와 대다수 Series A 우선주 보유자의 승인을 기반으로 제3자에게 그들의 주식을 양도하려는 대다수의 기존 투자자들은[53] 나머지 주주들에게

---

53 일반적으로 모든 옵션을 행사한 후 대다수가 충분히 되도록 하기 위해 '완전히 희석된

요청 주주들과 동일한 조건으로 양도에 참여하도록 요구할 권리
가 있다. 신규투자자는 그 거래로 투자한 초기자본에 최소 25%의
순연간투자수익률을 실현할 수 있는 경우에만 주식을 양도하도록
되어 있다.

투자자 관점. 소수의 투자자가 일부 투자자들이 투자를 청산할 수 있는
기회를 방해해서는 안 된다. 그러나 투자자는 동반매각청구권이 자신
들에게 적용될 수 있다는 점을 인식해야 한다. 만약 투자자들이 끌려
가게 된다면 반드시 적당한 수익을 올릴 수 있도록 할 필요가 있다. 예
시 표현에서도 새로운 투자자를 위해 적어도 25%의 수익을 요구하는
조항이 있음을 알 수 있다.

초기 투자자는 대체로 Series A 투자자보다 낮은 가격에 투자해
Series A 투자자가 필요로 하는 것보다 낮은 가격에 높은 수익을 올릴
수 있다. 25%의 수익을 보장함으로써 낮은 가격에 동반매각청구되었
을 때 다른 투자자들은 많은 수익을 올리지만 Series A 투자자들은 수
익률이 낮아지는 상황을 방지할 수 있다.

피투자자 관점. 피투자자들도 판매가 불필요하게 방해받는 것을 원하지
않기 때문에 동반매각청구권은 그들에게도 중요하다. 피투자자는 원
가로 투자했기 때문에 일정한 수익률에 대한 우려는 최소 수준이다.
그러나 예시 표현에서 동반매각청구권은 적격최초기업공개 날짜가 지
날 때까지는 시작되지 않음에 유의해야 한다. 이는 동반매각청구권이
해당 일자 이전에는 효과가 없음을 의미한다. 이는 너무 일찍 매각이

기준으로'라는 문구로 표현된다.

진행되는 것을 걱정할 필요 없이 투자가 성장할 수 있도록 시간을 벌어준다. 그러나 QIPO 조항은 당사자들에게 선호되는 출구가 QIPO이고, 회사 매각은 차선의 출구경로라는 신호이기도 하다.

❯ 잔여재산분배우선

잔여재산분배우선은 현금흐름에 대한 우선권이며, 그 메커니즘은 제4장에서 논의되었다. 앞에서 잔여재산분배우선 계산과 이를 사용해 투자자 수익을 보호하는 전략에 대해 살펴보았다. 이 개념은 거래의 핵심부분이며 주요 거래조건에 명시되어야 한다.

예시 표현

회사의 청산, 매각, 합병 혹은 회사 인수 시에 수익금은 다음 공식에 따라 신규투자자에게 지급된다.

다음 (1)과 (2) 중 더 큰 것

(1) 신규투자자가 Series A 우선주에 대해 지불한 금액의 200%에 미지급 적립배당금을 더한 금액. 지불 후에도 청산금액이 남아 있는 경우 나머지 돈은 Series A 우선주에 대한 투자액의 300%를 지급받을 때까지 전환기준으로 가정한 Series A 우선주 투자자들과 보통주 투자자들에게 비율에 따라 지급된다. 만약 이 지급 후에도 청산금액이 남아 있는 경우 남은 모든 금액은 보통주 투자자들에게 지급된다.

(2) 그러한 청산 직전에 투자자들의 Series A 우선주가 보통주로 전환된 경우 신규투자자가 받기로 한 금액

투자자 관점. 잔여재산분배우선에 대한 동기는 분명하지만 글로 표현하는 것은 불분명할 수 있다. 앞의 예시 표현에서 다루어야 할 첫 번째 항목은 청산의 정의이다. 아직 주요 거래조건수준에서의 그 표현은 회사가 매각, 합병 또는 인수되었을 때 잔여재산분배우선이 시작된다는 정도이다. 기본적으로 청산될 때 최종 주주의 협정에서 더 정제되어야 할 잔여재산분배우선을 유발한다.

다음 핵심항목은 잔여재산분배우선이 두 가지 계산법에 따라 최대치의 보상을 지급하도록 실제되어 있다는 것이다. 첫 번째 계산법은 투자자가 2배의 보상을 지급받는 실질적 잔여재산분배우선이다. 다음은 부분적 참여 잔여재산분배우선으로, 투자자가 남아 있는 금액에 비례해 보상을 받지만 상한액은 3배로 되어 있다. 이후 보통주 보유자들이 남아 있는 금액을 가져간다.

마지막 부분은 단순히 보통주로 전환한다는 일반적인 지불방법이다. (1)을 통해 안 좋은 경우 보호받고, 극도로 유리한 경우 (2)를 통해 이익을 얻기 때문에 이 예시 표현은 투자자들의 매우 강력한 합의를 도출해낸다. 투자자들은 잔여재산분배우선을 얼마나 많이 설정하느냐에 주의를 기울일 필요가 있다. 왜냐하면 잔여재산분배우선에서 낮은 수익 우선순위를 가진 경영진과 다른 중요한 주식보유자들을 장려하지 않은 구조를 만들기 때문이다.

피투자자 관점. 피투자자에게 가장 중요한 요소는 잔여재산분배우선으로 청산 시 그 사업이 계속 성장하도록 피투자자가 적절한 수익을 달성할 수 있게 여전히 허용한다는 것이다. 표현의 세부사항에 잔여재산분배우선이 얼마만큼 지불하는지, 참여 여부, 상한선 참여 혹은 비참여 등이 정확하게 상세히 열거되어야 한다. 전반적으로 투자자나 피투자자를 위한 잔여재산분배우선의 균형은 회사의 현재 위험윤곽에 의해 대체적으로 결정된다. 중대한 결점이 있는 더 위험한 회사는 더 강한 잔여재산분배우선 조건을 넣기 쉽다.

▶ 상환/환매/풋옵션

회사가 투자자의 주식을 환매하거나 상환하게 하는 것은 최후의 수단이다. 투자자들은 투자액을 돌려받을 방법이 없어 투자가 무기한으로 유지되는 것을 우려한다. 이는 자신의 투자자들에게 돈을 돌려주어야 하는 펀드 투자자들에게 문제가 된다. 추가적으로 임팩트 투자에 있어서는 사명의 표류에 대한 우려가 있을 수 있다. 따라서 피투자자에게 회사에 투자하기 위한 요구사항을 공개한 임팩트 투자자에게 자신의 투자기금이 원래의 사회적 사명 패러다임 내에서 운용되고 있음을 확인시켜주어야 한다. 이와 같은 우려를 완화하기 위해 상환, 환매 또는 풋옵션 조항을 협의할 수 있다.

예시 표현

Series A 우선주 투자라운드 종료 6주년이 지난 후 신규투자자는 보유한 모든 주식을 회사가 재구매하도록 요구할 수 있는 옵션이 있다. 최소 상환가격은 신규투자자가 투자한 초기자본에 최소 10%의 연간 순투자수익을 신규투자자가 올릴 수 있는 수준이어야 한다. 상환이 회사의 지급불능을 초래하는 경우 상환금액을 줄여 지급불능을 방지해야 한다.

그러한 권리가 파산을 초래하지 않는다고 가정하고, 사업의 성격과 범위 및 목표시장에 중대한 변경—특히 의도된 사회적 사명에서의 이탈-이 있을 경우 회사가 신규투자자의 주식 전부를 인수 또는 환매하도록 하는 취소불능선택권을 회사는 언제라도 신규투자자에게 부여한다.

투자자 관점. 투자자가 협상해야 하는 첫 번째 사항은 상환권이 발효되는 시점이다. 일반적으로 다른 출구옵션이 채택되려면 상당한 시간이 경과해야 한다. 이는 대개 5년에서 6년이지만 긴 기간을 감안할 때 임팩트 투자는 더 길어질 수도 있다. 두 번째 사항은 누가 실제로 어떤 조건하에 주식을 환매하는가이다. 기본적인 우려는 회사가 의도적으로 청산 또는 QIPO를 연기하고 저렴한 가격에 주식을 구입한 다음 청산 또는 QIPO를 실시할 수도 있다는 점이다. 그럴 가능성은 낮지만 환매 후 행동에 제약을 가하도록 주주협약에 추가해야 하는 조항들이 있다. 예시 표현에서 상환의 가격이 투자자의 최소수익률 요건에 의해 제한된다는 것을 알 수 있다.

사회적 사명 부문은 투자자 중심이지만 그럴 만한 이유가 존재한다. 임팩트 투자자의 의도는 긍정적인 사회적 수익을 창출하는 것인데, 회사가 전략을 전환하면 이를 상실할 수 있다. 이러한 전환은 방지되어야 하지만 회사의 생존능력을 유지하기 위해 불가피할 경우 투자자는 빠져나올 권리가 있어야 한다.

그러나 궁극적으로 상환조항은 투자자에게는 상당히 약한 조항이다. 회사가 주식을 환매해야 하는 상황에 처한다면 이는 회사가 잘하고 있다고 볼 수 없는 것이다. 보통 상환은 최후의 수단으로서 다른 회사의 인수대상이 아니며, 공개 주식시장에서 주식을 유통할 수 없다는 것을 의미한다. 상환조항에 의존하는 투자자는 회사가 상환을 이행하기 위해 자금이 필요하다는 사실을 염두에 두어야 한다. 자금이 없다면 상환조항은 쓸모가 없다.

피투자자 관점. 피투자자는 투자자가 회사에 전념해야 한다고 제안하면서 상환조항에 동의하지 않을 수 있다. 그러나 그러한 조항이 필요한 경우 피투자자는 상환이 회사의 생존을 위협하지 않는지 확인해야 한다. 모든 상환에는 현금이 필요하며 이를 취득할 수 없거나 최초 공모가 불가능한 회사에게는 문제가 될 수 있다. 예시에서 상환으로 인해 회사가 지급 불가능의 상태에 빠질 경우, 상환을 축소해야 한다고 제안하는 표현이 있다. 또한 주식은 시간이 흐름에 따라 균등한 간격으로 상환되는 지불기간을 요구함으로써 상환이 강화될 수 있다. 사회적 사명 표현과 관련해 피투자자는 상환을 시작하기 위한 기준에 대해 보다 엄격한 정의를 원할 수 있다. 예를 들어 솔레로의 경우 사업 및 목표 시장은 월수입이 두 달 치 최저임금보다 낮은 인도의 가정에 태양광 램프를 판매하는 전략으로 정의될 수 있다(공식 수치는 인도 노동국 자료 참조).

❯ 출구옵션-QIPO

IPO의 선호 출구옵션이 어떠한지를 말하는 것은 주요 거래조건에서 흔히 볼 수 있는 조항이다. 성공적인 IPO의 가능성은 대부분의 경영진과 투자자의 즉각적이고 직접적인 통제를 넘어서 IPO 시장과 시간의 경과에 따른 성장에 달려 있기 때문에 약한 조항이 되는 경향이 있다. 그러나 이 조항에서는 논의되어야 할 중요한 요소들이 있다.

예시 표현

> Series A 우선주 투자라운드를 처음 종료한 후 5년 이내에 회사는
> 적격 IPO(QIPO) 또는 주식매매를 통해 투자자를 위한 출구에 대
> 해 상업적으로 합당한 노력을 해야 한다. 신규투자자는 QIPO의
> 경우 표준등록권을 갖는다. 새로운 투자자는 언제든지 어떤 방식
> 으로든 어떤 현재 또는 미래의 법적 또는 규제 목적상으로도 회사
> 의 기획자로 간주되지 않는다.

투자자 관점. 투자자는 IPO가 종종 매우 수익성이 좋은 출구옵션 중의
하나여서 이를 통해 종료하기를 원한다. 그렇지만 이를 위해 투자자가
IPO에 대한 특정 매개변수를 요구할 수 있는데, 이것이 '적격 IPO' 또
는 'QIPO'라는 용어가 사용되는 이유이다. 적격 IPO의 구성에 대한 것
은 이후 주주 계약서 부분에 자세히 설명되어 있다. 보통 적격 IPO는
거래소 및 최소 IPO 금액과 관련해 일정한 거래소 상장요건을 가진다.

세금이나 규정상의 이유로 투자자가 주의해야 할 또 다른 사항은 그
들이 기획자로 간주되는 것을 피하고 싶을 수도 있다는 점이다. 관할
권에 따라 기획자는 IPO 이후 투자자를 넘어서는 주식 잠금기간을 초
래할 수 있다. 세금 또한 다를 수 있다. 이 주제에 대해서는 법률자문
을 구해야 한다. 거래문서에 이 조항이 포함될 수는 있지만 현지 법률
이 이 협약을 대체할 수 있다.

마지막으로 투자자가 일반적으로 요구하는 것은 투자자가 등록권을
갖는 것이다. 기본적으로 새로운 투자자들은 그들이 IPO에 공정하게
참여할 수 있는지에 대해 확인받고 싶어 한다.

피투자자 관점. 피투자자 또한 자기자본의 가치를 실현하기 위해서 IPO

를 추구한다. 그들은 투자자가 정한 '적격'의 정의가 너무 엄격해 실행 가능하고 수익성이 높은 IPO가 방해받지 않을 수 있도록 주의를 기울여야 한다.

❯ 선거권

이사회 권리가 중요하고 투표 메커니즘이 조기에 신중하게 계획되었더라도 주주 투표가 불가피한 여러 가지 문제가 발생할 수 있다. 이러한 이유로 우선주의 투자자는 자신의 투표 특권에 대한 명확한 정의를 가질 필요가 있다.

예시 표현

> Series A 우선 주주는 주주에게 제공된 모든 사항에 대한 투표 수를 결정할 때 전환 시의 우선주와 동일한 수량의 보통주를 보유하게 된다.

투자자 관점. 주요 소수 투자자는 중요한 기업 문제에 대해 조언을 제공할 수 있어야 하고, 따라서 주주 투표에 참여할 수 있어야 한다.

피투자자 관점. 보통주로의 전환이 합리적인 한 피투자자는 주요 소수 투자자가 주주 투표에 참여할 수 있음을 이해해야 한다.

❯ 정보권

투자자는 정기적으로 회사의 상태를 파악할 수 있어야 한다. 이 정보는 회사의 계획 대비 성과를 측정하고 문제의 선행지표를 식별하며,

재무적·사회적 가치가 추가 또는 상실되는지에 대한 여부를 평가할
수 있도록 세부적으로 제공되어야 한다.

예시 표현

> 신규투자자는 회사와 관련된 기업, 재무 및 사회적 측정정보 및
> 보고서를 최종 문서에 상세히 기술된 대로 분기기준으로 수령하
> 게 된다.

투자자 관점. 회사가 이러한 유형의 정보를 제공해야 한다는 것이 기본
이라 생각할 수 있지만 요구하는 조항이 없다면 경영진은 다른 문제
에 정신이 팔려 보고를 지연시킬 수 있다. 임팩트 투자의 경우, 성공적
인 사회적 임팩트는 수익성이 있는 재무적 실현만큼 명확하지 않기 때
문에 특히 중요하다. 제6장에서는 회사의 재무적·사회적 성공을 측정
하기 위해 어떤 측정 항목을 사용해야 하는지에 대해 자세히 설명되어
있지만 지금은 투자자에게 전달되는 법률문서 때문에 이 정보가 필요
하다는 점을 알아두어야 한다.

피투자자 관점. 성장하는 회사를 운영하는 것은 회사의 다방면에서 끊임
없이 벌어지는 일로 인해 어렵다. 보고 요구사항을 추가하는 것은 회
사에 불필요한 부담으로 간주될 수 있다. 그러나 임팩트 투자자들의
후원이 필요하고 긍정적인 사회적 임팩트를 제공하고 있음을 주장하
고 싶다면 사회적 기업가는 투자자들을 만족시키고 이러한 주장을 뒷
받침할 데이터를 제공해야 한다. 보고에 대한 요구사항이 과도하게 부
담이 되고, 사업계획을 실행하는 데 방해가 된다면 피투자자는 밀쳐내

야 한다. 정보 생성비용으로 인해 사업의 가치가 떨어져 더 이상 보고할 내용이 없는 실존하지 않는 기업이 된다면 보고할 이유가 없다.

❯ 사찰권한
보고권과 비슷하게 투자자는 현장을 방문해 사업을 사찰할 수 있어야 한다.

예시 표현

> 최종 문서에 기재된 대로 신규투자자는 회사의 현장사찰을 할 수 있도록 허용되어야 한다.

투자자 관점. 보고서를 읽는 것이 회사가 어떻게 실적을 내고 있는지를 이해하는 훌륭한 방법이라면 현장방문은 가장 깊은 수준의 지식을 제공한다. 투자자는 합당한 통지 및 비용 고려 등 가치사슬의 모든 부분을 조사할 수 있어야 한다.

피투자자 관점. 피투자자는 투자자가 회사의 일부이며 현장방문이 가능하다는 점을 이해해야 한다. 그러나 시간과 비용의 제약은 투자자의 검사권한을 제한하기 위한 합리적인 기반이다.

❯ 진술과 보증
구매자와 판매자가 존재하는 사업상의 거래를 종결하는 가장 중요한 측면 가운데 하나는 판매자가 구매자에게 판매되는 품목을 적절하고 공정하게 묘사했는지 확인하는 것이다. 피투자자가 판매하는 회사의 주식을 투자자가 구매한다는 점에서 회사에의 투자도 별반 다르지 않다. 따라서 피투자자는 자신과 그들이 만든 회사에 대한 기본적인 진술 및 보증을 제공할 수 있어야 한다. 이러한 진술 및 보증은 신주인수계약^{SSA} 또는 구주인수계약^{SPA}에서 확정된다.

예시 표현

> 경영진과 회사는 신규투자자에게 표준진술 및 보증을 제공해야 한다. 진술 및 보증에 대한 모든 공시는 신규투자자에게 서면으로 공개함으로써 문서화되어야 한다.

투자자 관점. 진술과 보증은 자신이 투자하고 있는 회사가 정확하게 드러나야 한다는 점에서 투자자에게 매우 중요하다. 고지가 있는 경우 그러한 서면고지 목록은 결정적인 서류에 서명하기 전에 투자자에게 전달되어야 한다. 또한 진술 및 보증 위반을 완화하는 보상 조항이 마련되어 있어야 한다. 이 장의 뒷부분에서 보상에 대해 좀 더 이야기해 보도록 하자.

피투자자 관점. 피투자자는 회사를 제대로 대표함으로써 투자자의 요구를 충족시킬 수 있어야 한다. 그러나 피투자자는 불합리한 진술 및 보증의 제공 또는 전반적인 보상 등 너무 많은 책임에 노출되지 않도록 주의해야 한다.

▶ 기밀유지

주요 거래조건의 기밀유지 및 이를 둘러싼 모든 협상은 상황에 따라 투자자와 피투자자 모두에게 장단점을 갖는 조항이다. 언뜻 보면 투자자와 피투자자가 모든 것을 기밀로 유지해야 한다는 것이 논리적으로 보일 수 있다. 그러나 투자자가 공동투자자를 찾으면 어떻게 될까? 투자자가 잠재적 공동투자자와 정보를 나누어도 될까? 피투자자는? 마찬가지로 잠재적 투자자가 여러 명이라면? 투자자들이 공모를 원할 경우 협상정보를 공유해야 한다. 아마도 피투자자는 가치를 높이거나 더 나은 조건을 얻기 위해 투자자들이 경쟁력을 유지하기를 원할 것이다. 기밀유지는 일반적으로 투자자와 피투자자로 시작해야 하며, 투자환경이 변함에 따라 조정될 수 있다.

예시 표현

> 주요 거래조건의 내용과 Series A 우선주 투자를 둘러싼 모든 당사자 간의 협상은 상대방의 사전 서면승인이 있거나 법 또는 규정에 의해 공개가 요구되지 않는 한 기밀로 유지된다. 각 당사자의 계열사 또는 직원에 대한 공개는 알아야 할 필요가 있는 need-to-know 기반으로 유지한다.

투자자와 피투자자 관점. 앞에서 언급했듯이 기밀유지는 양 당사자를 위해 또는 역으로 작동할 수 있으며, 서면승인을 받아 변경될 수는 있지만 주요 거래조건을 마무리하기 위한 기준으로 간주된다.

▶ 독점

투자자는 주요 거래조건의 서명이 독점계약이 아니면 최종실사에 참여하는 것을 주저할 수 있다. 그 우려는 최종실사 기간 동안 상당한 비용과 자원이 소요되는데, 다른 당사자에게 기회가 주어질 수도 있었으며 결국 선택됐다면 이 모두가 쓸모없어지기 때문이다.

예시 표현

> 신규투자자가 실사와 서류작성을 완료하는 동안 회사와 기존 주주는 이 주요 거래조건 집행으로부터 90일 동안(독점기간) 직접 또는 간접적으로 회사의 다른 형태의 자본을 구함, 협의, 협상 또는 모색하거나 회사 주식의 매각, 양두 또는 보상에 대해 논의하거나 협상하지 않을 것에 동의한다.

투자자 관점. 투자자는 주요 거래조건에 서명하고 법적 및 회계적인 실사 후에 그들이 투자를 고려하는 유일한 존재라는 점에서 안정감을 느껴야 한다. 한 가지 부차적인 점은 투자자가 다른 잠재투자자를 포괄할 뿐만 아니라 주요 거래조건이 서명된 후 피투자자 또는 기존 주주가 회사를 매각할 수 없도록 하는 조항이 있다는 것이다.

피투자자 관점. 이 조항에 대한 피투자자의 주요 관심사는 독점의 유효기간이다. 주요 거래조건 서명 이후 투자자가 실사를 마치고 최종 문서가 협의되는 기간 동안 피투자자는 인내심을 가질 필요가 있다. 그러나 시간이 지남에 따라 피투자자는 자금을 필요로 하기 때문에 상황이 악화된다. 주요 거래조건의 유효기간은 투자자가 법적 및 회계적인 실사를 수행하고 최종 문서를 완성하는 데 필요한 합리적인 시간으로 제한되어야 한다. 기간의 수정이 필요한 경우 양 당사자의 동의하에 서면으로 진행될 수 있다. 하지만 투자자가 너무 오랜 시간을 소요

할 경우 피투자자에게는 다른 투자자들과 계약할 수 있는 권리가 주어
져야 한다.

》비용

특이하게도 주요 거래조건의 비용 부분은 때때로 감정적인 협상을 야
기하는데, 사실 비용의 크기는 투자규모에 비해 보통 아주 작다. 그렇
지만 당사자들 간의 투자협상과 최종합의가 실패할 경우 독립적으로
발생하는 비용이 상당하다.

예시 표현

> 회사는 Series A 우선주와 관련된 모든 발행비용을 부담해야 하
> 며, 법률 및 실사비용에 대해 최대 5만 달러를 신규투자자에게 상
> 환해야 한다.

투자자 관점. 투자자는 정상적인 실사 및 투자와 관련된 기타 비용에 대
해 상환받아야 한다. 비용은 투자되는 금액과 관계있다. 5,000만 달러
짜리 투자는 100만 달러짜리 투자보다 더 광범위한 법률 및 회계평가
와 심도 있는 실사가 이루어져야 한다.

피투자자 관점. 피투자자는 비용 상한선을 협상해야 한다. 투자자 관점
에서 언급했듯이 상한은 투자금액과 관련 있어야 한다. 또한 피투자자
는 최종단계에서 투자가 실패할 경우 비용이 발생하기 때문에 결렬수
수료에 대한 협상을 원할 수 있다.

▶ 수정

주요 거래조건에서 더 명백한 조항이지만 기본적으로 주요 거래조건
은 당사자들의 상호 동의 없이는 수정될 수 없다.

예시 표현

> 주요 거래조건은 서면으로 된 당사자들의 상호 동의하에 수정될
> 수 있다.

투자자와 피투자자 관점. 가장 일반적인 수정안은 다른 당사자의 거래진
입 시 기밀유지에 관한 것과 유효기간의 연장이 필요할 경우 독점에
관한 것이다.

▶ 준거법 및 중재

일반적으로 주요 거래조건 및 거래의 두 측면은 분쟁이 있는 경우 준
거법 및 중재를 위해 선택되는 소재지이다.

예시 표현

> 주요 거래조건 및 최종 문서는 미국 뉴욕 주법의 적용을 받는다.
> 본 주요 거래조건 및 최종 문서에 관한 당사자 간의 분쟁발생 시
> 분쟁은 뉴욕에 위치한 미국중재협회의 규칙에 따라 중재된다.

투자자와 피투자자 관점. 양 당사자는 공정하고 일관되며 안정적인 준거
법을 위해 노력해야 한다. 중재는 분쟁 중 법정투쟁을 하는 것보다 비
용이 훨씬 적기 때문에 자주 사용된다. 마지막으로 당사자들 간의 거

리가 매우 멀리 떨어져 있다면 중재 위치에 대한 균형이 이루어져야 한다. 뉴욕의 투자자가 인도 회사에 투자하는 경우 양 당사자는 영국의 준거법과 런던에서의 중재로 결정할 수 있다.

➤ 법적 구속력이 있는 조항

주요 거래조건에 있어 흥미로운 점은 대부분이 법적으로 구속력이 없다는 것이다. 즉 주요 거래조건에 서명 이후 동의를 철회하는 것에 대한 제한이 매우 약하다. 이와 같은 경우를 비롯하여 여러 다른 이유를 위해 주요 거래조건에는 법적으로 구속력이 있는 것으로 간주되는 부분들이 존재한다.

예시 표현

주요 거래조건과 관련된 용어들은 당사자 간에 법적 구속력이 없지만 다음 조항들은 예외이다.

- 기밀유지
- 독점
- 비용
- 수정
- 준거법 및 중재

투자자와 피투자자 관점 투자를 완료하는 실무서는 신주인수계약, 주주 간 협약, 최종적으로 수정된 법인설립 정관이다. 그러나 당사자들은 기밀유지, 독점, 비용의 환급, 수정방지 그리고 법적 조항의 분쟁이 필요한 경우 준거법 소재지에 대해 합의해야 한다.

[최종 문서: 인수계약]

주요 거래조건은 투자의 주요 조건을 다루는 보다 비공식적인 합의이다. 현실적으로 표준 문안이거나 매우 세부적일 수 있지만 핵심 아이디어는 고가의 법률 및 회계실사가 있기 전에 당사자 간의 이해를 확립하는 것이다. 주요 거래조건이 서명되면 투자자의 법률팀은 회사의 기존 문서, 등록 및 법적 지위를 모두 검토하기 시작한다. 동시에 두 가지 중요한 문서인 인수계약과 주주 간 협약이 생성된다. 인수계약은 특정 투자라운드 조건을 나타내며, 유가증권 매각과 관련된 대부분의 진술 및 보증을 포함한다. 인수계약의 핵심부분은 다음을 포함한다.

(1) 당사자 식별 및 정의: 주요 거래조건과 매우 비슷하지만 더 구체적이다.

(2) 인수정보: 주요 거래조건과 비슷하지만 훨씬 더 구체적이다.

(3) 선행조건: 주요 거래조건과 역시 비슷하지만 정확한 조건이 명시되어 있으며, 매매 실현을 만족시키는 방법이 광범위하게 계획되어 있고 투자자의 승인이 설명되어 있다.

(4) 완료 대기작업: 이 부분은 주요 거래조건에서 어느 정도 다루어지지만 핵심 아이디어는 문서화 완성 및 투자 완결 전에 중대한 변경이 발생하지 않는다는 것이다.

(5) 완료작업: 투자 마무리를 위한 정확한 단계가 나열되어 있다. 일반적으로 투자가 실행되고 양 당사자가 바라는 대로 주식이 보유되도록 자본구조표를 참조한다.

(6) 진술 및 보증: 주요 거래조건에서 언급된 바와 같이 정확한 진

술과 보증은 인수계약에서 다루어진다. 진술 및 보증의 핵심 부분은 다음을 포함한다.

- 조직과 실존: 기본적으로 회사는 합법적으로 조직되고 명시된 소재지에 존재해야 한다. 또한 계류 중인 소송에서 자유롭고 투명해야 한다.

- 권력과 권위: 회사는 투자라운드와 관련된 모든 계약을 체결할 수 있어야 한다.

- 법적 구속력: 주요 거래조건의 많은 부분과는 달리 당사자들은 이러한 문서들이 법적 구속력을 갖는다는 것을 이해해야 한다.

- 충돌 부재: 투자라운드와 관련해 숙고된 계약은 회사의 기존 계약과 충돌하지 않아야 하며, 어떠한 법률이나 규정과도 충돌하면 안 된다.

- 기업 세부정보: 회사는 투자 이전에 회사의 자본구조가 투자자에게 보인 그대로임을 증명할 수 있어야 한다. 마찬가지로 회사는 계획된 투자라운드를 진행할 능력이 있음을 나타낼 수 있어야 한다.

덧붙여 추가적인 진술 및 보증이 종종 포함되는데, 이것에 대한 기본은 투자자에게 제출된 모든 정보가 투명하고 진실하며 투자에 도움이 되는 방식으로 표현될 수 있어야 한다는 것이다. 진술과 보증은 현실적으로 역사적이거나 사실에 기반을 두어야 함을 명심해야 한다. 예를 들어 피투자자는 단순하게 "이 사업은 법을 준수한다"라고 말하기를 꺼려할 수 있다. 이는 피투자자가 알지 못한 채 실제로 범법이 되는 위반이 있을 수 있기 때문이다. 차라리 "피투자자가 아는 한 이 사업은 모든 법률과 규정을 준수했다"

라는 성명서에 동의할 가능성이 더 높다. 이러한 유형의 추가진술 및 보증은 일반적으로 다음 내용을 보충설명한다.

- 헌법 및 기업 문제: 첫 번째 핵심진술 및 보증과 비슷하지만 회사의 특정 조직에 대해 더 자세히 설명한다.

- 법률준수: 회사와 모든 직원은 법을 준수했으며, 현재 알고 있는 한 법을 준수하고 있다.

- 소송: 계류 중인 소송은 없다.

- 윤리적인 비즈니스 관행: 이것은 뇌물수수가 일어나지 않았음을 확실히 하고자 하는 것이다.

- 자산/라이선스: 회사는 주장하는 모든 자산을 자유롭고 투명하게 소유한다.

- 직원: 만나고 논의한 모든 직원은 회사의 일부이며 그들에게 많은 미불 대출이 없다.

- 계약: 투자자의 법률팀은 모든 계약서를 제공받았다.

- 과세: 회사는 현재 세금을 성실히 납부하고 있다.

(7) 보상: 진술이 거짓이거나 보증이 위반되는 경우 보상을 통한 어떤 형태의 완화가 종종 있다. 보상은 기본적으로 위험이전이다. 비공모 투자의 경우 일반적으로 일반 및 특정, 두 종류의 보상이 있다.

　일반적인 보상은 보증위반 및 허위진술에 적용된다. 보상 조항과 함께 부채에 대한 제한이 있다. 피투자자는 전면적 보상을 철회하고 모든 위험을 감수하는 것을 주저하게 될 것이다. 그러한 이유로 대개 보상으로 인해 발생할 수 있는 부채에는 한계가 있다. 아무 때나 그리고 합산해 지불할 수 있는 금액과 보상의 유효기간이 일반적으로 제한된다.

　때로는 보상으로 완화될 수 있는 특정 문제가 실사에서 발견된다. 예를 들어 어떤 임팩트 투자에서 피투자자가 외국에서 자신의 제품을 판매하는 과정에서 무심코 상업규정을 침해한 적이 있었다. 이로 인해 치안기관이 회사에 불이익을 줄 위험이 있었다. 이는 신규투자자가 투자하기 전에 일어났기 때문에 신규투자자는 위반으로 인해 발생할 수 있는 손실의 어떤 위험도 감수하고 싶지 않았다. 이 사례의 경우, 당면한 구체적인 위반으로 인해 발생하는 어떤 영향으로부터라도 신규투자자를 면책하기 위해 특정 보상이 고안되었다.

[최종 문서: 주주 간 협약]

인수계약은 거래의 세부내용을 다루고 주주 간 협약은 투자기간 동안 주주를 위해 지속하는 계약과 권리를 포함한다. 주주 간 협약의 핵심 부분은 다음을 포함한다.

- 이사회 지배구조 및 사안: 이는 일반적으로 이사회 권한, 이사 배정 및 구성, 제거 및 교체 조항, 정족수 및 투표와 같은 이사회 회의 세부사항을 포함한다.

- 주주총회: 여기에는 투표 및 정족수와 같이 주주총회와 관련된 모든 문제를 포함한다.

- 비축된 사항: 주요 거래조건 부분에서 특정 금액의 부채 방지와 같이 신규투자자가 가질 구체적인 권리가 상세하게 제시되었다. 이 비축된 사항은 주주 간 협약에 상세히 열거되어 있다.

- 운영 및 관리: 이 부분에서는 감사인, 예산 및 운영에 필요한 기타 기능에 대한 요구사항을 다룬다.

- 정보 및 사찰: 주요 거래조건에서 언급했듯이 정보 및 사찰권한은 주주 간 협약에 자세히 설명되어 있다.

- 우선주 권리: 주주 간 협약의 대부분은 희석방지, 동반매각권, 동반매각청구권과 같은 주요 거래조건에서 논의되었던 모든 권리들이다.

투자가 이루어지면 보통 주주 간 협약이 정관 개정의 기초가 된다. 이런 방식으로 고심해서 일치를 본 모든 권리들이 구속력 있는 회사 문서에서 확정지어진다.

[투자종결]

이제까지 투자의 발굴, 선별, 사전 실사, 본 실사, 가치평가, 구조화, 주요 거래조건 작성 및 최종 문서화 등 모든 과정을 살펴보았다. 이 과정은 발생하는 세부사항을 생각할 때 벅차게 느껴지며, 추가적인 요구사항과 고려사항을 필요로 하는 투자유형인 임팩트 투자자들에게 더욱 그렇다. 그러나 각 단계에 대한 철저한 접근은 가능한 최고의 재무적·사회적 결과를 도출하기 위한 투자를 위해 매우 중요하다.

예시적 입장에서 솔레로 투자는 제4장 및 이번 장의 많은 부분에서 그 평가가 끝났다고 가정한다. 투자가 종료되었음을 이해하는 것은 이후 투자 수명주기를 진행해나가는 데 도움이 될 것이다.

대부분의 투자자들은 다음 단계로 출구를 실현하기를 기다리는 수동적인 접근방식을 취하거나 적극적인 접근방식을 취하고, 가치를 구축하며 출구를 도울 것이다. 출구에 대해서 능동적이든 수동적이든 관계없이 모든 투자자에게 거의 항상 요구되는 중간단계는 투자를 모니터하는 것이다. 투자 후 해야 하는 적절한 것들로는 무엇을 찾아야 하는지, 어떻게 제출된 데이터를 분석하는지 그리고 가장 중요한 것은 투자가 어려움에 처했거나 출구에 가까워지면 어떻게 행동해야 하는지 등이 있다.

투자 후 모니터링,
경영관리 및 가치 구축

POST-INVESTMENT MONITORING, MANAGEMENT, AND VALUE BUILDING

투자발굴, 구조화 및 마무리는 상당히 많은 양의 작업이라고 느껴질 수 있지만 이 과정은 대부분 임팩트 투자 수명주기의 일부분이다. 투자 후 투자자는 다양한 책임과 관여를 취할 수 있다. 소극적인 투자자는 경영진의 성과가 담긴 보고서만을 받기를 원할 수 있으며, 보다 적극적인 투자자는 이사회를 통해 중요한 존재감을 확립할 수 있다.

소극적이거나 적극적이거나 재무적·사회적 데이터 보고는 일반적으로 투자종료 이후 첫 번째로 거론되는 핵심주제이다. 소극적인 임팩트 투자자는 회사의 성장과 달성된 사회적 가치를 보고 싶어 한다. 적극적인 투자자는 회사의 현재 상태와 최근의 성과를 이해하려는 욕구는 동일하지만, 더 나아가 문제의 지표가 있는지를 또한 살펴본다. 초기자본을 넘어 노련한 적극적인 투자자들은 회사를 주체할 수 없는 극심한 곤경에 빠지게 만들 수 있는 작은 문제들을 포착할 수 있다.

신뢰할 수 있고 유익한 보고 시스템이 구축되면 투자자는 어디에 노력을 기울여야 할지 알 수 있다. 또한 투자자는 회사와 협력해 어디에서 투자자의 기술과 경험이 재무적·사회적 사명을 성공적으로 구축하는 데 가장 유용한지를 찾아야 한다. 임팩트 투자자는 일반적으로 회사의 규모가 커짐에 따라 사회적 사명을 유지하고 개선하는 데 도움이 되는 독특한 경험을 가지고 있다. 다른 투자자는 특정 산업에서의 운영 경험, 회사의 미래 자금조달을 지원할 수 있는 재무적 배경 및 네트워킹 또는 회사가 성장함에 따라 궤도를 유지하는 데 도움이 되는 경영배경을 가질 수 있다.

모든 투자자와 경영진은 계획대로 성장이 이루어지기를 희망하지만 그 과정에서 어려움을 겪지 않는 회사는 거의 없다. 사회적 사명, 재무·운영상 문제를 예측·계획·완화·해결하는 것은 모두 적극적인 임팩트 투자자가 수행해야 할 것들이다.

이 장에서는 투자 이후 발생가능한 문제와 해결방법에 대한 세 가지 사례연구를 살펴볼 것이다. 어려운 상황을 타개해서든지 또는 규모가 커지는 성공적인 회사를 지원하든지 관계없이 출구 가능성을 향상시키고 투자자 참여가 끝난 후에도 오랫동안 회사에 긍정적인 영향을 미칠 수 있는 사회적·재정적 가치는 구축될 수 있다.

[보고 및 모니터링]

재무·사회적 데이터의 보고는 투자한 회사에 대해 투자자가 가지고 있는 주요한 창 역할을 한다. 그런 다음 데이터 자체가 의미 있고 적절한 시기에 설득력 있는 방식으로 제공되는 것이 중요하다. 재무적인 관점에서 회사의 건강을 추적하는 많은 확립된 재무적·사회적 데이터 보고지표가 존재한다. 그 형식은 GAAP 및 IFRS와 같은 회계표준을 준수하는 재무제표를 통해 또한 표준화되어 있다. 비재무적인 관점에서 이 장에서 언급된 IRIS 지표는 GAAP 또는 IFRS가 회계에 가져오는 표준화 및 통일에 가장 가깝다. 하지만 회사의 운영 데이터는 일반적으로 업계에 따라 조정된다. 예를 들어 솔레로 사례의 경우 새로운 지역에 언제 진입했는지, 얼마나 많은 유통업자가 고용되고 사직했는지 알고 싶을 수 있다. 그렇지만 다른 산업에서는 운영지표가 매우 다를 수 있다. 이 장의 뒷부분에서는 임팩트 투자라는 공통점을 가진 몇몇 다른 산업과 모니터링이 필요한 지표들에 대해 살펴볼 것이다.

사회적 데이터 수집은 임팩트 투자에 있어 독특하고 중요한 요구사항이다. 사회적 임무는 매우 다양하므로 보고 요구사항을 표준화하는 데 어려움이 있다. 같은 산업 내의 회사들 사이에서조차도 한 회사의 사회적 사명은 다른 회사와 다른 지표를 사용하게 할 수 있다. 솔레로의 경우, 가구당 판매되는 랜턴 수에 대한 데이터를 수집하고 등유 랜턴으로 대체된 수로 변환하고자 할 수 있다. 태양광 제품을 판매하는 또 다른 회사는 상업용 공급업체와 휴대전화 충전을 대상으로 할 수 있다. 그들은 일자리 창출과 마을사람들이 휴대전화 충전을 위해 이동하는 거리 및 시간을 단축하는 것에 대해 보고하려 할 것이다.

이 섹션을 읽은 사회적 기업가는 데이터를 수집하고 가공한 후 보고서를 생성하는 데까지 걸리는 시간과 자원을 즉각적으로 고려한다. 힘이 드는 보고 요구가 회사의 재무적·사회적 핵심사명에 집중할 수 있는 능력을 저해할 수 있으므로 기업가가 그렇게 생각하는 것은 당연하

다. 의미 있고 시기적절한 데이터와 한정적인 피투자자 부담 사이의
균형은 합의될 필요가 있다.

》보고 요구사항 수립

투자자가 새로 투자한 회사에 취해야 할 첫 번째 단계는 제안된 보고
요건에 관한 대화를 수립하는 것이다. 이를 수행하는 바람직한 방법은
스프레드시트를 사용해 보고 요구사항을 추적하는 것이다. 그림 6.1은
이것이 어떻게 보일 깃인가에 대한 에시이다.

   그림 6.1을 보면 재무적·영업적·사회적 등 세 가지 유형의 보고 데
이터가 있음을 알 수 있다. 이 중 일부는 재무보고서에 포함되겠지만
다음 6개 부분은 짚고 넘어가야 한다.

[보고 요구사항]

	지표	데이터 종류	빈도	출처	상위 보고자	비고
재무적	매출총이익	0.00%	매월	본사	CFO	
	EBITDA 이익	0.00%	매월	본사	CFO	
	보증반환	0.00%	매월	제조	CTO	
	운송비/수익	0.00%	매월	본사	CFO	항공/선박 분리 원함
영업적	신규 유통업자 수	#,###.0	매월	본사	CEO	
	사직 유통업자 수	#,###.0	매월	본사	CEO	
	해고 유통업자 수	#,###.0	매월	본사	CEO	
사회적	대체된 등유 랜턴 수	#,###.0	매월	본사	사회적 성과관리자	
	등가 탄소크레딧	#,###.0	매월	본사	사회적 성과관리자	

그림 6.1 주요 보고 요구사항에 대한 동의는 보고 요구사항 및 관련 세부사항을 마련함으로써 쉽게 이루
어질 수 있다.

1. 지표: 지표에 대한 일반적인 설명이 제시되어야 한다. 그러나 각 항목의 정의가 정확히 무엇인지 명확하게 하는 것이 매우 중요하다. 예를 들어 매출총이익은 보증반환이 포함되어 있는가 아니면 이를 차감한 것인가? 신규 유통업자의 경우 고용되기만 한 사람들만 포함하는 것인가 아니면 고용되고 판매실적이 있는 사람들을 포함하는 것인가? 탄소크레딧으로는 정확히 어떤 종류가 사용되고 있는가?

2. 데이터 종류: 놀랍게도 가장 확실한 것을 해석하면서 길을 잃을 수 있다. 매출총이익은 달러 단위로 보고되거나 새로운 고용지표에서는 성장률로 표기될 수도 있다. 지표 계산에 대해 일찍 설정해야 한다.

3. 빈도: 기업가들에게 중요한 부분이다. 매달 데이터 보고는 쉽게 계산되는 지표에서만 사용되어야 한다. 특히 데이터 수집에 시간이 걸리는 농촌지역에서 영업하는 회사의 경우 분기별 보고가 더 현실성 있다. 또한 연간 데이터와 같이 빈도가 낮은 항목은 연간 보고 요구사항이 돌아왔을 때 완료되는 데까지 시간이 걸릴 수 있음을 명심하라. 마지막 순간에 보고할 때 자원을 낭비하지 않도록 분기별 보고가 필요할 수도 있다.

4. 출처: 가능한 한 데이터를 정확하게 하기 위해 데이터의 출처를 알고 있는 것이 중요하다. 또한 데이터의 출처를 알고 있는 것은 책임의 초점으로 이어지며, 사업의 각 영역에서 왜 그들에게 책임이 있는지 인식하게 한다.

5. 상위 보고자: 데이터의 출처와 관련해 보고책임이 있는 특정 사람이 있다. 그렇지 않으면 회사에서 "아, 우리는 다른 사람이 그 일에 대해 책임이 있다고 생각했습니다"라고 말하기 쉽다. 어떤 지표에 대한 책임이 누구에게 있는지 확실히 해야 한다.

6. 비고: 가능한 한 많은 체계를 만들려 하지만 매번 설명이 필요한 미묘한 차이가 존재한다. 처음부터 데이터 문제를 해결함으로써 이후 데이터가 회사의 중요한 결정에 쓰일 때 발생할 수 있는 값비싼 오류를 방지해야 한다.

[일반 보고지표]

일반 보고시표는 주로 재정적인 것이다. 사회적·영업석 지표는 투자에 특화된 경향이 있다. 이러한 이유로 시간이 지남에 따라 추적되는 일반 재무지표와 어떻게 이들이 기업건강의 징후를 제공할 수 있는지를 펼쳐 보일 것이다. 그다음에는 사회적 지표를 보다 자세하게 살펴보고, 사회적 지표를 설정하는 문제와 구현방법을 제안한다. 마지막으로 일반 임팩트 투자 산업과 관련된 여러 영업적 지표를 제시한다.

▶ 재무지표

매출성장(%): n기간 매출-(n-1)기간 매출/(n-1)기간 매출. 여기에서 n은 기간이다. 일반적으로 연간 대비 또는 분기 대비 매출은 회사의 일반적인 성장을 이해하기 위한 매우 보편적인 성과측정 방법이다. 이 측정에서 '매출'이라고 간주되는 것을 주의 깊게 살펴보아야 한다. 기업은 수익측정 시 GAAP 또는 IFRS를 준수해야 한다. 배송되지 않은 주문을 포함시켜 매출을 부풀릴 수 있다. 반품, 보증사용 또는 할인판매와 같은 유효하지 않은 매출을 제거한 순매출이라는 용어가 종종 사용된다. 또한 기업성과를 이해하는 것이 목표이므로 자산판매와 같은 일회성 수익은 제거해야 한다.

총매출이익(%): 총매출−판매된 제품원가/총매출. 그냥 매출만을 따진다면 매우 높은 비용으로도 할 수 있기 때문에 문제가 있다. 제품을 낮은 이윤폭으로 판매한다면 판매량을 상당히 늘릴 수 있지만 이러한 전략은 장기적으로는 지속 불가능하다. 제품 또는 서비스를 제공하는 초기단계의 회사들은 보통 지속가능할 정도의 수준까지 이윤폭을 항상 올려야 한다.

운영비용(%): 운영비용/총매출. 초기단계의 회사들은 비용조절에 중점을 두어야 한다. 회사가 너무 제약에 갇혀서는 안 되는 반면 회사운영에 필요한 비용에 주의를 기울여야 한다. 많은 회사들의 기본 운영비용은 판매, 일반 및 영업지출이다(SG&A). 이윤폭과는 반대로 낮은 운영비용 비율이 바람직하지만 기업의 성장을 방해하는 수준이면 안 된다.

EBITDA 이익(%): EBITDA/총매출. 많은 사람들은 EBITDA 이익비율이 회사의 성과를 나타내는 비율이라고 본다. 이 비율에는 판매, 판매된 제품의 원가 및 운영비용이 고려된다. 이자, 세금, 감가상각비, 할부상환금이 빠져나가기 전이기 때문에 이는 기업의 자본구조와 상관없고 기업 성과지표로 적합하다. 초기단계의 회사들은 성장하고 안정화되기 전까지 EBITDA 이익률의 변동이 심하고 종종 마이너스를 나타내기도 한다.

순이익률(%): 순이익/총매출. 자본구조는 EBITDA 이익률과 관련이 없지만 무시할 수 없으며, 순이익률이 이를 해결한다. 궁극적으로 순이익은 모든 잠재적 배당금 또는 자본가치 증가의 기초이다. 순이익률의 변화는 그 수치에 이르는 여러 항목이 변하기 때문에 시간경과에 따라 추적하기가 어려울 수 있다. 그러나 다른 모든 지표가 EBITDA 이익률과 일치하고, 순이익률이 업계 평균과 다르다면 자본구조가 그 이탈의 원인임을 알 수 있다.

유동비율(#): 유동자산/유동부채. 유동성이 마르면 기업은 매우 빠르게 지급불능 위험에 처하기 쉽다. 현금과 대출능력이 제한된 초기단계의 회사들에게는 회사의 유동적 상황을 아는 것이 매우 중요하다. 유동비율이 유동부채에 대비해 유동자산을 계산함으로써 이를 가능하게 해주는데, 이는 회사의 운전자본에 대한 효과적인 테스트이다. 이 비율이 1 미만으로 떨어지면 회사가 즉각적인 부채를 갚는 데 어려움이 있을 수 있음을 의미한다. 그러나 일부 비즈니스에서는 재고회전에 따라 낮은 유동비율로도 영업할 수 있는데, 이는 다음에 검토할 것이다.

현금 전환주기와 구성요소(#): DSO+DIO−DPO[54]. 현금 전환주기는 제3장에서 솔레로가 현금흐름을 생성하는 속도에 대해 다루면서 거론했었다. 많은 회사, 특히 유동성 우려가 있는 초기단계 회사들은 현금 전환주기를 다달이 모니터링해야 한다. 세 가지 구성요소인 DSO, DIO, DPO는 현금흐름 문제의 출처를 파악하기 위해 별도로 추적해야 한다.

잉여현금흐름($/월): EBIT×(1−세금비율)+비현금 품목−자본지출−필요 운전자본. 제3장에서 보았던 잉여현금흐름 계산은 가치계산을 위해 얼마나

---

54 매출채권 회전일수DSO: Days Sales Outstanding, 재고자산 회전일수DIO: Days Inventory Outstanding, 매입채무 회전일수DPO: Days Payable Outstanding. − 옮긴이

많은 현금을 회사에서 분리할 수 있는지 보여준다. 그렇지만 초기단계 회사에서는 FCF가 일반적으로 마이너스이며 현금이 소진되어버린다. 초기단계의 회사 투자자는 투자한 회사의 현금상황과 회사가 양의 FCF로 전환하거나, 부채를 발행하거나, 차기 자본조달라운드가 이루어질 때까지 현재의 현금이 얼마나 오래 지속되는지를 항상 알고 있어야 한다. 경영진과 투자자는 부채 및 자본조달을 획득하는 시간을 정확히 인지하고 이 기간과 현금소진 예측이 일치하도록 해야 한다.

이자 및 부채상환 적용범위 비율(#): EBITDA 또는 EBIT/지급예정 이자 그리고 EBITDA 또는 EBIT/이자+지급예정 원금. 부채 투자자들이 더 고려해야 할 사항이지만 이자 및 부채상환 적용범위 비율은 회사가 이자 및 부채를 상환할 수 있는 능력을 평가하고자 한다.

고정자산 회전율(#): 순매출/PPE. 자산경량화 모델은 사회적 기업에서 일반적이지만 자본집약적인 계획을 가진 사업에서도 투자가 발생한다. 그러한 사업자본 지출PPE: Property, Plant & Equipment의 효과적인 사용을 추적하기 위해서는 고정자산 회전율을 사용해야 한다.

▶ 영업적 지표

회사의 성공을 측정하기 위해서는 영업 자체를 이해하지 않고는 어렵다. 이는 재무적 지표를 넘어선다. 다음은 임팩트 투자의 일반적인 영역과 관련된 영업적 지표들이다.

에너지: 그리드와 유사한 재생에너지 솔루션을 제공하고자 하는

회사의 경우, 다음 지표들이 유용하다.

- 비용/kWh당 가격: 농촌인지 도시인지에 관계없이 고객들은 가격에 있어서 정통하다. 다른 기술을 사용하는 에너지 회사들은 고객들이 가격에 민감하기 때문에 kWh당 가격을 알고 있어야한다. 또한 대체에너지보다 가격이 비싼 제품이나 서비스를 사용하면 고객기반의 급격한 감소로 이어질 것이기 때문에 경쟁에너지원과 그 가격은 지속적으로 추적되어야 한다.

- ROI 프로젝트: 자연의 재정적인 개념인 반면, 대규모 솔루션을 개발하는 에너지 회사는 각 프로젝트에 대한 투자수익을 계획해야 한다. 프로젝트 비용을 지불하는 고객은 ROI와 다른 가능한 솔루션을 비교평가한다. 예를 들어 농촌 통신타워에 태양열과 풍력 혼합솔루션을 제공하는 회사는 자사의 제품과 서비스가 표준디젤 발전방법을 이용하는 것보다 더 높은 투자수익을 창출함을 입증할 수 있어야 한다. 이러한 유형의 기업에 투자한다면 프로젝트 ROI와 경쟁업체 및 경쟁기술과 비교하는 방법을 추적해야 한다.

모바일 머니: 거의 모든 나라에서 전자, 현금 없는 지불솔루션을 제공하는 모바일 머니 회사가 존재한다. 다음과 같은 지표는 그러한 회사의 발전을 추적하는 데 도움이 될 수 있다.

- 유효가입자: 유효가입자 수는 보고해야 할 지표이다. 유효하다는 것은 많은 것을 의미하므로 회사가 유효성을 어떻게 정의하는지 이해하는 것이 중요하다. 일반적으로 유효성은 특정 금액을 거래하는 고객 또는 월별 특정 거래횟수를 의미한다.

- 수익/유효가입자: 각 유효가입자가 얼마만큼의 수익을 창출하는지 모니터링하는 것은 중요하다. 모바일 머니 회사의 수익이 어떻게 보고되는지 매우 신중해야 한다. 실제 수익은 가입자가

수행하는 거래를 기반으로 생성된 수수료이다. 일부 회계시스템에서는 가입자 자금의 흐름이 수익범주에 묶이지만 적재자금과 이체자금이 수익으로 계산되면 안 된다. 더불어 모바일 머니 회사는 '거스름돈 지불용 돈' 또는 가입자가 시스템에 남긴 자금의 이자로부터 수익을 창출한다. 이는 제외되어야 한다.

• 가입자 확보 비용: 모바일 머니 회사는 새로운 지역시장에 진입할 때 광고를 상당히 많이 해야 한다. 또한 새 사용자를 등록하는 에이전트에게는 수수료를 지불해야 한다. 이 모든 것이 신규 가입자 확보에 드는 비용이다. 만약 가입자 확보 비용이 비싸다면 모바일 머니 회사들은 현금을 빠르게 소진해버릴 수 있다.

• 수수료 %: 항목별로 생성되는 수수료는 시간에 따라 측정되어야 한다. 수수료 감소는 모바일 머니 회사들 사이에서 우려사항이다. 만약 모바일 머니 회사가 통신산업계를 답습하게 된다면 부과할 수 있는 수수료를 내려야 할지도 모른다.

헬스케어: 저소득층에 서비스를 제공하는 병원 및 클리닉 회사들은 인기 있는 사회적 기업이다. 그들은 전문화된 여러 지표를 가지고 있다.

• 침대 점유율: 호텔이 그들의 성과를 측정하는 것과 마찬가지로 활용되는 전체 침대 점유율은 중요한 지표이다. 예시 회사인 므토토 클리닉과 같이 계층화된 서비스를 제공하는 회사의 경우 각 서비스 집단별로 활용률을 계산해야 한다.

• 체류기간: 환자가 병원이나 의료기관에 머무는 기간이 얼마나 되는가? 가격과 비용구조에 따라 이는 회사의 장기적 성과에 매우 중요한 영향을 미칠 수 있다.

• 양(+)의 EBITDA 달성에 걸리는 시간: 헬스케어 회사가 만드

는 각 병원이나 의료기관에는 EBITDA가 양이 될 때까지 걸리는 시간이 중요하다. 시간이 너무 길면 초기단계 투자자가 높은 수익을 실현할 수 있는 시점까지 사업을 확장하는 데 상당한 시일이 걸릴 수 있다. 짧은 시간 내에 주식을 매각해야 한다면 그 투자자는 장기예측을 바탕으로 한 내재가치의 지배를 받게 되는데, 다른 투자자는 동일한 가치를 부여하지 않을 수도 있다.

주택: 저렴한 주택을 대상으로 하는 주택 프로젝트 및 회사는 고유한 지표를 가지고 있다.

• 프로젝트/완성 단계 %: 주택 프로젝트는 단계적으로 이루어지며, 이전 단계의 매각을 통해 다음 단계의 건설을 위한 자금을 조달할 수 있다. 각 단계는 일반적으로 예상 일정을 따른다. 해당 일정에 차질이 생긴다면 프로젝트의 IRR을 감소시킨다.

• 전환율: 주택 프로젝트를 방문하고 영업사원과 접점이 있던 사람들 중 구매를 결정한 사람은 몇 명인가? 만약 전환율이 단계에 따라 감소한다면 그에 대한 이유를 조사해야 할 것이다.

• 이자율/부채 가용성: 주택 프로젝트는 부동산을 사기 위해 종종 담보대출이 필요한 고객들에게 의존한다. 만약 이자율과 담보대출 가용성이 시간이 지남에 따라 대폭적으로 변한다면 고객이탈이 발생할 수 있다. 우선 대출자를 모색하거나 담보대출을 준비하는 등의 완화조치가 필요할 수 있다.

유통: 회사는 소규모 태양에너지, 즉 요리난로, 건강제품 또는 모바일 머니와 같은 에너지 효율적인 제품과 같은 다양한 산업분야를 지향할 수 있지만 특히 농촌과 같은 곳을 대상으로 고객에게 직접 판매하는 회사는 궁극적으로 유통시스템 세력들에 크게 주목할 것이다. 이러한 이유로 회사가 상당한 유통시스템을 가지고 있을 때를 추적하는 몇 가지 핵심지표들이 있다.

- 활동적 유통업자: 유통업자팀이 있는 회사는 최대한 많은 직원을 보고하는 것을 좋아한다. 그러나 이러한 회사들의 장부에는 월 판매실적이 전혀 없는 유통업자들이 수두룩하다. 회사를 분석하는 사람은 지난달에 한 번 이상 판매를 한 것과 같은 '활동적인' 유통업자에 대한 기준을 설정해야 한다.

- 유통업자 효율성: 솔레로 예시와 마찬가지로 유통업자 효율성은 매출을 유통업자별, 제품별, '숙련성' 또는 유통업자로서의 시간으로 구분해 결정될 수 있다.

- 유통업자 회전: 매월 유통업자의 총 수는 현재 활동 유통업자, 신규 유통업자 및 이탈 유통업자로 구분되어야 한다.

- 유통업자 이익: 유통업자가 각 제품을 판매하는 금액은 중요한데, 판매 인센티브가 결정되기 때문이다. 대개의 농촌시장에서는 소비자가 어떤 태양광 랜턴을 사야 할지를 묻는다면 일반적으로 주인은 높은 이윤폭의 제품을 추천할 것이다. 회사와 투자자는 자기 제품의 유통업자 이익이 경쟁하고 있는 유사제품 및 비슷한 양으로 유통업자가 판매할 수 있는 다른 제품과 어떻게 견줄 만한지를 정확히 파악하고 있어야 한다.

[솔레로 예시 임팩트 보고체제]

어떤 영업지표들은 사회적 사명과 관련이 있을 수 있지만 사회적 사명 지표를 확충해야 한다. 이를 위해 다시 솔레로로 초점을 맞추고 가능한 분기별 임팩트 보고체제를 살펴보자. 이는 웹사이트 제6장 폴더의 Solero_Qtly_Rpt_Framework.xlsx 엑셀파일에 들어 있다. 여기에는 투자과정의 거래협상 단계 도중과 투자금 지급 직후에 선택한 지표가 포함된다. 보고체제에는 지표의 IRIS 코드, 지표의 이름, 지표의 정의, 지표의 보고 형식, 지표의 기준 측정 및 지표의 계산이 나열된다. IRIS[55] 지표를 참조하는 이점은 표준설정 기관에 의해 선택되고 인증되므로 일반적으로 받아들여지는 지표이기 때문이다. 그림 6.2는 분기별 임팩트 보고체제에 대한 개요를 보여준다.

분기별 보고체제는 성과지표에 중점을 둔다. 적절한 지표의 선택은 쉬울 수도 그렇지 않을 수도 있다. 때로는 많은 사람들이 중요한 지표를 제외하거나 예상되는 임팩트와 관련이 없는 데이터를 추적한다. 추적할 지표를 선택하는 것은 피투자자와 긴밀한 협의하에 반복적으로 이루어져야 한다. 분기별 보고체제를 구축할 때 데이터의 출처를 확인하고 동의하며, 데이터의 품질, 적시성 및 가용성에 대해 피투자자의 확신을 얻는 것이 중요하다. 또한 처리된 모든 데이터에 대한 모든 가정과 계산을 포함하고 데이터 수집 및 제출을 담당하는 피투자자 회사의 담당자를 식별하는 것도 중요하다. 정해진 기간의 준수가 가능하고, 주주에게 데이터를 보고해야만 하는 투자자와 동시에 이루어질 수 있도록 보고의 빈도 또한 논의해야 한다.

오해의 감소와 포트폴리오 간 통합 및 벤치마킹 수행능력은 IRIS 지표와 같은 표준화된 시스템을 사용함으로써 얻을 수 있는 이점이다. 이러한 표준화가 없다면 데이터 품질 및 데이터 수집 시스템이 최적화되지 못할 수 있다. 기업 사무실과 먼 거리 위치를 포함해 데이터를 통합하는 데 관련된 사람들의 수는 잠재적 오류와 오역 가능성을 더한

---

55 IRIS 지표는 http://iris.thegiin.org/metrics에서 영어와 스페인어로 이용가능하다.

다. 각 지표의 이름, 정의 및 측정단위를 대응관계에 있는 사람들과 검토하면 이러한 오류 및 오해를 줄일 수 있다.

사회적 임팩트 보고체제 표로 돌아오면 가공되지 않은 원래의 데이터와 가공된 데이터 이 두 가지 종류의 데이터가 있는 것을 볼 수 있

[솔레로 분기별 임팩트 보고체제]

IRIS 코드	지표명	정의	보고 형식
OD5990	보고 통화		통화
OI8869	정규직원	보고기간 말에 솔레로에 고용된 사람의 수. 이는 보수를 받는 풀타임 및 파트타임 직원의 합계이다. 계약제조 또는 유통업체는 포함되지 않는다.	직원 수
OI2444	정규직원: 여성	보고기간 말에 솔레로에 고용된 여성의 수. 이는 보수를 받는 풀타임 및 파트타임 직원의 합계이다. 계약제조 또는 유통업체는 포함되지 않는다.	직원 수
PP11253	태양등/판매된 단위 총계 누적부터 시작	사업 시작부터 솔레로에 의해 판매된 태양등의 총 개수(모든 모델들)	수, 측정단위에 의거(PD1602)
P1263	솔레로 램프/ 이번 분기에 총판매된 단위	보고기간 내에 판매된 태양등의 총 개수(세 가지 모델)	수, 측정단위에 의거(PD1602)

기준선 12.31.2014	출처와 계산	3/31/2015	6/30/2015	9/30/2015	12/31/2015
INR	N/A	INR	INR	INR	INR
4	회사기록	5	6	8	8
0	회사기록	0	1	0	0
1540	계산(총계)	7369	15375	26120	40315
1540	계산(총계)	5829	8006	10745	14195

그림 6.2 솔레로의 분기별 임팩트 투자 보고체제는 사회적 사명의 모니터링과 평가에 관련된 많은 수의 지표를 제공한다.

다. 가공되지 않은 데이터는 회사가 직접 수집한 것이다. 가공된 데이터는 격리된 온실가스 배출과 같은 가정을 포함하거나 포함하지 않을 수도 있는 계산 결과이다. 분기별 임팩트 보고체제는 원래의 데이터 요소, 파생 정보, 가정 및 계산을 포함한다.

예를 들어 솔레로는 판매된 램프의 수를 보고한다. 이 지표는 분기별 모델별 임팩트 보고체제에서 추적되고 초기부터 분기별로 누적되어 집계된다. 반면에 수혜자 또는 최종사용자의 수는 직접 추적하지 않고 계산을 통해 도출해낸다. 고객설문을 통해 수집한 자료를 토대로 세 가지 램프 모델의 평균 사용자가 모두 다르다고 가정한다. 솔레로는 사실 네 가지 모델을 생산하지만 네 번째 모델은 주로 캠핑족과 야외 레저를 위한 산업화된 시장에서 판매되므로 임팩트 투자의 목표시장 인구와는 부합하지 않는다.

임팩트 보고체제에 대한 가정에서 솔레로 미니 모델 평균 사용자를 한 명, 솔레로 스탠더드 모델 두 명, 솔레로 엑스라지 모델 네 명으로 표시한다. 이를 통해 분기별 사용자 수를 대략 예상할 수 있다. 분명히 이것은 완벽하게 계량화할 수 있는 시스템이 아니다. 하나 이상의 제품을 가진 중복고객 또는 가구에 대한 측정을 할 수 없다는 문제가 있기 때문이다. 측정에 포함된 수혜자가 고유고객이 아닐 수도 있다. 또한 램프의 용도를 알 수도 없다. 램프들은 소득창출을 위해 일몰 후 아이들의 숙제와 공부를 위해 또는 그저 가족의 카드게임을 위해 사용될 수 있다. 각각 다른 램프의 용도는 가급적 알았으면 더 좋은 서로 다른 사회적 임팩트를 미친다.

분기별 임팩트 보고체제는 다음과 같은 추가가정을 한다.

- 램프당 온실가스 전환율[56]: 램프의 수 × 0.092tCO$_2$로 계산된다 (판매된 총 램프의 수 × 1년에 램프당 완화되는 CO_2 배출 톤).

- 가구당 인원: 다섯 명[57]

- 가구당 램프의 수: 1개

- 램프의 평균수명: 2년

이상적인 임팩트 보고체제는 산출물과 결과 목표를 포함해야 한다. 하지만 결과의 목표를 목표달성 인구, 목표인구에 대해 생성되는 수입 또는 저축, 또는 고용자 수(성별 또는 사회·경제적 세분화별)의 관점에서 설정하기는 어렵다. 과제에 대한 배경정보와 이를 해결하는 방법에 대한 예제를 제공하기 위해 엑셀파일에 있는 임팩트 보고체제는 기준선 예시와 솔레로에 대한 실제 값을 E, G, H, I, J열에 나열하고 있다.

---

56 AMS-III.AR, "연료기반 전구를 4.0버전의 LED/CFL 전구 시스템으로 대체하기", https://cdm.unfccc.int/methodologies/DB/41A0Q0QT5CUP3TMD57GC6RZ4YRV28M.
57 2011년 인도 인구조사, www.censusindia.gov.in.

마지막으로 수집된 데이터를 해석하는 방법에 대해 생각해야 한다. 솔레로에 투자 후 첫 몇 분기 동안 모니터링으로 다음을 알 수 있다.

- 고용인 또는 유통업자의 수에 있어서 중요한 변화는 없다. 농촌, 외딴 곳, 지리적으로 멀리 떨어져 있는 판매지역을 감안하면 여성 고용자들과 여성 유통업자들을 고용하거나 유지하는 데 분명한 어려움이 있다는 것은 놀라운 일이 아니다. 이러한 지역들은 구매자의 대다수가 여성일 경우에도 보통 100%의 남성 영업사원늘을 보유하고 있다.

- 태양광 제품들은 시간에 따라 변화하는 각기 다른 유통업자 이윤폭을 가진다. 2014년 12월 미니는 9.09%, 스탠더드는 5.26%, 엑스라지는 26.59%의 유통업자 이윤폭을 가졌다. 이러한 이윤폭의 차이로 유통업체는 스탠더드보다는 미니를, 미니보다는 엑스라지 판매를 선호한다. 각 제품의 매출을 모니터링하는 것은 사회적 목표를 추구하는 관점과는 다르게 영업인력에 인센티브를 부여할 필요가 있는지를 평가하는 데 도움을 준다. 그러나 대체적으로 이윤폭과 유통업체 이익은 별 우려점이 없다. 유통업체 이익은 천천히, 그러나 꾸준하게 증가해왔다.

- 이 분기별 계기판을 보완하기 위해서 소비자 설문조사를 통해 몇 개의 가정들을 실험해볼 수 있다. 설문조사는 초점그룹 혹은 모바일 폰 대화를 통해 그 분야의 질문자들을 모집해 물리적으로 실시할 수 있다. 이를 통해 다음과 같은 핵심 데이터를 확인할 수 있다.

  a. 가구의 크기
  b. 지난 6개월 또는 1년간 구매한 램프의 수
  c. 램프의 실제 사용과 배터리의 처리

d. 품질, 가격, 지불에 대한 만족도

e. 판매와 판매 후 서비스에 대한 만족도

f. 등유와 등유 램프로 인한 절약을 포함해 혜택에 대한 인식

g. 원하는 신상품의 기능

[투자 후 사례]

투자 후 관리 프로세스에 대해 보다 바람직한 관점을 제공하기 위해 세 가지 사례를 살펴보도록 하자. 이 세 가지 사례는 투자의 이론적 근거에 대해 간략히 설명하지만 더 중요한 것은 투자자가 투자 후 발생할 수 있는 현실적이고 관련성 있는 문제를 다루는 것이다. 이 사례들은 실제 사건을 모티브로 하지만 설명 목적상 세부사항을 수정했다.

▶ 동아시아의 천연가스

얼핏 보면 동아시아에 천연가스를 공급하는 것이 사회적 기업과 무슨 연관이 있나 싶겠지만 이 회사의 본래 업무는 농촌지역의 백신 보존을 위해 보건부에 가스동력 냉동장치를 제공하는 것이다. 이 투자는 농촌 지역의 백신냉동을 가능하게 하며, 또한 일자리를 창출하고, 숯난로 대체 개량제품을 제공한 요리용 가스의 판매를 통해 높은 사회적 가치를 보여주었다. 재무적으로 회사는 가스판매를 통해 수익을 얻을 수 있으며, 해당 제품의 상업 및 소매시장과 같은 다른 부문으로의 확장도 할 수 있다.

운영 측면에서 이 회사는 별도의 회사에서 천연가스를 수입하고, 항

구에서 대량으로 구매하며, 고객유형에 따라 다양한 크기의 실린더를 채우고, 주로 국가의 농촌지역에 실린더를 유통함으로써 사회적·재무적 목표를 달성하게 되어 있었다. 가장 큰 실린더는 백신냉동 동력 및 병원과 같은 대형기관 주방 등의 산업 응용분야에 공급된다. 상업적으로 중간 크기의 실린더는 식당과 호텔에 요리용으로 판매되었다. 작은 소매제품은 또한 가정에서의 요리와 때때로 조명장비 전원 공급을 위해 판매되었다.

본래의 투자는 엄격하게 통제된 환경과 사업의 자본집약적 특성을 고려했다. 특히 사업이 이루어지는 국가의 가스 가격은 정부의 수익규제에 영향을 받았다. 세계적인 명성을 가진 저명한 현지인이 이 회사의 성공에 매우 관심이 있었고, 주권위험 문제를 완화시키는 데 도움을 주었다. 또한 여러 단계로 이루어진 투자는 다른 단계의 자금을 얻기 위해 특정 조건을 달성해야 하는 구성이었다.

조건들은 매출목표와 관련이 있지만 그중 경험이 풍부한 천연가스 회사 CEO를 고용해야 한다는 독특한 조건이 있었다. 모두 투자 이후 초기에 달성되었지만 EBITDA 이익이 급격히 감소했을 때 문제에 대한 첫 번째 단서가 포착되었다. 현장감시를 통해 새로운 CEO가 기존의 사업계획 이상으로 많은 현지 직원을 고용한 것이 드러난 것이었다. 국가의 수도에서 폭동이 일어날 정도의 지역적 가격 인플레이션은 상황을 더욱 악화시켰다. 이에 정부는 천연가스를 포함한 모든 소비자 대상 제품에 대해 엄격한 수익통제를 실시했다.

제한된 수익과 통제불능의 비용 상승으로 인해 투자자들은 철저한 현장평가를 수행했다. 여기에서 네 가지 흥미로운 발견이 있었다.

1. CEO는 직원에 비해 매우 높은 임금을 받고 있었고, 크게 비효율적인 것으로 판명이 났다. 분야에서 매우 존경받는 인물이었음에도 불구하고 중간 규모의 기업을 관리하는 운영 및 재무적 경험이 부재했다. CEO 다음으로 힘이 있던 지역감독이 운영의 대부분을 담당하고 있었으며, 직원들의 존경을 받고 있었다.

2. 재무상태 예측 토론 중에 CFO는 기업 재무에 관한 기본 질문에 대한 답변을 지속적으로 자신의 회계사에게 미루었다. 업무 수행능력에 비해 CFO의 임금이 초과 지불되어왔음이 드러났으며, 필요한 모든 분석은 그의 회계사가 제공할 수 있었다.

3. 본사가 수도에 위치함으로써 매우 비싼 임대료를 지불하고 있었으며, CEO가 고용한 많은 사무직원이 그곳에 있었다. 수도에 본사가 위치하게 된 것은 수입이 수도에서 발생하기 때문이었지만 모든 주유소와 판매는 농촌에서 이루어지고 있었다.

4. 하루 매출의 지표는 지속적으로 증가했다. 현지 평가 당시 이 지표를 분석한 결과 다수의 주요 계정에서 가스요금 지불이 심하게 지연되어 있었다. 이 문제의 복잡성을 추가하는 것은 보건부를 포함한 정부 부처가 주요 연체 계정이었다는 것이다.

이 투자에서 이사회는 회사의 직접관리에 중요한 참여 및 권한을 가졌다. 몇 번의 이사회를 거친 후 다음과 같은 조치가 취해졌다.

1. CEO는 우호적인 퇴직금 논의를 통해 해고되었다. 지역감독이 CEO 권한대행으로 승진했다. 이 조치는 지역감독이 회사 전체를 운영하는 데 상대적으로 경험이 부족했으므로 여전히 위험해 보였다. 그래서 더 높은 임금을 받기 위해 그가 달성할 수 있는 성과목표를 세웠다.

2. CFO도 마찬가지로 해고되었다. 회계사가 그 업무를 대신하면 서 임금이 상승했다.

3. CEO가 추가 고용한 직원의 대부분은 해고되고, 수도의 사무 실은 문을 닫았다. 본사는 회사가 담당하는 농촌지역의 중심에 있는 지역사무실로 이전했다. 가스 수입을 담당하는 작은 규모 만 수도에 남았다.

4. 수거노력이 심화되었다. 요금을 지불하지 않는 고객에게는 가 스공급을 중단했다.

5. 중요한 지역담당자와의 연락이 잦아졌다. 해당 채널을 통해 수 익제한에 관한 해결방안을 논의했다.

6. 보고는 월별에서 주별로 전환되었다. 모든 거래를 설명하기 위 해 현금원장이 사용되었다.

이 엄격한 조치들에 놀랄 수도 있지만 회사가 현금을 빠르게 소진하 고 있었다는 점을 알아야 한다. 어떤 조치도 예사롭게 결정된 것이 아 니며, 모든 가능성을 고려한 뒤 깊은 고심 끝에 결정되었다. 특히 수익 규제에 처해진 이와 같은 상업적 기업이 사업에서 살아남기 위해서는 비용을 통제해야 한다. 추가적으로 요금을 지불하지 않는 고객들에게 는 서비스를 계속 제공할 수 없다.

임팩트 투자에서 실제 부딪히는 도전적인 당면과제 중 하나는 미수 금 문제이다. 전통적인 회사의 경우 돈을 지불하지 않은 고객은 제품 또는 서비스를 제공받지 못한다. 그러나 이 사례의 경우, 돈을 지불하 지 않은 고객이 가장 핵심적인 사회적 사명을 수행하는 보건부였다. 투자자들은 어떻게 사람들에게 백신 보존을 위해 냉동장치 동력으로

가스를 사용하는 보건부의 가스공급을 차단했다고 설득할 수 있을까?

이 상황이 바로 완전 상업적인 임팩트 투자가 임팩트와 수익 사이의 절충 문제로 인해 시험에 들게 되는 형국이다. 대답은 다양할 수 있지만 여기에서 필요한 논쟁은 자본비용에 대한 담론으로 연결되어 있다. 완전히 상업적인 임팩트 투자자는 사회적 임팩트에 대해 어떠한 절충이라도 피해야 한다. 이 경우 지불하지 않는 고객으로 인해 투자자 수익의 절감으로 이어져 기업의 가치가 감소하게 된다. 만약 투자자들이 상업적 기반의 자본비용 개념을 가지고 있다면 투자가 무력하게 관리되는 것을 허용할 수 없다. 자본비용이 매우 낮거나 존재하지 않는 자선 임팩트 투자자라면 어느 정도의 가치하락을 허용할 수 있다.

그렇지만 궁극적으로 사업의 생존능력이 위협을 받는다면 문제의 근원들을 없애야 한다. 문제를 영속화시켜 사업이 파산하고 운영이 중단된다면 애초에 보건부에 가스를 공급하지 않는 것과 같은 도덕적인 진퇴양난은 존재하지도 않았을 것이다. 이러한 행동과정의 임팩트는 본질적인 공급손실 문제와 다른 모든 고객에 대한 서비스 손실, 회사 및 보조회사의 고용상실, 정부에 납부하는 세금감소 등을 초래한다.

이와 같은 조치가 취해진 이후 회사는 천천히 효과를 보기 시작했다. 1년 안에 매출이 최고치를 달성한 것이다. 2년 후쯤 회사는 많이 성장했고 양(+)의 EBITDA를 달성하는 달들이 생겨나기 시작했다. 이는 회사가 추가적인 실린더에 투자할 수 있는 기반이 되었으며 회사의 확장으로 이어졌다.

회사가 안정화되면서 투자자들은 이제 더 많은 부가가치를 가져다주는 과제를 수행할 수 있게 되었다. 첫 번째 과제는 투자자가 투자한 다른 회사와 천연가스 회사 간에 자연스러운 연결고리를 개발하는 것이었다. 천연가스 회사가 천연가스로 전원을 공급하는 조명을 전기가 보급되지 않은 농촌마을에 판매한 것을 기억하라. 투자자는 이 조명이 인기가 없다는 것을 알게 되었다. 이유를 살펴보니 조명이 너무 밝았으며 많은 열을 방출하기 때문임을 알게 되었다. 투자자가 투자한 다른 회사도 솔레로와 비슷한 태양광 랜턴을 판매하는 회사였다. 유통시스템을 갖추고 직원들이 이미 정기적으로 농촌마을을 방문하는 상황에서 두 회사를 연결해 천연가스 회사의 유통시스템을 통해 랜턴이 판매될 수 있도록 하는 것이 합리적이었다.

두 번째 부가가치 과제는 잠재적인 투자회수에 대한 것이었다. 현지 및 지역 주식시장은 너무 작고 비유동적이어서 IPO의 가능성이 낮았다. IPO가 없으면 인수 또는 세컨더리[58] 주식매매가 다른 대안이다. 제3장과 4장에서 논의된 바와 같이 이것이 이와 같은 회사에 투자할 때 대규모 비유동성 할인이 적용되어야 하는 정확한 이유임을 유념하라. 인수 또는 주식매매 시에 다음 투자자는 그러한 비유동성을 고려할 가능성이 크다.

투자회수를 조장하기 위해 투자자는 천연가스 실린더 도구 및 액세서리를 판매하는 대규모 현지 회사와 협상을 시작했다. 이 회사는 천연가스의 유통망과 고객규모가 자사의 비즈니스에도 상승효과를 불러올 것이라 보았다. 동시에 또 다른 지역 투자펀드와 세컨더리 주식매매를 위한 협상을 시작했다.

이 임팩트 투자로부터 많은 교훈을 얻을 수 있다. 첫 번째는 투자의

---

[58] 신규 벤처주식에 직접 투자하는 것이 아니라 다른 벤처캐피털이나 엔젤(개인 투자자)이 보유하고 있는 벤처주식. - 옮긴이

초기부터 엄격한 투자 프로세스가 적용되어야 한다는 점이다. 여기에서 수익은 언제나 고려대상이었지만 국가적 관여는 그 위험을 계량화할 수 없다. 국가와 관계할 때 유명한 현지인의 도움을 받는 것은 중요한 문제가 될 수 있다. 이해의 일치를 확고히 하기 때문에 오히려 현지인이 공동투자자인 것이 더 나았을 수도 있었다.

이 투자로 모니터링을 조기 주의 신호로 사용해야 한다는 것이 명확해졌다. 운영비용 %와 DSO 계산에 문제가 생겼을 때 운영구조에 문제가 있음이 확실해졌다. 이 지표들은 기업에 큰 변화를 초래하는 현장평가로 이어졌으며, 결국 회사에 큰 이익을 가져다주었다. 여기에서 중요한 점은 지표 자체가 문제에 대한 해결책이 된 것은 아니며, 지표가 투자자에게 조기 주의신호를 제공하는 한에 있어서는 큰 가치를 갖는다는 점이다. 이에 대한 실제 가치는 투자자가 문제를 이해하고 극복하기 위해 조치를 취했을 때 더해졌다.

▶ 남아메리카의 카페

천연가스와 마찬가지로 카페도 사회적 기업과는 거리가 멀게 느껴진다. 그러나 예외인 경우는 존재하며, 그중 하나가 이전에 성적학대를 받은 피해자들을 고용하는 남아메리카의 작은 카페체인이다. 이 회사는 취약계층의 직원들에게 상담과 지원을 제공하는 비영리단체의 도움을 받는다. 상담 이후 수혜자는 고객과의 접촉으로 인한 스트레스를 느끼지 않고 기술을 쌓을 수 있도록 고객응대에서 벗어난 카페의 뒤에서 다양한 직무에 고용된다. 궁극적으로 수혜자는 카페에서 고객을 응대하는 서비스 중심의 역할을 수행하는 데까지 이르게 된다.

투자가 이루어졌을 당시 회사는 매우 초기단계였으며, 2개의 가게를 운영 중이었다. 카페는 그 지역에 거주하는 외국인을 대상으로 서양식 음료, 분위기 및 서비스를 제공하는 데 목적이 있었다. 창업주들은 몇 년 전 라틴아메리카로 이주해 하나의 가게로 시작해 현재 4개의 가게를 운영 중인 작은 카페체인으로 사업을 확장한 외국인들이었다.

실사를 통해 문제점들이 드러났다. 비즈니스 규모를 확장하는 것이 수익으로 이어졌지만 위치와 방법이 완벽하게 개발되지 않았다. 처음으로 직면하게 된 문제는 정확한 재무보고였다. 투자한 지 약 1년 후 재무제표와 불일치하는 항목들이 있어 회사의 현금상태를 조정하는 데 어려움이 있었다. 현금상황이 예상보다 나쁜 상태인 것이 바로 확인되었고, 6개월 안에 더 많은 부채 또는 자본자금 조달이 필요한 것으로 나타났다.

자본증대가 필요한 이유 중 하나는 회사가 예상보다 많은 현금을 소진하고 있기 때문이었다. 현금소진은 새로운 카페를 오픈할 때 예상보다 많은 비용이 필요했다는 점과 특히 수익성이 낮은 한 가게로 인한 것이었다. 문제에 대한 원인이 밝혀짐에 따라 외국인 소유주가 현지인보다 더 많은 비용을 지출하고 있다는 점 또한 밝혀졌다. 임대료는 현지 시장기준을 초과해 인상되었으며, 다툼이 있는 건물주는 법적 조치와 사업 중단을 무기로 위협을 가했다. 또한 직원을 유지하는 것이 어려워 교육을 제대로 받지 못한 직원들에 대한 고객불만이 발생했다.

투자자가 인력에 대한 문제를 더 자세히 들여다보면서 이 사회적 기업의 고유한 문제를 발견할 수 있었다. 직원의 교체가 빠르게 이루어지는 이유 중 하나는 이전 학대 피해자였던 일꾼들을 포함해 많은 직원이 이 회사에서 교육을 받고 몇 개월의 경험을 쌓은 후 더 높은 임금을 보장하는 인지도가 있는 외국 호텔 및 레스토랑에서 일자리를 얻을 수 있기 때문이었다.

또한 '정상적인 직원'과 매우 취약한 계층에 속한 직원들 사이의 긴장감이 고조되었다. 정상적인 직원은 이러한 직원들에게 제공되는 일부 매니저들의 보호주의를 이해하지 못했고, 때로는 효율성이 떨어지는 것으로 인식했다. 카페매니저는 그들의 상태에 주목했음에도 불구하고 특별직원의 까다로운 특성을 제대로 이해하지 못했다. 매니저와 동료들은 '특별직원'이 카페를 수익성 있게 운영할 수 있는 역량을 훼손하고 있다고 생각했다.

문제가 불거지자 창업주들은 차츰 좌절하고 동기부여의 감소로 이어졌다. 한 가지 특별한 쟁점은 핵심 사모투자 그룹이 각각 10% 미만의 적은 지분을 보유하고 있다는 것이었다. 주요 주주들은 창업주와 상담 및 지원 서비스를 제공하는 비영리단체였다. 창업주들은 민간투자자들이 사업을 포기하고 매우 적은 지침과 도움을 제공한다고 믿었다. 그렇지만 투자자들은 이 투자를 예외적으로 하고, 더 큰 다른 투자를 진행하고 있었다. 투자에 상당한 시간을 할애하는 것은 나머지 다른 대규모 투자에 대비해 의미가 없었다.

투자자의 총 포트폴리오 가운데 극히 일부일 뿐이지만 적절한 지배구조를 유지하고 좀 더 투명한 정보, 당면한 유동성 문제, 비용 문제 및 일반적인 확장에 대한 필요성을 논의하기 위해 이사회를 통해 모였다. 결국 이들은 다른 투자라운드가 필요하다는 결론을 내렸으며, 수익성이 낮은 가게를 폐쇄하는 것을 포함해 비용절감 계획을 수립하고 경영진에게 새로 조정된 확장계획을 제공하도록 요청했다.

유동성은 이사회가 결정한 지침 가운데 가장 먼저 필요한 부분이었지만 문제에 봉착하게 된 가장 첫 번째였다. 모든 투자자가 제안된 자금조달라운드에 참여하는 것을 원하지 않았던 것이다. 세 명의 투자자 중 두 명은 회사 자금조달에 동의했지만 나머지 한 명은 회사에 더 많은 돈을 투입하는 것에 대해 망설였다. 이러한 상황 속에 세 명의 투자자 중 두 명은 마지막 투자자가 다음 라운드에 투자하지 않는다면 매우 징벌적인 거래조건을 제시했다. 이 거래조건에는 가장 최근의 라운드에 대한 3배의 청산우선권이 포함되어 있어 제4장에서 설명된 바와 같이 비참여 투자자 수익을 크게 감소시킬 수 있다. 이러한 거래조건을 접한 마지막 투자자는 투자에 참여하기로 결정함으로씨 보다 균형 잡힌 투자구조를 만들 수 있게 되었다.

해결해야 할 다음 문제는 비용통제였다. 비용절감을 위한 계획은 수익성이 낮은 가게를 폐쇄하고 사업친화적인 건물주가 있는 새로운 위치로 가게를 이동시키는 조치가 취해짐으로써 행동으로 옮겨졌다. 그러나 자세히 살펴보았을 때 직원과 관련되어서는 더 많은 문제가 드러났다. 매우 적은 수의 졸업생이 비영리 지원 프로그램을 통해 카페에서 일하고 있었다. 기존에 기대한 것보다 훨씬 낮은 비율의 직원이 이 프로그램을 통해 배출되고 있었다. 이 회사에 투자하는 임팩트 투자 사례는 모델이 매우 취약한 사람들을 훈련하고 직원으로 통합한다는 전제를 기반으로 하기 때문에 이러한 사실은 문제가 되었다.

회사의 사명선언문에도 이러한 책임이 나타나 있다. 이사회는 명시된 사명과 실제 지원활동 사이의 불일치를 논의하기로 결정했다. 여러 번의 회의 끝에 이사회는 사명선언문을 현실에 맞게 수정하기로 결정했다. 회사와 투자자들은 사명 표류나 사명 희석으로 고소당할 위험에 처했지만 새로운 사명은 달성가능한 사회적 목표를 적절히 반영했다.

마지막으로 빈약한 보고로 인해 많은 문제에 대한 인식이 지체되었다. 이사회는 보다 빈번하고 투명한 보고를 요구했다. 이에 대응하기 위해 회사는 운영 예측모델을 개선하고 보다 체계적인 재무 및 운영보고서를 발송하기 시작했다.

결국 모든 투자자들은 투자를 지속하고 성공적으로 추가 라운드를 마쳤으며, 잠재적인 인수를 위해 경쟁하는 카페체인과 협상에 들어갔다. 이러한 경험을 통해 얻은 몇 가지 핵심교훈이 있다.

- 보고는 적시성과 투명성이 생명이다. 첫 번째 사례연구와 마찬가지로 보고서와 전달된 측정지표를 통해 문제를 파악할 수 있었다. 투자에 대한 정보 및 검사권한을 갖는 것이 필수적이다.

- 이 거래에서 미묘하지만 중요한 문제는 이해관계의 일치가 이루어지지 않았다는 것이었다. 투자자들은 전폭적인 지원을 제공하기 위해 더 큰 투자에 가지는 것만큼의 충분한 '관심'을 보이지 않았다. 투자자가 소극적 투자자로 특징지어지도록 조기에 고착되어버리거나 활동의 한계가 드러났어야 한다. 활동적인 투자자의 부재는 창업자와 경영진들이 지도 없이 홀로 남겨진 기분이 들게 함으로써 결국 동기저하로 이어졌다. 이 회사에 있어서처럼 투자규모 및 펀드기반 투자자에 대한 내용은 제7장에서 좀 더 다룰 것이다.

- 투자자와 경영진은 긴축을 두려워하지 않았다. 수익성이 낮은 가게를 닫는 것은 눈에 보이는 실패였기 때문에 매우 어려운 결정이었다. 투자자들은 분석할 때 희망을 잃지 않고 잠재적으로 실패한 카페를 고려했으며, 이는 므토토 클리닉의 사례에서 몇몇 클리닉이 작동하지 않는다는 추정과 매우 흡사했다. 궁극적으로 가게를 닫는 결정은 회사를 더 매력적인 인수대상으로 만들어주었기 때문에 옳은 결정이었다.

- 마지막으로 경영진의 불굴의 의지가 투자의 강한 특징으로 인
  식되어야 한다. 투자자들은 잠재적인 투자에서 이를 확인해야
  한다. 사업에 오랫동안 종사해온 창업자 및 경영진이 속해 있는
  것은 큰 이점이다. 힘든 시기에 정리하고 자국으로 돌아가는 것
  이 아니라 낙담시키는 규모축소에는 물러나 있다가 때가 되자
  앞으로 나아갔다.

▶ 인도네시아의 바이오가스 에너지

세 번째이자 마지막 사례연구는 보다 전통적인 사회적 기업이다. 이
기업은 작은 농촌마을에 바이오가스화 발전기를 이용해 전기를 공급
한다. 바이오가스화의 과정은 마른 농작물 잔재와 같은 바이오매스를
고온가스화 또는 혐기성 소화를 이용해 에너지로 전환시키는 것이다.
회사는 전매 디자인을 통해 바이오가스 발전기를 생산하기 시작했으
며, 인도네시아의 주요 전력망에서 벗어나 있는 작은 마을에서 시스템
을 시범운영했다.

비즈니스 모델은 한 군데, 가능하다면 두 군데 정도의 마을에 에너
지를 공급할 수 있을 정도로 강력한 바이오가스 발전기를 마을에 설치
하는 것이었다. 전선은 대나무 모은 것을 이용, 마을을 통과해 가구를
연결한다. 고객들은 가구 내의 연결된 전구 또는 기기의 수만큼 계산
된 단순화된 월별 요금을 낸다. 마을의 몇 개의 발전기에서부터 수백,
수천까지 확장하는 것이 계획이었다.

최초 투자자는 주로 자선기부금과 사모, 이익지향적 임팩트 투자자
에 의해 자금을 지원받는 임팩트 투자기금으로 구성되었다. 처음에 이
회사는 거의 20개의 발전기를 마을 각각에 설치해 계획을 실행에 옮겼
다. 그러나 얼마 지나지 않아 다음 도전과제에 직면하게 되었다.

1. 발전기를 공급하는 것은 전문화된 정비공과 엔지니어를 필요로 했기 때문에 어려운 일이었다. 제대로 교육받은 서비스 전문가들의 수는 부족했고 적절한 수준의 서비스를 제공하기 위한 교육에 필요한 시간도 매우 길었다.

2. 각 마을에서 미니 발전기를 운영하는 것은 시간소모적인 작업이었다. 직원들은 청구서 계산을 위한 관리를 받아야 했고, 수집은 광범위한 추적이 필요했으며, 배선은 지속적인 유지보수를 필요로 했고, 바이오매스의 공급체인을 지속적으로 확보하는 것은 항상 걱정거리였다.

3. 발전기를 제작하고 마을에 설치하는 것은 예상보다 자본집약적이었다. 고객에 요금을 부과해서 얻는 이익은 설치 후 느리게 나타났다. 낮지만 꾸준한 수입흐름을 감당하기 위해서는 처음부터 많은 양의 자금이 있어야 했다. 추가적으로 직원의 훈련을 위해 회사는 훈련부서를 만들었으며 이는 예상보다 많은 자금을 필요로 했다.

투자자들은 수익이 예상보다 훨씬 적은 것과 현금소모가 빠른 것을 보고 이러한 문제들을 파악했다. 사모 투자자는 지나치게 자본집약적이고 이익의 실현이 느린 것처럼 보이는 사업에 대한 경험이 있었다. 투자자는 발전기를 돌리고 운영을 통해 이익을 얻는 현지 사업가에게 발전기를 판매함으로써 사업을 프랜차이즈화 할 것을 제안했다. 회사는 필요한 모든 장비를 판매하고 발전기의 유지와 수리를 위해 전문화된 서비스 기술자들을 제공할 것이다.

회사는 새로운 비즈니스 모델에서 성공을 거둔 후 더 크게 규모를 확장해나갔다. 인도네시아 전역에 발전기를 판매했으며, 이전에는 전기공급이 되지 않았던 거의 100개에 달하는 마을에 전력을 공급하고 있었다. 이 기간 동안에는 기부금을 늘리는 것이 목표 중 하나인 자선기금 투자자에 의해 성공이 강하게 촉진되었다. 투자가 진행되는 동안 이익은 여전히 적었고, 회사는 가격을 올리려는 시도를 했다. 과거 정부보조금을 사용해 가격에 혜택을 받았던 많은 지역 사업가에게 이 제품은 비싸게 느껴졌다.

이 기간 동안 회사는 더 많은 자본을 모을 필요가 있었고 창업자는 다음 자본라운드를 위해 투자자의 관심을 모았다. 양쪽 투자자 모두가 회사를 잘 알고 그 성장과 잠재력을 보았기 때문에 투자라운드를 종료하기 위해 양 기존 투자자에게 우선권이 있었다. 창업자는 방대한 미디어를 통해 투자의 인기를 실감하고, 대규모로 확장할 수 있는 잠재력을 지녔다고 판단해 매우 높은 가치평가 목표를 설정했다.

창업자가 요구한 가치평가에 양 투자자는 부정적이었다. 이로 인해 창업자는 각 투자자를 개별적으로 압박해 투자자들의 긴밀한 관계를 깨뜨리는 전략을 취하게 되었다. 투자자가 회사의 가치를 재평가함에 따라 가격인상 압력과 제한된 최근의 성장을 언급하면서 두 투자자 모두 창업자의 가치평가 목표에 훨씬 미치지 못했다. 창업자들은 투자자가 첫 거부권을 행사할 경우 제3자가 동의할 수 있고, 현재의 투자자가 그 조건을 따르거나 혹은 넘겨 제3자에게 투자를 허용해야 한다는 것을 의미하므로 두 기존 투자자 이외의 라운드를 고려하기 시작했다.

자선기반 투자펀드 투자자는 투자펀드의 CEO로부터 직접 비전통적인 투자 피드백을 받음으로써 과정을 더욱 복잡하게 만들었다. CEO는 투자가 받았던 미디어의 관심을 알고 투자관리자에게 투자비용이 더 많이 들더라도 투자를 지속하고 싶다는 의사를 표했다. 사모 투자자는 이러한 환경의 변화로 인해 예상보다 높은 평가에 동의해야 하는 압력을 받아 입지가 좁아졌다. 궁극적으로 합의된 지점은 목표가 달성되고 두 투자자 모두 만족하는 수준에 근거한, 가장 높은 가치를 제공하는 전환가능한 라운드였다.

이 사례에 대한 사후 투자분석으로 많은 주요한 교훈이 밝혀졌다.

1. 제2장의 발굴전략에서 언급했듯이 투자대상 회사의 유형을 이해해야 한다. 이 회사는 경량자산과 대조적으로 자본집약적이다. 다행히 투자자가 이러한 유형의 회사에 대한 경험이 있었으므로 프랜차이즈 시스템을 도입해 경량자산 형태를 모방할 수 있었다.

2. 제안하는 것을 두려워하지 말고 비즈니스 모델의 변화로 이끌어라. 많은 투자펀드가 '플레이북'을 사용해 비즈니스 모델에 약간의 변화를 준 다음 올바른 결과를 얻을 때까지 반복한다. 이 사례에서도 프랜차이즈 모델로 전환하는 것을 제안했을 때 투자자 중 한 명에게서 이런 행동이 나타났다.

3. 이 섹션의 사례연구 1과 비슷하게 임팩트 투자에서는 종종 다양한 투자자의 기업유형 및 이해로 인해 독특한 문제가 발생한다. 이 사례에서 투자자 중 한 명은 완전히 상업적이지는 않았지만 영리법인에 투자한 자선기반 투자펀드였다. 제3장의 기업과 자본비용에 대한 이야기로 돌아가면 투자라운드 협상에서 이 부분이 실제 문제가 되는 것을 볼 수 있다.

자선기반 투자펀드는 이상적으로 비용을 충당할 만큼의 수익을 창출하기만 하면 되기 때문에 더 높은 가치로 투자할 수 있다. 또한 특정 투자로 인한 공개노출은 기부금을 받을 수 있는 기회를 제공하기도 한다. 실질적으로 어떤 긍정적인 수익률이라도 자선단체의 고유한 모델을 검증하는 데 도움이 되며, 그 과정에서 피투자자의 사연은 기부에 대한 훌륭한 광고가 될 수 있다. 그러나 사모 투자자는 자본자산 가격 결정모델에 따라 정상적인 자본비용을 가지고 있다. 이는 다른 투자자보다 더 높은 수준의 수익률을 요구하기 때문에 높은 평가에 동의하면 그 필요한 수익률을 달성하는 것을 어렵게 만드는 것을 의미한다.

제8장에서는 다양한 주체와 그들의 투자전략에 대해 알아볼 것이나. 지금은 전통적인 투자와 구분 짓는 임팩트 투자민의 몇 가지 차이점이 극복해야 할 과제로 확산될 수 있다는 점을 인식해야 한다. 이 경우 전환가능한 구조가 양 당사자가 동의한 해결책이었지만 다른 상황에서는 제대로 작동하지 않을 수 있다.

[투자회수 방법]

이제 보고, 모니터링 및 가치가 창출되거나 보호되는 상황을 이해했으므로 재무수익을 실현하기 위해 투자를 판매하는 다양한 형태를 살펴볼 것이다.

▶ 세컨더리 주식매매

다른 당사자에게 비지배적 지분을 판매하는 것은 초기단계 투자자들에게 더 보편적인 투자회수유형 중 하나이다. 일반적으로 가치가 높아진 회사와 협상된 주당가격으로 판매자가 이익을 얻을 수 있다.

소수지분을 매입하는 구매자들은 여러 가지 이유가 있다. 첫째 그들은 판매자가 펀드가 될 수 있고 판매하는 데 필요한 특정 보유기간이 있다고 생각할 것이다. 구매자는 회사에 가치가 있으며, 판매자가 지불한 금액을 초과해 가격을 지불하더라도 투자가 계속 증가할 것이라고 생각한다. 또는 구매자가 사업에 그들이 더 보탤 가치가 있고, 이는 구매가격을 훨씬 넘어 가치를 증가시킨다고 믿을 수 있다. 원래의 투자자가 이 책에서 설명한 투자 프로세스를 따랐던 것처럼 새로운 구매자는 그 과정에서 자신의 가정을 반영해 회사의 가치를 이해하기 위해 매우 유사한 분석을 수행한다.

구매자를 찾기 이전에 다른 사람에게 주식을 판매하려는 투자자는 다음 사항들을 고려해야 한다.

- 기밀정보: 대부분의 경우 서명을 필요로 하는 수많은 기밀조항들이 있다. 투자자는 회사 또는 다른 투자자의 허락 없이 잠재 구매자에게 어떤 정보를 보낼 수 있는가?

- 서류 확인: 주식을 판매하는 투자자는 서명된 기존의 주주 계약을 확인해야 한다. 투자자는 ROFR 또는 ROFO가 존재하는지 여부, 동반매각권을 따라야 하는지, 투자자가 보유기간 의무로 인해 판매가 제한되는지, 문서의 조항으로 인해 구매자가 주식 매수가 금지된 경쟁자인지 여부에 주의해야 한다.

- 통지: 기회가 생기거나 투자자가 주식매각을 모색 중이라면 투자자는 이를 회사 및 기존 투자자에게 알려야 한다. ROFO가 존재한다면 권리가 있는 당사자에게 적절한 통지가 있어야 한다. ROFR이 존재한다면 주식의 잠재적 구매자는 즉시 그것에 대해 알고 싶어 할 것이다.

주식을 구매하는 당사자들이 누구인지의 여부는 임팩트 투자에 있어 고유한 고려사항일 수 있다. 소수 지분투자에 있어 이는 항상 적절한 관심사는 아니지만 그럼에도 불구하고 새 구매자가 회사의 사회적 사명에 부합하지 않을 수도 있다. 이 경우 사업의 전략, 운영 및 방향을 결정하는 주주 및 이사회 투표에서 불만과 문제가 생길 수 있다.

구매자가 주식구매에 착수하면 투자자의 원래 구매와 유사하게 실사절차가 진행된다. 구매자는 전체 운영, 현장실사를 수행하고 구매자의 법률팀이 모는 권리와 조항을 이해하기 위해 기존 주주 계약을 살펴본다. 판매자는 구매자에게 기본적인 실사를 수행하고 법률팀과 협력해 적절한 구매계약과 선서 및 진술을 작성해야 한다. 끝으로 매도인은 판매의 세금 임팩트를 고려하기 위해 회계팀과 협력해야 한다.

❯ 인수

소수지분을 매도하는 것과는 대조적으로, 인수는 구매자가 회사를 장악하기에 충분한 주식을 매입하는 것을 포함한다. 그런 시나리오에서의 가치제안은 조금 다르다. 회사가 다른 회사를 인수하고자 할 때 일반적으로 전략적인 이유이며, 인수회사는 두 회사 간의 시너지가 있다고 믿는다. 전략적 이유와 시너지는 인수자에게 가치를 부여한다.

전략적 구매자에게 판매하는 회사는 회사의 현재 가치와 시너지효과를 합친 것이 구매자가 지불하고자 하는 최대금액이기 때문에 전략과 시너지를 이해할 수 있어야 한다. 다음 예시는 Acquisition_Example.xlsm이라는 파일로, 웹사이트의 제6장 폴더에서도 찾을 수 있으며 이러한 계산을 보여준다.

1. 이 예시에서는 두 회사를 대상으로 검토할 것이다. 하나는 인수자이고 다른 하나는 인수대상 기업이다. 구매자가 지불하고자 하는 최대금액을 이해하기 위해서는 먼저 회사 자체의 가치를 이해해야 한다. 회사에 대한 평가는 제3장에서 설명한 바와 같이 광범위한 방법을 사용해 이루어져야 하지만 이 예시에서는 그림 6.3과 같이 자본에 대한 잉여현금흐름과 자본비용을 신속하게 계산할 수 있다는 가정의 압축버전을 사용할 것이다.

2. 잉여현금흐름과 자본비용을 알면 인수 전 두 회사의 기본 가치를 설정할 수 있으며, 또한 시너지효과가 실현되기 전에 결합된 기업의 평가를 설정할 수 있다. 이는 각 회사와 결합된 회사들에 대한 'PV'열에 표시되며 그림 6.4에 나타나 있다.

3. 결합된 회사의 가치를 알게 되면 어떤 시너지가 가능한지 생각할 필요가 있다. 이 예에서는 단기성장 증가, 장기성장 증가 및 운영지출 감소의 세 가지 시너지효과들이 있다. 엑셀파일 예시에서 그림 6.5에 표시되었듯이 시나리오 선택기가 있어 사용자가 다양한 시너지 시나리오를 통해 전환할 수 있게 했다.

4. 다음 단계는 시너지 가치를 고려한 후에 결합된 회사들의 가치를 계산하는 것이다. 그림 6.6에 나와 있는 이 예에서는 단지성장 시너지만을 활용하고 있다.

5. 시너지 후 평가가 끝나면 세 가지 중요한 항목을 계산할 수 있다. 첫째, 시너지 이득은 시너지 이전과 이후 가치평가 차이다. 두 번째는 인수자가 회사에 제시할 수 있는 최대금액으로 대상 기업의 현재 가치에 시너지 이득을 합한 것이다. 세 번째는 인수자가 지불하고자 하는 현재 가치평가 대비 프리미엄이다. 그림 6.7은 워크시트를 통해 시너지 이득을 보여준다.

[가정]

전반적인 가정들	
수치 단위	in 000's
무위험 이자율	6.50%
위험 프리미엄	5.75%

인수기업			성장예측치			잉여현금흐름(E)	
FCF 정보						37.88	
현 연도의 매출	875		5년간 기대성장률	10.00%		**자기자본 비용**	
운영비용(매출의 %)	70%		영구성장률	6.50%		12.65%	
감가상각	25		베타	1.07			
자본지출	100						
이자비용	95						
운전자본(매출의 %)	6%						
세율	30%						

인수대상 기업			성장예측치			잉여현금흐름	
FCF 정보						96.25	
현 연도의 매출	755		5년간 기대성장률	22.00%		**자기자본 비용**	
운영비용(매출의 %)	60%		영구성장률	6.75%		13.52%	
감가상각	75		베타	1.22			
자본지출	120						
이자비용	90						
운전자본(매출의 %)	5%						
세율	30%						

그림 6.3 두 회사의 현금흐름 및 평가가정들

연도	1	2	3	4	5	현재 가치
인수자 FCFE	41.66	45.83	50.41	55.45	61.00	
인수자 TV					1,055.88	
총계	41.66	45.83	50.41	55.45	1,116.88	758.39
인수대상 기업 FCFE	117.43	143.26	174.78	213.23	260.14	
인수대상 기업 TV					4,104.97	
총계	117.43	143.26	174.78	213.23	4,365.11	2,778.49
시너지효과 이전의 FCFE	159.09	189.09	225.19	268.68	321.14	
시너지효과 이전의 TV					5,160.85	
총계	159.09	189.09	225.19	268.68	5,481.99	3,537.52

그림 6.4 FCFE와 종가(TV)를 계산하면 인수자, 인수대상 기업 및 결합된 회사들의 가치를 계산할 수 있다.

평가와 시너지를 이해한 후, 다음 단계는 인수회사가 실제로 대상회사에 대해 어떻게 지불할 것인지를 파악하는 것이다. 이는 전부 현금으로 하거나 대형회사들의 경우 많은 상황에서 주식스왑을 사용해 행해진다. 주식스왑은 상대적으로 계산하기 쉽고 엑셀파일에서 별도 예시로 StockSwap_Example.xlsx로 저장되어 있으며 웹사이트의 제6장 폴더에 명시되어 있다. 주식스왑의 기본은 다음 단계로 되어 있다.

1. 각 주체에 대한 주당 가치를 계산하라.
   인수자: 8.22, 인수대상 기업: 21.71

2. 일반적으로 현금과 주식스왑 비율의 조합인 제의의 협상조건에 대해 이해하라. 주식스왑 비율은 인수자가 인수대상 기업의 주식에 대해 교환하고자 하는 주식 수이다.
   예시에서 인수자는 모든 대상회사 지분에 대해 19달러와 0.65 주식을 제공한다고 가정한다.

시나리오 선택기
성장 시너지
신 ST 성장률
20.00%
신 TV 성장률
7.00%
신 운영비용
50.00%

그림 6.5 다양한 시너지의 가치

연도	1	2	3	4	5	현재 가치
시너지 이후 FCFE	160.95	193.14	231.77	278.13	333.75	
시너지 이후 TV					5,641.56	
총계	160.95	193.14	231.77	278.13	5,975.31	3,816.44
시나리오 데이터						
성장측면의 시너지 FCFE	160.95	193.14	231.77	278.13	333.75	
성장측면의 시너지 TV					5,641.56	
비용측면의 시너지 FCFE	367.08	435.39	516.43	612.54	726.54	
비용측면의 시너지 TV					11,697.24	
성장&비용측면의 시너지 FCFE	371.37	445.65	534.78	641.73	770.08	
성장&비용측면의 시너지 TV					13,017.00	

그림 6.6 시너지 이후의 FCFE와 종가는 여러 단기 및 장기성장률을 활용하기 때문에 높다.

시너지 이득	278.92
최고입찰가	3,057.41
프리미엄(%)	10.04%

그림 6.7 분석결과는 시너지 이득, 최고입찰가 및 원래 가치 대비 프리미엄이다.

3. 제안이 예상 평가치보다 높거나 낮은지 결정하라. 높을 경우 인수자는 잠재적 시너지 이득을 초과해서는 하지 말아야 한다.

이 예시에서 인수자는 주당 24.35달러(0.65×취득자 주식가격 8.22+현금 19달러)를 제안하고 있다. 인수대상 기업은 현재 주당 21.71달러로 평가되고 있으며, 이는 인수자가 각 주당 2.63달러의 프리미엄을 제공하고 있음을 의미한다. 이 프리미엄은 두 회사 간에 시너지효과가 있을 수 있다는 개념을 고려하는 것이다.

▶ 신규상장

투자자가 선호하는 투자 종료방법 중 하나는 신규상장IPO을 이용하는 것이다. 초기단계 기업의 투자자는 1차 공모 이후 또는 공모 중에 사실상 주식을 2차 공모로 판매하게 된다. 1차 및 2차 공모의 주요 차이점은 1차 공모에서 새로운 주식이 생성되어 판매된다는 것이다. 판매되는 주식이 많을수록 기존 주주들에게는 더 많은 희석이 발생한다. 그러나 일반적으로 초기단계의 투자자는 낮은 주당가격에 투자해 IPO 가격 또는 그 이후에 판매할 때는 상당한 이익을 창출할 수 있게 된다.

투자자의 주요 관심사는 IPO가 큰 수익을 창출할 만큼 충분한지의 여부이다. 일부 증권거래소에는 상장기업의 규모에 대한 제한이 있지만 일부 거래소는 그렇지 않아서 기업은 사실상 매우 낮은 주가 및 시가총액으로 등록할 수 있다. 이것이 제5장에서 우선주를 보유한 투자자를 위해 IPO로 간주되기 위해서는 IPO가 특정 규모여야 한다는 적격최초기업공개라는 용어를 살펴본 이유이다. 투자자는 또한 IPO가 투자은행 및 기타 기관들에 상당한 비용을 부담하는 것을 고려할 필요가 있다. 이것은 어떤 수준의 IPO가 적격한 것으로 간주되는지에 대한 분석에 포함되어야 한다.

임팩트 투자에 특화된 성공적인 IPO는 저소득층을 대상으로 하는 기업에 투자하는 것이 수익성 있는 사업이라는 증거를 제공할 수 있다. 그러나 최종고객에 대한 IPO의 영향은 긍정 혹은 부정적일 수 있다. 상장기업이 당면한 투명성 요구사항은 원칙적으로 긍정적인 효과를 가져야 한다. 그러나 대부분의 상장기업이 추구하는 이윤극대화 전략은 기관이 목표로 하는 대상인구층으로부터 벗어나게 할 수 있다. 보유기간과 투자종료 시 신중하게 재무 및 사회적 수익의 균형을 유지하는 것이 중요하다. 또한 최종고객들[59]에 대한 다양한 수익극대화 전략의 효과를 면밀히 모니터링하는 것도 중요하다. 효율적으로 운영하고 고객, 소매업체 및 투자자의 이익을 고려하는 장기 사회적·재무적 수익의 균형을 유지하는 것이 중요하다.

신흥시장에서 빠져나오는 많은 임팩트 투자들의 경우, 바람직한 거래소는 투자자들에게 또 다른 관심사이다. 전 세계의 주요 거래소는 유동성이 매우 큰 시장이지만 다양한 투자자들로 구성된다. 회사는 그들의 회사와 가치를 이해하는 공모 투자자기반을 원한다. 또한 초기 투자자가 초기 라운드에 사용한 것과 다른 통화로 주식을 거래할 때 외화거래 복잡성이 발생할 수 있다.

---

[59] 임팩트 투자 분야에서 가장 많이 인용된 2개의 IPO는 마이크로 파이낸스 분야에서 이루어졌으며 첫 번째는 멕시코의 콤파타모(2007), 두 번째는 인도의 SKS(2010)이다.

❯ 청산하는 구조

마지막으로 살펴보게 될 투자금 회수방법은 청산하는 구조에 관한 것이다. 이들은 자동으로 청산하고 투자자에게 지불하도록 설정된 투자기구이다. 일반적으로 이러한 투자수단은 주택과 같은 프로젝트 유형 투자를 위한 특수목적 투자기구^{SPVs}로 만들어진다.

저소득 주거 프로젝트를 예로 들면, 투자자는 이 프로젝트를 위해 특별히 만들어진 SPV에 투자할 것이다. 주식 및 부채자금은 모아서 회사의 자본구조를 모방한다. 그렇지만 중요한 차이점은 SPV가 주택을 건설하고 매각할 목적으로 특별히 만들어졌다는 것이다. 따라서 자금은 주택을 만들고 판매팀을 갖추어 부동산을 매각하는 데 사용된다.

판매가 발생함에 따라 돈은 SPV를 통해 전송되며, 지급우선청구권(혹은 waterfall)으로 알려져 있는 주주협약서에 기록된 매우 구체적인 일련의 지침에 따라 분배된다. 투자자는 프로젝트가 주택을 팔면서 그리고 궁극적으로 마지막 주택이 매각될 때까지의 시간에 걸쳐 돈을 지급 받는다. 그 시점에서 SPV는 해체되고 투자자가 수익을 올리는 것이 완료된다.

SPV 구조를 사용하는 것은 프로젝트기반 투자에서 유동성을 보장하는 훌륭한 방법이지만 주주 계약의 문구들은 많은 다양한 시나리오를 예상하고 작성할 필요가 있다. 투자 도중에 SPV 계약을 변경하는 것은 쉽지 않다. 따라서 SPV 청산구조를 성공적으로 이용하려면 처음부터 계약을 올바르게 하는 것이 중요하다.

[투자과정의 종결]

발굴, 선별, 평가, 구조화, 문서화, 마무리, 모니터링, 마지막으로 투자회수를 통해 임팩트 투자를 위한 전 과정을 살펴보았다. 이 프로세스의 대부분은 표준화된 투자 접근방식이지만 사회적 기업에 투자할 때 발생할 수 있는 차이점을 따라가면서 살펴보았다. 이 전 과정을 통해 한 보편적인 임팩트 투자자의 관점을 취했다. 시장에서 실제로 활발한 임팩트 투자자는 대개 한 개인이 아닌 사모펀드이다. 다음 장에서는 이러한 펀드가 임팩트 투자의 세계 안에서 어떻게 설정되고 기능하며 작동하는지 검토한다.

CHAPTER
07

임팩트 투자펀드

I M P A C T   I N V E S T I N G   F U N D S

사회적 기업가 정신과 강한 사회적 목적을 지닌 투자가 인기를 얻음에 따라 많은 비전문가 투자자와 비임팩트 투자펀드가 그러한 분야에 돈을 투자하기를 원한다. 관심이 있는 사람들로는 재산의 일부를 임팩트 투자에 바치기를 원하는 고액자산가, 유사한 자산에 돈을 할당하려는 소매투자자 또는 자금을 통해 긍정적인 사회적 수익을 창출하려는 정부단체까지 다양할 수 있다. 이 책이 지금까지 보여준 것처럼 이러한 투자들 중 단 하나를 전문적인 수준으로 진행하는 것은 엄격한 투자 프로세스를 필요로 하는 섬세한 작업이다. 이것은 투자자가 수백만 달러를 투자하기 원할 때 수행될 수 있지만 임팩트 투자에 있어서의 관심 및 이용가능한 자본의 양은 개인의 투자능력을 훨씬 벗어난다.

 시장에서의 이러한 격차를 해소하기 위해 수년 동안 투자자의 돈을 직접 임팩트 투자에 돌리는 것을 전문으로 하는 펀드가 만들어졌다.

그렇지만 등장한 많은 기업들은 그들의 자금조달 원천과 투자명제가 전통적인 투자펀드에서 크게 벗어나기 때문에 투자세계에서 독특하다. 개인 투자자의 맥락에서 어떻게 투자자의 자본비용이 다양한 수준의 평가 편의를 통해 여과되었는지와 같은 특정한 문제들을 조금 다루었는데, 이 이슈들이 펀드수준에서는 심화되었다.

이러한 어려움을 이해하는 것이 최고로 잘된다. 전통적인 사모펀드가 운영되는 방법과 펀드를 만들고 성공적으로 관리하는 것과 관련된 경제성에 대한 탄탄한 기반이 있을 때 전동적인 설정을 이해하고 나면 사회적 사명으로 조직에 보태져야 하는 추가적인 복잡성에 대해 검토할 수 있다.

[사모펀드 혹은 벤처캐피털]

펀드를 설정하는 방법에 대해 깊이 탐구하기 전에 몇 가지 의미를 알아보는 것이 가장 좋다. 종종 사모펀드와 벤처캐피털이라는 용어는 동의어로 사용된다. 이 두 용어 간의 주된 차이점은 사업의 단계이다. 벤처캐피털 투자가 엄밀히 말해 사모투자[60]라고 해도 벤처캐피털 투자의 단계는 일반적으로 매우 빠르다. 통상적으로 친구 및 가족이 창업자금을 넣고 그다음 엔젤투자자 또는 벤처캐피털 펀드가 추가자본 또는 더 공식적인 Series A 라운드 투자를 제공할 수 있다. 이러한 투자는 수십

---

[60] 이론적으로 볼 때 벤처캐피털 투자는 부채가 될 수 있지만, 그 차이점은 제8장에서 다룰 것이다.

만에서 수백만 달러에 이른다.

　사모펀드 투자는 Series A 이상, 심지어 IPO의 브리지펀드까지의 자본라운드를 모색하고 있는 보다 발전된 회사를 대상으로 한다. 투자는 수천만 달러에 이른다. 전략과 투자 후 요구사항이 현저히 다를 수 있기 때문에 투자펀드는 일반적으로 벤처 또는 사모펀드 중 하나를 선택하도록 설정된다. 이 장에서는 특별히 언급하지 않는 한 초기단계 벤처캐피털과 좀 더 시간이 흐른 사모펀드 투자를 통칭하는 사모펀드라는 용어를 사용할 것이다.

[사모펀드에 관한 기본 개념]

사모펀드의 단순한 개념은 전문 투자자 그룹이 직접 사모투자를 하기 위해 자신들이 가지고 있는 돈을 넘어서 상당한 양의 자본을 활용할 수 있다는 것이다. 대부분의 경우 자본을 제공하는 사람-자금 제공자, 또는 좀 더 기술적인 명칭인 유한책임사원-은 펀드매니저인 무한책임사원에게 돈을 투자하고, 이들은 이어서 기업에 직접 돈을 투자하게 된다. 펀드매니저의 특성과 펀드의 투자명제는 일반적으로 자금을 제공하는 사람들의 요구사항에 따라 결정된다. 대부분의 경우 이러한 자금 제공자들은 투자자[61]와 다른 주체이며, 투자기준 및 기대치에 대해 투자자와 협상한다.

61　엄밀히 말하자면 투자자와 자금 제공자는 벤처캐피털과 사모 주식시장에서 빈번히 활동하는 동일 인물일 수 있다. 이는 임팩트 투자 산업에서도 마찬가지이다.

운영을 위해 펀드매니저는 투자자금의 일부를 관리수수료로 사용할 수 있다. 이 수수료는 일반적으로 약 2% 정도지만 이전 펀드성과, 투자명제 및 유한책임사원과의 전반적인 협상에 따라 달라질 수 있다. 관리수수료 외에도 펀드매니저에게는 캐리^{carry}로 알려진 초과수익을 얻기 위해 좋은 투자를 할 수 있도록 인센티브가 제공된다. 특히 유한책임사원과 무한책임사원 간에 최소수익률이 설정되므로 펀드매니저가 최소수익률 이상으로 수익을 창출하면 펀드매니저는 해당 수익을 나누게 된다. 나누는 비율은 일반적으로 약 20%이지만 펀드마다 다를 수 있다. 2%의 관리수수료와 최소수익률 대비 20% 캐리일 경우 '2와 20'이라는 용어가 종종 표준수수료 체계를 설명하는 데 사용된다. 그림 7.1은 이 설정을 나타낸다.

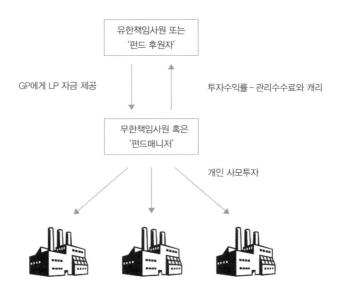

그림 7.1 사모펀드의 기본 개요

사모펀드의 일상적인 운영은 개인 투자자의 책임과 많은 유사점을 가지고 있다. 사모펀드가 약속된 자금을 받고 자금을 인출하면 'IRR 시계'가 똑딱거리기 시작한다. 이는 자금이 가능한 한 빨리 투자되어야 한다는 것을 의미한다. 일반적으로 최고투자책임자CIO는 자금의 전략에 정통하며 높은 투자성과를 창출하기 위해 선별에 관한 분야의 방법을 활용한다. 마찬가지로 모든 투자관리자 또한 높은 투자성과를 창출하기 위해 일할 것이다. 사업계획이 시작되면 최종 선별권한을 가진 CIO가 선별과정을 시작한다.

각 개별 투자에 대해 투자 프로세스는 이 책의 제2~6장과 유사하다. 그러나 큰 업체가 만들 수 있는 몇 가지 차이점들이 있다. 예외 중 하나는 투자위원회이다. 일부 펀드에서는 투자가 이루어져야 하는지를 궁극적으로 결정할 수 있는 투자위원회가 설립된다. CIO와 투자관리자는 알려진 투자절차에 따라 투자사례를 작성한 다음 해당 사례를 투자위원회에 제출한다. 펀드 관리방식에 따라 투자결정이 내려지거나 거부된다.

또 다른 차이점은 투자 전과 후의 책임 문제이다. 발굴, 구조화 및 투자종결은 투자를 회수하기 위해 투자가치를 제고하는 것과는 다른 과정이다. 몇몇 더 큰 업체들은 투자창출에 초점을 맞춘 전문가를 보유하고 있는 반면, 다른 기업은 가치제고 및 투자회수에 중점을 둔다.

책임의 세부사항에 관계없이 일상적인 활동들은 이해의 일치에 의해 함께 묶여 있다. 투자관리자는 일반적으로 투자에 캐리의 이해관계가 있다. 이것은 여러 방법으로 구조화될 수 있지만 전반적인 아이디어는 펀드가 최소수익률을 초과한다면 펀드에 대한 캐리가 생성된다는 것이다. 투자를 만들고, 관리하고, 회수하는 투자관리자는 캐리에서 그들의 몫을 얻는다.

모든 유사점에도 불구하고 개인 투자자와 다른 사모펀드에는 몇 가지 중요한 역할이 있다. 주요한 차이점들 중 한 가지는 보고이다. 상당한 투자를 한 유한책임사원은 직접 투자자가 회사에 있어서의 투자를 바라보는 바로 그대로 사모펀드에 있어서의 투자를 다룬다. 보고 요구사항은 일반적으로 유한책임사원 계약의 일부이며, 분기보고서는 종종 표준이다. 보고서를 작성하는 것은 펀드의 여러 당사자로부터 시간과 자원을 필요로 한다.

또 다른 중요한 차이점은 재무운영이나 펀드의 내부 자금조달이다. 개인 투자자는 훨씬 제한된 경비를 가지고 있으며 소수 투자를 관리할 수 있다. 하지만 여러 곳에 투자를 하고 수천 억 달러를 활용하는 펀드는 복잡한 재무상황을 야기할 수 있다. 많은 펀드들에는 기존 펀드를 관리하고 미래의 펀드를 계획하는 재무관리자 또는 CFO 역할이 있다.

[사모펀드의 경제학]

사모펀드의 개념은 투자 전문가들에게 있어서 매우 매력적이다. 그들은 자신의 투자경험에 대해 생각하는 경향이 있으며, 펀드 패러다임을 통해 평소보다 큰 규모의 투자를 더 많이 하게 됨으로써 그 경험을 확대한다. 그리고 이 생각은 펀드의 경제성-기본 자산의 성과가 중요하다-을 파고들 때 보게 되듯이 기본에서 그리 멀지 않다. 그러나 펀드의 완전한 경제성은 제대로 계획되지 않는 한 파악하기 어려울 수 있다. 펀드경제학을 이해하기 위해 웹사이트 제7장 폴더에 PE_Fund_

Model.xlsm이라는 모든 기능을 갖춘 사모펀드 모델이 제공되어 있다. 펀드경제학의 뉘앙스를 설명하기 위해 이를 사용하기 전에 이 모델을 사용하는 방법에 대한 기본 개요부터 살펴보도록 하자.

❯ 사모펀드 모델 개요

웹사이트 제7장 폴더 아래 PE_Fund_Model.xlsm이라는 사모펀드 모델을 열어라. 제공된 개별 투자모델을 사용했던 독자는 Control 시트가 행을 내려가면서 제시된 가정과 행을 가로지르는 다양한 시나리오들에 있어서 매우 유사한 것을 알 수 있다. 활성화된 시나리오는 셀 C4의 숫자를 변경해 전환될 수 있다. 그림 7.2는 사모펀드 모델의 개요를 나타낸다.

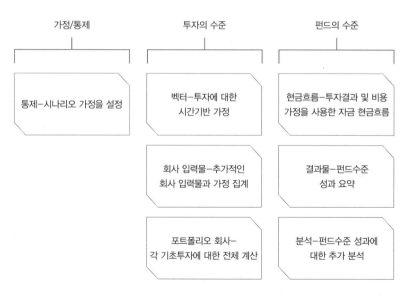

그림 7.2 사모펀드 모델은 투자수준 성과와 관련된 시나리오를 작성하고 펀드수준의 기대치를 얻기 위해 비용을 통합하는 방식으로 구성된다.

Control 시트: 앞서 언급했듯이 Control 시트를 사용하면 가정을 통해 시나리오를 작성할 수 있다. Control 시트의 주요 가정들은 다음과 같다.

- 개시 날짜: 펀드가 시작된 때이다. 수익계산은 시간에 따라 다르기 때문에 날짜는 매우 중요하다.

- 투입된 자본: 펀드가 처음 시작될 때 투자자들이 모든 것을 다 가지고 있지 않았을 수 있다. 일반적으로 앵커 투자자가 자금을 조성하고 난 후에 'dry commitments'가 실제 투입된다. 시간이 지남에 따라 누가 펀드에 투자했는지를 다른 사람들이 알기 때문에 펀드는 투입을 늘릴 수 있다. 펀드는 궁극적으로 투입된 자본의 금액에 의해 제약되기 때문에 투입을 구성하는 것이 중요하다.

- 투입기간 종료일: 펀드의 흥미로운 점은 관리수수료가 그것이 곱해지는 기준에 따라 달라질 수 있다는 것이다. 펀드가 처음 시작되면 관리수수료는 투입된 자본에서 계산된다. 펀드의 수명기간 중 어느 시점에서 관리수수료의 기준이 비용기준으로 변경된다. 투자가 끝나면 투자를 관리하는 작업이 줄어들고 비용기준이 낮아지므로 이는 타당하다.

- 인출된 자본: 매우 중요한 가정은 펀드가 어떻게 투입자본에서 인출하는가 하는 것이다. 재무관리자 또는 CFO의 핵심역할 중 하나는 이 프로세스를 최적화하는 것이다. 만약 모든 투입자본을 즉각 빼버리면 축소에 대한 IRR은 즉시 시작될 것이다. 펀드매니저가 모든 자금의 활용 및 배치를 할 수 없다면 화폐의 시간가치가 IRR을 계속 훼손하기 때문에 수익률이 저하될 것이다. 그러나 펀드매니저가 충분한 돈을 인출하지 못해 비용을 충당하기에 충분한 자금이 없다면 상황은 더욱 나빠질 것이다.

수식 중 일부는 사용자 지정 값이 있는 반면, 다른 수식은 투자를 하는 데 필요한 자본을 참조하므로 이 가정에 유의하라.

- 자산 시작일: 이 날짜들은 기본 투자가 언제 이루어진 것으로 하는지 가정하는 날짜를 나타낸다. 투자를 하는 데 걸리는 시간은 중요하다. 투자를 하는 데 시간이 오래 걸리면 운영비용으로 더 많은 돈을 쓰게 될 것이다.

- 포트폴리오 구성: 각 기본 자산은 다른 유형의 투자일 수 있다. 이것은 주로 사모펀드의 투자명제와 관련이 있다. 예시모델에서는 펀드의 고정자산 투자가 적고, 자본집약적인 사업을 혼합한 사회적 기업에 투자하는 것으로 가정하고 있다. 실제로 펀드 투자자는 기준점을 초과하는 수익률을 창출할 수 있는 독특한 투자 아이디어와 경험을 가진 펀드매니저를 찾고 있기 때문에 펀드의 투자명제는 매우 구체적일 수 있다.

- 자산수준별 가정: 각 유형의 투자는 서로 다른 개요를 가질 수 있다. 간단하게 하기 위해 두 가지 자산수준들로 했다. 기본 투자의 성과 예상치는 모델에서 가장 영향력 있는 변수들 가운데 하나이다.

- 비용들: 펀드에는 직원 급여에서 실사 경비, 세무 및 감사비용 등 많은 비용들이 소요된다. 이는 투자횟수와 같은 많은 다른 요소들에 달려 있다. 이 마지막 섹션에는 수수료와 최소수익률 같은 펀드 메커니즘이 있다.

Vectors: Vector 시트는 기본 투자에 대한 월별 가정을 제시한다. 예시모델에서 각 투자 스타일에 대한 성장률, 총이윤폭 및 EBITDA 이윤폭을 예측했다. 이론적으로 각 투자에 대해 고유한 가정을 할 수 있다.

Company Inputs: 이 시트는 Control 시트의 모든 입력을 집계해 각 행이 회사의 가정을 나타내는 곳에 배치한다. 여기에 있는 정보를 통해 손익계산서, 대차대조표 및 현금흐름표 정보를 포함해 완벽하게 작동하는 기업 전망치를 작성할 수 있다.

Portfolio Companies: Control, Vectors, Company Inputs 시트의 정점은 각 기본 회사에 대한 일련의 계산들이다. 이 섹션은 각 기본자산에 대해 제3장에서 검토한 투자모델의 압축된 버전으로 간주될 수 있다. 손익계산서, 대차대조표 및 현금흐름표는 매 기간별로 예측된다. 수익률 가정은 통합되어 투자, 기업성과 및 궁극적인 회수에 대한 가정을 할 수 있게 한다.

Cash Flow: 투자 현금흐름을 파악하고 비용가정을 수립하고 나면, 전체 펀드 현금흐름을 이 시트에 집계해 계산할 수 있다. 이 시트에는 알아야 할 두 가지 중요한 측면이 있다. 윗부분은 현금내역을 가지고 현금잔고를 유지하는 데 중점을 둔다. 비용은 투입된 자본 또는 투자회수 수익으로 충당되어야 하기 때문에 경제분석에서 다른 무엇보다 유동성이 가장 중요하다. 두 번째로 중요한 부분은 전체 IRR 계산이 생성되는 밑쪽이다.

Output: 데이터 요약 및 시각화를 돕기 위해 Output 시트는 주요 항목을 쉽게 읽을 수 있는 형식으로 저장한다.

Analytics: 더 자세한 분석이 이 시트에서 수행될 것이다. 특히 28~41행은 비용에 대한 펀드의 비용 지출을 계산하기 때문에 중요하다. 대부분의 유한책임사원 계약은 펀드비용과 관리수수료 비용을 구분한다. 여기에서는 관리수수료가 초과하지 않도록 하기 위해 이 두 가지를 분리했는데, 그 경제성은 성립되지 않는다.

》어떻게 전통적인 펀드의 성공을 측정하는가

펀드경제학의 주요 고려사항을 살펴보기 전에 표준투자자로서 펀드가 무엇을 달성하고자 하는가를 이해하기 위해 조금 앞으로 나아가야 한다. 전통적인 기본 투자와 마찬가지로 펀드는 투자자에게 자금을 돌려줄 것으로 기대된다. 펀드는 한정된 초기 투자시점, 자금 운용기간 및 투자수익을 수확하는 기간이 있기 때문에 종종 'J곡선'이 언급된다. Output Summary 시트의 예시모델에서 그림 7.3에 복제되어 있듯이 초기 기본 케이스가 전형적인 J곡선 차트를 보여줌을 알 수 있다.

J곡선의 각 단계를 생각해보면 펀드의 역동성과 이러한 기본 측면의 변화가 성과에 어떤 영향을 미치는지 알 수 있다.

J곡선의 첫 번째 단계는 하향 기울기인데 여기에서는 펀드매니저가 투자자로부터 자금을 투자받는다. IRR 계산에서 이것은 투자를 하기 위해 돈이 나가기 때문에 음(−)의 현금흐름으로 생각할 수 있다. 두 번째 국면은 펀드매니저가 투자자 자금을 회사에 넣는 투자기간이다. 조

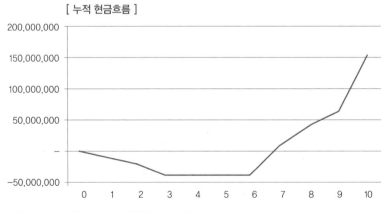

그림 7.3 펀드는 인출, 투자 및 수익창출 기간이 있다.

기 투자회수 또는 배당금으로 인해 곡선에 약간의 증가가 있을 수 있지만 주로 이 부분에서의 곡선은 평평하다. J곡선의 세 번째이자 마지막 단계는 투자가 회수되는 기간의 수익구성 부분이다. 화폐의 시간가치를 배제하고 펀드가 손익평형을 이루려면 차트의 X축에 있는 0점까지 J곡선을 다시 가져와야 한다. 그 이상의 것은 수익이다.

J곡선 차트는 또한 펀드의 재무적 성공을 측정하기 위해 투자자가 보는 두 가지 유형의 지표인 IRR과 화폐배수를 보여준다. 개별회사 투자분식을 할 때 IRR에 대해 알아보았는데, 이 상황에서 동일하게 작용한다.

1단계가 매우 빠르게 발생하고 투자자금이 빠르게 인출되면 다른 단계도 역시 빠르게 진행되어야 한다. 그렇지 않으면 IRR이 감소할 것이다. 2단계에서는 회사에 돈을 투자하는 데 오랜 시간이 걸리고 곡선의 그 부분이 길게 늘어지면 IRR이 감소할 것이다. 마지막으로 투자회수가 예상보다 길고, 3단계의 기울기가 낮으면 IRR이 감소할 것이다. 그 반대도 마찬가지이다. 이상적인 상황은 펀드로부터 자금을 끌어내어 신속하게 투자에 투입한 다음 빠르게 회수하는 것이다.

압축된 J곡선을 갖는 것이 IRR에 도움이 되지만 세 번째 단계의 가파름이 중요하다. 양(+)의 IRR을 나타내면서 매우 빠른 투자주기를 가질 수는 있지만 반환되는 자금이 양이 얼마 되지 않을 수 있다. 투자자는 반환되는 돈의 절대금액에 관심을 가지며, 이는 화폐배수로 표시될 수 있다. 화폐배수는 단순히 반환된 총금액을 총투자금액으로 나눈 값이다. 화폐배수가 높으면 어떤 경우에는 회수할 때까지 투자가 좀 더 시간이 걸리게 할 가치가 있다.

펀드다이내믹은 일반적인 회사에 투자하는 것과 유사하다는 것을

종류	IRR %
자산수익률	28.81%
수수료를 제한 펀드 IRR	23.71%
수수료와 경영 캐리를 제한 투자자 IRR	21.55%

표 7.1 수수료 및 경영 캐리로 인한 총자산수익의 감소

알 수 있다. 그러나 펀드 투자는 펀드 투자자가 수수료를 지불하고 보통 펀드매니저와 함께 수익을 공유한다는 점에서 다르다. 이러한 비용은 상당할 수 있으며, 더 현실적인 순IRR 및 화폐배수[62]를 나타내기 위해 총수익률에서 차감해야 한다. Output Summary 시트를 다시 살펴보면 예시모델의 기본 경우에서 IRR의 변화를 볼 수 있다. 표 7.1을 참고하라.

궁극적으로 펀드의 성공을 측정하는 것은 그것이 기준지수에 대해 어떻게 성과를 냈는지 여부이다. 기준지수는 유사하거나 유사한 자산 그룹이다. 예를 들어 S&P 500은 뉴욕증권거래소와 나스닥에 상장되어 있는 높은 시가총액을 가진 500개 기업의 지수이다. 투자전략의 수익률은 같은 기간 동안의 S&P 500의 성과에 비교될 수 있다. 투자전략이 기준지수를 초과하는 것은 이상적이다. 그렇지 않으면 투자자는 단순히 기준지수에 투자하는 것이 나을 것이다. 사모펀드에는 캠브리지 어소시에이츠와 같이 사모 시장성과에 근거해 그들 자체의 기준지수를 작성하는 회사들이 많다. 기준지수에 대해서는 이 장의 후반부에서 자세히 살펴볼 것이다.

---

[62] 세금 및 모든 외환비용은 투자자가 자신의 IRR 수치를 확정할 때 고려해야 할 최종계산이다.

[펀드경제학의 주요 고려사항]

펀드가 어떻게 설정되고 운영되며, 그 뒤에 있는 경제학에 대한 일반적인 이해를 가지고, 이제는 주요 항목에 대해 보다 자세히 살펴보아야 한다. 주요한 것들에는 예측 자산성과, 투자회수 타이밍, 자금운용 타이밍, 자원배분 및 운영비용 관리가 포함된다. 이들 각각에 대해 펀드모델에 사전 설정된 시나리오가 있다. 각 시나리오를 통해 가정의 차이짐과 펀드에 미치는 영향에 대해 살펴볼 것이다. 이 섹션에서는 펀드모델을 열어 사용할 준비를 하자.

▶ 예측 자산성과

펀드가 투자하는 자산의 성과는 펀드의 성과에 대한 주요 결정요인이다. 이것이 바로 이 책의 3분의 2를 할애해 엄격한 투자 프로세스를 수립하고 관리하는 방법에 초점을 맞춰왔던 이유이다. 예시 펀드모델에서 시나리오 2를 확인하면 이 효과에 대해 알 수 있다. 펀드모델을 Control 시트로 연 다음, 셀 C4에 숫자 2를 입력해 이 시나리오로 전환하라. 시나리오 2는 다음과 같은 차이점 및 효과를 제외하고는 시나리오 1과 동일하다.

- 차이점: 고정자산투자가 적고 자본집약적인 투자(Control 시트의 H491 및 H507 셀)에 대한 EBITDA 성장률 감소.

- 효과: 고정자산투자가 적은 투자는 14.57%, 자본집약적인 투자는 10.95%로 투자수익률이 줄어들었다. 예측 펀드 IRR은 수수료 차감이지만 총캐리는 9.16%이며, 경영 캐리를 제하면

8.87%이다. 이러한 효과는 펀드모델의 Output 시트에서 확인할 수 있다.

기본 투자된 회사의 성장률이 저하되면 펀드수익률에 큰 영향을 미칠 수 있다. 따라서 펀드를 시작할 때 기본 자산의 예측이 자세히 분석되어야 한다. 일부는 예측 수익률을 입력하는 것만큼 간단하거나 예시모델처럼 미래 투자의 경제학을 완전히 펼치는 것과 같은 다양한 수준의 분석을 수행할 수 있다.

〉 투자회수 타이밍

자산성과와 관련된 것은 투자회수가 예상보다 지연되는 것이다. 투자회수의 지연은 증가한 이윤폭 및 수익성, 예상치 못한 후퇴 및 전략 변화 혹은 기회적 이유와 같은 여러 이유들로 인해 일반적인 시간범위를 초과해 발생할 수 있다. 대부분의 경우 부정적인 사건으로 인해 발생하며, 펀드 IRR이 낮아질 수 있다. 예시모델의 Control 시트에서 시나리오를 3으로 전환하고 다음과 같은 차이점과 임팩트를 관찰하라.

- 차이점: 두 가지 투자유형의 투자회수 기간은 2년(Control 시트의 셀 I495 및 I511)만큼 미뤄진다. 게다가 EBITDA 증가율이 약간 감소한다(Control 시트의 셀 I491 및 I407).

- 효과: 총자산성과는 23.86%로, 수수료 차감 펀드 IRR과 총캐리는 20.25%로, 경영 캐리 차감 후 15.85%로 줄어들었다. 이 결과들은 Output 시트에서 확인가능하다.

이것이 합리적인 결과처럼 보일 수는 있지만 상황은 실제로 보이는 것보다 더 나쁘다. Control 시트에서 N4 셀을 확인하라. 이 셀은 지불해야 하는 미지불 수수료 금액을 추적한다. 이 문제의 근본 원인을 Cash Flow 시트로 가서 지불해야 하는 수수료에서 살펴볼 수 있다. 2022년 3월에 자산회수가 지연되면 펀드, 경영 및 운영비용을 감당할 현금이 부족하게 된다. 이러한 상황에서 경영진은 잠재적으로 지연되는 회수에 대해 계획해야 하며, 그렇지 않으면 유동성 위기가 발생할 수 있다.

투자회수 시점을 검토할 때에는 지연 이유에 대해서 알아야 한다. EBITDA 증가율이 매우 높을 때 투자회수가 지연되면 수익률이 증가할 수 있다. 이것은 실제로 투자회수를 지연할 이유가 될 수 있지만 많은 경우에 다른 자산 관련 가정을 축소해야 하는 부정적인 상황이 발생했다.

❯ 펀드운용 타이밍

투자자 자금을 투자운용하는 데 드는 시간이 길어지면 늘어난 펀드기간에 대한 총관리비용이 높아져 경제적 손실이 발생하게 된다. 경제적 임팩트는 지연이 얼마나 오랫동안 유지되며, 가속화된 투자회수로 시간을 벌충할 수 있는지 여부에 달려 있다.

벌충되지 않은 투자에 대한 실사비용은 더 길어진 운용시간과 관련된 또 다른 경제적 손실이다. 펀드의 기준에 맞는 투자를 찾고 있는 동안 투자관리자는 소수의 거래에 대해 실사를 할 가능성이 높다. 이러한 투자가 완료되지는 않을 수도 있지만 출장비, 법률 및 전반적인 자원배정 비용이 발생한다. 예시모델의 시나리오 4는 느린 펀드 운용비율의 효과에 대해 보여준다.

- 차이점: 각 투자를 운용하는 데 걸리는 시간이 6개월로 연장되었다(셀 J382:J391 Control 시트 참조). 또한 투자가 완료될 때마다 필요한 실사횟수가 2회에서 6회로 증가했다(Control 시트의 셀 J837).

- 효과: 총캐리와 캐리를 뺀 두 수수료를 차감한 펀드 IRR은 약간 감소했다. 그러나 자산 IRR은 이 시나리오 상에서 그들의 경제성에 변함이 없기 때문에 동일하게 유지된다.

투자지연은 펀드경제학에 영향을 미치지만 6개월 지연으로는 상대적으로 영향이 미미한 것으로 나타났다. 지연기간을 1~2년으로 변경하라.[63] 이 작업이 완료되면 수수료가 지불되지 않고 유동성 문제가 발생할 수 있다.

❯ 자원할당

펀드관리팀이 자금을 받으면 그 팀은 각 고용 문제에 매우 주의를 기울여야 한다. 팀은 매 기간마다 생성되는 관리수수료에 제한을 받는다. 그래서 일반적으로 자원할당은 관리되는 자산의 수를 따라야 한다. 많은 조직들이 피라미드 구조로 구성되어 있어 소수의 투자관리자들은 부하직원 및 분석가의 지원을 받게 되어 있다.

한 가지 특별한 문제는 펀드가 그 전략이 다룰 수 있는 것보다 더 많은 투자를 하는 경우이다. 예를 들면 성장지향 펀드가 3,000만 달러를 모금해 작게 50만 달러의 투자를 함으로써 투자환경을 테스트하기 시

---

63 예시모델에서 각 자산에 대해 자산배치 날짜가 순차적으로 발생해야 한다는 점에 유의하라. 따라서 자산 1은 자산 2보다 먼저 생성되어야 한다.

작하는 경우이다. 머지않아 모니터하고 성장하는 많은 투자가 이루어질 것이다. 같은 펀드가 추가자금을 확보하고 더 큰 투자를 하기로 결정한다면 이제는 더 큰 투자에서 모니터링 및 가치창출과 씨름해야 할 것이며 소규모 투자는 소홀해지게 된다. 이것과 관련된 쟁점은 자원할당 전략이 처음부터 분명해야 한다는 것이다. 펀드매니저는 많은 작은 투자를 하면서 그중 몇이 나빠지거나 엄선된 몇 개의 보다 큰 펀드를 선택하고 그들을 조심스럽게 관리한다. 할당을 혼합하면 펀드와의 내부적 혼란과 필요한 주의를 끌 수 없을 때 피투자자와 외부적 좌절감을 유발할 수 있다.

예시모델을 시나리오 5로 전환해 자원할당에 대한 효과를 확인할 수 있다.

- 차이점: 투자관리자 및 분석가가 처리할 수 있는 거래 건수가 감소했다(Control 시트의 셀 K824:825).

- 효과: 투자관리자 및 분석가당 거래가 감소함에 따라 필요한 인원이 증가하게 된다. 이는 상당량의 현금을 필요로 하며, 감당할 수 없을 만큼 펀드를 압박한다. 이는 Control 시트[64] N4 셀에 표시된 큰 미납수수료 금액으로 나타나 있다.

펀드가 자산을 관리하는 데 필요한 전문가 수는 완벽하게 선형적인

---

[64] 비용증가를 분석할 때는 설정에 따라 IRR 계산을 거치지 않아도 되므로 주의하라. 예시모델에서 비용이 지불되지 않은 경우 사용자에게 비용이 추적되지만 IRR이 부족하게 되는 음(−)의 현금흐름을 생성하지는 않는다. 이러한 유형의 기능을 사용하는 것은 어떻게 압박된 시나리오를 분석하기를 원하는가에 따른 기호의 문제이다.

함수일 필요는 없다는 것을 명심하라. 자금규모가 커지면 규모가 작은 기업이 갖지 못하는 규모의 경제 혜택을 실감하기 시작할 것이다. 간단한 예시로 3,000만 달러의 자산을 관리하고 2%의 관리수수료를 받는 펀드를 상상해보라. 무한책임사원이 펀드를 전혀 자본화하지 않았다고 가정하면 펀드를 운영하는 데 연간 60만 달러가 들게 된다. 급여만으로도 이 돈의 대부분을 차지할 것이다. 새로운 펀드는 고위투자관리자를 위한 캐리를 약속해야 하지만 선진국 시장의 기본급여로는 한 명의 상급관리자와 한두 명의 부하직원만을 허용할 것이다. 이 셋이 발굴, 선별, 구조화, 투자종결, 모니터링, 투자회수가치 창출, 보고 및 내부 재무기능부터 모든 것을 담당해야 할 것이다.

이제 연간 600만 달러의 3억 달러 펀드에 대해 생각해보면 전문인력을 고용하는 데 더 무게가 실릴 것이다. 고위투자관리자는 각각의 수많은 투자에 일하고 있는 하급여성 부하근로자들과 다수의 거래를 처리할 수 있다. 보고 및 내부 재무업무를 다루는 재무관리자와 같은 전문화된 역할 담당도 고용할 수 있을 것이다. 작은 펀드에서 맞닥뜨리는 제약이 완화되어 각 전문가는 가까이에 있는 자신의 업무에 보다 치열하게 집중할 수 있을 것이다.

> ### ▶ 운영비용

급여는 펀드에서 가장 높은 비중을 차지하는 비용이 되는 경향이 있는데, 펀드수익을 깎아먹는 다른 비용도 있다. 비용 초과가 표면화되는 경향이 있는 공통 영역은 실사비용 및 미결 종료비용이다. 제5장에서 주요 거래조건에 관해 논의했을 때 실비정산을 위한 부분이 있었음을 기억해보라. 그러나 변제에 대한 상한선이 협의되었다. 많은 경우 법률 및 회계경비가 이 상한선을 초과할 수 있으며 펀드는 나머지 비용을 정리해야 한다. 시나리오 6에서는 이러한 상황을 보여주고 있다.

- 차이점: 세 가지 비용 가정이 증가했다. 종결한 투자당 미결제 비용 금액, 변제되지 않은 현장실사(특히 투자가 이루어지지 않은 경우), 완료비용 및 진행 중인 감독비용(Control 시트 셀 L822, L838 및 L839 각각).

- 효과: 다시 미지급된 수수료가 추적되는 N4 셀을 살펴보자. 펀드수익률에 임팩트를 줄 수 있는 부족분이 있음을 알 수 있다.

[전통적인 펀드와 임팩트 투자펀드와의 차이점]

임팩트 투자 산업에서 접할 수 있는 흔한 문제점 중 하나는 양질의 투자처를 찾는 일이 쉽지 않다는 것이다. 전통적인 사모펀드를 살펴보면 투자관리자는 매년 수백 건의 제안서를 살펴보고, 다수의 사업계획을 검토하고 실사를 실시하며, 결국 소수의 투자에 그치게 된다. 이제 똑같은 과정을 상상해보지만 사회적 사명기준을 추가하라. 이 추가기준은 가능한 투자를 제한하게 된다.

제한된 투자풀은 자금운용 및 투자에 더 오랜 시간이 걸리게 한다. 투자가 평균보다 오래 걸리고 비용이 정상보다 높을 것이라고 생각하는 한 그러한 모델은 작동한다. 그러나 전통적인 시간개념으로 펀드를 시장에 내놓는 임팩트 투자펀드는 그러한 시간을 따라잡는 데 어려움을 겪을 수 있고, 예상보다 높은 비용이 발생할 수 있으며, 예측보다 낮은 IRR이 발생할 수 있다.

일부 임팩트 투자펀드는 사회적 사명이나 기준을 변경함으로써 지연된 시간 문제에 대응한다. 매우 엄격한 사회적 기준으로 시작하는 펀드는 펀드규모가 커지면서 투자운용에 어려움을 겪을 수 있다. 이를 만회하기 위해 발굴전략은 매우 창의적이거나 투자과정을 지연시키거나 재무 또는 사회적 기준을 완화시켜야 한다. 첫 번째 옵션은 사회적 임팩트를 인지하지 못하는 전통적인 투자를 발굴하는 것과 같은 독특한 전략을 사용해 달성할 수 있다. 투자지연을 활용하는 두 번째 옵션은 지금까지 보았던 것과 같이 시간이 돈과 수익률을 비용으로 하기 때문에 선호하지 않는다. 재무적·사회적 기준을 완화하는 마지막 두 가지 옵션은 매우 문제가 많고 논쟁의 여지가 있다.

재무적 기준을 완화하는 것은 실패의 위험이 더 높거나 수익률 기대치를 낮출 수 있는 회사에 투자하는 것을 의미한다. 펀드는 투자과정의 엄격함을 줄이면 상황에 맞춰 제대로 준비가 안 될 수도 있다. 예를 들어 역사적으로 벤처기업에 투자한 적이 없는 펀드가 성장단계에 초점을 맞추었다고 가정해보라. 자금운용에 어려움을 겪고 있고 벤처단계 회사에 투자하기로 결정한 경우, 개별 투자의 전략 및 확장을 처리할 능력이 없거나 혹은 펀드수준 관점에서 그 포트폴리오의 변동성을 올바르게 관리할 수 없을 것이다.

사회적 기준 축소는 특정 사회적 이유로 펀드에 투자한 투자자에게는 매우 문제가 될 수 있다. 펀드가 자금을 운용하는 데 어려움을 겪어 사회적 기준을 완화한다면 이러한 투자자들을 소외시킬 수 있다. 또한 임팩트 투자펀드가 그 사회적 기준을 더 많이 완화할수록 더 전통적이게 되고, 순순히 재무적 성과에 더 많이 초점을 맞추게 될 것이다.

시기와 자금운용 문제가 복합적으로 작용하면 임팩트 투자의 평균 투자회수 시간이 더 길어지게 된다. 대부분의 임팩트 투자는 해외시장에서 기술 중심의 투자에 대비해서 실물자산으로 운영되는 사업에 있다. 이러한 기업들은 규모 확장, EBITDA 손익분기 달성 및 수익창출에 시간이 걸린다. 사회적 기업가가 활동하는 경향이 있는 시장은 경제적으로나 정치적으로 어려움을 겪고 있다.

이러한 모든 요소들로 인해 투자회수 타이밍이 지연된다. 자금운용 타이밍과 마찬가지로 처음부터 투자회수 시간이 길어질 수 있고, 그로 인해 수익이 줄어들 것으로 예측되는 한 문제는 없다. 그러나 비현실적인 투자회수 시간을 제시하고 놓치게 되면 펀드는 예상보다 낮은 수익률을 보이게 될 것이다.

임팩트 투자비용 인플레이션은 펀드경제학의 다른 분야이다. 사회적 임무 기준을 고수하는 임팩트 투자펀드는 전통적인 펀드보다 높은 비율의 성공적이지 않은 실사와 씨름해야 한다. 훌륭한 재무적·전략적 전망을 갖고 있는 좋은 투자처가 발견되더라도 사회적 사명에 부합하지 않으면 지나쳐야 한다. 이 장의 앞부분에서 보았듯이 실사가 실패하면 비용이 발생하는데 게다가 여러 투자관리자들에 의해 다수 수행된다면 비용은 배가된다.

임팩트 투자펀드가 전통적인 펀드와 다른 또 다른 영역은 자원 부분이다. 임팩트 투자펀드는 긍정적인 사회적 수익을 제공하는 것에 입각한 투자전략을 표방하고 있다. 그러한 수익률을 입증하기 위해서는 엄청난 양의 데이터를 수집하고, 제거하고, 정리하고, 보고해야 한다. 이러한 작업에는 사회적 사명 관련 데이터를 적절하게 수집하고 분석해 온 경험이 있는 사회적 성과 관리자와 같은 전문인력을 포함해 추가적인 자원을 필요로 한다.

❯ 임팩트 기반 보상구조

전통적인 사모펀드에서 펀드매니저에 대한 보상은 이익의 극대화에만 연결되어 있다. 사모 임팩트 투자자들은 재무적 및 사회적·환경적 수익을 모두 가지려 하므로 펀드매니저의 보상은 재무적 및 사회적·환경적 수익 모두를 달성하는 것과 연결되어야 하는 게 논리적인 것으로 보인다. 그러나 이것은 말만큼 쉽지 않다. 오늘날 기준지수에 따라 수용할 만한 재무적 수익에 대해 상당한 의견일치가 이루어졌으며, 측정방법에도 동의가 이루어졌지만 바람직한 사회적 목표치에 대해서는 의견일치를 보지 못했다.

펀드매니저의 보수는 관리수수료와 캐리 수익 두 가지로 구성된다. 관리수수료와 캐리 수익을 논의했지만 임팩트 사모펀드는 펀드매니저의 보상을 사회적 목표치 달성[65]과 연계시킬 수 있다.

즉 펀드매니저가 표준 캐리 수익(약 8%의 최소수익률 이상[66])을 받을 요건이 되면 해당 임팩트 성과에 따라 캐리 수익의 사회적 부분을 얻을 수 있게 된다. 임팩트 대상이 포트폴리오에 있는 회사가 달성한 저소득 고객의 비율로 설정되었다고 가정해보자. 펀드는 캐리 수익의 임팩트 요소를 이 정량 측정지수에 기반할 수 있다. 다음과 같이 두 목표치를 명시할 수 있다.

- 목표치 1: 포트폴리오 지원활동의 최소 30%는 저소득층이다.
- 목표치 2: 포트폴리오 지원활동의 최소 50%는 저소득층이다.

---

65 예시를 위해 GIIN 브리프를 참고하라. http://www.thegiin.org/cgi-bin/iowa/resources/research/332.html.

66 이것은 무한책임사원과 유한책임사원 간의 협상된 수치이다.

15%	+5%	+10%	=30%
재무적 최소수익률을 달성하기 위한 기초 캐리	목표치 1 달성 시	목표치 2 달성 시	최종합계 캐리

표 7.2 사회적 목표치와 연계된 보상은 사회적 사명을 증진하는 데 도움이 될 수 있다.

재무적 최소수익률을 달성한 데 대한 기본 캐리가 15%에 설정되었다고 가정하면, 목표치 1에 도달하면 추가로 5%를 더하고, 목표치 2에 도달하면 10% 추가하는 것을 상정할 수 있다. 목표치 1에 도달하면 펀드매니저의 최종 캐리 수익은 20%, 목표치 2에 도달하면 30%가 될 것이다(둘 다 달성하지 못하면 15%).

캐리 수익을 사회적 임팩트 목표와 연계하는 것은 펀드의 사명을 보호하는 하나의 방법이다. 펀드매니저의 보상이 저소득층 인구를 지원하는 것과 관련이 있다면 펀드매니저는 회사가 이 인구를 지원하는 방향에서 벗어나지 않도록 하기 위해 그의 영향력을 사용할 것이다.

솔레로의 경우, 앞선 모델은 펀드매니저의 수익을 솔레로가 최소한 50% 이상 저소득층 인구에게 판매하는 것에 연결할 수 있다. 회사가 미국 및 유럽 여가 애호가들을 대상으로 마케팅 및 영업전략을 집중하기로 결정한다면 이러한 목표를 달성할 수 없을 것이다. 같은 방법으로 회사는 처음부터 새로운 투자자가 저소득층 사용자를 대상으로 하고자 한다는 사실을 알게 될 것이다. 이러한 임팩트기반의 인센티브 구조는 기대치의 투명성을 높이고 투자자-피투자자의 목표 정렬을 명확히 하는 데 기여한다.

다른 임팩트 척도는 제3자 임팩트 평가일 수 있다. 예를 들어 국제적 임팩트 투자 측정시스템GIIRS에 의해 매년 평가받는 펀드매니저는

(ESG 및 펀드매니저와 피투자자의 임팩트 성과를 토대로 한) 연간 합계점수를 받게 된다. 이 점수는 임팩트에 기반을 둔 캐리 부분을 결정하기 위한 임계값으로 사용될 수 있다.

분명해 보이는 것은 펀드 임팩트 목표 및 임팩트 목표를 정의할 필요가 있다는 것이다. 목표는 명확하고 검증가능해야 하며, 펀드의 전반적인 목표에 부합해야 한다. 제3자가 하는 목표달성 검증은 보상체계에 필요한 신뢰성을 추가한다(GIIRS, NRSRO 평가회사 또는 4대 회계감사 중 하나 등의 옵션이 있다).

또한 투자관리자는 경영관리자와 함께 미리 결정된 연간실적 목표에 연계된 연례 보너스를 받을 수 있다. 전통적으로 이러한 성과목표는 재무적·운영적 목표이다. 투자관리자 보너스를 위한 재무적 목표의 몇 가지 예들은 다음과 같다.

- 500만 달러 혹은 그 이상의 신규지분투자가 발굴되어 연말까지 성공적으로 마감되었음

- 연말까지 1억 달러 대출을 (채권금융기관으로) 실행

비재무적 목표를 수립하는 것은 덜 일반적이며, 여기에서도 어떤 목표가 더 높은 임팩트를 반영하는지에 대한 합의가 거의 없다.

연간 사회적 목표의 예는 다음과 같다.

- 포트폴리오 회사가 제3자 사회적 평가 또는 임팩트 평가 완료

- 포트폴리오 회사는 사회적 성과점수 카드를 사용해 내부적으로 평가됨

- 투자관리자는 비재무적 데이터를 제 시간에 수집해 질을 확인하고 추세 분석을 수행하며, 피투자자에게 피드백 제공

- 투자관리자는 다음과 같이 사회적 임팩트가 큰 특정한 계획으로 피투자자 회사를 지원

  - 만성적으로 소외된 지역사회를 대상으로 제품 개발

  - 기술지원 보조금 획득 촉진(보조금 수여자 물색, 기획안 초안 지원, 시행 또는 평가 등에 있어서의 지원)을 용이하게

  - ESG 관행 개선에 대한 지원 제공(예를 들이 디 나은 고객보호 관행)

이러한 논의와 관련이 있으며, 사회적 혁신성으로 검토할 가치가 있는 것은 영국에서 처음 개발되고 현재 미국과 호주에도 있는 사회적 임팩트 채권이다. 사회적 임팩트 채권은 계약의 한 형태로서, 투자자가 개선된 사회적 성과를 달성하게 되면 보상을 받는다.

[벤치마킹]

이 장의 앞부분에서 언급한 전통적인 펀드 투자와 임팩트 투자펀드 간의 많은 차이점은 수익률 감소 가능성을 암시한다. 전통적이든 임팩트적이든 맥락 없이 수익률을 논의하기는 어렵다. 이것이 바로 벤치마킹이 필요한 이유이다. 사모펀드 수익률은 벤치마크 수익률 대비 성공을 측정한다. 벤치마크는 매우 유사한 사모투자의 성과, 전자적으로 거래되는 펀드ETFs처럼 좁게 초점을 맞춘 공개지수 또는 S&P 500과 같이

넓게 초점을 맞춘 지수의 관점에서 복수의 방법으로 확립될 수 있다.

벤치마킹의 주요 측면 중 하나는 비교 가능성이다. 다양한 자산혼합은 다른 위험 및 수익률 개요를 가지므로 각 벤치마크의 기본 자산 구성을 이해하는 것이 매우 중요하다. 북미 국내 대출펀드를 신흥시장 주식펀드의 실적과 비교하는 것은 전혀 타당하지 않다. 자산유형과 지리적인 초점이 정렬되어야 할 것이다.

마찬가지로 벤치마크 데이터를 작성할 때 기간도 중요하다. 기간이 현저하게 다른 경우 펀드가 벤치마크보다 성과가 높다고 말하는 것은 믿을 수 없다. 짧거나 특별하게 단축된 기간에 생성된 수익률 정보는 장기평균에 대비해 변동성이 크다. 사모펀드 벤치마크의 경우 비슷한 펀드가 시작된 시점과 관련해 시간도 또한 작용한다. 이러한 자금은 성과의 비교 가능성을 높이기 위해 종종 연도별 '빈티지'로 통합된다. 벤치마크 이해를 돕기 위해 표 7.3의 수익률 데이터를 검토할 것이다.

표 7.3은 다양한 기간을 사용해 측정된 사모 및 공모시장 지수의 수익률을 나타낸다. 기간에 따라 수익률이 일부 지표에 따라 크게 다를 수 있음을 알 수 있다. 예를 들어 MSCI 신흥시장 지수를 살펴보면 수익률은 10년의 기간 동안(2013년 1월 1일부터 2013년 9월 30일까지) 최저 −4.1%에서 최대 13.2%였다.

또한 사모시장 데이터가 어떻게 구성되는지 이해해야 한다. 앞에서 언급했듯이 사모시장 데이터는 일반적으로 빈티지로 생성된다. 과거 사모펀드를 살펴보는 데 어려움을 겪는 이유는 얼마나 많은 펀드의 투자가 회수되었는가를 알아야 했기 때문이다. 투자회수 정보가 거의 없는 2013 빈티지를 조사하는 것은 맞지 않다. 이러한 이유로 대표성을 가진 데이터가 있는 특정 빈티지가 보통 선택된다. 또한 최종집계 수익률 수치를 산출하기 위해 가중치 빈티지를 사용할 수 있다.

재무적인 관점에서 임팩트 투자자는 5년에서 10년의 수익률을 바라보는 것이 합당하다. 국제적 전략으로 MSCI 신흥시장 지수처럼 공모시장에 투자하는 전략을 고려한다면 이전 데이터를 기준으로 최소 7.6%의 수익을 기대할 수 있다. 그러나 사모투자의 위험에 대한 프리미엄이 있어 사모, 국제 PE 및 VC 투자에 대한 기대수익률은 9.5% 이상인 것으로 보인다.

재무적 성과를 분리할 수는 있지만 임팩트 투자가 또한 사회적 수익을 제공한다는 것을 명심해야 한다. 벤치마크는 GIIR 등급에 따라 구성된 집단으로 설정될 수 있다. 재무적 수익은 시간에 따라 GIIR 등급

2013년 9월 30일에 종료하는 기간	분기별	연누계	1년	3년	5년	10년	15년	20년
예-미국 선진국 시장 PE 및 VC	6.7	9.1	14.4	11.8	6.8	14.4	13.5	13.8
신흥시장 PE 및 VC	3.7	5.9	9.5	8.1	9.5	11.8	8.3	7.7
공모시장 지수								
MSCI EAFE	11.6	16.1	23.8	8.5	6.4	8	5.5	5.4
MSCI	5.9	-4.1	1.3	0	7.6	13.2	12.3	7.1
신흥시장 S&P 500	5.2	19.8	19.3	16.3	10	7.6	5.3	8.8

표 7.3 국제적 예시-미국 선진국 시장 및 신흥시장 사모투자 및 벤처캐피털 지수

출처: Cambridge Associates LLC, MSCI Inc., Standard & Poor's, and Thomson Reuters Datastream. MSCI 데이터는 명시적 또는 묵시적 보증 없이 '있는 그대로' 제공된다. 세부 데이터의 출처: www.cambridgeassociates.com/news/articles/private-equity-investments-in-ex-u-s-developed-and-emerging-markets-posted-solid-q3-returns-and-improved-significantly-over-their-q2-performance/. USD로 수익 (%), 2013년 9월 30일 투자기간 종료.

의 각 유형에 대해 집계되고 계산될 수 있다. 그런 후 GIIR 등급의 특정 혼합자산을 보유한 펀드가 벤치마크와 비교될 수 있다.

재무적·사회적 수익 모두에 대한 벤치마킹은 특정 펀드에 투자하는 가치과제를 보여주기 때문에 중요하다. 투자자들은 펀드매니저의 상대적인 성과를 평가하고 투자선호도를 결정하기 위해 벤치마크를 초과하는 수익률, 즉 알파를 찾는다. 일부 투자자는 사회적 사명을 선호할 수도 있고, 다른 투자자는 균형을 바라보고, 또 다른 투자자는 일부 임팩트 측면을 가진 좀 더 전통적인 재무적 수익을 기대할 수 있기 때문에 무엇보다 재무적 투자 및 사회적 벤치마크 모두를 수립하는 것이 중요하다.

재무적 혹은 사회적인 것과 상관없이 벤치마킹에 대한 최종점은 일관성이다. 펀드가 벤치마크를 선택하고 나면 이들을 자주 변경하는 것에 상당히 주의해야 한다. 투자자들은 펀드매니저가 가능한 한 최대의 수익을 증명할 수 있는 벤치마크에 끼워 맞추려고 한다고 인식할 수 있기 때문에 빈번한 벤치마크 변경에 대해 의심스러워할 것이다. 일관되고 비교가능한 벤치마크는 투자자로 하여금 펀드매니저의 재무적·사회적 투자 전문성을 볼 수 있게 한다.

[임팩트 투자펀드에 관한 맺음말]

임팩트 투자펀드는 대규모 자금을 사회적 임팩트가 큰 직접투자로 전환시키는 훌륭한 수단이다. 시장 참여자들은 다수의 임팩트 투자를 목표로 하는 펀드를 조성해 수요에 대응하려 했지만 상당한 범위의 재무적·사회적 방향성이 존재한다. 이 장에서 열거된 과제들은 다양하게 이러한 펀드에 적용되지만 불행히도 많은 신입 펀드매니저는 이러한 문제점들에 대해 스스로 인지하지 못한다. 펀드매니저는 특히 투자운용, 투자회수 기간, 예상수익률 및 사회적 기준과 관련해 펀드에 투자할 때 투자자가 취하는 위험 및 현실에 대해 확실히 알아야 한다. 이 펀드의 투자자들은 재무적·사회적 수익 선호를 확실히 정립하고 자신이 선택한 펀드가 일치하는지 확인해야 한다.

CHAPTER
08

투자 대안, 과제 그리고 전망

INVESTMENT ALTERNATIVES, CHALLENGES, AND OUTLOOK

2010년 말 J.P. 모건은 「임팩트 투자: 떠오르는 자산등급Impact Investments: Emerging Asset Class」이라는 보고서를 발표했다. 이 보고서는 임팩트 투자가 새로운 자산등급으로 정의되어야 할 만큼 발전되었다고 제안했다. 이 보고서는 임팩트 투자가 성장하는 길은 그 자체가 자산으로 정의되는 것이라고 제안했으며, 그렇지 않으면 임팩트 투자자가 "자본, 부채 및 현금과 같은 전통적인 자산군에 투자를 할당하려는 경우…… 임팩트 투자 기량의 단편화로 이어지고 업계의 잠재적 성장을 제한할 것"[67]이라고 이야기했다. 이러한 제의는 여러 수단을 사용해 전문적으로 자금을 투자하는 데 필요한 전문지식의 다양성을 감안할 때 빈약하다. 지

---

[67] Nick O'Donohoe, Christina Leijonhufvud, and Yasemin Saltuk, "임팩트 투자: 떠오르는 자산등급", Global Research(2010. 11. 29.), 9.

난 수년간 임팩트 투자의 발전으로 자본 및 부채에서부터 심지어는 미수금 자금조달에 이르기까지 다양한 상품을 가지고 비자산계열 접근 방식을 사용했다.

사회적 임팩트에 대한 투자방법이 올바른 방향으로 발전하고 있지만 여전히 해결해야 할 중요한 문제가 있다. 비전통적인 자금조달 출처로부터의 이질적인 자본비용으로 지속 불가능한 사업이 상업적으로 성공할 수 있다고 인식하게 되었다. 그러나 그러한 기업에 투자하는 것에 대한 흥분과 전통적인 수익을 기대하는 것은 만족스럽지 못할 수 있다. 또한 임팩트가 크고 상업적으로 성공가능한 투자가 부족해 투자펀드가 그들이 내놓은 수준에서 기준을 변경하게 된다. 충족되지 않은 기대치와 자신의 경험을 통해 배운 잠재적 투자자들은 궁극적으로 장래의 자본을 이 분야에 투입하는 것을 중단할 것이다. 정확한 투자 및 사회적 사명 기대치를 수립한 뒤 건전하고 엄격한 실행을 통해 그 목표를 달성하면 이러한 과제를 극복하고 임팩트 투자 산업이 성장할 수 있게 될 것이다.

더 많은 투자자와 기업가가 긍정적인 사회적 변화와 이익이 대척점에 있지 않다는 것을 이해하면서 임팩트 투자는 추진력을 얻었지만, 시장의 깊이는 적절한 자본배분의 한계에 의해 제한될 것이다. 투자자와 투자 간의 기대치가 일치하지 않는 문제가 타결되면 상업 및 비상업적 자본이 적절히 배치되는 자연스러운 시장진화가 남아 있다. 상업적 임팩트 투자의 경우, 이 진화의 최전선은 엄격한 임팩트 투자과정을 준수하는 매우 지역적인 투자수단이지만 전통적인 투자에 투자할 수 있는 능력도 있다는 주장을 할 수 있을 것이다. 이러한 기업체들은 선진국 시장 금융허브와 모든 투자가 임팩트 지향적이어야 한다는 요구사항에 국한된 것으로부터 신흥시장 투자에 대한 고전적 사고를 와해시킬 것이다.

[투자 대안들]

현재 임팩트 투자전략에 대한 하나의 강력한 대안을 살펴보기 전에 시장에 나와 있는 대안의 범위를 검토해보는 것이 좋겠다. 이 책의 대부분은 사회적 기업가 정신의 자본에 투자하는 데 대한 안내였다. 지난 몇 년 동안 투자로 운용되는 부채, 전문화된 금융, 보증 및 자선/보조금을 제공하는 새로운 유형의 투자자들이 나타났다. 이러한 유형의 자금조달에는 적절한 투자 프로세스를 전개하기 위해 서로 다른 기술역량들이 필요하다. 이제 임팩트 투자에 대한 자본투자의 주요 대안들과 그러한 투자에 대한 고려사항을 간단히 살펴볼 것이다.

❯ 부채

부유한 엔젤투자자들이 채권금융을 제공해왔을 뿐만 아니라 임팩트 투자에 초점을 맞춘 대출펀드도 생성되어왔다. 대출은 보통 그런 회사에서 공급이 부족한 담보물 그리고/또는 현금흐름의 두 가지 중 하나가 필요하기 때문에 전통적으로 초기단계 기업에게는 흔치 않았다.

채권 발행기관은 고정되고 반복적인 수익이 예정되어 있고, 자산과 현금흐름에 우선순위가 있기 때문에 자본보다 낮은 수익률로 자금을 제공한다. 채권 투자자는 상환에 대해 살펴보고 필요한 부채상환에 대해 회사가 유지하는 현금흐름 보상률에서 위안을 찾는다. 이러한 지표들은 종종 이자보상비율^{ICRs} 또는 부채상환계수^{DSCRs}[68]로 표시된다. 채권에 투자를 할 때 투자자는 다양한 스트레스 시나리오 아래에서 역사적인 현금흐름수준과 예상 현금흐름을 살펴보고 적절한 부채수준을 결정한다. 부채 투자자에 대한 이자 및 원금지불은 보통 우선주를 포함한 어떤 자본 투자자보다 우선권을 갖는다.

채권 발행기관은 발행자로서의 입장을 보호하기 위해 특정약관을 요구할 것이다. 약관은 긍정적이거나 부정적일 수 있는데, 이는 회사의 요구사항 또는 제한사항을 의미한다. 예를 들어 공통된 조항은 유형 순자본 또는 대출기준 테스트이다. 그러한 테스트에서 회사의 가치가 특정 기준 이하로 떨어지거나 더 나쁜 경우에 부채의 장부가보다 낮아지면 상환 변경이 필요할 수 있다. 일반적인 변화는 모든 과잉현금이 부채의 원금을 최대한 조속히 지불하는 데 사용되는 부채의 빠른 분할상환이다.

약관은 또한 사회적 사명을 시행하는 데에도 사용될 수 있다. 채무자는 대출계약서에 책임 있는 사회적 계약조항을 규정하고 위반 시 결과에 대해 정의할 수 있다. 예를 들어 소액금융기관의 투자자는 대출계약에서 책임대출로 간주되는 것에 대한 허용치를 정할 수 있다. 투자자는 더불어 이러한 목표를 달성하는 과정을 모니터할 수 있는 보고 요구사항을 수립할 수 있다. 2012년 소액금융 사회적 투자자 그룹은 책임금융 지원을 위한 대출기관 계약지침[69]을 만들었다. 이 지침들

---

68 ICR은 보통 EBITDA 또는 'EBIT/지급예정 이자'로 계산된다. DSCR은 EBITDA 또는 'EBIT/지급예정 이자+상환예정 원금'으로 계산된다.
69 이 지침들은 포괄적 금융에 있어서의 투자자들을 위한 원칙에 통합되었다. 사회적 성과 태스크포스, 사회적 투자 실무그룹, 책임금융 지원을 위한 대출기관 계약지침.

은 세 가지 재무 비율(자본적정성 비율, 자산수익률^{ROA}, 통화 동일자 반대거래)을 수립해 책임금융에 도움이 되는 것을 목표로 한다. 이러한 비율은 기관의 지속 가능성과 최종고객에 미치는 임팩트의 지표들이다. 이 지침은 기관이 대출계약을 위반하는 기준점을 설정한다. 또한 제3자 검증표준(예: SPI4)을 사용한 사회적 지표로 측정되는 사회적 사업의 보고의무도 포함한다.

의료, 교육, 주택과 같은 다른 부문의 대출기관은 대출약정서에 사회적 사업 및 약정을 통합할 때 다른 기준 및 벤치마크를 사용한다. 차용인이 사회적 등급을 받거나 사회적 성과에 대해 철저한 제3자 평가(예를 들어 GIIRS 등급)를 수행하도록 요구하는 대금업자도 있을 수 있다.

현금흐름에 대한 우선권 및 보호 조항 외에도 부채 투자자는 자신의 부채 지불이 안 되는 경우 담보를 요청한다. 담보부채권은 전체 회사의 범위 내에서 또는 매우 구체적으로 특정 자산범위까지 매우 일반적일 수 있다. 부채보유자는 스트레스 상황에서 담보가치를 분석해 담보물을 압수하고 청산해야 하는 최악의 시나리오에서 청산자금이 미지불 부채를 상환할 수 있도록 채무액을 측정하고자 한다.

초기단계 회사의 경우 담보가 부족하고 현금흐름이 음(−)이기 때문에 합리적인 조건에서 부채를 확보하기 어려울 수 있다. 한 가지 예외는 미국과 같은 선진국 시장에서 큰 호응을 얻고 있는 벤처부채 시장이다. 벤처부채는 벤처캐피털의 또 다른 형태이지만 벤처단계 회사에 대한 자본투자 대신 부채가 제공된다. 벤처부채의 이자율은 일반적으로 초기단계 회사[70]의 위험을 반영한다. 그러나 경험이 풍부한 투자자

---

[70] 이는 보편적인 스프레드 및 벤치마크에 따라 다를 수 있지만 일반적으로 10대이다.

에게 가치 있는 제안이 되는 벤처부채의 주요 특징들이 몇 가지 있다.

벤처부채의 첫 번째 열쇠는 벤처채권 투자자에게 종종 요구되는 보증서이다. 보증서는 회사에서 발행하고 보유자가 회사의 주식을 정해진 가격에 구매할 수 있게 한다. 벤처부채 투자자는 회사의 투자회수가 이루어질 경우, 일정 수준의 보증범위를 놓고 협상하게 된다. 회사가 인수되거나 상장되는 경우, 보증서는 전환되어 보증서 보유자가 주주가 되므로 투자회수의 긍정적인 부분을 향유할 수 있게 된다. 보증시는 벤처부채 수익률을 낮은 자본수익률 수준으로 끌어올릴 수 있지만 지속적인 이자수익으로 그들은 순수한 자본보다 수익률에 있어서의 변동성이 낮을 수 있다.

벤처부채의 또 다른 중요한 요소는 사모펀드 투자자와 짝지어져 있다는 것이다. 벤처부채 투자자는 항상 이름 있는 사모펀드 투자자와 자금조달라운드를 한다. 이로써 벤처부채 투자자가 사모 투자자의 투자과정을 신뢰한다면 실사비용을 줄일 수 있다. 또한 벤처부채 투자자는 자본투자 조달금과 회사 현금흐름이 부채를 충당할 수 있도록 현금소진율을 분석해 투자금액을 정할 수 있다.

또한 벤처부채 투자자는 보통 또 다른 자본투자라운드가 발생하면 상환이 되게 되어 있다. 이것은 벤처부채 투자자가 재투자하거나 초기 라운드로부터 얻은 이자와 보증서를 가지고 떠날 수 있게 한다. 재투자를 선택하면 사업 생애주기의 해당 시점에서 철저한 신용평가를 수행할 수 있다.

벤처부채의 마지막 특성은 담보물이다. 많은 초기단계 회사는 담보가 거의 없지만 특정 기술 및 생명공학 회사는 매우 가치 있는 지적재산권IP을 보유하고 있을 수 있다. 벤처부채 투자자는 이자 그리고/또는 원금 지불을 충족시키지 못할 때 IP에 대한 청구권을 협상할 수 있다.

미국 이외의 지역에서 벤처부채는 그리 흔하지 않다. 사실 중소기업 대출은 신흥시장 기업들에게 어려운 과제이다. 지방은행은 일반적으로 매우 높은 이자율을 부과하고, 사업 창업자로부터 엄격한 개인보증을 요구할 수 있다. 이런 가혹한 조건으로 인해 사회적 기업가 정신이 번창하고 있는 많은 분야에서 중소기업에 대한 부채시장이 크게 제한을 받아오고 있다.

 현장노트

부채는 초기단계의 회사가 확보하는 데 항상 어려움을 겪을 것이며, 투자처 발굴 중에 부채와 연관된 자본비용에 근거해 경제성이 있는 수많은 사업계획을 발견했다. 인수비용을 줄이고 중소기업에 대출을 제공하는 온라인 대출기관에서는 약간의 변화가 있지만 금리나 내재된 비용이 매우 높으며, 이러한 대출은 선진국 시장에서만 발생하게 된다. 투자자들은 있을 법하지 않은 자금조달을 가정하는 사업계획에 대해 알고 있어야 한다.

개발도상국 및 사회적 사업가들을 위해 나는 부채에 관해 비현실적인 기대들을 보았다. 주로 아프리카에서 영업을 하는 소규모 태양광 랜턴 회사 중 한 곳은 자본투자를 고려하지 않고 부채수단에 투자할 것을 제안했다. 그들은 조명제품에서 나오는 지불흐름을 증권화할 것이라고 설명했다. 이론적으로 이 생각 자체가 터무니없지는 않다. 왜냐하면 증권화 전문가로서 거의 모든 일정한 지불흐름을 증권화하는 기업체들과 마주쳤기 때문이다. 그러나 규모단계, 운영국가, 제한된 운영시간 및 실물자산 담보가 없으므로 증권화 가능성은 현실과 거리가 멀었다. 그럼에도 불구하고 회사의 자금조달 전략은 부채획득에 기반을 두었기 때문에 필요한 자본을 늘리고 회사 규모를 확장하는 데 소중한 시간을 낭비했다.

❯ 외상매출금 금융/채권매입

외상매출금 금융 또는 채권매입은 임팩트 투자에서 탄력을 받고 있는 특수한 형태의 대출이다. 회사가 제품을 판매함으로써 발생하는 외상 매출금으로 자금을 조달하는 이러한 형태는 할인된 가격으로 투자자에게 판매된다. 회사는 계속해서 외상매출금 서비스를 진행하지만 투자자에게 자금을 보낸다. 이와 관련해 다음과 같은 고유한 위험이 존재한다.

- 채무불이행위험: 전형적인 부채 투자자는 이자와 부채를 지불하지 못한 것에 대해서 회사에 청구할 수 있다. 외상매출금 매수 또는 채권매입 계약에서 투자자는 일반적으로 회사에 의존하지 않을 것이다. 따라서 투자자는 외상매출금을 지불하는 주요 당사자의 신용위험에 대한 자신의 평가에 의존한다. 해당 회사가 기대한 것보다 외상매출금 지불을 많이 이행하지 못한다면 투자자는 자신의 수익률을 올리지 못하고 아마도 투자한 원금마저 잃게 될 것이다.

- 혼합위험: 외상매출금을 빚지고 있는 기업으로부터 자금이 송금되는 경우, 일반적으로 외상매출금을 원래 가지고 있던 회사에 지급된다. 사실상 회사는 서비스 제공업자의 역할을 한다. 이 계약에 따라 펀드가 회사의 다른 펀드와 섞인다는 우려가 있을 수 있으며, 회사가 유동성 문제를 겪고 있다면 투자자에게 빚진 자금을 사용할 수 있다. 이는 특정 외상매출금 금융의 목적에 어긋나며, 보통 수탁자와 사용목적 지정 신탁기금 협의를 통해 완화된다.

- 서비스 제공자 채무불이행: 외상매출금 금융의 장점은 회사가 아니라 외상매출금 채무가 있는 업체가 채무불이행위험을 안는

다는 것이다. 그러나 회사는 종종 외상매출금을 수령하는 서비스담당자의 역할을 한다. 회사가 사업을 중단하면 투자자는 스스로 외상매출금을 관리하거나 다른 전문화된 외상매출금 수거 서비스업자를 고용해야 한다. 이 위험은 예비 서비스업자를 대기상태로 두면 완화될 수 있다.

외상매출금 금융 또는 채권매입에 대한 뚜렷한 이점 중 하나는 노출의 단기적인 특성이다. 정치적·경제적 환경이 변하면 외상매출금 금융은 장기간 미지불로 남아 있을 수 있는 일반적인 부채와 비교할 때 수개월 내에 신속하게 정리할 수 있다.

▶ 신용보증

국제금융공사 같은 대형기관이나 대형은행의 사회적 임팩트 영역에 의해 채택되는 임팩트 투자의 또 다른 형태는 신용보증이다. 신용보증은 지방은행이 업체와 보증인에게 자금을 제공함으로써 적시에 부채 상환을 보장한다. 회사가 현지 은행에 지불하지 못하면 보증인이 현지 은행에 빚진 금액을 지불하게 된다. 일반적으로 보증인은 보증을 제공하기 위해 수수료를 요구한다.

이러한 유형의 자금조달은 지방은행이 작고 알려지지 않은 회사에 대출하는 것을 매우 꺼려할 수 있기 때문에 지역 프로젝트가 부채를 조달하는 데 도움이 된다. 또한 주택, 항구, 공항, 교량 또는 유료 도로 프로젝트와 같이 대출 뒤에 견고한 담보가 있는 프로젝트 파이낸싱에도 사용되는 경향이 있다.

현장노트

신용보증은 남아시아의 주택 프로젝트에서 사용된 가치 있는 자금조달 방식이다. 이 프로젝트는 지역 개발업체에 의해 완료된 저소득/중산층 혼합개발 사업이었다. 단계 중 일부 자금조달을 위해 현지 통화로 부채를 조달해야 했다. 프로젝트가 진행되고 있는 국가의 변동적인 통화 및 정치적 위험을 감안할 때 외채를 찾기는 쉽지 않았다. 지방은행들은 자금조달을 주저했지만 사회적 금융그룹을 가지고 있는 대규모 투자은행이 신용보증을 제공하는 것에는 관심이 있었다. 시장보다 낮은 수수료로 사회적 금융그룹은 지방은행에 부채상환을 보장했다. 지방은행은 보증을 제공하는 업체의 이름을 인지하고 보증된 표준 요율로 돈을 빌려주는 데 동의했다. 전반적으로 지역 자금과 보증비용을 합친 자금소달 비용은 더 많은 자본을 조달하는 비용보다 훨씬 적었다.

▶ 보조금

보조금을 지원하는 사회적 기업가 정신은 임팩트 투자의 한 형태로 여겨질 수 있지만 자본비용이 없고 수익률도 기대하지 않는다. 보조금은 실제로 상환할 필요가 없는 회사에 돈을 기부하는 것이다. 그것들은 회사가 적합하다고 생각하는 용도로 사용할 수 있는 일반적인 보조금일 수도 있지만 특정 용도로 사용해야 하는 제한된 보조금일 수도 있다. 보조금 펀드는 피수여자가 수여자에게 추가적으로 보고하는 것을 필요로 할 수도 있다.

수여자들은 사회적 목표 달성의 증거가 기증자에 의해 승인되고 입증된 경우에만 지급되는 분할된 지출을 설정할 수 있다. 이 성과기반 펀드의 강력한 사례로는 에이즈, 결핵 및 말라리아 퇴치를 위한 국제기금이 있다. 국제기금은 경쟁력 있는 제안을 통해 이러한 질병퇴치를 위한 기금개입을 지원한다. 성과틀은 명확하게 정의되고 시간제한 연간지표가 설정되어 있는 수혜자와 수립된다. 이러한 목표를 달성하는 과정은 보조금 수령 국가의 감사회사에 의해 검토되며, 정보는 보조금 수령자 자신의 성과계정에 표시된다. 글로벌 기금 사무국이 보조금 실적에 만족할 경우 추가기금을 승인한다.

보조금은 또한 정부에서 민간기업에 이르는 다양한 다른 출처로부터 나올 수 있다. 예를 들어 인도의 신재생에너지 부처는 깨끗하고 효율적인 에너지를 제공하는 제품과 서비스에 대한 보조금을 제공했다. 대기업은 종종 홍보 목적이나 해당 분야의 발전에 참여하기 위해 기부금을 지급한다. 에너지 관련 예시로, 대규모 석유회사가 태양광 또는 신재생에너지 사업을 위한 기금을 제공한다.

투자자가 보조금을 지원하는 데에는 사업의 지속 가능성과 수익 인플레이션이라는 두 가지 주요한 문제가 있다. 두 가지 중 첫 번째 문제인 사업의 지속 가능성은 보조금 지급이 항구적인 자본원천이 아니라는 사실에 기인한다. 보조금 지급의 이면 결정과정은 공급 및 수요와 같은 시장역학에 근거하지 않는다. 정부 선거주기는 프로그램을 지원하는 자금을 빠르게 바꿀 수 있고 긴급성에 따라 기업전략이 바뀔 수 있다. 보조금 지급은 갑작스럽게 중단될 수도 있다. 따라서 보조금이 산업의 성장을 촉진하기 위한 촉매자본을 제공할 수 있지만 보조금 지급이 없는 경우 사업의 생존 가능성을 분석할 필요가 있다.

또한 평가에 대한 협상 중에는 보조금 기금이 소득원으로써 분리되어야 한다. 특히 상대적 평가 접근법이 사용된다면 배수에 적용되는 기본 수치에 보조금 기금을 포함시키는 것은 잘못된 것이다. 이 배수는 기본 수치를 영속 상태로 만드는 데 사용된다. 회사가 보조금을 영구히 받게 된다고 가정하면 극도로 공격적인 가정이다.

이런 계통의 사고에서 한 가지 벗어난 것은 보조금이 대차대조표에 영향을 미칠 때이다. 즉 보조금이 특정의 유형자산을 만드는 데 사용된다면 가치로 여겨야 하는 것인가? 회사의 사용자 데이터를 추적하는 새로운 SMS 기반 데이터 시스템에 보조금 기금을 제공하는 기술회사를 예로 들어보자. 이것이 가치로 계산되는지 여부에 대한 답은 주주에 대한 제한사항이 있는지에 달려 있다. 보조금으로 지원되는 자산이 어떤 식으로든 제한되면—예를 들어 회사가 판매되거나 청산되고 SMS 기반 시스템이 반환되어야 하는 경우—그 가치는 변경되지 않을 것이다. 그러나 자산에 제한이 없는 경우는 가치로 계산되어야 한다.

간접효과에 대해서도 이해해야 한다. 앞의 예에서 SMS 기반 데이터 시스템은 수익을 창출할 수 있는 가치 있는 사용자 데이터를 제공할 수 있다. 회사가 이 데이터로 수익을 창출했다면 수익으로 계산되었고, 이제는 보조금 지급자가 회사의 매각으로 인해 시스템을 회수하

📝 현장노트

회사의 2차 투자라운드 동안 작은 충돌이 분출되었다. 한쪽에는 투자한 회사에 보조금을 제공한 대형 에너지회사 대표가 있었다. 그는 회사에 제공한 보조금이 회사의 가치로서 평가에 포함되어야 한다는 점에서 단호했다. 다른 한쪽은 2차 라운드에 가치평가를 하는 나 자신이었다. 나는 보조금 기금이 포함되지 않아야 한다고 믿었다.

나는 보조금 기금이 임시적이고 계약되지 않은 것이며, 언제라도 중단될 수 있다고 주장했다. 그의 주장은 전문적으로 보조금을 지급하는 사람으로서 우리가 논의하는 것과 같은 사업이 항상 그의 조직으로부터 보조금을 수령하고 계속적인 공급이 이루어진다는 것을 알았다. 투자자는 자유롭게 회사를 평가할 수 있지만 다른 기업의 의사결정 프로세스에 전적으로 의존하는 계약되지 않은 자금흐름은 장기적인 가치와 관련 없다.

고 있으면 수입흐름이 약화될 수 있다. 이러한 손상은 평가과정에서 고려되어야 한다.

[임팩트 투자의 해결과제]

전통적 투자와 임팩트 투자의 많은 차이점들이 이 책에서 인용되었다. 이러한 차이점의 상당수들은 문제가 되지 않지만 전문적인 사고와 분석을 필요로 한다. 그러나 그중 일부는 특히 가치평가 거품, 확장성 및 적합성 문제로 발전할 수 있다.

❱ 가치평가 거품은 어떻게 생겨나는가

다양한 투자 대안에서 볼 수 있듯이 임팩트 투자의 일부는 표준투자와 비교할 때 매우 비전통적인 다양한 출처에서 자금을 동원할 수 있으며, 대부분 주식 및 부채와 같이 전통적인 방법에 투자한다. 동시에 임팩트 투자의 가장 독특한 특성 중 하나는 가장 무시하기 힘든 과제이기도 하다. 전통적인 방법으로 자금을 회사에 넣는 다양한 자본비용을 가진 복수의 투자자들 사이는 연결되지 않는데, 이는 지속 가능성과 가치에 대해 잘못된 인식을 갖게 한다.

임팩트 투자자는 수익을 기대하지 않고 자금을 배치하는 순수한 자선단체에서 전통적인 주식형 수익을 추구하는 상업적 펀드에 이르기까지 매우 다양하다. 재무적 수익을 극대화하려고 하지 않는 투자자는 새로운 개념이 아니다. 국제금융공사IFC와 같은 가상 정부조직은 수십 년 동안 존재해왔으며 공개적으로 "사업모델이 적어도 자본비용을 충당할 수 있는 한 촉매 또는 임팩트의 이유로 프로젝트를 지원할 것이다.…… 이 펀드의 예상수익은 기관 투자자와는 관련성이 낮을 수 있다"[71]라고 이야기하고 있다. 이것은 그들의 구성 국가들에 한해서만 잘 정립되고 알려진 사명과 답을 가진 IFC와 같은 단체에 잘 통한다.

현대 임팩트 투자는 자선단체, 정부기관 및 기타 '시장 자본비용보다 낮은' 조직과 나란히 투자하는 투자수단을 수립하는 참가자가 급격히 늘어나는 것을 확인했다. 그러한 투자는 기대가 명확하고 이해관계가 적절하게 맞춰지면 제대로 작동한다. 유감스럽게도 펀드의 핵심출처는 수익률과 일정을 과도하게 초과하는 투자펀드에 의해 결정된 수익률을 종종 기대한다. 게다가 이해관계의 충돌은 이처럼 적합하지 않은 투자자들 간에 쉽게 발생한다.

이런 일이 일어나는 적절한 사례는 다양한 범위의 투자자가 있는 사회적 기업의 실제 사례이다. 투자자들은 보조금을 제공하는 자선단체, 가상정부 자본투자, 자선단체 자본 투자자, 대규모의 전통적인 비즈니스에서 잉여자금을 활용하는 사회적 민간 투자그룹, 완전히 상업적인 민간 임팩트 투자자에 이르기까지 다양하다. 언뜻 보기에 모든 참가자들은 회사가 성공하기를 원하기 때문에 이해관계가 일치하는 것처럼 보인다. 그러나 각 참가자에게는 필요한 수준의 성공이 있다. 보조금을 제공하는 자선단체는 보조금이 긍정적인 효과가 있음을 보여주고자 한다. 자본 투자자들은 자본가치가 증가하기를 원하지만 자선단체는 투자가 손익분기점을 달성하기만 하면 된다. 가상의 정부 투자자는

---

71 David Wilton, "선진국 시장 사례연구: 선진국 시장에서의 사모투자의 위험은 무엇이고 위험들을 어떻게 완화할 것인가?", Super Return Conference에서의 발표, 2012. 6. 25~28, 스위스 제네바.

비용을 충당하기 위해 적은 수익을 올리고 싶어 할 수 있으며, 완전한 상업 투자자는 위험에 상응하는 시장기반의 주식형 수익률을 원할 것이다.

문제를 더욱 심화시키는 것은 회사의 제품이 지방정부의 보조금에 의해서만 현재 상업적으로 생존가능하다는 사실이다. 이 예에서는 다양한 이해관계를 가진 여러 시장 참가자에 의해 자금을 조달하고 궁극적으로 보조금에 의존하는 제품을 판매하는 회사이다. 규모 확대 문제가 발생하고 추가적인 투자라운드가 필요함에 따라 자본비용이 낮은 일부 투자자는 사회적 사명에 대한 지원을 원할 수 있기 때문에 회사는 여전히 높은 가치를 얻을 수 있었다.

보다 흥미로운 이슈는 완전한 상업적 임팩트 투자자가 높은 가치로 투자하기로 결정했는지 아닌지에 관한 것이다. 첫째, 잔여재산분배우선 및 기타 투자구조에 대한 논의에서 알 수 있듯이 만일 투자자그룹의 한 투자자가 후속 투자에 참여하지 않을 경우 투자자가 사용할 수 있는 많은 징벌적 옵션들이 있다. 손을 떼기로 선택한 투자자는 크게 희석되고 감소된 수익에 대비해야 할 것이다. 둘째, 상업적 임팩트 투자자는 그들이 운용할 수 있는 자금으로 무슨 대체투자 대안들이 있는지를 생각해야 한다. 완전히 다른 투자를 원하는지 혹은 잘 아는 회사에 머무르기 위해 할증료를 내고 싶은지? 여태 보았듯이 사회적 기준에 따라 잠재적 임팩트 투자 세계는 제한될 수 있다. 새로운 회사를 찾는 데 오랜 시간이 걸릴 수 있으므로 자신이 잘 아는 회사에 돈을 넣는 것이 더 나은 선택일 수 있다.

불행하게도 이와 같은 투자라운드는 선례가 되었다. 다른 유사한 회사들이 투자의 세부사항을[72] 파악할 수 있다면, 사회적 기업의 가치평가가 부풀려지고 실제 가치가 더 낮아졌음에도 불구하고 자신의 가치평가를 협상하기 위해 거래를 비교로 사용할 수 있다. 이러한 사례를 여러 회사로 확대하면 평가 거품이 생길 수 있다. 핵심은 시장기반의 평가를 기반으로 행해지지 않은 투자를 위장 자선기부로, 그리고 진정한 시장기반의 가치평가에 근거한 것을 투자로 식별하고 표시하는 것이다. 이러한 차이점을 전달하면 업계 전반의 가치평가 거품을 방지하는 데 도움이 될 수 있다.

〉규모의 문제

앞의 예에서 기본적인 동기는 다를 수 있지만 모든 당사자는 높은 긍정적인 사회적 임팩트를 가지고 상업적 성공의 가능성을 제공하는 다른 회사가 없었기 때문에 그 회사에 그대로 투자하기를 원했다. 사회적 기준에도 부합하는 양질의 투자가 없다는 것은 세 결정 중 하나와 관련 있다. 재무적으로 적합하지 않은 회사에 투자하거나, 현재의 사회적 기준에 부합하지 않는 회사에 투자하거나, 혹은 아무것도 하지 않고 적게 투자하는 것이다.

재무적으로 적합하지 않은 회사에 투자하는 첫 번째 옵션은 투자자의 자본비용이 기대치와 일치할 때 효과가 있다. 실질적으로 이러한 유형의 투자는 시장보다 적은 자본비용으로 부진한 실적을 만회한다. 상업적인 임팩트 투자자들은 부진한 실적이 낮은 수익률로 이어지기

---

72 이러한 투자의 대부분은 비공개이지만 투자의 일반적인 조건은 종종 보도자료를 통해 발표된다.

때문에 이 대안이 없다.

사회적 기준을 완화하기 위한 두 번째 옵션은 반대로 작용한다. 상업적 임팩트 투자자는 재무적으로 건전한 투자를 우선적으로 발굴할 필요가 있으므로 이를 시도할 수 있다. 낮은 자본비용을 가진 단체는 대부분 자선단체나 특정 사회적 수익률을 가진 정부가 기부한 기금으로 활동할 확률이 높다. 이러한 사회적 수익이 줄어들면 투자자금이 줄어들거나 취소될 수 있다.

마지막 옵션은 투자할 수 있는 금액이 잠재적 투자에 비례하도록 하는 것이다. 안타깝게도 자금을 운용할 수 없는 기금에서 인출할 경우 IRR 시계가 째깍거리기 시작하며, 아무것도 하지 않는다면 수익률에 실제로 치명적일 수 있다. 이 문제에 대한 합리적인 제안은 임팩트 투자규모를 맞게 하거나 임팩트와 전통적인 투자 모두를 허용하는 기준 및 투자명제를 수립하는 것이다. 전통적 투자에서 투자의 유연성은 펀드가 적절하게 확장되도록 하는데, 이는 특히 중요하다. 제7장에서 보았듯이 소규모 펀드는 적절한 투자 프로세스를 따르기 위한 자원을 마련하기 위해 발버둥 치기 때문이다. 전반적으로 순수 상업적 임팩트 투자자에게 확장성은 어려운 과제이다.

❯ 적합성

임팩트 투자 회의에서 눈에 띄는 최근의 추세는 개인 투자자에게 투자를 개방하는 방법에 대한 논의이다. 일부 업계 참가자는 임팩트 투자를 미국의 401(k)와 같은 개인의 퇴직계획 할당옵션으로 제공하기까지를 원한다. 물론 여기에서 중요한 관심사는 적합성이다.

소매 투자자를 위한 지식의 범위는 매우 다양할 수 있다. 어떤 사람들은 브랜드 인지도로 인해 큰 이름을 인식하고 이를 선택하는 반면, 전문가를 따라 상세한 재무분석을 수행하는 사람들도 있다. 많은 개인 투자자들은 저축과 퇴직금을 투자 전문가에게 맡긴다. 개인 투자자와 재무적 자문가 모두에게 있어 핵심과제는 무엇이 특정 투자의 근저를 이루는가를 이해하는 것이다.

많은 대중정보가 일반적으로 이용가능하고 수많은 분석이 있기 때문에 대형 우량주는 매우 명확하다. 그러나 이 책에서 알 수 있듯이 사모펀드 투자의 가치를 평가하기란 쉽지 않다. 이제는 신흥시장에 사모펀드 투자를 충충이 하라. 그리고 마지막으로 사회적 혜택이 있는 신흥시장에 사모투자를 켜켜로 하라. 이러한 유형의 투자위험을 이해하는 것은 소매 투자자, 심지어 이러한 자산에 익숙하지 않은 재무적 자문가들에게도 매우 까다로울 수 있다.

그렇다면 왜 개인 투자자가 현재 임팩트 투자나 사모펀드 투자에 일반적으로 투자하고 있는 것인가? 그 해답은 그러한 투자자의 대부분이 상당한 부를 가지고 있으며, 이러한 유형의 투자에 그 부의 일부를 할당할 여유가 있기 때문이다. 많은 소매 투자자들은 훨씬 낮은 수준의 부를 보유하고 있으며, 저축과 퇴직금을 할당하는 방법에 있어 상당한 주의를 기울여야 한다.

[임팩트 투자의 전망]

임팩트 투자에 있어서 어려운 점은 명확하며, 이 책 전반으로부터 매우 자세하게 논의되었다. 그 과정에서 이러한 문제에 대한 해결책과 엄격한 임팩트 투자 프로세스를 통해 위험을 완화하는 방법을 제시했다. 그러나 임팩트 투자 산업이 성숙함에 따라 도전과제와 해결책도 진화한다.

지정학적인 위험은 많은 장에서 나타나는 첫 번째 문제점 중 한 가지이다. 대부분의 임팩트 투자가 신흥시장에서 이루어지며 많은 사람들이 통화의 변동성, 주권위험의 증가 및 최상의 기업가 발굴에 어려움을 겪고 있음을 확인했다. 헤지 및 발굴전략이 도움이 될 수 있지만 쉽게 말해 지역기반 투자펀드가 현지 통화로 투자되도록 하는 것이 답이다. 이 펀드는 출처에 대한 투자에 더 가깝고, 가치를 구축하고 모니터링하는 데 도움을 주며, 펀드에서 일하고 수립하는 전문가는 그 나라의 영향력 있는 인물과 더 많은 연관성을 가지며, 직접적인 통화위험을 피할 수 있을 것이다.

현지 투자펀드가 어떤 방식으로든 자금을 조달해야 하며, 대개 국제 투자자가 그러한 자본을 제공하기 때문에 외환위험은 여전히 문제가 된다. 또한 사회적 임팩트 과업의 특수성을 고려할 때 현지 인재를 찾기 어려울 수 있으며, 투자자금 규모가 제한될 수 있다. 제7장에서는 어떻게 자원과 할당 문제가 중요한 이슈가 될 수 있는지를 확인했다. 그러나 이러한 위험을 완화시키는 데 도움이 되는 흥미로운 대안은 비임팩트 및 임팩트 관련 투자를 진행하는 지역펀드이다. 비임팩트 관련 투자에 대부분 투자하지만 임팩트 관련 투자에도 일정 비율을 목표로 삼은 대규모 펀드는 문제를 처리하는 데 훨씬 나은 입장에 있다. 자원은 투자관리자 간에 공유되므로 규모의 경제가 발생한다. 투자자는 하고 싶어 하는 전통적 투자 대비 임팩트 투자 비율을 평가하고 조정할 수 있다. 펀드가 순수 임팩트 투자 주체의 매력을 갖지는 못하더라도 지속적 수익 및 사회적 편익을 제공할 수 있는 기회가 더 많을 수 있다.

다른 주목할 만한 문제는 자본투자에 대한 유동성 문제였다. 많은 자본 투자자들이 투자를 회수하기 위해 발버둥 친다. 일부는 사명에 기반을 둔 부채펀드가 점차 대중화됨에 따라 대안으로 부채에 눈길을 돌리고 있다. 이것들은 자본 투자펀드와 비슷한 도전과제를 가지고 있으며, 아마도 지역적으로 더 잘 수행될 것이다. 그러나 여기에서의 도전은 부채 투자자가 완전히 상업적이며 적절한 위험기반 부채 가격결정을 유지하려고 하는지 아니면 부채의 시장금리보다 낮게 대출할 수 있는 기관인지의 여부에 관한 것이다.

기존의 금융시스템과 합리적인 가격의 부채가 없다는 점을 고려하면, 많은 신흥시장 국가에서 현지 부채펀드에 대해 강한 주장을 할 수 있을 것으로 보인다. 신흥시장의 많은 지역은행들은 매우 까다로운 대출조건을 가지고 있다. 펀드는 이러한 금리를 깎을 수 있으며, 적절한 투자 절차를 따르면 여전히 높은 수익을 거둘 수 있다. 보증 또는 현금흐름 로열티와 같은 고유한 구조는 위험에 상응할 수 있도록 수익률을 높이기 위해 투자에 켜켜로 설계된다.

임팩트 투자는 아직 초기단계에 있으며 성장통을 겪고 있다. 개인에서부터 재단 및 상업 투자자에 이르기까지 모든 수준에서의 기업은 임팩트 투자를 하는 데 있어 이익과 불이익 모두를 경험할 것이다. 하지만 전반적으로 올바른 지식과 기술이 갖추어질 때 투자는 적절하고 전문적으로 이루어질 것이며, 사회적·재무적 수익은 임팩트 투자를 가치 있게 만들어줄 것이다.

>> 참고 웹사이트에 대해

독자들은 이 책의 웹사이트 www.wiley.com/go/impactinvestment(비밀
번호: allman15)에서 전문가 수준의 투자자료들을 찾을 수 있을 것이다.
투자자료들은 다음과 같이 단원별로 정리되어 있다.

CHAPTER 02

발굴과 선별 폴더

Country Ranking.xlsm: 사용자 정의 속성 및 데이터 세트를 기반
으로 국가별로 잠재적인 투자발굴 순위를 매긴 스프레드시트이
다. 임팩트 투자로 맞춤 설정된 기본 데이터 세트가 올려져 있으
며 해당 본문의 예시를 통해 분석되었다.

FX_IRR.xlsx: 직/간접 외환위험의 효과를 설명하기 위해 계산을
보여주는 스프레드시트가 제공되었다.

기업 티저 폴더

MtotoClinics.Pdf, PagaPago.pdf, Solero.pdf: 제2장 말미에 가상
의 잠재적인 투자기업 세 곳을 살펴볼 것이다. 기업 티저가 제공
되었다.

CHAPTER 03

Solero_Distributor_Log.xlsm: 솔레로 분석에 대한 유통업체 수준의 정보가 제공되었다.

Solero_Distributor_Log_Analysis.xlsm: 솔레로의 유통업체 수준의 정보에 대한 완벽한 분석.

Solero_FS_2012.xlsx, Solero_FS_2013.xlsx, Solero_FS_2014.xlsx: 솔레로 분석을 돕기 위해 전년도의 재무제표가 제공되었다.

Solero_Tech_Specs.pdf: 솔레로 제품들에 관한 추가적인 정보.

Solero_Model.xlsm: 임팩트 또는 전통적인 투자 결정을 하는 것은 회사의 운영 및 재무구조가 어떻게 작동되고 상호작용하는지에 대한 심층적인 이해를 필요로 한다. 포괄적인 모델을 구축하는 것은 경력의 배경에 따라 일부 투자자에게는 어려운 작업이 될 수 있다. 이 책에서 제공하는 기업모델은 고도로 개발되어 전문 투자자가 기대하는 수준의 세부사항을 탐구한다. 모델은 제3, 4, 5장을 통해 자주 사용되었으며, 해당 장을 읽는 동안 다운로드해 참고용으로 열어둘 것을 강력하게 권장한다.

독자는 기업모델의 복잡성수준에 대해 염려할 필요가 없다. 왜냐하면 처음부터 모델을 만들 필요가 없기 때문이다. 이 모델의 목적은 회사가 수치상 어떻게 작동하는가와 가치평가가 어떻게 이루어지는가를 독자가 이해하고 가정에 대한 변화가 있을 때 가치에 미치는 영향을 파악하는 것이다. 기업 모델링에 대한 더 자세한 내용을 알고 설계 및 구축 너머의 역학에 관심이 있는 독자에게 이 책 주저자의 『기업 가치평가 모델링: 단계별 가이드Corporate Valuation Modeling: A Step-by-Step Guide』는 훌륭한 자료가 될 것이다.

Solero_Impact_Map.xlsx: 데스크톱 실사의 일부는 사회적 임팩트 분석의 출발점이다. 이 작업은 여기에 저장된 임팩트 지도를 작성함으로써 수행된다.

Solero GIIRS B Corp 임팩트 평가

CHAPTER 04

ConvertibleBond.xlsx: 전환사채 구조를 설명하기 위해 간단한 전환사채 및 전환사채 투자 모두의 예시가 제공되었다.

LiqPrefs.xlsx: 투자구조를 창출할 때 잔여재산분배우선을 이해하는 것이 매우 중요하다. 이 파일에는 잔여재산분배우선에 대한 변형들이 설명되어 있다.

CHAPTER 05

AntiDilution.xlsx: 제5장에서는 법률개념에 많은 중점을 두는데, 희석방지 조항을 이해하기 위해서는 자세한 계산을 알아야 한다.

CHAPTER 06

Acquisition_Example.xlsm: 투자회수를 위해 가능한 한 가지 옵션은 인수이다. 이 시트는 시너지 가치 계산법을 보여준다.

Solero_Qtly_Rpt_Framework.xlsx: 임팩트 투자를 모니터링하려면 철저한 보고틀이 필요하다. 이 작업은 솔레로라는 회사를 예시로 활용했다.

StockSwap_Example.xlsm: 인수 또는 기업 매도는 현금과 주식을 혼합해 수행할 수 있다. 주식스왑의 계산된 예시가 제공되었다.

CHAPTER 07

PE_Fund_Model.xlsm: 예시 없이는 투자펀드 경제학을 완전히 이해하기 어렵다. '투자펀드 모델'은 투자펀드 구조 내에서 여러 기업투자에 대한 투자를 자세하게 들여다본다. 투자된 자본, 경영관리수수료, 자원배분, 투자배치 및 회수 타이밍과 같은 투자펀드의 측면은 분석가능한 핵심개념 중 일부일 뿐이다. 이 모델은 제7장에서 자주 사용된다.